第二版

工程项目管理

主 编 胡志根

副主编 刘 全

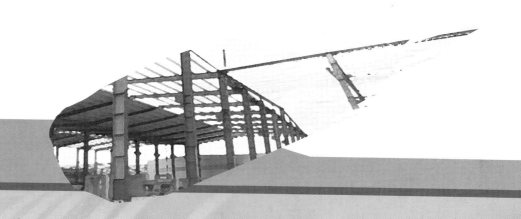

CONSTRUCTION PROJECT
MANAGEMENT

WUHAN UNIVERSITY PRESS
武汉大学出版社

图书在版编目(CIP)数据

工程项目管理/胡志根主编. —3 版. —武汉:武汉大学出版社,2017.9
ISBN 978-7-307-19414-4

Ⅰ.工⋯ Ⅱ.胡⋯ Ⅲ.工程项目管理—高等学校—教材 Ⅳ.F284

中国版本图书馆 CIP 数据核字(2017)第 143810 号

责任编辑:李 旸 责任校对:李孟潇 版式设计:马 佳

出版发行:**武汉大学出版社** (430072 武昌 珞珈山)
(电子邮件:cbs22@ whu.edu.cn 网址:www.wdp.com.cn)
印刷:湖北民政印刷厂
开本:787×1092 1/16 印张:22.25 字数:508 千字 插页:1
版次:2004 年 8 月第 1 版 2011 年 5 月第 2 版
2017 年 9 月第 3 版 2017 年 9 月第 3 版第 1 次印刷
ISBN 978-7-307-19414-4 定价:46.00 元

内 容 提 要

　　本书是在第二版的基础上修订的。以项目管理全生命周期为视角，融入工程项目管理发展新成果，系统介绍工程项目管理理论、方法与应用。全书共分十二章，主要包括：工程项目规划、工程项目评价、工程项目组织、工程项目进度计划、工程项目资金计划、工程项目进度优化、工程项目进度控制、工程项目投资控制、工程项目质量控制、工程项目招投标与合同管理、工程项目风险管理。

　　本书吸收了国内外工程项目管理最新研究成果与工程实践，内容新颖，体系完整。本书除可作为高等学校土木工程及工程管理类本科专业教材外，亦可作为工程技术与管理人员、MBA 学员的学习参考书。

前　言

随着经济全球化和"一带一路"国家战略的不断推进，基础设施投资与建设快速发展，企业投资经营项目的规模和数量快速增加。据亚洲开发银行测算，亚洲地区用于基础设施建设和维护的费用到 2020 年将高达近 8 万亿美元，涉及 989 个交通运输和 88 个能源跨境项目；我国"一带一路"基建投资项目总规模在 2015 年也高达 1.04 万亿元。国内外基建投资的迅猛增长，给我国的建筑业带来了难得的发展机遇，也给我国建筑企业和工程管理人员提出了更高的要求，如要求企业实现从粗放型经营向集约化经营转变，要求管理人员具备扎实的工程管理能力等，使得高等学校工程管理专业人才的教育培养面临新的挑战。

为了适应建筑业的发展形势以及工程建设领域管理人才的培养要求，高等学校土木工程、工程管理专业本科生教学的管理平台课程中开设了工程项目管理课程，以及面向不同类别专业开设了工程项目管理的公共选修课。本教材作为武汉大学高等院校通识教育系列教材之一，力图深入浅出、凝练国内外工程项目管理理论及其研究成果，使学生掌握工程项目管理的基本理论体系知识，熟悉最新的工程项目管理理论、技术和方法。

本教材的修订以"通识、必需"为原则，调整和补充了相关章节的内容。例如，项目规划增加了项目融资 PPP、BT、BOT、ABS、TOT、工程项目建议书、工程项目评价等；补充了工程项目进度计划编制的方法，强化了进度计划的作用；结合工程项目的施工管理特点，引入了工程项目延误的控制；针对工程项目资金计划的特点，突出了工程项目资金筹措主体的差异性；对于工程项目投资控制，进一步深化了投资的内涵，补充了业主方的投资控制；工程项目质量控制增加了工程项目质量控制的原理和施工质量的验收；为了加强各章节的衔接，凸显项目前期项目评价和论证的重要性，如将可行性研究补充到工程项目评价，等等。

本教材由武汉大学胡志根教授主编、刘全副教授副主编。刘全、张衍编写第二章、第三章，刘全、邵波编写第四章、第九章，胡志根编写其余章节，最后由胡志根教授统稿、定稿。在编写过程中，武汉大学出版社王金龙老师和李玚老师给予了指导与帮助，在此表示衷心感谢。

由于作者水平有限，书中难免有不妥之处，敬请读者斧正。

编　者

2016 年 12 月于珞珈山

1

第二版前言

随着工程项目管理学科的发展与学科体系的建立，我国工程项目管理理论研究和工程实践不断深入发展，取得了一系列新理论和新方法，已经形成了一个专业体系，无论是在本科层次还是研究生层次，国内许多高校都设立了工程项目管理专业；同时，由于我国经济结构的调整，更加强调项目建设与环境的和谐发展，对工程项目管理水平提出了更高要求。因此，针对我国工程项目管理实际，引入项目管理的新理论和新成果，满足项目管理新要求就尤为必要。

本书在第一版的基础上，在保证工程项目管理理论体系完整性的前提下，调整和补充相关章节的内容，体现国家对工程项目建设过程中的环境友好与和谐建设的需求，融入工程项目管理发展的新理论和新成果，力图使其更具有先进性、科学性和实用性。

在修订时，根据我国工程项目管理特点，强化工程项目管理的环境、安全目标，将环境保护、安全可行性纳入可行性研究范畴；针对项目管理形式和项目管理模式新情况、新形势，加入了建设管理模式、承发包模式、项目咨询管理模式介绍；结合工程项目的资本市场的融资问题，引入了资金筹措的新方法，如 BOT、ABS、TOT、PFI、能源合同管理等方式；为适应新形势下对工程质量要求，增加了工程项目质量管理的内容，介绍了工程项目质量管理体系；根据我国工程招标的实践，更新了工程招标过程，增加了工程招标方式和投标报价方法与策略的介绍；根据风险研究的最新动态，增加了风险管理方法与技术的介绍，为风险管理提供了方法论工具；加强各章节的衔接，强化事前预测、事中动态控制，事后反馈的全过程控制的项目管理方式，如从合同签订到纠纷处置的全过程细化合同管理内容等。

本书是由武汉大学胡志根教授主编。陈述负责第二章、第四章、第六章的编写，其余章节由胡志根负责编写；刘全副教授和陈志鼎副教授对编写大纲和相关章节提出了很多宝贵意见，并给予支持与帮助。全书由胡志根教授统稿、定稿。在编写过程中，武汉大学出版社王金龙老师给予了指导和帮助，在此表示衷心感谢。由于作者水平有限，书中难免有不妥之处，敬请读者斧正。

编　者

2011 年 1 月于珞珈山

1

第一版前言

当前，我国经济建设形势处于高速发展时期和社会主义市场经济初步形成阶段，国家从发展战略的角度调整经济政策和投资结构，工程建设面临着良好的发展机遇，市场空间广阔。经济的高速发展与市场机制不相适应的矛盾集中反映在工程项目建设管理水平上，其问题的关键是完善、健全工程建筑业市场秩序和规范建筑市场主体行为。工程建筑市场主体业主、承包商（包括勘察设计单位）和监理单位三方的状况和行为是最终形成工程项目质量水平的关键，政府加强对建筑市场宏观调控是间接的保证条件。

随着国家的经济政策、法规、投资结构不断调整与完善，项目管理人员能否对项目建设全过程实现现代化的管理已显得越来越重要。主要表现为工程项目管理理论、方法、手段的科学化；管理人员的社会化和专业化；管理工作的标准化和规范化，并逐步与国际接轨。特别是我国正式加入 WTO 后，经济的高速发展与市场机制不相适应的矛盾反映在工程项目建设管理上显得尤为突出。

近几十年来，现代项目管理理论在现代科学技术知识，特别是信息论、控制论、系统论、计算机技术和运筹学等基础上产生和发展起来的，并在现代工程项目的实践中取得了惊人的成果。由于项目管理的普遍性和对社会发展的重要作用，它的研究和应用也越来越受到许多国家的政府、企业界和科技界的广泛重视。

工程项目管理作为以建筑业市场为背景，系统研究工程规划、决策、计划、组织控制与协调的理论和方法的一门新兴学科，与其他学科之间有着密切的联系。工程项目管理具有高度的系统性和综合性，涉及许多学科的相关知识。要想学好工程项目管理知识，增强工程项目管理能力，除了需要掌握与工程项目相关的工程技术知识和管理知识外，还应具有管理学基本原理、工程估价、工程经济学、工程合同、系统工程、控制技术、计算机应用、与工程项目相关的法律和法规等方面的知识。

我国工程项目管理在许多工程、技术及管理领域得到应用，在监理工程师、造价工程师、施工企业项目经理的培训和职业资质考试中都涉及工程项目管理的内容。由于工程项目和工程项目管理的系统性、复杂性，使得各种技术工作、管理工作和职能工作之间越来越趋向于互相交叉，他们之间存在复杂的分工和协作关系。

为了使高等教育更好地适应国家的经济建设、科技进步和社会发展，武汉大学设立教材建设专项资金，资助出版"十五"规划教材《工程项目管理》，作者深感责任重大。本书是由武汉大学水利水电系统胡志根教授和国家水利部农村机械化研究所黄建平高级工程师共同编写，武汉市建筑工程招标投标管理办公室程玉平参加了部分编写工作。作者在从事多年的教学和科学研究基础上，参阅了大量相关论著和科技文献，力求广泛吸收国内外最新研究与实践成果，注重国际惯例和规则。同时，还得到了武汉大学教务部、武汉大学出版社和武汉大学水利水电学院的大力支持，研究生舒华英、刘全、吴一冯等参与了部分文稿的打印、校对工作，在此表示衷心的感谢，本书的完成凝聚着他们的心血与劳动！

由于工程项目管理在我国的研究与应用时间不长，特别是经济转轨时期，有许多问题需要进一步探索。加之作者水平有限，书中难免有许多不妥之处，敬请读者予以批评指正。

编　者
2004 年 6 月于珞珈山

目　录

第一章 概 论

第一节 工 程 项 目

一、工程项目的含义

项目（project）是一种非常规性、非重复性和一次性的任务，通常有确定的目标和具体的约束条件（时间、费用、安全、质量和环境等）。

ISO10006 定义项目为："具有独特的过程，有开始和结束日期，由一系列相互协调和受控的活动组成。过程的实施是为了达到规定的目标，包括满足时间、费用和资源等约束条件。"

美国项目管理协会（Project Management Institute）认为项目是为了完成某一特定产品或服务所做的一次性工作。

德国国家标准 DIN69901 认为，项目是在总体上符合如下条件的具有唯一性的任务（计划）：①具有预定的目标；②具有时间、财务、人力和其他限制条件；③具有专门的组织。

中国项目管理知识体系纲要认为：项目是创造独特产品、服务或其他一次性工作的任务。任何项目都有许多共性，如：①由个人或组织机构来完成；②受资源的限制；③遵循一定的工作程序；④管理过程中要进行计划、执行和控制等。

工程项目通常又被称为建设项目，是指以工程建设为载体，在一定条件约束下，以形成固定资产为最终目标的一次性事业。一个工程项目必须在一个总体设计或初步设计范围内，由一个或若干个互有内在联系的单项工程所组成，经济上实行统一核算，行政上实行统一管理。其内涵如下：

（1）工程项目是一种既有投资行为又有建设行为的项目，其目标是形成固定资产。工程项目是将投资转化为固定资产的经济活动过程。

（2）"一次性事业（或任务）"，表示工程项目的"一次性"特征。

（3）"经济上实行统一核算，行政上实行统一管理"，表示工程项目是在一定的组织机构内进行，一般由一个组织或几个组织联合完成。

（4）对一个工程项目范围的认定标准，是具有一个总体设计或初步设计。凡属于一个总体设计或初步设计的项目，不论是主体工程还是相应的附属配套工程，不论是由一个还是多个施工单位承建，不论是同期建设还是分期建设，都视为一个工程项目。

总之，工程项目需要投入一定的人力、物力、财力，是在预期的时间、费用、安

1

全、质量等要求指导下，经过规划、决策、设计和实施等一系列工作，最终形成固定资产的一次性事业。

二、工程项目的特点

工程项目除了具有一般项目的特点外，还有其特殊的内在规律和特征，主要表现在以下几个方面。

1. 具有特定的对象

任何工程项目都应有具体的对象。工程项目对象通常由可行性研究报告、项目任务书、设计图纸、规范、实物模型等构成，是有着不同的投资（成本）、工期、目标、安全质量等特定目标的工程技术系统，这些特定目标通常可以用一定的功能要求、实物工程量、运行效果等指标表达，如一定长度和等级的公路、一定发电量的水力发电站或核电站、一定规模的医院或住宅小区等。

工程项目对象决定了项目的最基本特性，也确定了工程项目的工作范围、规模及界限，是工程项目区别于其他项目的标志。同时，工程项目对象在项目生命期中要经历由构思到实施、由总体到具体的过程，是项目实施和管理的重要基础。它在项目前期策划和决策阶段确定，在项目的设计和计划阶段逐渐分解、细化，在项目的施工过程中逐步得到实现，在运行（使用）中达到预定的目标。

在实际工程中，工程项目对象与工程项目本身是有区别的。工程项目对象是具有一定功能的技术系统；而工程项目是指完成这个对象，即技术系统的任务和工作的总和，针对不同工程项目的要求、目标（如投资、工期、安全质量等），可以有不同的优先次序。

2. 实施的一次性和渐进性

任何工程项目，总体来说是一次性的、不重复的。它们经历了项目策划、批准、设计和计划、施工、运行到评估的全过程，即使在形式上极为相似的项目，但由于项目实施的时间、环境、项目组织、风险等必然存在差异和区别，它们之间也是无法等同和无法替代的。

工程项目的一次性是工程项目管理区别于企业管理最显著的标志之一。通常的企业管理工作，特别是企业职能管理工作，虽然有阶段性，但它却是循环的、无终了的，具有继承性。而工程项目是一次性的，这就决定了项目管理也是一次性的。即使采用相同的标准图纸、设备型号，由于建设的时间、地点、环境不同，而导致项目建设的一次性。任何项目都有一个独立的管理过程，它的计划、控制、组织都是一次性的。例如，建设一座水电站可以作为一个项目，但建成投产后的日常生产过程则不是项目。

同时，随着项目的进展和任务的展开，工程项目的实施需要逐步地投入资源、分阶段地交付成果，直到项目完成。在这种渐进性的实施过程中，每一个独特的项目都不可能从其他模式中复制过来，即使有可参照、借鉴的模式，也需要经过逐步地补充、修改和完善。

3. 具有时间限制

工程项目任务的一次性决定了项目有一个确定的起始、实施和终结过程，构成项目的有限寿命。在有限寿命内，实现项目的目标，发挥项目的效用，没有时间限制的工程项目是不存在的。

项目的时间限制通常由项目开始日期、持续时间、结束日期等构成。在市场经济条件下，工程项目的作用、功能、价值只能在一定历史阶段中体现出来，实施必须在一定的时间范围内进行。一般来说，工程项目分为四个阶段：第一阶段是指项目的策划和决策阶段，主要包括工程规划，明确工程项目的任务、要求、目标以及所需要投入的要素和成本效益分析等；第二阶段是项目的设计与计划阶段，包括技术设计、招标设计、施工图设计等；第三阶段是工程项目的实施阶段，具体组织实施以实现项目目标；第四阶段是工程项目的验收和后评价阶段，包括项目的验收、总结与试运行、移交等。

4. 具有资金限制和经济性要求

任何工程项目不可能没有资金上的限制，存在着与任务或目标相匹配的投资、费用或成本预算。工程项目的资金限制和经济性要求常常表现在：

（1）按投资者（企业、国家、地方等）所具有或能够提供的财力，策划相应的工程范围和规模项目。

（2）必须按项目实施计划安排资金计划，保障资金供应。

（3）以尽可能少的费用消耗（投资、成本）完成预定的工程目标，达到预定的功能要求，提高工程项目的整体经济效益。

5. 具有特殊的组织和法律条件

由于社会化大生产和专业化分工，工程项目可能有几十个、几百个甚至成千上万个单位和部门参加。同时，由于项目的一次性和多目标限制性，要保证项目有秩序、有计划地实施，必须建立严密的项目组织。项目组织在项目进展过程中通过经济合同或其他社会关系联系在一起，在项目的不同时段以不同的程度参与项目活动，其人数、成员、职责等都在不断地变化。此外，工程项目的一次性特点，决定了项目组织也是一次性的。这种组织随项目的确立而产生，随项目的结束而消亡。当项目出现中止时，项目组织的使命也会中止，或是解散，或是暂停工作；如中止的项目得到解冻或重新开始，项目组织也会重新开始工作。项目组织之间往往以此为参与各方分配工作、划分权责利关系。同时，工程项目必须遵守与其建设和运行相关的法律条件，例如合同法、环境保护法、税法、招标投标法等。

6. 复杂性、系统性和风险性

复杂性是世界的本质属性，是客观的，工程项目的复杂性主要体现在投资大、规模大、科技含量高、设计专业和参与方多等方面，是一个开放的复杂工程。它不仅涉及建设、施工、监理、设计、消防、环保、供水和供电等多部门，还涵盖了规划、批准、设计、施工和运行等多建设过程，并且包括质量、进度、成本、安全等多建设目标。现代工程项目将会越来越复杂，例如对新技术、新方法、新工艺的要求更高。工程项目的系统性主要体现在要以系统的思想考虑工程项目的问题：每一个项目不仅是其子系统的母系统，而且是其更大母系统中的子系统。这就要求项目展开时，必须全面、动态、统筹兼顾地分析和解决问题，以系统的思维指导工程项目的工作。此外，由于工程项目投资巨大、建设周期长和涉及面广，建设过程中各种不确定因素多，变化复杂，易给工程项目带来一定的风险性，如投资风险、技术风险等。

7. 项目活动的整体性

任何工程项目的一切活动都是相互联系、相互制约的，并构成一个整体。完成其工作的性质和工作量是相对固定的。对于一个工程项目而言，要按其需要配置生产要素，使其在时间、数量、质量、费用和结构上总体均衡优化。

三、工程项目的生命周期

工程项目的时间限制决定了项目的生命周期是一定的。工程项目的生命周期通常是指一个工程项目由策划开始，直到工程竣工投产，收回投资并达到预期投资目标的整个投资建设过程。为了顺利完成工程项目的投资建设，通常要把每一个工程项目划分成若干个工作阶段，以便更好地进行管理。然而，项目工作阶段的名称、内容和划分有时各不相同，如有的项目决策比较简单，不需要或只有很短的策划阶段，有的项目最终成果比较简单或比较容易被直接使用，不需要或只有很短的交接过渡阶段，因此，不同的工程项目可以划分为内容和个数不同的若干个阶段。

一般地，各类工程项目的生命周期都可分为项目的策划、决策、设计与计划、施工、竣工验收、交付使用以及运行管理等几个阶段（如图1-1所示）。在不同的阶段，由不同的组织、个人和资源扮演着主要角色。不同的项目阶段资源投入强度不同，通常是前期投入低，逐渐增加达到高峰后开始降低。

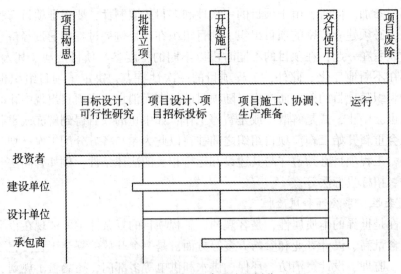

图 1-1　工程项目建设阶段划分

近几十年来，人们对项目生命周期的认识经历了一个过程。早期的项目管理以工程建设为主要目标，将工程项目的生命周期定义为从批准立项到交付使用为止。随着项目管理实践和研究的深入，项目的生命周期不断地向前延伸和向后拓展。向前首先延伸到可行性研究阶段，后来又延伸到项目构思；向后先是拓展到验收评价，后来又拓展到项目后评价阶段，直至拓展到项目废除。项目经历了一个从无到有的生命过程，更加保证了项目管理的连续性和系统性，更有利于项目的生命周期管理。

应该说明的是，在工程项目的生命周期中，工程项目管理学通常仅研究项目构思到项目交付使用这个生命阶段的管理理论和管理方法，项目运行不属于工程项目管理的范畴。从这个意义上来说，工程项目的生命周期通常可划分为项目的策划与决策、设计与计划、实施、竣工验收与总结评价4个阶段：

（1）策划与决策阶段。该阶段为工程项目生命周期的第一个阶段，又被称为概念阶段，主要涉及需求、问题或是机会的确认。该阶段是项目管理的关键时期，从开始的投资意向的形成，到项目评估后进行决策，很多重大问题要在这一阶段解决。该阶段一般包括投资商机研究、可行性研究、项目评估及决策等工作。

（2）设计与计划阶段。该阶段为工程项目生命周期的第二个阶段，又可称为开发阶段，是从批准立项到现场开工为止。这一阶段的主要工作包括项目管理组织筹建、项目的设计和计划、工程的招标、各种审批手续的完成以及现场准备工作。

（3）实施阶段。该阶段为工程项目生命周期的第三个阶段，又可称为施工阶段，是从现场开工直到项目的可交付的成果完成为止。它是把设计图纸转化为实物的关键环节，也是项目管理工作最为活跃的阶段，资源的投入量最大，管理的难度也最大、最复杂。

（4）竣工验收与总结评价阶段。该阶段为工程项目生命周期的第四个阶段，又可称为结束阶段，它涉及项目的竣工验收及交付使用等活动。当项目施工结束时，某些后续的活动仍需执行，竣工验收是建设过程转入生产或使用过程的标志，总结评价主要是评估项目绩效。

四、工程项目干系人

1. 项目参与人

项目参与人是指项目的参与各方。简单项目的参与人也简单。大型复杂的项目往往有多方面的人参与，如业主、投资方、贷款方、承包商、供货商、建筑/设计方、监理方、咨询顾问等，他们通过合同和协议联系在一起，共同参与项目。通常情况下，项目参与人之间的联系如图1-2所示。

在同一个工程项目中，不同的参与者承担的工作任务不同。这些工作任务属于整个工程项目的不同组成部分，也可以独立地作为一个项目。

（1）项目投资者。如项目融资单位、BOT项目的投资者，他们必须参与项目全过程的管理，从前期策划直到工程的使用阶段结束、工程报废、或者合资合同结束，或者达到BOT合同规定的转让期限。他们的目的不仅是进行工程建设，更重要的是收回投资和获得预期的投资收益。

（2）工程项目建设的业主（或负责人）。进行工程项目的建设必须委派专门人员，或专门的组织来负责工程项目建设期的管理，如我国的基建部门、建设单位和通常所说的业主。对于他们来说，工程项目的生命期是从项目的策划或可行性研究，或从接受项目任务委托到项目建成、试运行后交付使用、完成委托书所规定的任务为止。

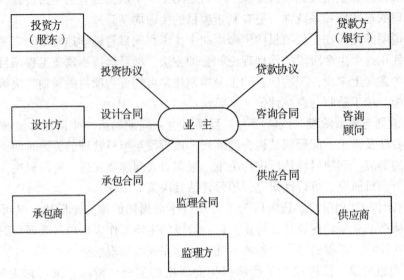

图 1-2 项目参与人之间的联系

（3）设计单位。在项目被批准后，设计单位进入项目。项目任务是按照项目的设计任务书完成项目的设计工作，提出设计文件，并对所承担设计任务的建设项目给予积极配合，在施工过程中提供技术服务。

（4）工程承包商。一般在项目设计完成后，承包商通过投标取得工程承包资格，按承包合同完成工程施工任务，交付工程，完成工程保修责任。项目中的工作范围、责任和持续时间由承包合同确定。对于参加项目建设的分包商或供应商，其项目生命周期一般由所签订的合同规定的工期（包括维修期或缺陷责任期）确定。

（5）咨询或监理公司。咨询和监理公司在不同的项目生命周期承担着不同的任务。按咨询或监理合同的规定，一般在可行性研究前、或设计开始前、或工程招标开始前承担项目任务，直到工程交付使用、咨询或监理合同结束为止。

对上述参与人来说，他们都将自己的工作任务称为"项目"，进行项目管理，有自己相应的项目管理组织。例如，在同一个工程项目中业主有项目经理、项目经理部；工程承包商也有项目经理和项目经理部；设计单位、供应商甚至分包商都可能有类似的组织。

2. 项目干系人

项目干系人包括项目参与人和其利益受该项目影响（受益或受损）的个人和组织，也可以称为项目的利害关系者。除了上述的项目参与人外，项目干系人还可能包括政府的有关部门、社会公众、项目用户、新闻媒体、市场中潜在的竞争对手和合作伙伴，甚至项目班子成员的家属也应被视为项目干系人。

项目不同的干系人对项目有不同的期望和需求，关注的问题常常相差甚远。例如，业主可能关心工程的进度，设计师往往更注重技术方面，政府部门可能关心税收，附近社区的公众则希望尽量减少不利的环境影响等。弄清楚哪些是项目干系人，他们各自的需求和期望是什么，对于项目管理者非常重要。只有这样，才能对干系人的需求和期望进行管理，调动其积极因素，化解其消极影响，以确保项目获得成功。

第二节　工程项目管理

一、概念

工程项目管理是对项目建设活动进行有效的计划、组织、指挥、协调与控制，保证工程项目建设的顺利进行，以实现项目的经济效益和社会效益等特定的目标和任务的一系列工作的总称。工程项目管理与企业管理同属于管理活动的范畴，但两者存在着明显的区别。工程项目管理实行以项目经理为核心的项目经理负责制，明确责任主体，缩短项目管理上指挥层次和空间，高效实现工程项目的决策与设计、组织与指挥、控制与协调、教育与激励等工作。

二、工程项目管理的基本目标

工程项目管理的总目标是使项目的投资、工期、质量等目标按预期计划实现，并且是在限定的时间内，在限定的资源（如资金、劳动力、设备材料等）条件下，以尽可能快的进度、尽可能低的费用（成本或投资），满足项目的功能、质量、要求，圆满完成项目任务。

工程项目管理的目标主要表现在专业目标（功能、质量、生产能力等）、工期目标、费用目标（成本、投资等）和安全目标（环境、安全、健康、满意度等）。其中，成本、进度、质量目标是工程项目管理的三大基本目标。同时，安全健康关乎建设者的生命安全，是实现工程项目的人力保障；环境目标体现了工程项目与所处环境的和谐程度，是现代社会对工程项目的必然要求；满意目标是各方接受工程项目的程度，关乎工程项目目标和效益的实现。因此，安全、健康、环境、满意等目标也不可忽视，它们与三大基本目标相辅相成，互相依托，共同构成了工程项目管理的目标体系，如图1-3所示。

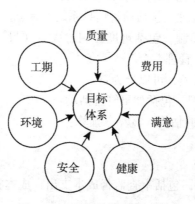

图1-3　工程项目管理目标体系

工程项目管理的目标通常由项目任务书、技术设计和计划文件、合同文件（承包合同和咨询合同等）具体表现。其在项目生命周期中的主要特征是：

（1）管理的目标系统是互相联系、互相影响的。某一方面的变化必然会引起其他方面的变化，例如，过于追求缩短工期，可能会损害项目的功能（质量），引起成本增加。因此，项目管理应追求它们之间的优化和平衡。

（2）目标在其策划、设计、计划过程中经历由总体到具体，由概念到实施，由简单到详细的过程。这些目标必须分解落实到具体的各个项目单元（子项目、活动）上，这样才能保证总目标的实现，形成一个控制体系。

（3）项目管理必须保证各目标结构关系的均衡性和合理性。任何强调最短工期、最高质量、最低成本、最高满意、最安全环保的目标都是片面的。它们的均衡性和合理性不仅体现在项目总体上，而且体现在项目的各个单元上，构成项目管理目标的逻辑关系。

三、工程项目管理的工作内容

项目管理的目标是通过项目管理工作实现的。为了实现项目管理目标，必须对项目工作内容进行全过程、多方面的分析。考虑的角度不同，工程项目管理工作内容的描述也会不同。

按照一般管理工作的过程，项目管理可分为对项目的预测、决策、计划、控制、反馈等工作。

按照系统工程方法，项目管理可分为确定目标、制订方案、实施方案、跟踪检查等工作。

按照项目实施过程，项目管理工作可以分为：

（1）工程项目目标设计，项目定义及可行性研究。

（2）工程项目的计划管理，包括项目的实施方案及总体计划、工期计划、成本（投资）计划、资源计划以及它们的优化。

（3）项目的组织管理，包括项目组织机构设置、人员组成、工作及其职责的分配、项目管理规程的制订、安全生产责任制的组织保障。

（4）工程项目的信息管理，包括项目信息系统的建立、文档管理等。

（5）工程项目的实施控制，包括进度控制、成本（投资）控制、质量控制、风险控制、变更管理、施工安全管理。

按照项目管理工作的任务，可以分为：

（1）成本（投资）管理。包括如下管理活动：

1）工程估价，即工程的估算、概算、预算；

2）成本（投资）计划；

3）支付计划；

4）成本（投资）控制，包括审查监督成本支出、成本核算、成本跟踪和诊断；

5）工程款结算和审核。

（2）工期管理。在工程量计算、实施方案选择、施工准备等基础上所进行的管理活动，主要包括：

1）工期计划；

2）资源供应计划和控制；

3）进度控制。

（3）现场施工管理。包括质量控制、现场管理、安全管理。

（4）组织和信息管理。主要包括：

1）建立项目组织机构和安排人事，选择项目管理班子；

2）制订项目管理工作流程，落实各方面责权利关系，制订项目管理规范；

3）领导项目工作，处理内部与外部关系，沟通、协调各方关系，解决争执；

4）信息管理，包括确定组织成员（部门）之间的信息流，确定信息的形式、内容、传递方式、时间和存档，进行信息处理过程的控制，与外界交流信息。

（5）合同管理。主要包括：

1）招标投标中的管理，包括合同策划、招标准备工作、起草招标文件、做好合同审查和分析，建立合同管理保证体系等；

2）合同实施控制；

3）合同变更管理；

4）索赔管理。

另外，由于工程项目的特殊性，项目在生命周期内存在着很多风险因素。因此，项目管理必然涉及风险管理，其主要工作包括风险识别、风险估计、风险评价和风险控制等。项目管理的各级、各职能人员都要有风险观念。

四、不同参与人在项目管理中的角色

在项目管理中，不同的参与人从不同的角度对项目进行管理。他们除了遵守项目管理的一般原则外，其管理的具体职责、范围、采用的管理技术都会有所区别。

1. 投资者对项目的管理

项目投资者通过直接投资、发放贷款，认购股票等各种方式向项目经营者提供项目资金。他们可以是政府、组织、个人、银行财团或众多的股东（组成股东和董事会），他们关心项目能否成功，能否盈利或能否回收本息。尽管他们的主要责任在投资决策上，其管理的重点在项目启动阶段，采用的主要手段是项目评估，但是投资者要真正取得期望的投资收益仍需要对项目的整个生命期进行全程的监控和管理。

2. 业主对项目的管理

除了自己投资、自己开发、自己经营的项目之外，多数情况下业主是指项目最终成果的接收者和经营者。如果他参与投资，将与其他投资者共同拥有项目的最终成果，并从中获取利益和承担风险。业主的管理责任有：

（1）进行项目可行性研究，或审查受委托的咨询公司提交的可行性研究报告，以确立项目。

（2）筹集项目资金，包括自有资金和借贷资金（如果需要的话），满足投资方的各种要求，以落实资金来源。

（3）组织项目规划和实施，在多数情况下要采购外部资源，进行合同管理。业主通过其项目班子主要承担协调、监督和控制的职责，包括进度控制、成本控制和质量控制、安全管理等。

（4）接受和配合投资方对项目规划和实施阶段的监控。

（5）进行项目的验收、移交和其他收尾工作，并将项目最终成果投入运行和经营。

（6）与项目的各干系人进行沟通和协调。

在必要时，业主也可以聘请外部的管理公司作为代理人对项目进行管理。

3. 设计者对项目的管理

工程项目的设计可以由业主组织内部的成员来做，也可以聘请外部咨询机构来完成。无论哪种情况，设计者都要接受并配合业主对项目的管理，同时还要对设计任务本身进行管理。

项目设计往往比项目中的其他工作更具有创新性和不确定性。因此，在管理方法和技术上的主要特点有：

（1）项目在设计出来之前，业主的需求和设计任务的目标都不容易表述得十分具体，特别是对设计要求的规定往往有相当程度灵活的余地。

（2）设计任务的工作量、完成所需的时间和费用难以准确估计。

（3）设计工作往往是一种反复比较、反复修改的过程，常规的循序渐进规则往往不完全适用，需要有专门的计划技术。

（4）设计工作是一种创造性劳动，人力资源的管理应更加重视设计人员的自我实现和自我成就。

（5）对设计成果的评价难以有统一的尺度，往往采用专家打分的方法。

4. 实施者对项目的管理

项目实施必须满足业主要求，实现项目的目标。经过项目的规划和设计，这些目标通常变得更加具体和明确。

项目实施者对项目的管理职责主要是根据项目目标，对实施过程的进度、成本和质量等进行全面的计划与控制及其相应的管理工作。

项目实施者可以是业主组织内部的，也可以是外部的。无论哪种情况，实施者都要接受业主的监督和管理，与业主保持紧密的沟通和配合。如果实施者是业主聘请的咨询机构，为完成项目实施任务，他还要参与业主的采购过程（如投标、谈判等）及其管理活动。

第三节　现代工程项目管理

一、工程项目管理的发展

随着人类社会的发展和生产水平的不断提高，社会的政治、经济、文化、宗教、生活、军事等活动产生了某些工程需求。当社会生产力的发展水平能实现这些需要时，就出现了工程项目。特别是 20 世纪 50 年代以后，工程项目管理随着生产力的发展和生产规模的扩大而迅速发展。

由于社会生产力的高速发展，大型和特大型项目越来越多。如航天工程、核武器研究、导弹研制、大型水利工程、交通工程等项目，其规模大、技术复杂、参加单位多，大多受到时间和资金的严格限制，需要新的管理手段和方法。随着水资源开发利用、水力发电、灌溉排水、防洪除涝、供水和环境水利工程等项目的实施与建设，例如我国的三峡、二滩、小浪底、葛洲坝等大型水利枢纽工程的建设，工程项目管理的手段、方法和理论都得到了迅速的发展。

由于现代科学技术的发展，系统论、信息论、控制论、计算机技术、运筹学、预测技术、决策技术等得到了不断的丰富和完善，这些给项目管理理论和方法的发展提供了可能性。项目管理在近 60 年的发展中，大致经历了如下几个阶段：

20 世纪 50 年代，网络技术（CPM/PERT 网络）应用于工程项目的工期计划和控制中并取得了成功。具有标志性的是美国 1957 年的北极星导弹研制和登月计划，对项目管理发展与应用具有开创性。

20 世纪 60 年代，人们可以利用大型计算机进行网络计划的分析计算，对项目进行工期计划和控制。但由于当时计算机不普及，上机费用较高，一般的项目不可能使用计算机进行管理，项目管理尚不十分普及。

20 世纪 70 年代初计算机网络分析程序已十分成熟，人们将信息系统方法引入项目管理中，提出项目管理信息系统。这使人们对网络技术有更深的理解，扩大了项目管理的研究深度和广度，在工期计划的基础上实现了用计算机进行资源和成本的计划、优化和控制。同时，项目管理的职能不断扩展，对项目管理过程和各种管理职能进行全面、系统的研究与应用。

20 世纪 70 年代末 80 年代初，由于计算机的普及和软件的开发，信息的收集、处理更加方便、计算时间缩短、调整容易、程序与用户友好等优点使项目管理理论和方法得到了广泛的应用，项目管理工作大为简化、高效并取得了显著的经济和社会效益。

20 世纪 90 年代，随着资源环境的恶化，布伦特兰夫人首次提出"可持续发展"概念，认为"可持续发展战略旨在促进人类之间以及人类与自然之间的和谐"。可持续发展理念要求工程项目管理体现环境的友好与和谐社会的建设需求，注重工程项目和自然的和谐，工程项目管理的安全、环境、满意目标得到强化。

随着社会的进步、市场经济的进一步完善、生产社会化程度的提高，人们对项目的需求也越来越多，而项目的目标、计划、协调和控制也更加复杂。这将促进项目管理理论和方法的进一步发展，具体包括合同管理、界面管理、项目风险管理、项目组织行为和沟通，在计算机应用上表现为决策支持系统、专家系统和互联网技术应用的研究。

二、现代工程项目管理的特点

1. 项目管理理论、方法、手段的科学化

现代工程项目管理吸收了现代科学技术的最新成果，具体表现在：

（1）现代管理理论的应用，例如系统论、信息论、控制论、行为科学等在项目管理中的应用。它们奠定了现代工程项目管理理论体系的基石，是这些理论在工程项目实施过程中的综合运用。

（2）现代管理方法的应用，如预测技术、决策技术、数学分析方法、数理统计方法、模糊数学、线性规划、网络技术、图论、排队论等，它们是解决各种复杂工程项目问题的工具。

（3）管理手段的现代化，最显著的是计算机的应用，以及现代图文处理技术、精密仪器的使用，多媒体和互联网的使用等。目前以网络技术为主的工程项目管理软件已在工期、成本、资源等的计划、优化和控制方面十分完善，大大提高了项目管理的效率。

2. 工程项目管理的社会化和专业化

由于现代社会对工程项目的要求越来越高，工程项目的数量越来越多，规模越来越大，越来越复杂，需要职业化的项目管理者。随着科技进步，工程项目的系统性、复杂性越来越高，工程实践经验越来越重要，对项目管理人员的社会化和专业化水平提出了更高的要求。

以往在进行工程建设时要组织管理班子，例如组建基建部门、成立"指挥部"，一旦工程结束这套班子便解散或空闲，管理人员的经验得不到积累。在现代社会中，专业化的项目管理公司专门承接项目管理业务，提供全过程的专业化咨询和管理服务。项目管理（包括咨询、工程监理等）已成为一个新兴产业，已探索出许多比较成熟的项目管理模式。这样能取得高效的工程项目管理，达到质量好、投资省、进度快的目标。

3. 项目管理的标准化和规范化

项目管理是一项技术性非常强的、十分复杂的工作，必须标准化、规范化，使其工作内容具有通用性，以提高管理水平和经济效益。标准化和规范化体现在很多方面，如：

（1）规范化的定义和名词解释。

（2）规范化的项目管理工作流程。

（3）统一的项目费用（成本）划分。

（4）统一的工程计量方法和结算方法。

（5）信息系统的标准化，如信息流程、数据格式、文档格式与系统、项目计划的表达形式和各种工程文件的标准化。

（6）使用标准的合同条件及其相关文件等。

4. 项目管理国际化

（1）对客户的国际化理解与引导。国际工程项目的业主有着不同的国籍、宗教、价值观、民俗文化、风俗习惯、法律背景等。由于合同具有不完全性，在履行合同的过程中会不可避免地发生各种不可预见的情况。因此，需要承包商在理解业主要求的基础上，给予正确引导，实现互利共赢。

（2）属地化经营。项目的国际化管理中，充分利用当地的各种生产资源、人力资源，可以有助于融入东道国的市场环境，最大程度减少与当地民众的冲突，规避管理风险，提高工作效率，降低人工成本。

（3）规范化管理。项目国际化带来项目管理的困难，主要体现在文化、制度、环境等差异。由于宗教、民俗文化、风俗习惯、法律背景等的差异，在项目中协调起来很困难，迫切要求项目管理的国际化，即通过国际惯例提供一套通用的程序、通行的准则和方法、统一的文件，使得项目中的协调有一个统一的基础。

目前，国际承包工程项目的建设，已形成了较为完整严密的组织制度，规定了招标工程中业主、工程师、承包人等各方的责任和义务，并集中反映在国际通用的标准文件中，包括：英国土木工程师学会出版的相关文件、国际咨询工程师联合会（荷兰·海牙）和美洲承包商联合会（美国·华盛顿）等组织批准的相关文件以及国际标准化组织（ISO）发布的很多相关的管理标准和指南等。这些标准是具有国际权威的通用准则，经过不断的实践和完善形成，成为了项目管理的国际惯例。

第二章　工程项目规划

工程项目的确立是一个复杂而又重要的过程。尽管工程项目的确立是从全局和战略的角度出发，主要是决策层管理者的工作，但这里面又有许多项目管理工作。要取得项目的成功，必须在项目规划阶段就进行严格的项目管理。

项目规划工作的主要任务是寻找并确立项目目标、定义项目，并对项目进行技术经济论证，使整个项目建立在可靠的、坚实的、科学的基础之上。

第一节　投资商机

一、投资动机的产生

一般地，投资者拟进行项目投资，主要出于以下背景和动机：

（1）激烈的市场竞争，迫使投资者进行技术更新改造，研究开发新产品和适销对路的产品。

（2）为降低产品成本而实现最大利润，增加投资，扩大生产规模，达到经济规模。

（3）市场需求巨大，产品供不应求，丰厚的利润诱导投资商投资开发产品。

（4）为分散经营风险，改善投资经营结构，拓宽投资领域，全方位多元化投资经营。

（5）受国家宏观政策和外部投资环境的影响，转移投资方向，调整投资产业结构。

（6）利用高科技和独特的专利技术，研究开发新产品，填补空白，开辟潜在市场，获取超额投资利润。

（7）按有关部门和社会需要，利用某些优惠政策和有利条件，进行扶贫开发和社会事业项目建设。

（8）外资利用机遇，依据自我优势与条件，进行中外合资项目开发与国际市场的拓展。

（9）发挥独特的资源优势和特定的投资优势，投资开发项目。

（10）优势互补，横向联合投资开发。

二、投资商机

投资商机主要依赖于掌握投资信息、科学分析预测和比较论证决策。

把握投资商机首先是要掌握投资信息。投资信息是指与项目投资活动相关联并对其产生影响制约作用的社会、经济及自然界的各种变化及特征的信息。可能蕴藏投资潜力的信息与机会主要有：

（1）国家和地区的中短期社会经济发展战略规划、区域规划、行业规划等。

（2）国家的各项重大决议、新的产业政策、技术政策、信贷政策、利用外资政策、国家贸易政策及关税政策的调整等。

（3）重大项目的建成投产及其相关配套需求。

（4）国家重点开发建设地区和沿海经济特区的发展状况、产业特征、发展趋势。

（5）与本企业相似企业、相关企业的发展战略和投资动向。

（6）各个地区的经济基础、产业布局、地理位置、环境气候、人文背景的差异，特种资源的分布及其稀缺程度。

（7）本企业的人员、技术、资金优势条件。

（8）其他各类孕育投资机会的信息。

为保证投资信息准确可靠，必须进行市场调查和信息的科学整理及分析研究，以确保信息的时效性、系统性和连续性。

三、科学分析预测

投资信息的分析是对投资商机的市场需求、项目目标、投资方案、资金来源、财务评价、环保评价等各个方面进行综合的论证，从投资项目的技术可行性、经济赢利性以及进行此项投资的必要性等角度做出科学预测，作为投资决策的依据。在掌握大量投资信息后，只有进行科学整理和认真综合分析，才能探测各条信息背后是否潜伏着投资商机。通过投资信息洞察投资商机，客观上需要投资者具有敏锐的投资战略眼光和极强的综合分析预测能力。为防止错过好的投资商机，往往需要召集企业智囊团和投资分析专家，共同对投资信息进行分析预测研究，以捕捉住各种投资商机。

比较论证决策。在掌握投资信息，发现各种可能的投资商机后，紧接着是对这些可能的投资商机的真实性、可行性、优越性进行比较论证，筛选出一个或多个具有价值的投资商机方案。正确的投资决策直接关系到项目建设的关键，国内外进行项目投资决策的方法通常有以下几种：

（1）财务评价。财务评价是应用资金时间价值原理，采用折现方式，把建设期总造价和未来运营期总成本按预先确定的折现率换算成当期的投入资金，再按照一定的评判标准，来进行项目投资决策的方法，通常有净现值法（NPV法）和内部报酬率法（IRR法）等。

（2）全生命周期成本分析。国外较为通行的是采用全生命周期成本分析方法来进行工程项目的投资决策。它的原理是以工程项目从拟建开始到项目报废终结全部生命周期内总的周期成本最小为评判标准，从各个备选方案中进行项目决策。全生命周期成本分析方法综合考虑项目的建造成本和运营维护成本（使用成本费用），从而实现更为科学合理的投资决策。

第二节 工程项目策划

工程项目策划工作主要是产生项目的构思，确立目标，并对目标进行论证，为项目的决策提供依据。这是确定项目方向的过程，是项目的孕育过程。它不仅对项目的整个生命期，对项目的实施和管理起着决定性作用，而且对项目的整个上层系统都有极其重要的影响。

一、项目策划的过程

1. 项目来源

项目来源于满足社会需求的动机。如：

（1）能源项目满足国民经济发展对电力的需求。

（2）环保项目满足改善社会环境的需求。

（3）交通项目满足交通和运输的需求。

（4）旧城区改造或扩建项目满足解决城镇人口的居住需求。

一般项目往往满足当前的需求，但有的项目（如科研项目、某些特大型基础设施项目）往往只是满足潜在的需求和未来的需求。

某个组织提出的项目也会向其他组织提出项目需求，为后者带来机会，创造出一个"项目链"。项目产生于社会生产、分配、消费和流通不断的循环之中。科学发现、科学研究为人类利用自然资源开辟了新的途径，因而也会引发新的项目。

2. 项目识别

（1）项目识别和机会研究。考虑、发现和研究人民生活、国民经济和社会发展、国家安全、自然资源的利用和保护需要哪些项目的过程通常称为项目识别。

机会研究就是对项目做进一步的分析与研究，包括对社会和市场的调查和预测，从而确定项目并选择最有利的投资机会。个人或组织进行机会研究一般是为了向投资者介绍投资机会，引起他们的兴趣，最后找到投资者。

（2）项目识别的主体。识别项目来源，构思项目的可以是个人，也可以是社会组织，包括外国人、外国组织或国际组织，例如世界银行、亚洲开发银行、国际货币基金组织、联合国等。

（3）项目识别的任务。项目识别阶段不仅要明确项目的产品、服务或要解决的问题，也要识别有关的制约条件。制约因素包括地理、气候、自然资源、人文环境、政治体制、法律规定、技术能力、人力资源、时间期限等。此外，在许多情况下还需要识别项目的风险。

3. 项目发起和游说

项目识别或构思完成之后，需要争取资金和有关组织的支持。这一过程称为项目发起和游说。游说的对象可以是投资方、政府机构、企业、专家、新闻媒体和其他潜在的项目干系人。

发起就是促使同项目有切身利益的有关方面承认项目的必要性，让他们根据自己的需求投入人力、物力和财力等。游说则是争取多方面的广泛支持。

发起和游说过程本身也需要投入各种资源。为发起和游说过程投入资源者叫做发起人。发起人也可以作为委托人把项目的发起工作交给某个人或组织。

让可能的支持者明白项目的必要性和可能性的书面材料叫做项目发起文件，工程项目建议书就是其中的一种。

当项目得到投资方或某组织的赞同和支持时，他们就会投入资金和资源将其正式列入研究和审批的程序，如批准进行该项目的可行性研究。

二、项目构思

1. 项目的构思过程

项目构思是指对未来投资项目的目标、功能、范围以及项目涉及的各主要因素和大体轮廓的设想与初步界定。项目构思一般分为三个阶段：预备阶段、领悟阶段和完善阶段。

（1）预备阶段。预备阶段一般分为：①明确拟订构思项目的性质和目标范围；②调查研究，收集资料和信息；③资料整理，去粗取精；④研究资料和信息，通过分类、组合、加减、归纳、分析和综合等方法，了解资料所包含的内涵。

（2）领悟阶段。领悟阶段一般分为：潜伏、创意和构思。潜伏是指将拥有的资料和信息，与所需构思的项目联系起来，全面系统地反复思考，综合比较分析；创意是在大量思维过程中，产生具有独特新意而又不完全成熟或不全面的某些概念和观点，它是项目策划者下意识的活动中逻辑思维和非逻辑思维的结果；构思是指通过多次多方面的创意出现和反复综合思考，形成了项目的初步轮廓，并用语言、图表、文字等方式表达出来，这是项目完整构思的基础，也是项目构思进一步深入的起点。

（3）完善阶段。从项目初步构思的诞生到项目构思的完善，可分为发展、评估、实现三个步骤。发展是将项目构思通过进一步综合分析，进行内涵和外延上的深入和扩充，使之更趋完善；评估是对已形成的项目构思，从多方面进行评价分析，或进行多方案的评选；实现是将发展和评估后的项目构思方案付诸实施，在经过进一步全面而有针对性的市场调查分析之后，将项目构思方案具体细化，使之成为可操作的项目投资建设方案。如在实施和细化过程中，发现有不完善或不正确之处，应立即予以改进、修正和完善。

2. 项目构思方法

项目构思是一种创造性活动，无固定的模式或现成的方法可循，需要对具体情况进行具体分析，但有以下构思方法可予以借鉴、参考。

（1）项目组合复合法。项目组合可简单地看作两个或两个以上项目的相加，形成新项目，这是构思项目的最简单方法。投资者为适应市场需要，提高项目的整体效益和市场竞争力，依据项目特征和自身条件，往往将企业自有或社会现存的几个相关项目联合相加成一个项目，以提高投资收益。

项目复合是将两个以上项目，根据市场需要，复合成一个新的项目。它与项目组合不同的是：项目组合的项目基本上仍保留被组合项目的原有性质，而项目复合后，则可能变成性质完全不同的新项目。

（2）外延内涵分析法。这种项目构思方法是指项目策划者通过对自己所掌握或熟悉的某一个或多个特定项目，进行纵深分析或横向联想比较，挖掘和发现项目投资机会。

（3）群体创造法，即发挥集体力量，依靠群体智慧，进行项目构思。其特点是不同思维观点相互交织碰撞，相互启发，取长补短，从而得到成功完善的项目构思方案。

三、项目定义

项目定义以一个报告的形式提出，即项目说明。它是项目研究成果的总结，是作为项目目标设计结果的检查和阶段决策的基础，主要包括：

（1）提出问题，说明问题的范围和问题的定义。

（2）说明解决这些问题对上层系统的影响和意义。

（3）项目构成和定界，说明项目与上层系统其他方面的界面，确定对项目有重大影响的环境因素。

（4）系统目标和最重要的子目标，近期、中期、远期目标，对近期目标应定量说明。

（5）边界条件，如市场分析、所需资源、环境保护要求和必要的辅助措施、风险因素。

（6）提出可能的解决方案和实施过程的总体建议，包括方针或总体策略、组织安排和实施时间总安排。

（7）经济性说明，如投资总额、财务安排、预期收益、价格水准、运营费用等。

四、项目的目标

项目的目标按照它们的性质进行分类、归纳、排序和结构化，形成目标系统，并对目标因素进行分析、对比、评价，使项目的目标协调一致。

1. 目标系统结构

项目目标系统至少有如下三个层次：

（1）系统目标。它是对项目总体的概念上的确定，由项目的上层系统决定，具有普遍的适用性。系统目标通常可以分为：

1）功能目标，即项目建成后所达到的总体功能。

2）技术目标，即对工程总体的技术标准的要求或限定。

3）经济目标，如总投资、投资回报率等。

4）社会目标，如对国家或地区发展的影响等。

5）生态目标，如环境目标、对污染的治理程度等。

（2）子目标。系统目标需要由子目标来支持。子目标通常由系统目标导出或分解得到，或是自我成立的目标因素，或是对系统目标的补充，或是边界条件对系统目标的约束。它仅适用于项目某一方面对某一个子系统的限制。

（3）可执行目标。子目标可再分解为可执行的目标。它们决定了项目的详细构成。

可执行目标以及更细的目标因素的分解，一般在可行性研究以及技术设计和计划中形成、扩展、解释、量化，逐渐转变为与设计、实施相关的任务。

2. 目标之间的冲突

诸多目标之间存在复杂的关系，可能有相容关系、制约关系、其他关系（如模糊关系、混合关系）等。制约关系，即目标因素之间存在矛盾，存在冲突，例如环境保护要求和投资收益率，自动化水平和就业人数，技术标准与总投资等。

通常在确定目标时尚不能排除目标之间的冲突，但在目标系统设计、可行性研究、技术设计和计划中必须解决目标因素之间的相容性问题，必须对各目标因素进行分析、对比、逐步修改、联系、增删、优化，这是一个反复的过程。

目标管理技术是一种把目标系统中的各级目标与实现目标的具体计划相联系的一种管理方法。项目管理人员根据工程项目的客观情况，运用系统控制方法，协调各系统目标间的关系，制订实现工程项目目标的具体计划，并对计划的实施过程进行动态控制，及时纠正发生的偏差，最终实现项目目标的管理。

五、项目的审批

国家关于投资项目的监管政策：对政府投资的项目仍然采取"审批制"；对于不使用政府性资金的企业投资的重大项目和限制类项目采取"核准制"；对于不使用政府性资金的企业投资的其他项目实行"备案制"。各种项目审批制度的区别如表 2-1 所示。

表 2-1 项目审批制度的区别

	审批制	核准制	备案制
审核范围	政府投资的项目	企业投资的重大项目和限制类项目	企业投资的其他项目
审核重点	投资决策是否正确，对社会是否造成危害	对社会是否造成危害	政府掌握信息
审核内容	工程项目建议书，可行性研究报告	项目申请报告	备案

核准制的范围和权限由《政府核准的投资项目目录》做出规定，主要包括内资企业在我国境内投资建设项目、内资企业在境外投资的项目和外资企业在我国境内投资的项目。对于外商投资项目，政府还要从市场准入、资本项目管理等方面实行核准。企业投资建设实行核准制的项目，仅需向政府提交项目申请报告，不再经过批准工程项目建议书、可行性研究报告和可行性开工报告的程序。

实行项目核准制后，项目的市场前景、经济效益、资金来源和产品技术方案等均由企业自主决策、自担风险，但要依法办理环境保护、土地使用、资源利用、安全生产、城市规划等许可手续。项目核准制所涉及的层次更高，内容更广，包括经济、社会、资源、环境等方面的综合论证，对前期论证提出更高的要求，对项目核准机关的专业素质要求更高。

核准制与审批制的主要区别是：

（1）政府直接管理的企业投资项目数量大幅度减少。核准项目的范围，由《政府核准的投资项目目录》严格限定，并根据变化的情况适时调整。《目录》由国务院投资主管部门会同有关行业主管部门研究提出，报国务院批准后实施。未经国务院批准，各地区、各部门不得擅自增减核准范围。

（2）程序简化。企业投资建设实行核准制的项目，仅须向政府提交"项目申请报告"，而无需报批工程项目建议书、可行性研究报告和开工报告。

（3）政府管理的角度改变。政府主要从维护经济安全、合理开发利用资源、保护生态环境、优化重大布局、保障公共利益、防止出现垄断等方面进行审查。对于外商投资项目，政府还要从市场准入、资本项目管理等方面进行审查。

第三节　工程项目建议书

工程项目建议书是从宏观上论述项目设立的必要性和可能性，把项目投资的设想变为概略的投资建议。它是项目投资方向其主管部门上报的重要文件，可以供项目审批机关作出初步决策。

一、工程项目建议书的内涵

工程项目建议书是工程项目建设程序的最初环节，是有关地区、部门、企事业单位或投资人根据国民经济和社会发展的长远规划、行业规划和地区规划的要求，经过周密细致的调查研究、市场预测、资源条件及技术经济分析后，提出建设某一项目的建议文件。工程项目建议书是鉴别项目投资方向，对拟建项目的一个总体轮廓设想，着重从宏观上对项目建设的必要性做出分析衡量，并初步分析项目建设的可能性，向决策者提出建议，推荐项目。

工程项目建议书是项目立项报批的依据，是项目建设前期工作的重要环节，是整个建设项目的开端和起点。同时，工程项目建议书客观地论述了项目建设的必要性和可能性，不仅为审批机关的初步决策提供了依据，也为国家确定建设项目、实现宏观经济调控提供了依据，还为企业将来开展工作提供了依据，从而有效地避免了项目建设的重复性和盲目性。

工程项目建议书是在国内经济建设活动和对外开放吸引外资的过程中，由有关企业和单位，根据国民经济发展计划及地区、部门、行业的发展规划，结合现有资源条件和生产力布局、国内外市场的占有情况等，在广泛调查研究、收集资料、勘察建设地点并初步分析投资效益的基础上向上级主管部门提出兴办某个项目的理由以求获得批准立项的呈批文书。因此，工程项目建议书有一些有别于一般建议书的特点，主要有：

（1）目的的报请性。工程项目建议书是向上级报请审批建设工程项目的文书，因而具有报请性的特点。它既有报告的任务，又有请示的目的，主要通过对所报项目的性质、预期目标、必要性和可能性、工作计划与方法步骤等内容详细汇报，达到上级审核批准的目的。

（2）内容的可行性。工程项目建议书作为投资项目建设之前的第一步，是初步选择和确定项目的依据，是上级审核批准立项的重要参考。因而必须对建设项目的必要性和可行性进行必要的分析、研究和论证。内容的可行性是工程项目建议书自身所表现出来的一种性质。

（3）条款的规定性。工程项目建议书主要用于向国家推荐基建项目，因此，国家对工程项目建议书的内容和要求作了明确的规定，工程项目建议书从而具有了条款上的规定性。

二、工程项目建议书的编制

在工程项目建议书编制阶段，投资方要做好工程项目建议书的编制工作，其基本程序主要是：①投资方及其委托单位共同或分别成立工程项目建议书编制协调工作组；②投资方通过委托或招标等方式选择具有相应资质的工程咨询单位；③投资方与工程咨询单位签订合同；④投资方及其委托单位向工程咨询单位进行使用功能要求交底，并提供相关资料；⑤工程咨询单位编制工程项目建议书，投资方及其委托单位进行督促、协调；⑥投资方工程项目建议书修改、完善并最终审查工程项目建议书。具体工作程序如图 2-1 所示。

1. 工程项目建议书的编制内容

尽管工程项目建议书视项目的不同情况有简有繁，但由于国家对工程项目建议书的内容和要求作了明确的规定，工程项目建议书都具有大致相同的结构，一般包括封面、目录、标题、正文、附件、落款等几个部分，且这些部分的内容和写法都有一定的规定性。因此，工程项目建议书的基本内容一般包括以下几个方面：

（1）项目概况。

（2）建设项目提出的依据和必要性。

（3）项目生产、经营及其拟建规模等的初步设想。

（4）资源状况、建设条件、协作关系等的初步分析。

（5）投资估算和资金筹措的设想。

（6）项目建设进度的设想。

（7）项目经济效益和社会效益的初步测算。

（8）结论与建议。

（9）附表、附图和附件。

2. 工程项目建议书的编制要点

工程项目建议书的编制大多由投资方委托具有相应资质的工程咨询单位负责，通过粗略的考察和分析提出项目的设想和对投资机会的评估，其编制要点主要表现为以下几方面：

（1）论证重点。论证的重点放在项目是否符合国家宏观经济政策方面，尤其是是否符合产业政策和产品的结构要求，是否符合生产力布局要求。以减少盲目建设或不必要的重复建设，避免由于项目与宏观经济政策不符而导致的产业结构不合理。

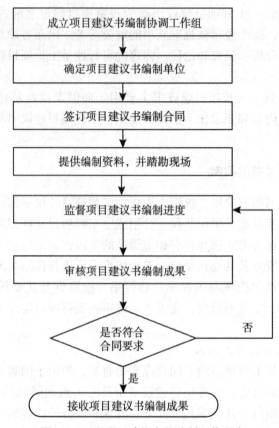

图 2-1　工程项目建议书的编制工作程序

（2）宏观信息。工程项目建议书阶段是基本建设程序的最初阶段，此时尚无法获得有关项目本身的详细技术、工程、经济资料和数据，因此工作依据主要是国家的国民经济和社会发展规划、行业或地区规划、国家产业政策、技术政策、生产力布局状况、自然资源状况等宏观的信息。

（3）估算误差。工程项目建议书阶段的分析、测算，对数据精度要求较粗，内容相对简单。在没有条件取得可靠资料时，也可以参考同类项目的有关数据或其他经验数据进行推算，如建筑工程量、投资估算、流动资金估算等一般是按单位生产能力或类似工程进行估价。因此，工程项目建议书阶段的投资估算误差一般在±30%左右。

（4）最终结论。工程项目建议书阶段的研究目的是对投资机会进行研究，确定项目设想是否合理。通过市场预测研究项目产出物的市场前景，利用静态分析指标进行经济分析，以便作出对项目的评价。工程项目建议书的最终结论，可以是项目设想有前途的肯定性推荐意见，也可以是项目、投资机会不成立的否定性意见。

3. 工程项目建议书的审查与报批

工程项目建议书按要求编制完成后，投资方应该对其进行安全系统地审查，并应在审查通过后按国家规定向有关主管部门报批。

（1）工程项目建议书的审查。投资方在正式报送有关主管部门审批前，应首先对工程项目建议书进行审查。对工程项目建议书的审查应包含以下方面：

1）项目是否符合国家的建设方针和长期规划，以及产业结构调整的方向和范围。

2）项目的产品符合市场需要的论证理由是否充分。

3）项目建设地点是否合适，有无不合理的布局或重复建设。

4）对项目的财务、经济效益和还款要求的估算是否合理，是否与业主的投资设想一致。

5）对遗漏、论证不足的地方，要求咨询机构补充修改。

（2）工程项目建议书的报批。除属于核准或备案范围外，工程项目建议书审查完毕后，要按照国家颁布的有关文件规定、审批权限申请立项报批。审批权限按拟建项目的级别划分如下：

1）大、中型及限额以上的工程项目。

该类工程项目的工程项目建议书的审批见表 2-2。

表 2-2　　　　　　　　　大、中型及限额以上工程项目建议书的审批

审批程序	审批单位	审批内容	备注
初审	行业归口主管部门	资金来源；建设布局；资源合理利用；经济合理性；技术政策	
终审	国家发改委	建设总规模；生产力总布局；资源优化配置；资金供应可能性；外部协作条件	投资超过 2 亿元的项目，还需报国务院审批

2）小型或限额以下的工程项目。

该类工程项目的工程项目建议书应按投资方隶属关系，由国务院主管部门或省、市、自治区发改委进行审批，实行分级管理。

工程项目建议书批准即为"立项"，说明项目有投资的必要性。立项后的项目即可纳入项目建设前期工作的计划，列入前期工作的计划建设项目即可进一步开展可行性研究。

第四节　工程项目的结构分析

一、项目结构分析

项目是由许多互相联系、互相影响、互相依赖的工程活动组成的行为系统，它具有系统的层次性、集合性、相关性、整体性特点。按照系统工作程序，在具体的项目工作，如设计、计划和实施之前必须对这个系统作出分析，确定它的构成及其单元之间的内在联系。

（1）对项目的系统总目标和总任务进行全面研究，以划定整个项目的系统范围，包括工程范围和项目所包括的实施责任范围。例如对于承包商，分析的对象是招标文件（包括合同文件、规范、图纸、工程量表）。通过分析可以确定承包商的工程范围和应承担的总体的合同责任。

（2）项目的结构分解。即按系统分析方法将由总目标和总任务所定义的项目分解开来，得到不同层次的项目单元（工程活动）。项目结构分解可以按照一定的规则由粗到细，由总体到具体，由上而下地进行。它是项目系统分析最重要的工作。

（3）项目单元的定义。将项目目标和任务分解落实到具体的项目单元上，从各个方面（质量、技术要求、实施活动的责任人、费用限制、工期、前提条件等）对它们作详细的说明和定义。这个工作应与相应的技术设计、计划、组织安排等工作同步进行。

（4）项目单元之间界面的分析。包括界限的划分与定义，逻辑关系的分析，实施顺序安排。将全部项目单元还原成一个有机的项目整体。这是进行网络分析、组织设计的基础工作。

项目结构分析是一个渐进的过程，它随着项目目标设计、规划、详细设计和计划工作的进展而逐渐细化。

项目结构分析既是项目管理的基础工作，也是项目管理最得力的工具。对于一个大而复杂的项目，如果没有科学的项目系统结构分析，或项目结构分析的结果得不到很好的利用，则不可能有高水平的项目管理，因为项目的设计、计划和控制不可能仅以整个笼统的项目为对象，而必须考虑各个部分、各个细节，考虑具体的工程活动。

在项目的设计和计划阶段，人们常常难以把所有的工作（工程）都考虑周全，也很难透彻地分析各子系统的内部联系，所以容易遗忘或疏忽一些项目所必需的工作（工程）。这会导致项目设计和计划的失误，项目实施过程中频繁的变更，实施计划被打乱，项目功能不全和质量缺陷，激烈的合同争执，甚至可能导致整个项目的失败。这些现象在实际工程中是很普遍的。

二、项目结构分解

1. 项目结构分解

（1）项目的结构分解图。项目结构分解是将项目行为系统分解成互相独立、互相影响、互相联系的工程活动，在项目管理中人们将这项工作的结果称为工作分解结构，即 WBS（Work Breakdown Structure）。项目计划系统的目标确定后，可按项目结构或按项目进展阶段进行分解，以便经分解后可编制各子项目计划，最终编制出整个工程项目的总计划，常见的项目结构分解图如图 2-2 所示。

图 2-2 中每一个单元（不分层次，无论在总项目的结构图中或在子结构图中）又统一被称为项目单元。项目结构图表达了项目总体的结构框架。工程项目工作分解结构的特点是能确保建设参与者（业主、承包商、监理工程师等）从整体出发，明确各自的责任，使计划有效地实施。在分解结构中，子项目计划具有相对独立的作业，项目参与者责、权分明，易于管理。

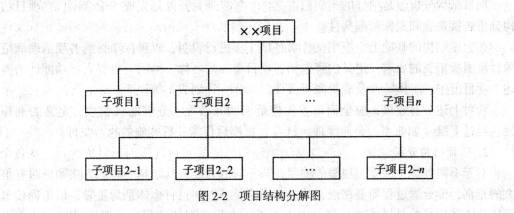

图 2-2 项目结构分解图

（2）项目结构分析表。将项目结构用表来表示则称为项目结构分析表，如表 2-3 所示。

表 2-3 * * 项目结构分析表

编码	名称	负责人	成本	* *	* *
10000					
11000					
11100					
11200					
12000					
12100					
12200					
12210					
12221					
12222					
12230					
13000					
13100					
13200					
14000					
14100					
14200					
14300					

项目结构分析表是项目的工作范围文件。如果项目任务是完成一份合同，则项目结构分析表就是合同工作范围文件。

在上述结构的基础上，应用文件对各项工作进行说明，以确保项目的各项活动满足项目范围所定义的要求。定义内容包括各项目单元的名称、编码、负责人、功能性的描述、项目范围、工作特性及成果测量或评定指标、计划成本等说明。

针对上述分解成果，应全面审查工作范围的完备性、分解的科学性、定义的准确性，经过上级（如业主、企业经理、顾客）批准后作为项目实施的执行文件。

2. 项目结构分解过程

对于不同种类、性质、规模的项目，从不同的角度，其结构分解的方法和思路有很大的差别，但分解过程却很相近，其基本思路是：以项目目标体系为主导，以工程技术系统范围和项目的总任务为依据，由上而下，由粗到细地进行。一般经过如下几个步骤：

（1）将项目分解成单个定义的且任务范围明确的子部分（子项目）。

（2）研究并确定每个子部分的特点和结构规则，它的实施结果以及完成它所需的活动，以便作进一步的分解。

（3）将各层次结构单元（直到最低层的工作包）收集于检查表上，评价各层次的分解结果。

（4）用系统规则将项目单元分组，构成系统结构图（包括子结构图）。

（5）分析并讨论分解的完整性。

（6）由决策者决定结构图，并形成相应的文件。

（7）建立项目的编码规划，对分解结果进行编码。

三、项目分解结构编码

每个项目单元编码是工程项目现代化信息处理的要求。为了计算机数据处理的方便，在项目初期，项目管理者应进行编码设计，建立整个项目统一的编码体系，确定编码规则和方法，是项目管理规范化的基本要求，也是项目管理系统集成的前提条件。

通过编码给项目单元以标识，使它们互相区别。编码能够标识项目单元的特征，可以方便地"读出"这个项目单元的信息，如属于哪个项目或子项目、实施阶段、功能和要素等。在项目管理过程中，项目的网络分析，成本管理，数据的储存、分析、统计，都依靠编码识别。编码设计是保证整个项目的计划、控制工作和管理系统的运行效率的关键。

项目的编码一般按照结构分解图，采用"父码+子码"的方法编制。例如在图 2-2 和表 2-3 中，项目编码为 1，则属于本项目的次层子项目的编码在项目的编码后加子项目的标识码，即为 11、12、13、14，等等，而子项目 11 的分解单元分别用 111、112、113 等表示。从一个编码中，可"读"出它所代表的信息，如 14223 表示项目 1 的第四个子项目，第二个任务，第二个子任务，第三个工作包。

对一个项目进行结构分解，究竟要达到什么样的详细程度才比较适合，例如分解到多少层次，分解到多少个工作包比较适合，很难定量地确定。一般来说，一个结构图不要分解太多的层次。层次太多，很难进行有效地管理。通常以 4~6 层为宜，即使是大项目也不宜超过 6 层。

第五节　工程项目融资

20 世纪 80 年代以前，在产品经济模式下，项目投资所需资金大部分来自财政预算投资这一单一渠道。随着我国的改革开放和市场的进程，投资领域发生了重大变化，投资主体多元化、投资渠道多源化、筹资方式多样化等已成为投资体制改革的重要标志。从总体上看，项目的资金来源可分为投入资金和借入资金，前者形成项目的资本金，后者形成项目的负债。在项目规划阶段，主要的融资模式有以下几种。

一、BOT 融资

BOT（build-operate-transfer 即建设-经营-转让）是 20 世纪 80 年代中后期发展起来的一种主要用于公共基础设施建设的项目融资方式，是私营企业参与基础设施建设，向社会提供公共服务的一种方式。我国一般称其为"特许权"，是指政府部门就某个基础设施项目与私人企业（项目公司）签订特许权协议，授予签约方的私人企业来承担基础设施项目的投资、融资、建设、经营与维护，在协议规定的特许期限内，私人企业向设施使用者收取适当的费用，以期回收项目的投融资，建造、经营和维护成本并获取合理回报；政府部门则拥有对这一基础设施的监督权、调控权；特许期届满，签约方的私人企业将该基础设施无偿或有偿移交给政府部门。其基本思路是：由项目所在国政府或其所属机构为项目的建设和经营提供一种特许权协议（Concession Agreement）作为项目融资的基础，由本国公司或者外国公司作为项目的投资者和经营者安排融资，承担风险，开发工程项目并在特许权协议期间经营项目获取商业利润。特许期满后，根据协议将该项目转让给相应的政府机构。

从 BOT 投资方式的基本内涵看，就是政府赋予私营公司或企业对某一项目的特许权，由其全权负责建设与经营，政府无须花钱，通过转让权利即可获得一些重大项目的建成并产生极大的社会效益，特许期满后还可以收回项目。当然，投资者也因为拥有一定时期的特许权而获得投资机会，并获得相应的利润。所以 BOT 投资方式能使多方获利，具有较好的投资效果。

1. BOT 融资的参与者

（1）项目发起人。作为项目发起人，首先应作为股东，分担一定的项目开发费用。在 BOT 项目方案确定时，就应明确债务和股本的比例，项目发起人应有一定的股本承诺。同时，应在特许协议中列出专门的备用资金条款，当建设资金不足时，由股东们自己垫付不足资金，以避免项目建设中途停工或工期延误。项目发起人拥有股东大会的投票权，以及特许协议中列出的资产转让条款所表明的权力，即当政府有意转让资产时，股东拥有除债权人之外的第二优先权，从而保证项目公司不被怀有敌意的人控制，保护项目发起人的利益。

（2）产品购买商或接受服务者。在项目规划阶段，项目发起人或项目公司就应与产品购买商签订长期的产品购买合同。产品购买商必须有长期的盈利历史和良好的信誉保证，并且其购买产品的期限至少与 BOT 项目的贷款期限相同，产品的价格也应保证使项目公司足以回收股本、支付贷款本息和股息，并有利润可赚。

（3）债权人。债权人应提供项目公司所需的所有贷款，并按照协议规定的时间、方式支付。当政府计划转让资产或进行资产抵押时，债权人拥有获取资产和抵押权的第一优先权；项目公司若想举新债必须征得债权人的同意；债权人应获得合理的利息。

（4）建筑发起人。BOT 项目的建筑发起人必须有很强的建设队伍和先进技术，按照协议规定的期限完成建设任务。为了充分保证建设进度，要求总发起人必须具有较好的工作业绩，并应有强有力的担保人提供担保。项目建设竣工后要进行验收和性能测试，以检测建设是否满足设计指标。一旦总发起人因本身原因未按照合同规定期限完成任务，或者完成任务未能通过竣工验收，项目公司将予以罚款。

（5）保险公司。保险公司的责任是对项目中各个角色不愿承担的风险进行保险，包括建筑商风险、业务中断风险、整体责任风险、政治风险（战争、财产充公等），等等。由于这些风险不可预见性很强，造成的损失巨大，所以对保险商的财力、信用要求很高，一般的中小保险公司是没有能力承担此类保险的。

（6）供应商。供应商负责供应项目公司所需的设备、燃料、原材料等。由于在特许期限内，对于燃料（原料）的需求是长期的和稳定的，供应商必须具有良好的信誉和较强而稳定的盈利能力，能提供至少不短于还贷期的一段时间内的燃料（原料），同时供应价格应在供应协议中明确注明，并由政府和金融机构对供应商进行担保。

（7）运营商。运营商负责项目建成后的运营管理，为保持项目运营管理的连续性，项目公司与运营商应签订长期合同，期限至少应等于还款期。运营商必须是 BOT 项目的专长者，既有较强的管理技术和管理水平，也有较丰富的管理此类项目的经验。在运营过程中，项目公司每年都应对项目的运营成本进行预算，列出成本计划，限制运营商的总成本支出。对于成本超支或效益提高，应有相应的罚款和奖励制度。

（8）政府。政府是 BOT 项目成功与否的最关键角色之一，政府对于 BOT 的态度以及在 BOT 项目实施过程中给予的支持将直接影响项目的成败。本书有关章节将详细说明 BOT 中的政府作用。

2. BOT 的融资方式

随着国际金融工具的不断创新，跨国投资形式的多样化，国际上发展出多种形式，主要有：

（1）BOT（build-operate-transfer）：即建设-经营-转让。政府授予项目公司建设新项目的特许权时，通常采用这种方式。

（2）BOOT（build-own-operate-transfer）：即建设-拥有-经营-转让。这种方式明确了 BOT 方式的所有权，项目公司在特许期内既有经营权又有所有权。

（3）BOO（build-own-operate）：即建设-拥有-经营。这种方式是开发商按照政府授予的特许权，建设并经营某项基础设施，但并不将此基础设施移交给政府或公共部门。

（4）BOOST（build-own-operate-subsidy-transfer）：即建设-拥有-经营-补贴-转让。

（5）BLT（build-lease-transfer）：即建设-租赁-转让。政府出让项目建设权，在项目运营期内，政府有义务成为项目的租赁人，在租赁期结束后，所有资产再转移给政府公共部门；

（6）BTO（build-transfer-operate）：即建设-转让-经营。

（7）IOT（investment-operate-transfer）：即投资-经营-转让。收购现有的基础设施，然后再根据特许权协议运营，最后移交给公共部门。

（8）ROO（rehabilitate-operate-own）：即修复-经营-拥有。

（9）此外，还有其他不同方式，具体操作上也存在一些差异，但它们的结构与BOT并无实质差别，所以习惯上将上述所有方式统称为BOT。

3. BOT 模式的组织形式

（1）项目发起方成立项目专设公司（项目公司），专设公司同东道国政府或有关政府部门达成项目特许协议。

（2）项目公司与建设承包商签署建设合同，并得到建筑商和设备供应商的保险公司的担保。专设公司与项目运营承包商签署项目经营协议。

（3）项目公司与商业银行签订贷款协议或与出口信贷银行签订买方信贷协议。

（4）进入经营阶段后，项目公司把项目收入转移给一个担保信托。担保信托再把这部分收入用于偿还银行贷款。

以 BOT 模式参与项目的政府公共机构和民营机构之间是以等级式关系发生相互作用的，其组织形式如图2-3。

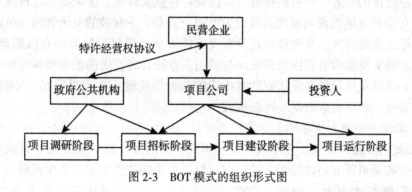

图 2-3　BOT 模式的组织形式图

4. BOT 融资的特点

（1）可利用私人企业投资，减少政府公共借款和直接投资，缓和政府的财政负担。

（2）避免或减少政府投资可能带来的各种风险，如利率和汇率风险、市场风险、技术风险等。

（3）有利于提高项目的运作效益。因为一方面 BOT 项目一般都涉及巨额资金的投入，以及项目周期长所带来的风险，由于有私营企业的参加，贷款机构对项目的要求就会比对政府更严格；另一方面私营企业为了减少风险，获得较多的收益，客观上促使其加强管理，控制造价，减少项目建设费用，缩短建造期。

（4）可提前满足社会与公众需求。采取 BOT 投资方式，可在私营企业的积极参与下，使一些本来急需建设而政府目前又无力投资建设的基础设施项目，在政府有力量建设前，提前建成发挥作用，从而有利于全社会生产力的提高，并满足社会公众的需求。

（5）为大型承包公司提供更多的发展机会，有利于刺激经济发展和就业率的提高。

（6）BOT投资项目的运作可带来技术转让、培训本国人员、发展资本市场等相关利益。

（7）BOT投资整个运作过程都与法律、法规相联系，因此，利用BOT投资不但有利于培养各专业人才，也有助于促进东道国法律制度的健全与完善。

在BOT融资模式下，参与项目融资的公共机构和民营企业之间采用的几乎是一种等级结构，缺乏有效的相互协调机制，各参与方都有自己的利益目标，而且着重短期利益，相互之间以牺牲其他参与方的利益来获取自身的单方利益最优，从而不利于社会总收益最大化。

二、BT 融资

BT是build（建设）和transfer（转让）缩写形式，即"建设-转让"，是政府利用非政府资金来进行基础非经营性设施建设项目的一种融资模式，是BOT模式的一种变换形式，指一个项目的运作通过项目公司总承包，融资、建设验收合格后移交给业主，业主向投资方支付项目总投资加上合理回报的过程。随着我国经济建设的高速发展及国家宏观调控政策的实施，原有的投资融资格局存在重大缺陷，金融资本、产业资本、建设企业及其关联市场在很大程度上被人为阻隔，资金缺乏有效的封闭管理，风险和收益分担不对称，金融机构、开发商、建设企业不能形成以项目为核心的有机循环闭合体，优势不能相补，资源没有得到合理流动与运用，基础设施投资的银根压缩受到前所未有的冲击，如何筹集建设资金成了制约基础设施建设的关键。在此背景下，采用BT模式筹集建设资金成了项目融资的一种新模式。

1. BT 融资的条件与要求

BT模式的实施依据为《中华人民共和国政府采购法》第二条"政府采购是指各级国家机关、事业单位和团体组织，使用财政性资金采购依法制定的集中采购目录以内的或者采购限额标准以上的货物、工程和服务的行为"以及中华人民共和国建设部[2003] 30号《关于关于培育发展工程总承包和工程项目管理企业的指导意见》第四章第七条"鼓励有投融资能力的工程总承包企业，对具备条件的工程项目，根据业主的要求按照建设-转让（BT）、建设-经营-转让（BOT）、建设-拥有-经营（BOO）、建设-拥有-经营-转让（BOOT）等方式组织实施"。

BT融资模式一般适用于运作周期长、投资较大的政府投资的基础设施建设项目工程，比如邮电、学校、公园、监狱、铁路、环境保护、防洪救灾、轨道交通等市政公共基础设施，以及不收费的公路、桥梁、隧道等市政设施项目。项目的非营利性特点决定了很多项目不具备民间企业进入经营的条件，在项目建成后投资方也无法直接为公众提供其产品和服务，以收取相应的费用，因此项目投资方只能从政府得到适当的补偿，要求BT项目发起方及BT项目投资方都具有较高的信用和投资能力。

2. BT 融资的运作流程

（1）政府根据当地社会和经济发展需要对项目进行立项，完成工程项目建议书、可行性研究、筹划报批等前期工作，将项目融资和建设的特许权转让给投资方（依法注册成立的国有或私有建筑企业），银行或其他金融机构根据项目未来的收益情况对投资方的经济实力等情况为项目提供融资贷款，政府与投资方签订 BT 投资合同，投资方组建 BT 项目公司，投资方在建设期间行使业主职能，对项目进行融资、建设并承担建设期间的风险。

（2）项目竣工后，按 BT 合同，投资方将完工验收合格的项目转让给政府，政府按约定总价（或计量总价加上合理回报）按比例分期偿还投资方的融资和建设费用。

（3）在 BT 投资全过程中，政府行使监管，保证项目的顺利融资、建设、转让。投资方是否具有与项目规模相适应的实力，是 BT 项目能否顺利建设和转让的关键。

根据 BT 融资的运作流程，实行 BT 融资模式的项目流程分为以下几个阶段：

（1）项目的确定阶段：政府对项目立项，完成项目建设书、可行性研究、筹划报批等工作。

（2）项目的前期准备阶段：政府确定融资模式、贷款金额的时间及数量上的要求、偿还资金的计划安排等工作。

（3）项目的合同确定阶段：政府确定投资方，谈判商定双方的权利与义务等工作。

（4）项目的建设阶段：参与各方按 BT 合同要求，行使权利，履行义务。

（5）项目的移交阶段：竣工验收合格、合同期满，投资方有偿转让给政府，政府按约定总价，按比例分期偿还投资方的融资和建设费用。

3. BT 融资的特点

随着我国工程建设领域投融资体制的改革，越来越多的工程项目，尤其是基础设施项目，开始采用 BT 模式进行建设。作为一种由 BOT（建设-经营-转让）演变而来的投资方式，BT 项目同样具有 BOT 项目的根本特征，也有其自身特点：

（1）BT 模式仅适用于政府基础设施非经营性项目建设。

（2）政府利用的资金是非政府资金，是通过投资方融资的资金，融资的资金可以是银行的，也可以是其他金融机构或私有的，可以是外资的也可以是国内的。

（3）BT 模式仅是一种新的投资融资模式，BT 模式的重点是 B 阶段，即建设阶段。

（4）投资方在项目建成转让时不进行经营，获取经营收入。

（5）政府按比例分期向投资方支付合同的约定总价。

4. BT 融资的风险与控制

BT 融资是 20 世纪 80 年代才开始的，20 世纪 90 年代从广东率先引入，主要适用于建设公共基础设施，投资巨大，建设周期长，同时有着很大的质量风险、政策风险、自然风险等。因此，在这样的情况下，项目能否按预期顺利完工、转让给政府，是否会因建设中的违法、违规而使项目搁置，甚至终止，等等；不可预知的因素太多。因此，金融机构如果只注重放贷前的严格审查，盲目认为有政府"买单"就可以高枕无忧，而对整个项目过程失去必要的了解和监管，对项目的进展和变化情况一无所知，对于可能出现的变故毫无思想和机制上的准备，也无应对和降低贷款风险的措施，必然会在项目上发生问题、贷款资金无法回收的情况。作为 BT 项目的投资方，建筑企业的权利不仅应通过作为项目建设单位这一法律身份加以固定，还应设定有效的担保以确保其投资款的回收及相应投资回报的如期获取。

鉴于此，对于那些拟通过 BT 模式提高竞争力的建筑企业来讲，在介入 BT 项目前后，应注意以下几点：

（1）应深入分析相关招标文件以确定 BT 项目真伪，防范假 BT 模式可能带来的风险。

（2）积极开展对 BT 项目的调查，包括项目合法性以及项目运作前景预测等。

（3）重视对 BT 项目中招标单位回购担保的审查，以确保担保方案的有效性和可行性。

（4）对于实践中有关部门由于对 BT 模式不了解，仍按一般工程承包办理相应手续的做法应主动要求纠正，以避免该类登记方式不当，降低对承包商的保护力度，加大投资风险。

（5）重视 BT 项目的签约管理和履约管理。可聘请专业律师进行全过程把关，积极防范相当长的建设周期内可能出现的法律风险。

BT 建设承包人负责建设资金的筹集和项目建设，并在项目完工时立即转让给建设单位（通常为政府），建设单位向 BT 建设承包人支付工程建设费用和融资费用，支付时间由 BT 建设双方约定（可能是工程建设开始，也可能是工程建设完成后开始）。如果出现 BT 项目建设承包人无力归还金融机构贷款的情况，绝大多数金融机构已诉至法院，采取了诉前保全或诉讼保全的措施，但往往由于欠款人在借款时并未提供过相应的财产抵押，或抵押的财产与借款金额相差巨大，这种方式只能帮助金融机构挽回少量损失。除此之外，还可以继续采取以下补救措施：

（1）保全建设项目，如果该建设项目尚未转让，理论上讲该项目的所有权人仍是 BT 项目的建设承包人。

（2）如果该项目已经转让，保全 BT 建设承包人的到期和预期债权；承包人的债权人一般是政府，相对来说是有保障的。

（3）如果该承包人又是其他拥有优质资产公司的股东或实际控制人，那么，对该承包人在其他公司的股权进行保全，通过诉讼取得股权及其收益权，并通过将来对该股权的转让收回贷款。

三、TOT 融资

TOT 是 transfer-operate-transfer 的缩写，即转让-经营-转让，通常是指政府部门或国有企业将建设好的项目的一定期限的产权或经营权，有偿转让给投资人，由其进行运营管理；投资人在约定的期限内通过经营收回全部投资并得到合理的回报，双方合约期满之后，投资人再将该项目交还政府部门或原企业的一种融资方式。

TOT 融资是企业进行收购与兼并所采取的一种特殊形式，可以理解为基础设施企业或资产的收购与兼并。是通过经营权转让，把存量部分资产的经营权置换给投资者，双方约定一定的转让期限，经营权受让方全权享有经营设施及资源所带来的收益，期满后再由经营权受让方移交给经营权转让方。它是相对于增量部分资源转让即 BOT（建设-经营-转让）而言的，都是融资的方式和手段之一。

1. TOT 融资程序

（1）制订 TOT 方案并报批。转让方须先根据国家有关规定编制 TOT 工程项目建议书，征求行业主管部门同意后，按现行规定报有关部门批准。国有企业或国有基础设施管理人只有获得国有资产管理部门批准或授权才能实施 TOT 方式。

（2）项目发起人（同时又是投产项目的所有者）设立 SPV 或 SPC（special purpose vehicle, or special purpose corporation），发起人把完工项目的所有权和新建项目的所有权均转让给 SPV，以确保有专门机构对两个项目的管理、转让、建造负有全权，并对出现的问题加以协调。SPV 常常是政府设立或政府参与设立的具有特许权的机构。

（3）TOT 项目招标。按照国家规定，需要进行招标的项目，须采用招标方式选择 TOT 项目的受让方，其程序与 BOT 方式大体相同，包括招标准备、资格预审、准备招标文件、评标等。

（4）SPV 与投资者洽谈以达成转让投产运行项目在未来一定期限内全部或部分经营权的协议，并取得资金。

（5）转让方利用获得资金，用以建设新项目。

（6）新项目投入使用。

（7）项目期满后，收回转让的项目。转让期满，资产应在无债务、未设定担保、设施状况完好的情况下移交给原转让方。

开展 TOT 项目融资，其主要好处有：

（1）盘活城市基础设施存量资产，开辟经营城市新途径。随着城市扩容速度加快，迫切需要大量资金用于基础设施建设，面对巨大资金需求，地方财政投入可以说是"杯水车薪"、"囊中羞涩"。另一方面，通过几十年的城市建设，城市基础设施中部分经营性资产的融资功能一直闲置，没有得到充分利用，甚至出现资产沉淀现象。如何盘活这部分存量资产，以发挥其最大的社会和经济效益，是每个城市经营者必须面对的问题。TOT 项目融资方式，正是针对这种现象设计的一种经营模式。

（2）增加了社会投资总量，以基础行业发展带动相关产业的发展，促进整个社会经济稳步增长。TOT 项目融资方式的实施，盘活了城市基础设施存量资产，同时也引导更多的社会资金投向城市基础设施建设，从"投资"角度拉动了整个相关产业迅速发展，促进社会经济平稳增长。

（3）促进社会资源的合理配置，提高了资源使用效率。在计划经济模式下，公共设施领域经营一直是沿用垄断经营模式，其他社会主体很难进入基础产业行业。由于垄断经营本身的一些"痼疾"，使得公共设施长期经营水平低下，效率难以提高。引入 TOT 项目融资方式后，由于市场竞争机制的作用，给所有基础设施经营单位增加了无形压力，促使其改善管理，提高生产效率。同时，一般介入 TOT 项目融资的经营单位，都是一些专业性的公司，在接手项目经营权后，能充分发挥专业分工的优势，利用其成功的管理经验，使项目资源的使用效率和经济效益迅速提高。

（4）促使政府转变观念和转变职能。实行 TOT 项目融资后，首先，政府可以真正体会到"经营城市"不仅仅是一句口号,更重要的是一项严谨、细致、科学的工作;其次,政府对增加城市基础设施投入增添了一项新的融资方法。政府决策思维模式将不仅紧盯"增量投入",而且时刻注意到"存量盘活";再次,基础设施引入社会其他经营主体后,政府可以真正履行"裁判员"角色,把工作重点放在加强对城市建设规划、引导社会资金投入方向、更好地服务企业、监督企业经济行为等方面工作上来。

2. TOT 模式的优势

和其他融资方式相比,TOT 项目融资方式有其独特的优势,这些优势主要体现在:

(1) 与 BOT 项目融资方式比较。BOT 项目融资是"建设-经营-转让"模式的简称。TOT 项目融资方式与之相比,省去了建设环节,使项目经营者免去了建设阶段风险,使项目接手后就有收益。另一方面,由于项目收益已步入正常运转阶段,使得项目经营者通过把经营收益权向金融机构提供质押担保方式再融资,也变得容易多了。

(2) 与向银行和其他金融机构借款融资方式比较。银行和其他金融机构向项目法人贷款其实质是一种借贷合同关系。虽然也有一些担保措施,但由于金融机构不能直接参与项目经营,只有通过间接手段监督资金安全使用。在社会信用体系还没有完全建立起来的阶段,贷款者要承担比较大的风险。由于贷款者"惜贷"心理作用,项目经营者想要通过金融机构筹集资金,其烦琐手续和复杂的人事关系常常使人止步。TOT 项目融资,出资者直接参与项目经营,由于利益驱动,其经营风险自然会控制在其所能承受的范围内。

(3) 与合资、合作融资方式比较。合资、合作牵涉两个以上的利益主体。由于双方站在不同利益者角度,合资、合作形式一般都存在一段"磨合期",决策程序相对也比较长,最后利润分配也是按协议或按各方实际出资比例分配。实行 TOT 项目融资,其经营主体一般只有一个,合同期内经营风险和经营利益全部由经营者承担,这样,企业内部决策效率和内部指挥协调工作的开展相对容易多了。

(4) 与内部承包或实物租赁融资方式比较。承包或租赁虽然也是把项目经营权在一定时期让渡出去,但与 TOT 项目融资相比,仍有许多不同之处。经营承包一般主体为自然人,项目对外法人地位不变,项目所有权权力完整保留。租赁行为虽然经营者拥有自己独立的对外民事权力,但资产所有权权力乃由出租者行使,租赁费用一般按合同约定分批支付或一年支付一次。TOT 项目融资是两个法人主体之间的契约行为,经营者在合同期内,仍有独立的民事权利和义务,按合同约定,经营者还可拥有部分财产所有者的权利。经营者取得财产经营权的费用也一次性支付。

(5) 与融资租赁方式比较。融资租赁是指出租者根据承租人对供应商和设备的选定,购买其设备交由承租人使用,承租人支付租金的行为。融资租赁方式涉及购买和租赁两个不同合同,合同主体也涉及出租人、供应商、承租人三方。其运作实质是"以融物形式达到融资的目的"。TOT 项目融资方式,合同主体只有财产所有人和其他社会经营主体两者。经营者既是出资者,又是项目经营者。所有者暂时让渡所有权和经营权,其目的是通过项目融资,筹集到更多的建设资金投入到城市基础设施建设。TOT 项目融资方式,省去了设备采购和建设安装环节,其采购设备调试风险和建设安装风险已由项目所有者承担。合同约定的标的交付后,经营者即可进入正常经营阶段，获取经营收益。

（6）与道路两厢或其他土地开发权作为补偿方式比较。以开发权作为补偿项目其本身一般不具备创收经营权，项目具有纯公益性质。TOT项目融资，其项目本身必须是经营性资产，有比较固定的收益。与取得其他开发权融资方式比较，省去了建设环节风险和政策不确定性因素风险，其运作方式对项目所有者和经营者都有益处。

3. TOT融资的风险控制

（1）注意新建项目的效益。由于新建项目规模大，耗费资金多，因此一定要避免以前建设中曾经出现的"贪洋求大"、效益低、半途而废等情况。首先，在目前TOT融资方式经验不足的情况下，要做好试点工作，并及时总结经验，从小到大，从单项到综合项目逐步展开。其次，在建设前一定要进行全面、详细的评估、论证，要充分估计TOT的负面效应，提出相关预防措施。对于事关国家建设全局的重大项目，要慎之又慎，切忌草率决定，仓促上马。中央有关部门应从国民经济全局的角度出发，严格审核、审批，防止一哄而起，盲目引进外资，防止重复建设。

（2）注意转让基础设施价格问题。①由于外方接受的是已建基础设施，避免了建设时期和试生产时期的大量风险，而由我方承担这些风险。因此，经营权的转让价应合理提高，作为对承担风险的"对价"。②由于TOT项目多为基础设施项目，其价格高低必然会对社会经济造成较大影响。而由于外方承担风险较低，花费少，因此，项目产品价格应按国内标准合理制订，要与社会经济承受能力相适应。

（3）加强国有资产评估。受让方买断某项资产的全部或部分经营权时，必须进行资产评估。转让资产如果估价过低，会造成国有资产流失；估价过高则可能影响受让方的积极性和投资热情。因此，要正确处理好资产转让和资产评估的关系。聘请的评估机构应具有相应资质，在评估时最好与转让方和其聘请的融资顾问及时沟通，评估结果应报国有资产管理部门批准。

（4）应明确规定转移经营权的项目的维修改造。为防止外商（受让方）竭泽而渔，在移交回我方时是一个千疮百孔的烂摊子，可以采用一种过渡期的办法。在过渡期内，双方共同管理、共同营运项目，收入按一定比例分享，以利于我方对项目运行的监督管理。此外，还应鼓励外商对项目进行技术改造、设备更新和必要的其他扩建改造。

（5）进一步改善TOT方式的投资法律环境问题。尽管TOT涉及环节较少，但作为一种利用外资的新形式，必然要求有完善的法律环境的保证。政府应通过立法规范TOT相关主体的行为，明确各方权利义务，保证转让项目的有偿使用和特许经营权的稳定性，保障投资者合法权益，尽量减少投资的法律风险。因此，有必要依据我国国情和国际惯例，制定出一套适合于TOT方式的法律法规，为TOT在我国的有效利用创造良好的法律环境。

四、PPP融资

PPP融资是public-private-partnership的缩写，通常译为"公共私营合作制"，是指政府与私人组织之间，为了合作建设基础设施项目或是为了提供某种公共物品和服务，以特许权协议为基础，彼此之间形成一种伙伴式的合作关系，并通过签署合同来明确双方的权利和义务，以确保合作的顺利完成，最终使合作各方达到比预期单独行动更为有利的结果。

PPP 模式是公共基础设施建设中发展起来的一种优化的项目融资与实施模式，一种以各参与方的"双赢"或"多赢"为合作理念的现代融资模式。其典型的结构为：政府部门或地方政府通过政府采购形式与中标单位组成的特殊目的公司签订特许合同（特殊目的公司一般由中标的建筑公司、服务经营公司或对项目进行投资的第三方组成股份有限公司），由特殊目的公司负责筹资、建设及经营。政府通常与提供贷款的金融机构达成一个直接协议，这个协议不是对项目进行担保的协议，而是一个向借贷机构承诺将按与特殊目的公司签订的合同支付有关费用的协定，这个协议使特殊目的公司能比较顺利地获得金融机构的贷款。采用这种融资形式的实质是：政府通过给予私营公司长期的特许经营权和收益权来换取基础设施的加快建设及有效运营。

为适应现代经济飞速发展，各国十分重视公共基础设施建设，但是单靠政府资金已不能满足需求。随着政府财政在公共基础设施建设中地位的下降，私人企业在公共基础设施的建设中开始发挥越来越重要的作用。1992 年英国最早应用 PPP 模式。英国 75% 的政府管理者认为 PPP 模式下的工程达到和超过价格与质量关系的要求，可节省 17% 的资金。80% 的工程项目按规定工期完成，常规招标项目按期完成的只有 30%；20% 未按期完成的、拖延时间最长没有超过 4 个月。同时，80% 的工程耗资均在预算之内，一般传统招标方式只能达到 25%；20% 超过预算的是因为政府提出调整工程方案。按照英国的经验，适于 PPP 模式的工程包括：交通（公路、铁路、机场、港口）、卫生（医院）、公共安全（监狱）、国防、教育（学校）、公共不动产管理。智利是在国家平衡基础设施投资和公用事业急需改善的背景下于 1994 年引进 PPP 模式的。结果是提高了基础设施现代化程度，并获得充足资金投资到社会发展计划。至今已完成 36 个项目，投资额 60 亿美元。其中，24 个交通领域工程、9 个机场、2 个监狱、1 个水库，年投资规模由实施以前的 3 亿美元增加到 17 亿美元。葡萄牙自 1997 年启动 PPP 模式，首先应用在公路网的建设上。至 2006 年的 10 年期间，公路里程比原来增加一倍。除公路以外，正在实施的工程还包括医院的建设和运营、修建铁路和城市地铁。巴西于 2004 年12 月通过"公私合营（PPP）模式"法案，该法对国家管理部门执行 PPP 模式下的工程招投标和签订工程合同做出具体的规定。据巴西计划部称，已经列入 2004—2007 年四年发展规划中的 23 项公路、铁路、港口和灌溉工程将作为 PPP 模式的首批招标项目，总投资 130.67 亿雷亚尔。

在我国社会主义市场经济的当前阶段，过度依靠政府来进行公共基础设施建设，不可避免地会遇到国外政府早已碰到过的种种问题。因此，促进我国基础设施建设项目的民营化，在我国基础设施建设领域引入 PPP 模式，具有极其重要的现实价值。我国政府也开始认识到这些重要价值，并为 PPP 模式在我国的发展提供了一定的国家政策层面的支持和法律法规层面的支持。

PPP 模式主要包括以下 4 个方面：

（1）PPP 是一种以项目为主体的融资活动，是项目融资的一种实现形式，主要根据项目的预期收益、资产以及政府扶持措施的力度而不是项目投资人或发起人的资信来安排融资。项目经营的直接收益和通过政府扶持所转化的效益是偿还贷款的资金来源，项目公司的资产和政府给予的有限承诺是贷款的安全保障。

（2）PPP融资模式可以使民营资本更多地参与到项目中，以提高效率，降低风险。这也正是现行项目融资模式所欠缺的。政府的公共部门与民营企业以特许权协议为基础进行全程的合作，双方共同对项目运行的整个周期负责。PPP方式的操作规则使民营企业参与到城市轨道交通项目的确认、设计和可行性研究等前期工作中来，这不仅降低了民营企业的投资风险，而且能将民营企业在投资建设中更有效率的管理方法与技术引入项目中来，还能有效地实现对项目建设与运行的控制，从而有利于降低项目建设投资的风险，较好地保障国家与民营企业各方的利益。这对缩短项目建设周期，降低项目运作成本甚至资产负债率都有值得肯定的现实意义。

（3）PPP模式可以在一定程度上保证民营资本"有利可图"。私营部门的投资目标是寻求既能够还贷又有投资回报的项目，无利可图的基础设施项目是吸引不到民营资本的投入的。而采取PPP模式，政府可以给予私人投资者相应的政策扶持作为补偿，从而很好地解决了这个问题，如税收优惠、贷款担保、给予民营企业沿线土地优先开发权等。通过实施这些政策可提高民营资本投资城市轨道交通项目的积极性。

（4）PPP模式在减轻政府初期建设投资负担和风险的前提下，提高基础设施建设的服务质量。在PPP模式下，公共部门和民营企业共同参与城市基础设施的建设和运营，由民营企业负责项目融资，有可能增加项目的资本金数量，进而降低较高的资产负债率，而且不但能节省政府的投资，还可以将项目的一部分风险转移给民营企业，从而减轻政府的风险。同时双方可以形成互利的长期目标，更好地为社会和公众提供服务。

1. PPP模式的必要条件

从国外近年来的经验看，以下几个因素是成功运作PPP模式的必要条件。

（1）政府部门的有力支持。在PPP模式中公共民营合作双方的角色和责任会随项目的不同而有所差异，但政府的总体角色和责任——为大众提供最优质的公共设施和服务——却是始终不变的。PPP模式是提供公共设施或服务的一种比较有效的方式，但并不是对政府有效治理和决策的替代。在任何情况下，政府均应从保护和促进公共利益的立场出发，负责项目的总体策划、组织招标、理顺各参与机构之间的权限和关系、降低项目总体风险等。

（2）健全的法律法规制度。PPP项目的运作需要在法律层面上，对政府部门与企业部门在项目中需要承担的责任、义务和风险进行明确界定，保护双方利益。在PPP模式下，项目设计、融资、运营、管理和维护等各个阶段都可以采纳公共民营合作，通过完善的法律法规对参与双方进行有效约束，是最大限度发挥优势和弥补不足的有力保证。

（3）专业化机构和人才的支持。PPP模式的运作广泛采用项目特许经营权的方式，进行结构融资，这需要比较复杂的法律、金融和财务等方面的知识。一方面要求政策制定参与方制订规范化、标准化的PPP交易流程，对项目的运作提供技术指导和相关政策支持；另一方面需要专业化的中介机构提供具体专业化的服务。

2. PPP 模式的目标及运作思路

PPP 模式的目标有两种，一是低层次目标，指特定项目的短期目标；二是高层次目标，指引入私人部门参与基础设施建设的综合长期合作的目标机构目标层次，如表 2-4 所示。

表 2-4 　　　　　　　　　　　　　　　　　　**机构目标层次关系**

目标层次	机构之间		机构内部
	公共部门	私人部门	
低层次目标	增加或提高基础设施服务水平	获取项目的有效回报	分配责任和收益
高层次目标	资金的有效利用	增加市场份额或占有量	有效服务设施的供给

PPP 模式的组织形式非常复杂，既可能包括私人营利性企业、私人非营利性组织，同时还可能包括公共非营利性组织（如政府）。合作各方之间不可避免地会产生不同层次、类型的利益和责任的分歧。只有政府与私人企业形成相互合作的机制，才能使得合作各方的分歧模糊化，在求同存异的前提下完成项目的目标。PPP 模式的机构层次就像金字塔一样，金字塔顶部是项目所在国的政府，是引入私人部门参与基础设施建设项目的有关政策的制定者。

项目所在国政府对基础设施建设项目有一个完整的政策框架、目标和实施策略，对项目的建设和运营过程的参与各方进行指导和约束。金字塔中部是项目所在国政府有关机构，负责对政府政策指导方针进行解释和运用，形成具体的项目目标。金字塔的底部是项目私人参与者，通过与项目所在国政府的有关部门签署一个长期的协议或合同，协调本机构的目标、项目所在国政府的政策目标和项目所在国政府有关机构的具体目标之间的关系，尽可能使参与各方在项目进行中达到预定的目标。这种模式的一个最显著的特点就是项目所在国政府或者所属机构与项目的投资者和经营者之间的相互协调及其在项目建设中发挥的作用。PPP 模式是一个完整的项目融资概念，但并不是对项目融资的彻底更改，而是对项目生命周期过程中的组织机构设置提出了一个新的模型。它是政府、营利性企业和非营利性企业基于某个项目而形成以"双赢"或"多赢"为理念的相互合作形式，参与各方可以达到与预期单独行动相比更为有利的结果，其运作思路如图 2-4 所示。

3. PPP 模式的优点

PPP 模式中的参与各方可以达到与预期单独行动相比更为有利的结果，虽然没有达到自身理想的最大利益，但总收益却是最大的，实现了"帕雷托"效应，即社会效益最大化，这显然更符合公共基础设施建设的宗旨。

PPP 模式使政府部门和民营企业能够充分利用各自的优势，即把政府部门的社会责任、远景规划、协调能力与民营企业的创业精神、民间资金和管理效率结合到一起。PPP 模式的优点如下：

（1）消除费用的超支。公共部门和私人企业在初始阶段私人企业与政府共同参与

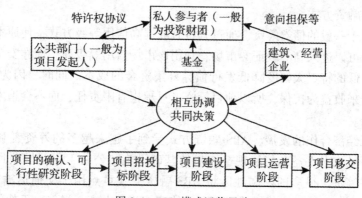

图 2-4　PPP 模式运作思路

项目的识别、可行性研究、设施和融资等项目建设过程，保证了项目在技术和经济上的可行性，缩短前期工作周期，使项目费用降低。PPP 模式只有当项目已经完成并得到政府批准使用后，私营部门才能开始获得收益，因此 PPP 模式有利于提高效率和降低工程造价，能够消除项目完工风险和资金风险。研究表明，与传统的融资模式相比，PPP 项目平均为政府部门节约 17%的费用，并且建设工期都能按时完成。

（2）有利于转换政府职能，减轻财政负担。政府可以从繁重的事务中脱身出来，从过去的基础设施公共服务的提供者变成一个监管的角色，从而保证质量，也可以在财政预算方面减轻政府压力。

（3）促进了投资主体的多元化。利用私营部门来提供资产和服务能为政府部门提供更多的资金和技能，促进了投融资体制改革。同时，私营部门参与项目还能推动在项目设计、施工、设施管理过程等方面的革新，提高办事效率，传播最佳管理理念和经验。

（4）政府部门和民间部门可以取长补短，发挥政府公共机构和民营机构各自的优势，弥补对方身上的不足。双方可以形成互利的长期目标，可以以最有效的成本为公众提供高质量的服务。

（5）使项目参与各方整合组成战略联盟，对协调各方不同的利益目标起关键作用。

（6）风险分配合理。与 BOT 等模式不同，PPP 在项目初期就可以实现风险分配，同时由于政府分担一部分风险，使风险分配更合理，减少了承建商与投资商风险，从而降低了融资难度，提高了项目融资成功的可能性。政府在分担风险的同时也拥有一定的控制权。

（7）应用范围广泛，该模式突破了目前的引入私人企业参与公共基础设施项目组织机构的多种限制，可适用于城市供热等各类市政公用事业及道路、铁路、机场、医院、学校等。

五、ABS 融资

ABS（asset-backed securitization，即以资产支持的证券化）是以目标项目所拥有的资产为基础，以该项目资产的未来收益为保证，通过在国际资本市场上发行债券筹集资金的一种项目融资方式。

ABS 区别于一般的债券筹资，通过其特有的提高信用等级方式，使原本信用等级较低的项目照样可以进入高等级证券市场，利用该市场信用等级高、债券安全性和流动性高、债券利率低的特点大幅度降低发行债券筹集资金的成本。同时，因为 ABS 是以一定的资产的未来收益为担保，所以项目筹资者只承担有限责任，而不会追索到项目主办人的其他资产。

随着国际经济合作的发展，ABS 融资方式受到了越来越多的筹资者和投资者的重视。凡是可预见未来收益和持续现金流量的基础设施和公共工程开发项目，都可利用 ABS 融资方式筹资。很多国家和地区将 ABS 融资方式重点用于交通运输部门的铁路、公路、港口、机场、桥梁、隧道建设项目，能源部门的电力、煤气、天然气基本设施建设项目，公共事业部门的医疗卫生项目，供水、供电和电信网络等公共设施建设项目，并取得了很好的效果。

1. ABS 融资的参与者

资产证券化采用的组织形式不同，参与的主体也会有所不同，一般会涉及以下各方参与者：发起人或原始权益人、服务商、发行人或特殊目的载体、证券承销商、受托管理人、投资者、信用评级机构和信用增级机构等。

（1）发起人或原始权益人。发起人或原始权益人是指拥有一定权益资产的当事人。

（2）服务商。通常由发起人自身或其指定的银行来承担，主要负责收集权益资产到期以及代替发行人支付证券本息。

（3）发行人或特殊目的载体。指专为资产担保证券化而成立的机构。

（4）证券承销商。证券承销商通过包销或代销的方式销售证券，其发行结构必须符合法律、会计、税务等制度的要求。

（5）受托管理人。受托管理人的主要职责：一是作为发行人的代理人向投资者发行证券；二是将权益资产的应收款转给投资者或再投资，三是对服务商提供的报告进行确认并转给投资者，当服务商不能履行其职责时，受托人应取代服务商角色的作用。

（6）投资者。资产担保证券的最终购买者。目前资产担保证券的最终购买者一般为一些投资机构，如保险公司、养老金和退休金等。

（7）信用评级机构。对将要发行的证券风险与收益进行评价，给出证券的信用等级，为投资者提供合理、可靠的依据。国际主要的信用评级机构包括标准普尔、穆迪、惠誉以及达夫菲尔普斯等。

（8）信用增级机构。提升证券信用等级，使之可以进入高档资本市场进行融资。信用增级机构可以是政府或政府性的机构，也可以是商业机构。

2. ABS 融资的运作过程

一般完整的交易要经过以下环节，如图 2-5 所示。

（1）确定证券化资产，组建资产池。原始权益人在分析自身融资需求以及对已拥有资产进行清理、估算、考核后，根据证券化目标确定出具体的资产目标。最后，筛选出的资产汇集成资产池。需要注意的是，原始权益人对资产池中的每项资产都必须拥有

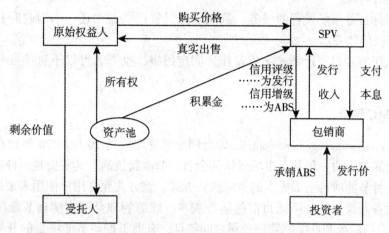

图 2-5 资产证券化运作流程图

完整的所有权。

（2）设立特殊目的载体 SPV（special purpose vehicle，特殊目的机构）。SPV 的设立是证券化过程中的关键环节，其目的是最大限度地降低原始权益人的破产风险对证券化的影响。

（3）资产的真实出售。原始权益人将资产池中的资产转移给 SPV，即债券转让，是证券化过程中的重要环节。

（4）进行信用增级。为吸引投资者并降低融资成本，必须对资产证券化产品进行信用增级，以提高所发行证券的信用等级。

（5）进行信用评级。在按评级机构的要求进行信用增级之后，评级机构才进行正式的发行评级，并向投资者公布最终的评级结果。

（6）ABS 的发行和交易。信用评级完成并公布结果，同时获得证券监管机构的批准后，SPV 将证券交由承销商去销售，在资本市场上进行流通交易。

（7）获取证券发行收入，向原始权益人支付购买价格。

（8）实施资产与资金管理。SPV 委托专门的服务商对资产池进行管理，并建立积累基金，以便对投资者按期支付本息。

（9）清偿证券。若证券全部支付完毕后，资产池现金流还有剩余，那么这些剩余的现金流将在原始权益人和 SPV 之间按规定进行分配或发行剩余权益证券。

3. ABS 融资的作用

ABS 融资作为一种独具特色的筹资方式，其作用主要体现在：

（1）项目筹资者仅以项目资产承担有限责任，可以避免筹资者的其他资产受到追索。

（2）通过在国际证券市场上发行债券筹资，不但可以降低筹资成本，而且可以大规模地筹集资金。

（3）由于国际证券市场发行的债券由众多的投资者购买，因此可分散、转移筹资者和投资者的风险。

（4）国际证券市场发行的债券，到期以项目资产收益偿还，本国政府和项目融资公司不承担任何债务。

（5）由于有项目资产的未来收益作为固定回报，投资者可以不直接参与工程的建设与经营。

六、EMC 融资

EMC（energy management contract 即合同能源管理）是 20 世纪 70 年代在西方发达国家开始发展起来的一种基于市场运作的全新的节能新机制。其实质是一种以减少的能源费用来支付节能项目全部成本的节能投资方式，该方式允许用户使用未来的节能收益为工厂和设备升级，以及降低目前的运行成本。能源管理合同在实施节能项目的企业（用户）与专门的盈利性能源管理公司之间签订，有助于推动节能项目的开展。在传统的节能投资方式下，节能项目的所有风险和所有盈利都由实施节能投资的企业承担，在合同能源管理方式中，一般不要求企业自身对节能项目进行大笔投资。

EMC 不是推销产品或技术，而是推销一种减少能源成本的财务管理方法。EMC 公司的经营机制是一种节能投资服务管理；客户见到节能效益后，EMC 公司才与客户一起共同分享节能成果，取得双赢的效果。基于这种机制运作、以赢利为直接目的的专业化"节能服务公司"（在国外简称 ESCO，国内简称 EMC 公司）的发展亦十分迅速，尤其是在美国、加拿大和欧洲，ESCO 已发展成为一种新兴的节能产业。1997 年 EMC 融资开始登陆中国，并于 2003 年专门成立了一个推动节能服务产业发展、促进节能服务公司成长的行业协会——中国节能协会节能服务产业委员会（EMCA）。

1. EMC 融资运作模式及流程

合同能源管理是 EMC 公司通过与客户签订节能服务合同，为客户提供包括能源审计、项目设计、项目融资、设备采购、工程施工、设备安装调试、人员培训、节能量确认和保证等一整套的节能服务，并从客户进行节能改造后获得的节能效益中收回投资和取得利润的一种商业运作模式。目前主要有三种基本运作模式，分别是节能效益分享模式、节能量保证支付模式、能源费用托管模式。

（1）节能效益分享模式。

节能改造工程的全部投入和风险由 EMC 公司承担，项目实施完毕，经双方共同确认节能率后，在项目合同期内，双方按比例分享节能效益。项目合同结束后，先进高效节能设备无偿移交给企业使用，以后所产生的节能收益全归企业享受。

与客户的节能效益分享方式一般有以下两种方式，一是分享实际效益，即根据逐月或逐季的节能量以双方确认的监测方式确认，按合同规定的分享比例分享节能效益，直至回收投资、资金利息和合理的利润即告合同结束，二是分享固定的节能效益，即在合同期内定期向客户收取固定数量的款额作为效益分享，其余部分作为客户的收益，该模式适用于诚信度很高的企业。

（2）节能量保证支付模式。

节能量保证支付模式是指在双方执行合同期间，EMC 公司向耗电企业承诺一定比例的节能量，达不到承诺节能量的部分，其电费由 EMC 公司承担；如果超出承诺的节能量部分，由 EMC 公司和能耗企业共同分享；EMC 公司收回全部投资后，节能设备无偿移交给企业使用，以后产生的收益也全归耗电企业。该模式适合诚信度高、节能意识一般的企业。

（3）能源费用托管模式。

EMC 公司负责改造企业的高耗能设备，并管理其用能设备。在项目合同期内，双方按约定的能源费用和管理费用承包企业的能源消耗和维护。项目合同结束后，先进高效节能设备无偿移交给企业使用，以后所产生的节能收益全归企业享受。比如一座大楼的电费，双方商定一定的电费由业主支付给节能公司，节省下来的归节能公司所有，多出部分也由节能公司偿付。这种模式操作复杂，由于产权、人员管理等方面都难以分割管理，因此较少采用。该模式适用于诚信度较低、没有节能意识的企业。此模式下，EMC 公司的效益是最低的，因为合同规定不能分享项目节能的巨大效益。

EMC 的具体流程如下所示：

（1）节能审计。EMC 公司对客户目前的能源效率情况进行调查，测定企业当前用量；针对客户的具体情况、各项设备和生产流程的节能潜力进行评价，对可供选择的各种节能措施的节能量进行预测。

（2）方案设计。EMC 公司根据节能审计的结果，向客户提出如何利用成熟的节能技术/产品来提高能源利用效率、降低能源消耗的方案和建议。

（3）签署合同。如果客户认同 EMC 公司的技能项目方案设计，双方可就进一步就项目的节能效果、效益分成、施工、设备采购、保险等问题进行磋商谈判，并签订"节能服务合同"。

（4）项目融资。EMC 公司对客户的节能项目投资或提供融资服务，资金来源渠道多样化，包括 EMC 公司的自有资金、商业银行贷款、政府贴息的节能专项贷款、设备供应商的分期支付、节能基金（如 SBC 等）。

（5）项目实施。EMC 公司负责项目的全程实施，从原材料和设备采购，到施工、安装、调试，实行"交钥匙工程"。

（6）绩效监测。EMC 公司为客户提供节能项目的节能量保证，并与客户共同监测和确认项目在合同期的节能效果。

（7）运行维护。EMC 公司负责为客户培训设备运行人员，并负责所安装的设备/系统的保养和维护。

（8）效益分成。EMC 公司对于项目相关的投入（包括土建、原材料、设备、技术等）拥有所有权，并与客户分享项目产生的节能效益。在合同期结束后，这些所有权一般转让给客户。

2. EMC 融资的渠道

EMC 公司根据自身的能源管理合同执行状况、资金使用状况，以及 EMC 公司未来经营发展的需要，需要采用一定的融资模式，从一定的渠道向 EMC 公司的投资者和债权人去筹集资金，以保证 EMC 公司正常运营和发展，融资难是 EMC 发展的首要障碍。国际上有以下几种先进的能源管理合同的融资模式：

（1）知识产权质押贷款融资模式。主要针对规模较小、资金需求不大、涉及的利益主体比较简单的公司。由于这些公司在金融机构没有信誉记录，在获得 EMC 合同后，可以考虑与银行进行谈判以知识产权质押的形式融资。

（2）募股权融资模式。私募股权融资模式，即非上市 EMC 企业通过出售或转让企业部分股权换取特定投资人的资金，以充实企业的资金流，壮大企业的发展规模的一种融资模式。这种模式以外部资金进行原始积累，很好地解决了企业的资金问题。

（3）项目融资模式。项目融资模式是近些年兴起的一种融资手段，是以项目本身拥有的资金，以及项目营运收益作为抵押和承担债务偿还责任的融资模式，适用于具有一定实力的 EMC 公司或 EMC 公司有一定实力的项目。

（4）政府担保融资模式。一般不具备商业贷款的小企业，经政府指定的银行进行审查，认为项目可行后，即可通过政府提供担保。政府担保融资模式鼓励金融机构向正常商业标准不能接受的小企业提供小额或高风险贷款。

3. EMC 融资的意义

EMC 公司作为专业节能服务中介机构，在通过同类项目的开发运作中，积累了丰富经验，凭借专业化和模式化的手段可以提高节能项目的运作效率，降低项目的实施成本，具备比客户企业更强的抵御风险的能力。

按照 EMC 融资方式运作节能项目，在节能改造之后，能耗企业原先单纯用于支付能源费用的资金，可用于支付新的能源费用和 EMC 的费用。合同期后，能耗企业享有全部的节能效益，会产生正的现金流。与此同时，能耗企业不需要承担节能实施的资金、技术及运行等风险，并且可以更快地降低能源成本，获得实施节能后带来的收益，并可以获取 EMC 公司提供的设备。

第三章　工程项目评价

工程项目评价是可行性研究的核心部分，是论证项目投资合理性的主要手段，是项目或方案抉择的主要依据之一。项目评价是在完成项目市场分析、场址选择、提出可行的建设方案、工艺方案的基础上，合理运用工程经济理论、项目管理理论、工程造价理论以及相关的市场价格信息，测算项目的一系列技术经济指标，从国家、社会、项目自身等多个角度分析论证项目投资的合理性。

第一节　资金的时间价值

一、资金的时间价值内涵

资金的时间价值是指一定数量的资金在生产过程中通过劳动可以不断地创造出新的价值，即资金的价值随时间不断地产生变化。资金的时间价值可以从两个方面进行理解：首先，随着时间的推移，资金的价值会增加，这种现象称为资金的增值，其实质是劳动者在生产过程中创造了剩余价值；其次，资金一旦用于投资，就不能用于即期消费。牺牲即期消费是为了能在将来进行更多的消费，个人的储蓄和国家的积累均是牺牲即期消费的表现。

在工程建设中，资金的投入产出具体表现在工程的投资费用和经济效益两个方面。投资于工程建设的资金，在时间上总是先于工程运行后产生的经济效益，这就是说，必须要有资金的投入，然后才能有经济效益的产生。因此，投资与收益在时间上存在先后差异，在衡量投资与效益的资金价值时，必须考虑资金的时间价值因素。例如，因工程建设向银行贷款，必须支付一定的利息，在还清贷款前的这段时间内，所支付的利息加上初期贷款的数额，要大于最初的贷款值；相反，工程投入运行后，能获得的经济效益值与建设时期的投资相比，属于未来可能获得的经济价值，而未来的收益要与当前的投入资金比较，两者之间从资金投入到效益产出有一段建设期时间过程。所以，在工程经济计算与评价中，必须考虑资金不同时期的时间价值，只有在无偿使用资金的条件下，可不考虑资金的时间价值。

1. 利息

利息是资金时间价值的一种重要的表现形式，而且通常用利息额的多少作为衡量资金时间价值的绝对尺度，用利率作为衡量资金时间价值的相对尺度。

在借贷过程中，债务人支付给债权人超过原借贷款金额的部分就是利息。即：

$$I = F - P \tag{3-1}$$

式中，I 为利息；F 为目前债务人应付（或债权人应收）总金额；P 为资金初始值，常称为本金。

2. 利率

利率是指在单位时间内（一个计息周期）所得利息额与原借贷款金额之比，通常用百分数表示。资金利息的大小取决于利息的高低和资金占有时间，在同等利率的情况下，占有时间越长，则利息越大，所以从这个角度来说，资金具有时间价值。利率公式为

$$i = \frac{I}{P} \times 100\% \tag{3-2}$$

式中，i 为利率。

3. 贴现率与折现率

贴现率是指将未来支付改变为现值所使用的利率，或指持票人以没有到期的票据向银行要求兑现，银行将利息先行扣除所使用的利率。这种贴现率也指再贴现率，即各成员银行将已贴现过的票据作担保，作为向中央银行借款时所支付的利息。

折现率是根据资金具有时间价值这一特性，将未来有限期的预期收益折算成现值的比率。折现率不是利率，也不是贴现率，而是收益率。折现率、贴现率的确定通常和当时的利率水平是有紧密联系的。

折现率与利率区别主要在于：利率是资金的报酬，折现率是管理的报酬。利率只表示资产（资金）本身的获利能力，而与使用条件、占用者和使用途径没有直接联系，折现率则与资产以及所有者使用效果相关。

折现率与贴现率的区别主要在于：

（1）两者计算过程有所不同。折现率是外加率，是到期后支付利息的比率；而贴现率是内扣率，是预先扣除贴现息后的比率。

（2）贴现率主要用于票据承兑贴现之中，而折现率则广泛应用于企业财务管理的各个方面，如筹资决策、投资决策及收益分配等。

4. 计算基准年

由于资金收入与支出的数量在各个时间均不相同，因而存在着如何计算资金时间价值的问题。为了统一核算，便于综合分析与比较，常引入计算基准年（点）的概念。

理论上，计算基准年可以选择在建设期第一年的年初，也可以选择在生产期第一年的年初，甚至可以选择任意某一年（初）作为计算基准年，其如何选择对工程经济评价的结论并无影响。一般建议选择建设期的第一年年初作为计算基准年。在计算过程中，计算基准年一经选定就不能随意更改。此外，当若干方案进行经济比较时，虽然各方案的建设期与生产期可能并不相同，但必须选择某一年（初）作为各方案共同的计算基准年。

5. 计息周期

用于表示计算利息的时间单位称为计息周期，计息周期通常为年、半年、季、月、周或天。

6. 计息方式

利息计算有单利和复利之分。当计息周期在一个以上时，就需要考虑"单利"与"复利"的问题。

（1）单利。

单利是指在计算各年资金时间价值的利息时，只计算资金初始值（或称本金）在计息周期中产生的利息，相应的利息在以后不再产生利息。单利计算公式一般可用下式表示

$$I_n = Pni \tag{3-3}$$

式中，n 为计息周期；I_n 为 n 个计息周期的利息额。

n 个计息周期后的本利和 F_n 为

$$F_n = P + I_n = P(1 + ni) \tag{3-4}$$

在以单利计息的情况下，总利息与本金、利率以及计息周期数成正比关系。

（2）复利。

复利与单利计算的根本区别在于，当计算资金时间价值的利息时，不仅要考虑本金所产生的利息，同时还要计入上一计息周期的利息在当期所产生的利息，俗称"利滚利"。在复利计息情况下，本利和（期值）和利息的计算公式分别可表示为

$$F_n = P(1 + i)^n \tag{3-5}$$

$$I_n = F_n - P = P[(1 + i)^n - 1] \tag{3-6}$$

式中，F_n 为 n 个计息周期后的复利本利和；$(1 + i)^n$ 称为一次收付期值因子，或称为一次收付复利因子，常以符号 $[F/P, i, n]$ 表示，其数值可以直接查阅复利期值系数表。

此外，计算利息尤其要注意，计息利率 i 应与计息周期 n 一一对应，如当计息周期为年时，i 应为年利率；当计息周期为季时，i 应为季利率。

二、资金时间价值的计算

工程经济评价所应用的计算方法，可分为动态经济和静态经济两大类，它们的根本区别在于是否计算资金的时间价值：当考虑资金时间价值因素时，则称动态经济计算方法；不考虑资金时间价值因素时，则称为静态经济计算方法。通常情况下，工程项目做出正确的技术经济评价与决策，往往需要考虑资金的时间价值，知道不同时间点上收入和支出的资金在时间价值上的数量关系，即要运用动态方法进行资金时间价值的计算。

考虑资金时间价值的动态经济计算方法，又可分为单利计息法与复利计息法两种。由于单利计息法没有考虑利息在周转使用过程中的资金时间价值，现代工程技术经济分析一般采用复利计息法来计算资金的时间价值。如果不作特别提示，利息计算均指复利计息情形。

由于工程建设中资金使用的方式不同，资金时间价值还可以进一步按资金一次性收付、多次等值、等差值和等比级差值等不同的收支形式进行计算。下面将具体介绍几种不同的收支形式的资金时间价值计算公式。

1. 一次收付现值

已知 n 年后的期值是 F，反求现值 P。由复利公式（3-5）可得

$$P = F / (1 + i)^n \tag{3-7}$$

式中，$1 / (1 + i)^n$ 称为一次收付现值因子，常以符号 $[P/F, i, n]$ 表示。这种把期值折算成现值的方法，称为贴现法或折现法。

2. 分期等付期值

已知一系列每年年末须储存等额年值 A，计算 n 年后的本利和（期值）F，如图 3-1，公式为

$$F = \left[\frac{(1 + i)^n - 1}{i} \right] A \tag{3-8}$$

式中，A 为等额年值，是指第 1 年至第 n 年的每年年末的一系列等额数值；

$\left[\dfrac{(1 + i)^n - 1}{i} \right]$ 称为分期等付期值因子，或称等额系列复利因子，常以符号 $[F/A, i, n]$ 表示。

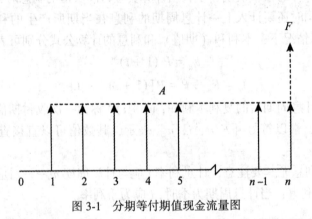

图 3-1　分期等付期值现金流量图

3. 基金存储（年值计算）

已知 n 年的本利和 F，求在 n 年内每年年末预先存储一定的基金 A，即分期等付期值公式的逆运算，则公式为

$$A = F \left[\frac{i}{(1 + i)^n - 1} \right] \tag{3-9}$$

式中，$\left[\dfrac{i}{(1 + i)^n - 1} \right]$ 称为基金存储因子，常以符号 $[A/F, i, n]$ 表示。

4. 本利年摊还（等额资金年回收）

设现在借入一笔资金 P，年利率为 i，要求在 n 年内每年年末等额摊还本息 A，保证在 n 年后偿清全部资金和利息，则公式为

$$A = P \left[\frac{i (1 + i)^n}{(1 + i)^n - 1} \right] \tag{3-10}$$

式中，$\left[\dfrac{i(1+i)^n}{(1+i)^n-1}\right]$ 称为等额资金年回收因子或本利年摊还因子，常以符号 $[A/P,$ $i,\ n]$ 表示。

5. 分期等付现值

已知工程投产后每年年末可获得收益 A，经济寿命为 n 年，求在整个经济寿命期内总收益的现值 P，则公式为

$$P = A\left[\frac{(1+i)^n-1}{i(1+i)^n}\right] \tag{3-11}$$

式中，$\left[\dfrac{(1+i)^n-1}{i(1+i)^n}\right]$ 称为分期等付现值因子或等额系列现值因子，常以符号 $[P/A,$ $i,\ n]$ 表示。

6. 等差系列折算

有一系列等差收入（或支出）$0,\ G,\ 2G,\ \cdots,\ (n-1)G$ 分别发生于第 $1,\ 2,\ \cdots,$ n 年末，G 为等差系列的相邻级差值，如图 3-2 所示，求该等差系列在第 n 年年末的期值 F、在第一年年初的现值 P 以及相当于等额系列的年摊还值 A。

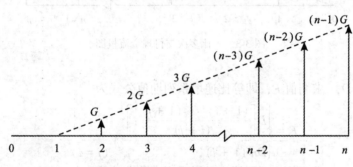

图 3-2 等差系列支付现金流量图

（1）已知 G，求 F，公式为

$$F = \frac{G}{i}\left[\frac{(1+i)^n-1}{i}-n\right] = G[F/G,\ i,\ n] \tag{3-12}$$

式中，$[F/G,\ i,\ n]$ 称为等差递增系列期值因子。

（2）已知 G，求 P，公式为

$$P = \frac{G}{i}\{[P/A,\ i,\ n] - n[P/F,\ i,\ n]\} = G[P/G,\ i,\ n] \tag{3-13}$$

式中，$[P/G,\ i,\ n]$ 称为等差递增系列现值因子。

（3）已知 G，求 A，公式为

$$A = \left[\frac{1}{i} - \frac{n}{(1+i)^n-1}\right] = G[A/G,\ i,\ n] \tag{3-14}$$

式中，$[A/G,\ i,\ n]$ 称为等差递增系列年值因子。

值得注意的是，以上计算公式都是针对第一年末值为零的情形适用。当第一年末值

不为零时，即在第 1，2，…，n 年末分别发生一系列等差收入（或支出）A_1，A_1+G，A_1+2G，…，$A_1+(n-1)G$，$(A_1 \neq 0)$，此时可以将第 1 年末值不为零的等差递增系列按对应时间划分为第 1 年末值是零的等差递增系列和等年金值是 A_1 的分期等付系列，再分别计算各自的 F、P、A 后对应相加即可。

7. 等比系列折算

已知各年支付呈等比增长（增长率为 j），第一年年末支付 D，第二年年末支付 $(1+j)D$，第三年年末支付 $(1+j)^2D$，以此类推，第 n 年年末支付 $(1+j)^{n-1}D$，现金流量图如图 3-3 所示。

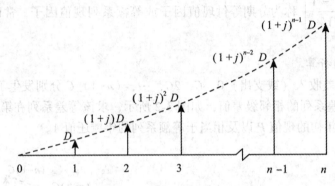

图 3-3 等比多次支付现金流量图

（1）已知 D，求期值 F，即等比递增系列期值公式为

$$F = \begin{cases} D\left[\dfrac{(1+i)^n - (1+j)^n}{(i-j)}\right] & (j \neq i) \\ Dn(1+i)^{n-1} & (j = i) \end{cases} \tag{3-15}$$

（2）已知 D，求现值 P，即等比递增系列现值公式为

$$P = \begin{cases} D\left[\dfrac{(1+i)^n - (1+j)^n}{(i-j)(1+i)^n}\right] & (j \neq i) \\ \dfrac{Dn}{1+i} & (j = i) \end{cases} \tag{3-16}$$

（3）已知 D，求等额年值 A，即等比递增系列等年金值公式为

$$A = \begin{cases} D\left[\dfrac{i(1+i)^n - i(1+j)^n}{(i-j)[(1+i)^n - 1]}\right] & (j \neq i) \\ D\left[\dfrac{in(1+i)^{n-1}}{(1+i)^n - 1}\right] & (j = i) \end{cases} \tag{3-17}$$

三、计算期与经济寿命

根据资金的时间价值计算可知，工程项目动态经济分析，不仅要考虑投资、收入、成本等现金流量绝对值的大小，还要综合考虑它们发生的时间，更要考虑项目的寿命期，即项目从开始建设到项目经济寿命期终止时所经历的时间。由于项目的寿命期直接

影响投资项目的经济效益，在进行工程项目经济评价时，项目投资者往往选用项目的寿命期作为诸多经济指标的计算基础。因此，项目的寿命期又称项目计算期。

项目计算期一般包括建设期和生产期两大部分。建设期是指项目从提出建设到建成投产所需要的时间，包括土建工程的施工期与机电设备的安装期，在建设期的后期为部分工程或部分机组设备的投产期（运行初期），直至全部工程与设备到达设计效益，经过验收合格后才算竣工，建设期即告结束。建设期长短受项目的规模、物资及建设方式等因素制约，一般可按单位工程、单项工程分别确定，然后汇总即为项目建设期，也可以根据项目总工期直接确定。

项目的生产期有时也称为项目的经济寿命期，是指项目建成投产后的生产期限，即从投产开始，直到其主要设备在经济上不宜再继续使用所经历的所有时间。项目投产后，由于产品的试生产，生产能力往往达不到设计能力，此时间称投产期，产品达到设计产量后的生产称达产期。因此，项目的经济寿命又由投产期和达产期两个阶段构成。

目的经济寿命通常根据主要固定资产的使用年限来确定，对于一般工程项目来说，是以其主要设备的经济合理使用期来确定。设备的寿命期从不同角度考察有自然寿命、技术寿命和经济寿命三种。其中，自然寿命指主要设备从全新状态开始使用直到报废止所经历的时间，由设备有形磨损决定；技术寿命指主要设备开始使用到因技术落后而被淘汰所经历的时间，由设备无形磨损决定；经济寿命是指主要设备最经济的使用期限，由使用成本最低或经济效益最高而决定。经济寿命测算方法主要有：

（1）折旧率法。若设备折旧率充分考虑了设备的有形磨损和无形磨损，其值由政府颁布的有关固定资产折旧条例和规定加以确定，则用折旧率法预测项目经济寿命期是合理的和可行的。

（2）成本法。成本法是求设备总成本最低的使用年限即为项目经济寿命期。

（3）动态分析法。动态分析法是指考虑了资本金时间价值因素的分析方法。

第二节 工程项目评价

一、财务评价

1. 财务评价基本概念

建设项目的经济评价主要包括财务评价与国民经济评价两大部分。财务评价是在国家现行的财税制度和市场价格体系下，分析和预测项目的财务效益与费用，计算财务评价指标，对拟建项目的财务可行性和经济合理性进行分析论证，为项目的科学决策提供依据的一种经济评价方法。财务评价是从投资项目或企业角度进行经济分析的，是企业投资决策的基础，主要明确项目对投资主体的价值贡献，属于微观评价，不涉及一个项目建成后对国民经济和社会发展的影响。因此，一个项目在财务上可行，只是达到了具体投资者的要求，至于是否达到整个国民经济和社会发展的要求，需要进一步作出国民经济评价。

2. 财务评价的内容

建设项目财务评价的内容应根据项目性质、目标、项目投资者、项目财务主体以及项目对经济和社会的影响程度等具体情况而定。财务评价内容主要包括盈利能力评价、清偿能力评价和财务生存能力评价。

（1）盈利能力分析。项目的盈利能力是指分析和测算建设项目计算期的盈利水平和盈利能力，它是反映项目在财务上可行程度的基本标志。在财务评价中，应当考察项目竣工投产后是否盈利、盈利多少、盈利能力是否满足项目的要求等。其主要分析的指标包括项目投资的内部收益率和财务净现值、项目资本金财务内部收益率、投资回收期、总投资收益率和项目资本金净利润率等，可根据项目的特点及财务分析的目的和要求选用。

（2）清偿能力分析。项目清偿能力是指项目偿还债务的能力，它包括两层含义：一是项目的财务清偿能力，也就是收回项目全部投资的能力；二是债务清偿能力，就是项目偿还借款的能力。清偿能力的评价直接关系到企业面临的财务风险的大小，是企业筹资决策的重要依据。其主要分析的指标有利息备付率、偿债备付率和资产负债率。

（3）财务生存能力分析。财务生存能力分析是根据项目计划现金流量表，考察项目在寿命周期内所产生的现金流入、现金流出和净现金流量，分析项目是否有足够的净现金流量用于正常生产经营，以实现财务可持续性，也称为资金平衡分析。

3. 财务评价的程序

（1）熟悉建设项目的基本情况。建设项目的基本情况主要包括建设项目的类型和性质、目的和意义，在现行财税法规范围内项目能享受的优惠，建设项目所处的投资环境。要熟悉建设项目，就要做好市场调查研究和预测，做好项目技术水平研究和设计方案。

（2）收集、整理和计算有关技术经济基础数据资料与参数。

技术经济资料和参数是进行财务评价的基本依据，主要包括以下方面：

1）项目投入物和产出物的价格、项目计算期、汇率、生产负荷及基准收益率等。

2）项目建设期分年度投资额和项目投资总额。

3）项目资金的来源和方式、筹资数额、利率、偿还方式等。

4）项目经营期内产品各年的销售量、销售收入、税金、总成本、经营成本、固定成本和变动成本等。

（3）根据基础财务数据资料编制各基本财务报表。

1）财务现金流量表：反映项目计算期内各年的现金流入、流出量和净现金流量，用以计算各项动态和静态评价指标，进行项目财务盈利能力分析，主要包括项目财务现金流量表、资本金财务现金流量表、投资各方财务现金流量表等。

2）损益和利润分配表：反映项目计算期内各年的利润总额、所得税及税后利润的分配情况。

3）资金来源与运用表：反映项目计算期内各年的资金来源和使用情况。

4）资产负债表：反映项目财务状况的报表。

5）借款偿还计划表：反映项目计算期内各年借款的使用、还本付息以及偿债资金来源，用以计算借款偿还期或者偿债备付率、利息备付率等指标。

（4）实施财务评价。

财务评价的内容总是要通过具体的评价指标的计算及相应的指标体系表现出来。财务评价效果的好坏，一方面取决于基础数据的可靠性，另一方面则取决于选取的评价指标体系的合理性，只有选取正确的评价指标体系，财务评价的结果才能与客观实际情况相吻合，才具有实际意义。

财务评价指标根据是否考虑时间价值，分为静态指标和动态指标；也可根据指标的性质，分为盈利能力指标、清偿能力指标和财务生存能力指标。财务评价指标详见图3-4、图3-5。

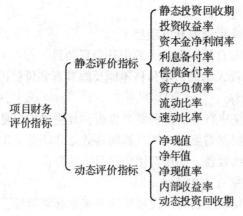

图 3-4　项目财务评价指标（时间价值分类）

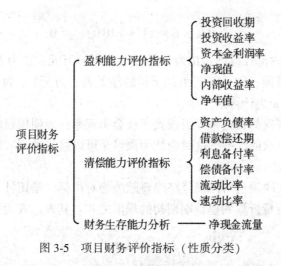

图 3-5　项目财务评价指标（性质分类）

二、国民经济评价

国民经济评价是建设项目经济评价的重要组成部分。它是按合理配置稀缺资源和社会经济可持续发展的原则，采用影子价格、社会折现率等国民经济评价参数，从国民经济全局的角度出发，考察建设项目的经济合理性。

1. 国民经济评价项目类型

财务评价是从项目角度考察项目的盈利能力和偿债能力。在市场经济条件下，大部分项目财务评价结论可以满足投资决策的要求，但有些项目需要进行国民经济评价，从国民经济角度评价项目是否可行。需要进行国民经济评价的项目主要有：

（1）国家及地方政府参与投资的项目。

（2）国家给予财政补贴或者减免税费的项目。

（3）主要的基础设施项目，包括铁路、公路、航道整治疏浚等交通基础设施建设项目。

（4）较大的水利水电项目。

（5）国家控制的战略性资源开发项目。

（6）动用社会资源和自然资源较大的中外合资项目。

（7）主要产出物和投入物的市场价格不能反映其真实价值的项目。

2. 国民经济评价指标

国民经济评价主要是进行经济盈利能力分析，其主要指标是经济内部收益率和经济净现值。此外，还可以根据需要和可能计算间接效益和间接费用，纳入经济费用效益流量中，对难以量化的间接效益、间接费用应进行定性分析。

（1）经济内部收益率（EIRR）。

经济内部收益率是反映项目对国民经济净贡献的相对指标，它表示项目占用的资金所能获得的动态收益率，是项目在计算期内各年经济净效益流量的现值累计等于零时的折现率。其表达式为

$$\sum_{t=0}^{n} (B - C)_t (1 + \text{EIRR})^{-t} = 0 \tag{3-18}$$

式中，EIRR 为经济内部收益率；B 为各年效益流量，万元；C 为各年费用流量，包括投资和年运行费，万元；$(B - C)_t$ 为第 t 年的净效益，万元；t 为计算期各年的序号，基准点的序号为 0；n 为计算期，年。

判别准则：经济内部收益率等于或大于社会折现率，表明项目对国民经济的净贡献达到或超过了社会要求的水平，这时应认为项目是可以接受的。

（2）经济净现值。

经济净现值是反映项目对国民经济净贡献的绝对指标，是用社会折现率将项目计算期内各年的净效益流量折算到建设期期初的现值之和。其表达式为

$$\text{ENPV} = \sum_{t=0}^{n} (B - C)_t (1 + i_s)^{-t} \tag{3-19}$$

式中，ENPV 为经济净现值；i_s 为社会折现率。

判别准则：项目经济净现值等于或大于零，表示国家为拟建项目付出的代价，可以得到符合社会折现率要求的社会盈余的补偿，或除得到符合社会折现率的社会盈余的补偿外，还可以得到以现值计算的超额社会盈余，这时就认为项目是可以考虑接受的。经

济净现值越大，表示项目所带来的经济效益的绝对值越大。

按分析对象的不同，上述评价指标又可分为全投资经济内部收益率和经济净现值、国内投资经济内部收益率和经济净现值。如果项目没有国外投资和国外借款，全投资指标与国内投资指标相同；如果项目有国外资金流入与流出，应以国内投资的经济内部收益率和经济净现值作为国民经济评价的取舍指标。

3. 国民经济评价与财务评价比较

国民经济评价和财务评价是建设项目经济评价的两个层次。财务评价所关心的是项目的财务生存能力和企业自身的利益。国民经济评价是以资源最优配置和国民收入最大增长为目标。因此，这两种评价在立场、利益和目标上都有差异，使两者在效益和费用的构成及计量上不尽相同，评价结论也不尽相同。

财务评价是国民经济评价的基础和前提，国民经济评价是财务评价的深化，两者相辅相成，既有联系又有区别。

国民经济评价与财务评价区别具体见表 3-1。

表 3-1　　　　　　　　　　国民经济评价与财务评价的区别

评价类别	国民经济评价	财务评价
评价角度	国家	经营项目的企业
评价目的	项目对国民经济的净贡献，即国民经济效益	项目货币收支和盈利状况及贷款偿还能力
评价参数	影子价格、影子汇率、社会折现率	市场价格、官方汇率、基准收益率
评价效果	考虑直接和间接费用及收益（内部和外部效果）	考虑直接费用和效益（内部效果）
物价变动因素	不考虑	考虑
税收和补贴	不考虑	考虑
折旧	不考虑	考虑
贷款和归还	不考虑	考虑

国民经济评价与财务评价的联系有如下几点：

（1）评价目的相同。两者都是经济评价，都使用费用与效益比较的理论方法，都要寻求以最小投入获得最大的产出，都采用现金流量、报表分析方法，都采用内部收益率（IRR）、净现值（NPV）等指标。

（2）评价基础相同。两种分析都要在项目完成产品需求预测、工艺技术选择、设备选型、投资估算、资金筹措等基础上进行。

（3）评价的计算期相同。

三、环境评价

环境评价是指对可能影响环境的项目，在事前进行调查和研究的基础上，预测和评定项目可能对环境造成的影响，为防止和减少这种影响，为制订最佳行动方案提供依据。

1. 环境评价的依据

进行项目环境评价的主要依据是环境保护标准。环境保护标准是指国家及项目所在地区环保部门颁发的标准，如大气环境质量标准、污染物排放标准、噪声卫生标准、生活饮用水卫生标准及有关的法律、法规等。在进行项目环境评价时，如地区规定严于国家规定时应执行地区规定；地方没有特定要求的，执行国家规定。国家和地方尚未制定标准的，可由可行性研究单位与当地环保部门协商确定。

2. 环境评价的意义

项目环境评价所讲的环境主要指自然环境，它既为人类提供基本的生产条件和生活条件，又是人类社会生产和生活中产生废弃物的排放场和自然净化场。人类社会的发展和自然环境之间是一种相互制约、相互促进的关系。当人类社会的发展建立在环境可持续发展能力的基础上时，人类社会和自然环境之间可以相互促进，形成良性循环；当人类社会的发展突破生态环境的可持续发展能力的基础时，必然造成环境污染或破坏，而环境条件的恶化反过来将制约社会经济的发展，社会经济发展能力的削弱又会导致改善环境能力的削弱，从而形成恶性循环。随着人类对自然资源需求量的增大，生态环境对人类社会的制约作用也越来越明显，所以环境保护引起人们的高度关注。

项目处于某一特定的自然环境中，会不可避免地与周围环境发生相互作用，通过与环境发生物质流和能量流的交换，对环境造成有利或不利的影响。所以在进行项目评价时，必须权衡项目对环境的影响，进行全面的项目环境评价。在项目动工前对它的选址、设计以及在建设施工过程中和建设投产后可能造成的影响都应进行预测和评价。

环境评价是一项综合性很强的技术工作，它需要预测项目对大气、水质、动植物、岩石、土壤等要素的影响，分析各种环境要素变化可能对人类社会的发展带来的好处或造成的危害，以及估算消除这些危害所付出的代价，并对环境的影响做出综合性评价。项目环境评价不仅要考虑项目对环境的近期影响，还要考虑项目对环境的长期影响。在讲求经济社会可持续发展的今天，环境评价对于建设项目具有"一票否决权"作用。

3. 环境评价的内容

（1）建设地区的环境状况调查。

环境评价首先要对项目建设地区的环境状况进行调查，并提供拟建项目所在地区有关物理的、化学的、生物的和社会的基本资料，满足环境评价的需要。环境状况调查具体包括：

1）自然环境。项目所在地的大气、水体、地貌、土壤等自然环境状况及发展趋势；

2）生态环境。项目所在地的森林、草原植被、动物栖息、矿藏、水产和野生动植物、农作物等情况以及自然保护区、风景游览区、名胜古迹以及重要政治文化设施等情况；

3）社会环境。项目所在地的居民生活、文化教育卫生、风俗习惯等社会环境状况及其发展趋势。

（2）项目影响环境因素的分析。

影响环境因素分析主要是找出项目建设和生产运营过程中污染环境、破坏环境和导致环境恶化的主要因素，具体包括：

1）污染环境因素分析。主要分析计算在拟建项目的生产过程中产生的各种污染源和排放的污染物及其对环境的污染程度；

2）破坏环境因素分析。主要分析项目建设施工或生产过程中某些活动对环境可能造成的破坏因素，预测其破坏程度。包括建设和生产活动对地形、地貌和已有设施的破坏，对森林、草原植被破坏引起的土壤退化、水土流失等，对社会环境、文物古迹、风景名胜、水源保护区等的破坏。

（3）环境保护措施。

在可行性研究中应根据拟建项目的具体情况，在环境影响因素及其影响程度分析的基础上，按照国家有关环境保护法律法规的要求，采用相应的防治措施，研究治理方案。

治理措施的原则包括：

1）源泉控制，即控制污染源，使污染物的产生降低到最低限度；

2）控制污染排放，即对污染物的排放要坚决执行环保标准，做到达标排放；

3）综合利用并治理污染源，如对废弃物中所含有害物质或余能的利用，制成副产品回收，生产中循环使用等。

治理措施方案：

应根据项目污染和破坏环境的性质，采取不同的治理措施。对项目"三废"治理的方法，一般采用化学处理法、生化处理法、物理处理法、物理化学法、焚烧处理法、堆存处理或综合利用变害为利等措施。主要有：

1）废气污染治理。可采用冷凝、吸附、燃烧和催化转化等方法；

2）废水污染治理。一般来说，废水污染处理可以采取三级处理法：一级处理是采用物理和化学方法，将废水中部分污染物去除，或转化为非污染物；二级处理是微生物处理，采用生化方法，把污水中的有害成分去除，即去除大部分有机物和固体悬浮物；三级处理是高级处理和深度处理，使用物理化学或生物化学等方法使水质达到排放标准；

3）固体废弃物污染治理。有毒废物采用防渗漏池堆存，放射性废物采用封闭固化，无毒废物采用露天堆存，生活垃圾焚烧，生物降解或填埋以及利用固体废弃物制砖、瓦、水泥、路渣、保温材料、沼气、饲料、有机肥料等综合利用措施；

4）粉尘污染治理。可采用机械除尘、过滤除尘、湿式除尘、静电除尘等方法；

5）噪声污染处理。可采用吸声、隔音、减震、隔震等治理措施；

6）建设和生产引起的环境破坏的治理。对岩体滑坡、植被破坏、地面塌陷、土壤劣化等应提出加固、修复、回填、复垦、改良土壤等治理方案；

7）建立环境监测制度。在可行性研究阶段环境监测是为以后设计工作的需要拟订方案，方案应包括对流出物的监测和对环境的监测两部分内容。

治理方案的评价：

环境治理的主要目的是避免环境污染和环境破坏，取得最好的环境和社会效益，为此，要对各种环境治理方案进行分析和评价。在评价环境治理方案时，应首先计算各种环境治理方案的投资和费用，然后分析各种环境治理方案可能获得的环境和社会效果，最后通过对环境治理方案进行技术经济分析，做出综合评价，选择有效的环境治理方案。

四、安全评价

安全评价也称为安全性评价，是以实现系统安全为目的，应用工程安全系统原理和方法，按照相关法律法规，对系统中存在的危险、有害因素进行辨识与分析，判断系统发生事故和职业危害的可能性及其严重程度，从而为采取防范措施和作出管理决策提供科学依据。对工程项目的安全评价，一般与系统可行性论证同时开始，特别注重工程设计前和设计中的静态评价，以期把事故隐患最大限度地消灭在图纸上，使项目危险程度最大程度降低。

对工程项目进行安全评价是国际惯例，如美国规定，在所有重要工程项目的竣工报告中，都要有安全评价内容；英国规定，若新建工厂企业不进行安全评价，则不准投产等。在我国，工程项目的建设必须按照《中华人民共和国安全生产法》等法律法规的相关规定，开展安全评价工作。

1. 安全评价的意义

工程建设的建筑产品为人们提供生产和生活的空间，对社会影响较大，尤其对人身的安全健康影响大，并且工程建设活动与一般的工业产品的生产不同，整个建设工程受外界环境影响大，项目参与人员复杂，具体的建设操作层面的人员素质参差不齐。因此，对工程建设全过程进行安全评价对保护人员和财产安全、维护社会稳定以及和谐发展都有着重要的意义。其具体表现为：

（1）使项目建设者充分了解事故发生的机理。通过安全评价可以使项目建设者掌握所建项目的安全状况，从宏观上把握安全事故的发生，并有利于从源头上进行安全控制。

（2）使施工人员充分认识各种危险源的发生状况和演变规律。作业员工处于生产第一线，其工作的质量直接关系到安全评价的结果，通过安全评价也可以使施工人员更清楚地认识所从事工程的安全状况，随时对自己的工作做出调整。

（3）安全评价的最终评价结果可作为项目建设决策者的决策依据。决策者虽然不直接参与施工作业，但是通过安全评价的结果，可以采取相应的安全预防措施，所以，评价结果直接影响决策者的判断方向。

（4）为后续安全生产工作提供有效的预防措施。通过安全评价，施工作业的安全工作就更有针对性，按照评价结果采取相应的改进措施，目的明确，可以做到有的放矢。

2. 安全评价的内容

判别一个系统是否能满足安全生产的需求，需要建立一套科学有效的评价方法。安全评价要综合运用系统方法，它通过对工程项目中存在的危险源和控制措施的评价来客观地描述系统的危险程度，最终指导人们采取预定的防范措施来降低系统的危险性。安全评价的基本内容包括危险源辨识以及评价其危害性，见表3-2。

表3-2 **安全评价的基本内容**

安全评价	危险源辨识	查找危险源：是否有新的危险源出现，危险源有哪些变化
		危险性定量：确认发生概率、发生后果等
	危险性评价	危险源的控制能力：降低危险性的措施是否可行，能否落实；消除的可能性，有没有采取措施等
		允许界限：社会对危险性的允许界限、企业对危险性的允许界限、部门对危险性的允许界限、专业组对危险性的允许界限

工程项目危险源的辨识主要从人的因素、物的因素、环境因素以及管理因素等四个方面进行。其中，人的因素包括工程作业人员的心理、生理性、行为性危险和有害因素。物的因素包括物理性、化学性以及施工机械的危险和有害因素。环境因素包括室内外以及自然环境、作业环境的不良情况。管理因素包括制度、组织机构、投入等方面的因素。工程项目危害评价性主要根据危险源发生的概率及其发生后的损失的综合值进行危害性大小的判断，以便制订切实有效的风险防范对策和措施。

3. 安全评价的对象

安全评价的对象有：

（1）对于法律法规、规章所规定的、存在事故隐患、可能造成伤亡事故或其他特殊要求的情况，应进行安全评价，也可根据实际需要自愿进行安全评价。

（2）评价对象应自主选择具备相应资质的安全评价机构，按有关规定进行安全评价。

（3）评价对象应为安全评价机构创造必备的工作条件，如实提供所需的资料。

（4）评价对象应根据安全评价报告提出的安全对策措施建议及时进行整改。

（5）同一对象的安全预评价和安全验收评价，宜由不同的安全评价机构分别承担。

（6）任何部门和个人不得干预安全评价机构的正常活动，不得指定评价对象接受特定安全评价机构开展安全评价，不得以任何理由限制安全评价机构开展正常业务活动。

4. 安全评价的程序

根据《安全评价通则》（AQ8001-2007），建设安全评价程序应包括前期准备、辨识与分析危险、有害因素，划分评价单元，定性，定量评价，提出安全对策措施建议，做出评价结论，编制安全评价报告。具体的安全评价程序与步骤如图3-6所示。

（1）前期准备。明确评价对象，备齐有关安全评价所需的设备、工具，收集国内外相关法律法规、技术标准及工程、系统的技术资料。

（2）辨识与分析危险、有害因素。根据被评价对象的具体情况，辨识和分析危险、有害因素，确定危险、有害因素存在的部位、存在的方式和事故发生的途径及其变化的

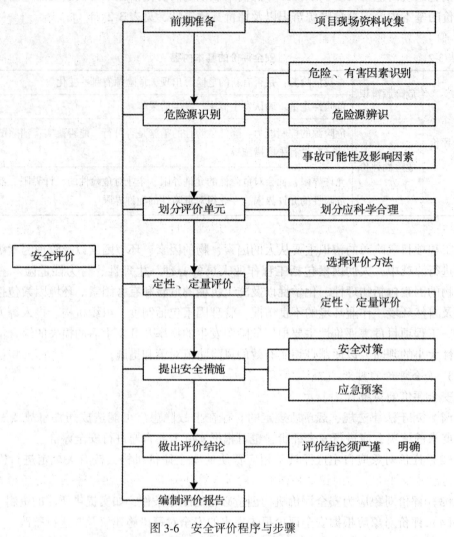

图 3-6　安全评价程序与步骤

规律。

（3）划分评价单元。在辨识和分析危险有害因素的基础上，划分评价单元。评价单元的划分应科学、合理，便于实施评价、相对独立且具有明显的特征界限。

（4）定性、定量评价。根据评价单元的特征，选择合理的评价方法，对评价对象发生事故的可能性及其严重程度进行定性、定量评价。

（5）安全对策措施建议。根据危险、有害因素辨识结果与定性、定量评价结果，遵循针对性、技术可行性、经济合理性的原则，提出消除或减弱危险、有害因素的技术和管理措施建议。

（6）安全评价结论。根据客观、公正、真实的原则，严谨、明确地做出评价结论。

（7）安全评价报告的编制。根据安全评价的结果编制相应的安全评价报告。安全评价报告是安全评价过程的具体体现和概括总结，是评价对象完善自身安全管理、应用安全技术等方面的重要参考资料；是由第三方出具的技术咨询文件，可为政府安全生产管理部门、安全监察部门和行业主管部门等相关单位对评价对象的安全行为进行法律、标准、行政规章、规范的符合性判别所用；是评价对象实现安全运行的技术指导文件。

五、健康评价

健康评价是指结构物受到自然或人为的破坏后，通过测量控制其健康状况的关键性的指标，检查这些结构物本身是否受到损伤，评估结构物损伤的程度。

健康评价指标涉及多领域、多学科，需要考虑的种类和项目繁多，指标的筛选需要满足一定的条件：一是指标体系能完整准确地反映工程结构健康状况，尤其是能够反映目前的工作状态，为工程结构的后续动态评价提供基本的参考；二是要对结构物现役状况和运行状态进行长期或短期的动态监测，得到在自然环境、外界压力与系统健康变化之间的动态和内在联系；最后就是定期地为科研及公众要求、政府管理决策等提供工程健康状态的现状、变化过程以及将来的发展趋势的统计总结和释疑报告。

出于上述目的，筛选健康评价指标时应普遍遵循科学性、相对完备性、简捷性、相对独立性、层次性、简明性和可操作性原则。

1. 科学性的原则

概念明确的评价指标，必须能够度量和反映工程结构健康状况某一方面的特征，并具有一定的科学内涵，遵循科学原理。

2. 相对完备性的原则

该评价指标应该尽可能地相对全面和完整地反映待评价工程结构物健康状况，各方面的重要特征和重要影响因素都能够得以体现。

3. 简捷性的原则

为了减少评价指标的数量和种类，便于计算和分析，应该在保证重要特征和因素不被遗漏的同时，尽可能选择主要的、最有代表性的评价指标。

4. 相对独立性的原则

该评价指标除了能够较为全面地反映工程结构的状态外，相互之间应尽量排除非兼容性，避免重复，使计算结果可靠性下降。

5. 层次性的原则

将待评价工程结构健康综合地诊断是一个复杂的层次分析问题，决定了其中的一系列评价指标可分解为多个层次来进行考虑，从而形成一个包含多个子系统的多层次递阶分析系统，从而由局部到整体、由粗到细、由表及里地分析待评价工程结构的健康状况。

6. 简明和可操作性的原则

评价指标的选择除了要考虑以上原则外，尚需考虑本国的经济发展水平，无论从方法学和物力、人力上，都要符合本国现有的生产力水平以及各个技术部门的技术能力。所选指标要方便地采用现有测量技术和数据便于工程技术人员统计和计算，并且有足够的数据样本容量，保证评价指标的准确性和完整性。

7. 可比性原则

所采用的健康评价指标应做到统一和规范，不仅能对某一特定的工程结构进行评价，还应适用于不同地域、不同时间尺度下的工程结构系统的健康状况比较。

第三节　工程项目可行性研究

对建设项目进行合理选择，是对国家经济资源进行优化配置的最直接、最重要的手段。可行性研究是在已立项批复的工程项目建议书基础上，对拟建项目进行进一步的全面、系统的技术经济分析和论证，是对建设项目进行合理选择的一种重要方法。

一、可行性研究的内涵

1. 可行性研究的概念

可行性研究也称可行性分析技术，是在投资决策之前，运用多种科学研究成果，对拟建项目进行全面的技术经济分析论证的科学方法。具体来说，可行性研究是指对某工程项目在作出是否投资决策之前，先对与该项目有关的技术、经济、社会、环境等所有方面进行调查研究，对项目各种可能的拟建方案认真地进行技术经济分析论证，研究项目在技术上的先进适用性、在经济上的合理可行性和建设上的可能有利性，对项目建成投产后的经济效益、社会效益、环境效益等进行科学的地区性预测和评价，据此提出该项目是否应该投资建设以及选定最佳投资建设方案等结论性意见，为项目投资决策部门提供进行决策的依据。

在项目投资决策之前，做好可行性研究，可以使项目的投资决策工作建立在科学性和可靠性的基础之上，从而实现项目投资决策科学化，减少和避免投资决策的失误，提高项目投资的经济效益。

2. 可行性研究的作用

可行性研究是项目建设前期工作的重要组成部分，其主要作用如下：

（1）作为建设项目投资决策的依据。由于可行性研究对与建设项目有关的各个方面都进行了非常详细的调查研究和分析，并以大量数据论证了项目的先进性、合理性、经济性以及其他方面的可行性，这是建设项目投资建设的首要环节，项目投资人根据项目的可行性研究的评价结果，并结合国家的财政经济条件和国民经济发展的需要，作出此项目是否应该投资和如何进行投资的决定。

（2）作为筹集资金和向银行申请贷款的依据。银行通过审查项目的可行性研究报告，确认了项目的经济效益水平和偿还能力，并不承担过大风险时，银行才能同意贷款。这对合理利用资金、提高投资的经济效益具有积极作用。

（3）作为该项目的科研试验、机构设置、职工培训、生产组织的依据。根据批准的可行性研究报告，进行与建设项目有关的科技试验，设置相应的组织机构，进行职工培训以及合理的组织生产等工作安排。

（4）作为向当地政府、规划部门、环境保护部门申请建设执照的依据。可行性研究报告经过审查，并符合市政当局的规定或经济立法，对污染处理得当，不造成环境污染时，方能发给建设执照。

（5）作为该项目工程建设的基础资料。建设项目的可行性研究报告是项目工程建设的重要基础资料。项目建设过程中的技术性更改应认真分析其以项目经济效益指标的影响程度。

（6）作为对该项目考核的依据。建设项目竣工，正式投产后的生产考核，应以可行性研究所制订的生产纲领、技术标准以及经济效益指标作为考核标准。

3. 可行性研究的目的

建设项目的可行性研究是项目进行投资决策和建设的基本先决条件和主要依据。可行性研究的主要目的可概括为以下几点：

（1）避免错误的项目投资决策。由于科学技术、经济和管理科学的迅速发展，市场竞争日趋激烈，客观上要求在进行项目投资决策之前应作出准确无误的判断，避免错误的项目投资。

（2）减小项目的风险性。现代化的建设项目规模大、投资额巨大，如果轻易作出投资决策，一旦遭到风险，将损失巨大。

（3）避免项目方案多变。建设项目方案的可靠性、稳定性是非常重要的。因为项目方案的多变无疑会造成人力、物力、财力的巨大浪费和时间的延误，这将大大影响建设项目的经济效益。

（4）保证项目不超支、不延误。使项目在估算的投资额范围以内和预定的建设期限以内，保证项目按时竣工并交付使用。

（5）对项目因素的变化做到心中有数。对项目在建设过程中或项目竣工后可能出现的有些相关因素的变化后果，做到心中有数。

（6）达到投资的最佳经济效益。投资者往往不满足于一定的资金利润率，要求在多个可能的投资方案中优选最佳方案，力争达到最好的经济效果。

如果不做可行性研究，或者虽做了但深度不够时，则不能达到以上目的，还将带来一系列的不良后果。

二、可行性研究的阶段划分

由于具有建设周期长、投资金额大、参与单位多以及影响因素复杂等特点，工程项目的可行性研究涉及的内容非常多，往往需要一个较长时间的工作过程。一般情况下，工程项目可行性研究工作可分为投资机会研究、初步可行性研究、详细可行性研究和项目评估决策四个阶段。

1. 投资机会研究

投资机会研究又称投资商机鉴别，其主要任务是捕捉项目的市场投资机会并提出投资去向的轮廓性建议。因此，投资机会研究又可分为一般机会研究和具体机会研究两个过程。一般机会研究是以某个地区、某个行业市场、某种资源为基础所进行的投资机会分析，具体机会研究是将一般机会研究的结果落实为工程项目的投资建议，引导投资者的投资方向。

投资机会研究是项目可行性研究的第一阶段，如果投资机会研究的结论表明投资项目是可行的，则可进入下一阶段，即进行更深入的研究。投资机会研究是比较粗略的，投资费用和生产（或经营）成本一般根据同类项目加以推算，其误差一般要求控制在±30%以内，而研究费用一般占总投资额的0.2%~1.0%，时间一般需要1~3个月。

2. 初步可行性研究

对于投资规模较大、工艺技术复杂的工程建设项目，在进行详细可行性研究工作之前，往往需要先进行初步可行性研究。初步可行性研究也称预可行性研究，是指在投资机会研究的基础上对项目可行与否所做的较为详细的分析论证，它介于投资机会研究和详细可行性研究的中间阶段，是在机会研究的基础上进一步弄清拟建项目的规模、选址、工艺设备、资源、组织机构和建设进度等情况，以判断其是否有可能和有必要进行下一步的可行性研究工作。

初步可行性研究的内容与详细可行性研究的内容基本相同，只是深度和广度略低，其得出的投资额和生产（或经营）成本误差一般要求控制在±20%以内，而研究费用一般约占总投资额的0.25%~1.25%，时间一般需要4~6个月。

3. 详细可行性研究

详细可行性研究又称为技术经济可行性研究，是在投资机会研究或初步可行性研究的基础上，对工程项目进行详细、深入的技术经济论证，是工程项目决策研究的关键环节。这一阶段的主要工作内容有：

（1）分析工程项目提出的背景和建设的意义。

（2）通过市场调研，研究工程项目的市场供需现状，并给出科学的预测，论证项目建设的必要性。

（3）分析论证工程项目的选址、建设条件、建设方案、投资估算、建设周期、项目组织机构与人力资源配置等是否可行。

（4）分析论证工程项目的财务、经济、社会、环境效益等是否合理。

详细可行性研究最终会形成可行性研究的书面成果——《可行性研究报告》。它得出的投资额和生产（或经营）成本误差一般要求控制在±10%以内，而研究费用一般占总投资额的1.0%~3.0%（小型项目）或0.2%~1.0%（大型项目），时间一般需要8~12个月或更长。

4. 项目评估决策

工程项目评估决策是指由投资决策部门组织和授权给国家开发银行、建设银行、投资银行、工程咨询公司或有关专家等，代表政府有关部门对上报的建设项目的可行性研究报告进行全面审核，综合评价工程项目建设的必要性、可行性和合理性，最终决定工程项目投资是否可行并确定最优的投资方案。项目评估决策的主要任务是对拟建项目的可行性研究报告提出评价意见，最终决定该项目的投资是否可行，是否给予贷款。其中，具体的项目评价内容可以参见第三章。

三、可行性研究的工作程序

可行性研究的基本工作程序大致可以概括为以下几方面。

1. 签订委托协议

投资者或者建设单位与具有相应咨询资质的单位，应就项目可行性研究工作的范围、内容、重点、深度要求、完成时间、经费预算和质量要求交换意见，并签订委托协议，据此开展可行性研究各阶段的工作。一般情况下，投资者或者建设单位若具备条件和能力，也可以在机构内部委托职能部门开展可行性研究。

2. 组建项目工作小组

根据委托项目可行性研究的范围、内容、技术难度、工作量、时间要求等组建项目工作小组，合理确定项目组人员数量及岗位职责。一般工业项目和交通运输项目可分为市场组、工艺技术组、设备组、工程组、总图运输及公用工程组、环保组、技术经济组等专业组，各专业组的工作一般应由项目负责人统筹协调。

3. 制订工作计划

工作计划主要包括各项研究工作开展的步骤、方式、进度安排、人员配备、工作保证条件、工作质量评定标准和费用预算，并与委托单位交换意见，详细注明有关事宜。

4. 市场调查与预测

针对工程项目的行业类别开展市场调查工作，搜集研究所需的基础信息资料，如房地产项目，应搜集房地产行业的政策、主要竞争对手的相关信息、市场的供给现状及市场的需求现状等资料。市场预测主要是利用市场调查所获得的基础信息资料，对项目产品未来市场供应和需求信息进行定性与定量分析。

5. 方案的制订与优化

在调查研究搜集资料的基础上，针对项目的建设规模、产品规格、场址、工艺、设备、总图、运输、原材料供应、环境保护、公用工程和辅助工程、组织机构设置、实施进度等，提出备选方案。进行方案论证比选优化后，提出推荐方案。

6. 项目综合评价

对推荐方案进行环境评价、财务评价、国民经济评价等，以判别项目的环境可行性、经济合理性和抗风险能力。当有关评价指标不能满足项目总体目标时，应重新构思方案或对原设计方案进行调整。

7. 编写可行性研究成果

项目可行性研究各专业方案，经过技术经济论证和优化之后，由各专业组分工编写。经项目负责人衔接协调综合汇总，提出可行性研究报告初稿。与委托单位交换意见，修改完善后，完成正式的可行性研究报告。

通常，建立项目可行性研究的工作程序如图3-7所示。

四、可行性研究报告

可行性研究过程形成的工作成果一般通过可行性研究报告固定下来，构成下一步研究工作的基础。可行性研究报告是指在调查研究基础上，分析论证某个建设或改造项目的有效可行性，在通过分析和比较后，提出技术上合理、经济上合算的最佳方案的书面报告。

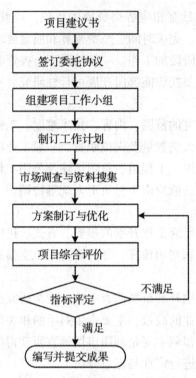

图 3-7　可行性研究的工作程序

1. 可行性研究报告的编制

一般地，凡进行可行性研究的建设项目，不附可行性研究报告者，不得审批设计任务书。对于项目投资者来说，可行性研究报告直接关系到建设项目的审批与否。因此，可行性研究报告的编制是一件严肃而认真的事情，不是可有可无的，必须采取积极慎重的态度。

（1）可行性研究报告的编制依据。

1）国民经济发展的长远规划、国家经济建设的方针、任务和技术经济政策。

按照国民经济发展的长远规划和国家经济建设方针确定的基本建设的投资方向和规模，提出需要进行可行性研究的工程项目建议书。这样就可以有计划地统筹安排各部门、各地区、各行业以及企业产品生产的协作与配套项目，有利于搞好综合平衡，也符合我国经济建设的要求。

2）工程项目建议书和委托单位的要求。

工程项目建议书是做好各项准备工作和进行可行性研究的重要依据，只有在工程项目建议书经有关部门和国家计划部门审查同意，并经汇总平衡纳入建设前期工作计划后，方可进行可行性研究的各项工作。建设单位在委托可行性研究任务时，应向承担可行性研究工作的单位提出对建设项目的目标和其他要求以及说明有关市场、原材料、资金来源等。

3）有关的基础资料。

进行厂址选择、工程设计、技术经济分析需要可靠的地理、气象、地质等自然和经济、社会等基础资料和数据。

4）有关的环境保护、劳动安全、技术经济等方面的规范、标准、定额等指标。

承担可行性研究的单位必须具备这些资料，因为这些资料都是进行项目设计、环境评价、安全评价、技术经济评价、风险分析的基本依据。

5）有关项目经济评价的基本参数和指标。

基本参数和指标主要有基准收益率、社会折现率、固定资产折旧率、外汇率、价格水平、工资标准、同类项目的生产成本等，这些参数和指标都是进行项目经济评价的基准和依据。

（2）可行性研究报告的编制要求。

1）确保可行性研究报告的真实性和科学性。

可行性研究是一项技术性、经济性、政策性很强的工作。编制单位必须保持独立性和站在公正的立场，遵照事物的客观经济规律和科学研究工作的客观规律办事，在调查研究的基础上，按照客观实际情况实事求是地进行技术经济论证、技术方案比较和评价，切忌主观臆断、行政干预、划框框、定调子，保证可行性研究的严肃性、客观性、真实性、科学性和可靠性，以确保可行性研究的质量。

2）编制单位必须具备承担可行性研究的条件。

建设项目可行性研究报告的内容涉及面广，还有一定的深度要求。因此，需要由具备一定的技术力量、技术装备、技术手段和实践经验等条件的工程咨询公司、设计院等专门单位来承担。参加可行性研究的成员应由工业经济专家、市场分析专家、工程技术人员、机械工程师、土木工程师、企业管理人员、财会人员等组成，必要时可聘请地质、土壤等领域的专家短期协助工作。

3）可行性研究的内容和深度及计算指标必须达到标准要求。

不同行业、不同性质、不同特点的建设项目，其可行性研究的内容和深度及计算指标，必须满足作为项目投资决策和进行设计的要求。

4）可行性研究报告必须经签证与审批。

可行性研究报告编完之后，应由编制单位的行政、技术、经济方面的负责人签字，对研究报告的质量负责。同时，研究报告须上报有关部门核准（或备案）。可行性研究报告的核准单位，对核准意见负责。若发现工作中有弄虚作假现象时，应追究有关负责人的责任。

2. 可行性研究报告的主要内容

工程项目可行性研究的内容，是指对项目有关的各个方面分析论证其可行性，包括工程项目在技术、财务、经济、商业、管理等方面的可行性。其中任一方面的可行性都有其特定的具体内容，并随项目的性质、特点和条件情况的不同而有所区别和侧重。不过，根据国内外可行性研究的工作实践，各类项目可行性研究的内容还是有很多相似之处，其主要内容有：

（1）总论。

　　总论主要说明工程项目提出的背景、投资的必要性和经济意义以及开展此项目研究工作的依据和研究范围。

　　（2）市场需求预测和拟建规模。

　　市场需求预测是工程项目可行性研究的重要环节。如对市场需求情况不做调查和趋势分析，或调查分析不当、不准确，就会导致企业规模的错误决策。通过市场调查和预测，了解市场对项目产品的需求程度和发展趋势。

　　1）项目在国内外市场的供需情况。通过市场调查和预测，摸清市场对该项目的目前和将来的需要量和当前的生产供应情况。

　　2）项目的竞争和价格变化趋势。摸清目前的竞争情况和竞争发展趋势，注意预测可能出现的最低销售价格，由此确定项目的允许成本，这又关系到项目的生产规模、设备选择、协作情况等。

　　3）估计项目的渗透程度和生命力。对拟建项目可能达到的渗透程度及其发展变化趋势与现在和将来的销售量以及产品的生命期做出估计，并摸清进入国际市场的前景。

　　（3）物料供应安排（包括能源和交通运输）。

　　研究资源储量利用条件、原料、辅助材料、燃料、电和其他输入品的种类、数量、质量、单价、来源和供应的可能性；所需公共设施的数量、供应方式和供应条件；交通运输的可达性等。

　　（4）建厂条件和厂址方案。

　　对建厂的地理位置和交通、运输、电力、水、气等基础资料以及气象、水文、地质、地形条件、废弃物处理、劳动力供应等社会经济自然条件的现状和发展趋势进行分析。对厂址进行多方案的技术经济分析和比较，并提出选择意见。

　　（5）项目的工程设计方案。

　　项目的工程设计方案包括确定项目的构成范围，主要单项工程的组成；主要技术工艺和设备选型方案的比较；引进技术、设备的来源国别；公共辅助设施和场内外交通运输方式的比较和初选；项目总平面图和交通运输的设计；土建工程量估算等。

　　（6）环境影响评价、劳动安全保护与卫生设施。

　　贯彻执行国家有关环境保护和职业安全卫生方面的法规、法律，分析项目可能对环境造成的近期和远期影响、影响劳动者健康和安全的因素，对其进行评价并提出防治措施，推荐技术可行、经济和布局合理、对环境的有害影响较小的最佳方案。按照国家现行规定，凡从事对环境有影响的工程项目都必须执行环境影响报告书的审批制度。同时，在可行性研究报告中，对环境保护和劳动安全要有专门论述。

　　（7）生产组织管理、机构设置、劳动定员、职工培训。

　　可行性研究在确定企业的生产组织形式和管理系统时，应根据生产纲领、工艺流程来组织相宜的生产车间和职能机构，保证合理地完成产品的加工制造、储存、运输、销售等各项工作，并根据对生产技术和管理水平的需要，来确定所需的各类人员和进行培训。

　　（8）项目的实施进度计划。

　　工程项目实施中的每一阶段都必须与时间表相关联。简单的项目实施可采用甘特图，复杂的项目实施则应采用网络图表示。

（9）投资估算和资金筹措。

投资估算包括主体工程及与其有关的外部协作配套工程的投资，以及流动资金的估算，工程项目所需投资总额。资金筹措应说明资金来源、筹措方式、贷款偿付方式等。

（10）风险分析。

对项目的市场风险、技术风险、财务风险、组织风险、法律风险、经济及社会风险等因素进行评价，制订规避风险的对策，为项目全过程的风险管理提供依据。

（11）项目的经济评价。

项目的经济评价包括财务评价和国民经济评价，并应进行静态和动态分析，得出评价结论。

（12）研究结论与建议。

在上述各项研究论证的基础上，择优提出推荐方案，并对推荐方案的主要内容和论证结果进行总体描述。在肯定推荐方案优点的同时，还应指出其可能存在的问题和可能遇到的主要风险，并作出项目及推荐方案是否可行的明确结论。

3. 可行性研究报告的评估与报批

可行性研究报告编制完成后，投资决策部门应组织或委托有资质的工程咨询公司、有关专家对工程项目可行性研究报告进行全面的审核和评估，分析和判断项目可行性研究报告的正确性、真实性、可靠性和客观性，对可行性报告进行全面的评价，提出项目是否可行，并确定最佳的投资方案，为项目投资的最后决策提供依据。

此外，根据《国务院关于投资体制改革的决定》（国发〔2004〕20号）规定：对于政府投资项目或使用政府性资金、国际金融组织和外国政府贷款投资建设的项目，继续实行"审批制"，需报批可行性研究报告。因此，通过了组织评审后，可行性研究报告应报建设单位上级主管部门或上级地方政府主管部门审批。

经批准的可行性研究报告，是拟建项目决策与项目设计的依据，也是向银行贷款的依据；同时也是向各专业管理部门，如土地、环保、消防、交通等申请办理各类许可手续和项目工程施工、配套、项目评估的依据，更是项目建成后交付使用、物业产权等登记和租售、转让的依据之一。

第四章　工程项目组织

第一节　概　述

工程项目组织是为完成特定的项目任务而由不同部门、专业的人员组成的从事项目微观管理的组织，是项目顺利完成的保证。它与企业组织既有区别又有联系。项目组织更加强调项目经理的作用，强调团队的协作精神，组织形式具有更大的灵活性和柔性。项目组织具有相对独立性，但又不能完全脱离母体公司。项目团队能否发挥团队效应，很大程度上取决于该组织与母体公司的组织关系。

项目管理组织主要是由完成项目管理工作的人、单位、部门组织起来的群体，是由业主委托或指定的负责整个工程管理的项目经理部（或项目管理小组）。它一般按项目管理职能设置职位（部门），按项目管理流程，各自完成属于自己管理职能内的工作。

一、项目组织结构

项目组织结构是指工程项目组织内部各构成部分和各部分之间所建立的较稳定的关系和联系方式，是项目管理的重要内容，也是项目成功的前提和保证。

在项目管理中，项目组织是项目最终产品的完成者，其生产过程和任务由不同部门甚至不同企业来完成。它们受项目组织结构限定，按项目工作流程（网络）进行工作，各自完成规定的（由合同、任务书、工作包说明等）任务和工作，经过项目管理部门协调、激励与综合，共同实现项目目标。

根据项目组织的地位和分工不同，项目组织可分为 3 个层次：

（1）项目决策层或项目的领导者。该层是项目的发起者，可能包括企业经理、对项目投资的财团、政府机构、社会团体领导等。他是项目组织的最高层，对整个项目负责，最关心的是项目整体经济效益。

项目决策层又分为战略决策层（投资者）和战略管理层（业主）两个层次。投资者通常委托一个项目管理人，即业主，由他承担项目实施全过程的主要责任和任务，确定项目目标、选择不同的方案、制订实现目标的计划，对项目进行宏观控制，保证项目目标的实现。

（2）项目管理者或项目组织层。项目管理者通常是一个由项目经理领导的项目经理部（或小组）。项目管理者由业主选定，为他提供有效而独立的管理服务，负责项目实施中具体的事务性管理工作，其主要责任是实现业主的投资意图，保护业主利益，保证项目整体目标的实现。

（3）具体项目任务的承担者或项目操作层，包括承担项目工作的专业设计单位、施工单位、供应商和技术咨询工程师等。其主要任务有：

1）参与或进行项目设计、计划和实施控制；

2）按合同规定的工期、成本、质量完成自己承担的项目任务，为完成自己的任务进行必要的管理工作，如：质量管理、安全管理、成本控制、进度控制；

3）向业主和项目管理者提供信息和报告；

4）遵守项目管理规则等。

在项目组织中，还包括上层系统（如企业部门）的组织，对项目有合作或与项目相关的政府、公共服务部门。项目组织结构各层次的关系如图4-1所示。

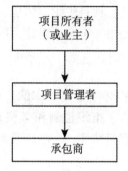

图 4-1 项目组织的关系

在项目的不同阶段，项目组织各层次的人员承担的项目任务是不一样的。在项目的前期策划阶段，主要由投资者、业主做目标设计和高层决策工作，在该阶段的后期（主要在可行性研究中）会有项目组织或咨询工程师参与。项目立项后，工作的重点转移至项目组织层和设计单位，但高层参与方案的选择。在施工阶段，项目任务是"战术"性的，即项目组织层及项目实施层的工作。在交工和试运行阶段，三个层次都将参与相关的工作。

二、项目组织机构的设置

1. 项目组织的特点

工程项目组织与企业组织既有区别又有联系。项目的特点决定了项目组织和其他组织相比具有许多不同的特点，这些特点对项目的组织设计和运行有很大的影响。一般情况下，工程项目组织的特点主要表现如下：

（1）项目组织的一次。工程项目是一次性任务，为了完成项目目标而建立起来的项目组织也具有一次性。项目结束或相应项目任务完成后，项目组织就解散或重新组成其他项目组织。

（2）项目组织的类型多、结构复杂。项目的参与者比较多，他们在项目中的地位和作用不同，而且有着各自不同的管理目标，这些单位对项目进行管理，形成了不同类型的项目管理。不同类型的项目管理，由于组织目标不同，它们的组织形式也不同，但是为了完成项目的共同目标，这些组织形式应该相互适应。为了有效地实施项目系统，项目的组织系统应该和项目系统相一致，项目系统的复杂性导致项目组织结构的复杂性。在同一项目管理中可能用不同的组织结构形式组成一个复杂的组织结构体系。项目组织还要和项目参与者的单位组织形式相互适应，这也会增加项目组织的复杂性。

（3）项目组织的变化较大。项目在不同的实施阶段，其工作内容不一样，项目的参与者也不一样，同一参与者，在项目的不同阶段的任务也不一样。因此，项目的组织随着项目的不同实施阶段而变化。

（4）项目组织与企业组织之间关系复杂。在很多的情况下项目组织是企业组建的，它是企业组织的组成部分。企业组织对项目组织影响很大，从企业的经营目标、企业的文化到企业资源、利益的分配都影响到项目组织效率。从管理方面看企业是项目组织的外部环境，项目管理人员来自企业，项目组织解体后，其人员返回企业。对于多企业合作进行的项目，虽然项目组织不是由一个企业组建，但是它依附于各相关企业，受到各相关企业的影响。

2. 项目组织机构设置原则

为了实现项目目标，项目组织必须是高效率的。项目组织的设置和运行（包括组织结构、组织运作规则、组织运作、组织控制和考核）必须符合现代管理理论的基本原则，但这些基本原则在项目中有特殊性，一般应遵循下述原则。

（1）目标统一原则。

组织结构设置的本身并不是目的，它是作为实现工程项目目标的一种手段。要使一个组织有效地运行，各参与者必须有明确的统一的目标。项目参与者隶属于不同的单位（企业），具有不同的利益和不同的目标。为了使项目顺利实施，达到项目的总目标，必须处理好以下关系：

1）项目参与者应就总目标达成一致；

2）项目的设计、合同、计划、组织管理规范等文件中贯彻总目标；

3）项目的全过程中顾及各方面的利益，使项目参与者各方满意；

4）项目的实施过程必须有统一的指挥、统一的方针和政策。

（2）责权利平衡。

在项目的组织设置过程中，要明确项目投资者、业主、项目其他参与者以及其利益关系、职责和权限，通过合同、计划、组织规则等文件实现，使之符合责权利平衡的原则。

1）权责对等。在项目中，参与者各方责任和权力有复杂的制约关系，责任和权益是互为前提条件的。如果合同承包商有一项责任或工作任务，则他常常又应有相应的权力。这个权力可能是他完成这个责任所必需的，或由这个责任引申的；

2）权力的制约。组织成员权力的行使必然会对项目和其他方产生影响，则该项权力应受到制约，以防止滥用权力。如果合同规定承包商有一项责任，则他完成该项目责任应有一定的前提条件。如果这些前提条件应由业主提供或完成，则应作为业主的一项责任，应明确规定对业主进行反制约。如果缺少这些反制约，则双方责权利关系就不平衡；

3）管理规范。应通过合同、管理规范、奖励政策对项目参与者各方的权益进行保护，特别是对承包商、供应商。例如在承包合同中，应有工期延误罚款的最高限额的规定、索赔条件、仲裁条款、在业主严重违约情况下中止合同的权力及索赔权力等；

4）公平地分配风险。在项目中风险的分配是个战略问题。分配风险的总体原则是谁能最有效地防止和控制风险，或能将风险转移给其他方面，则应由他承担相应的风险责任；承担者控制相关风险是经济的、有效的、方便的、可行的；

5）加强过程的监督，包括阶段工作成果的检查、评价、监督和审计工作；

6）通过组织结构、责任矩阵、项目管理规范、管理信息系统设计保持组织界面的清晰。

（3）适用性和灵活性原则。

项目组织结构适合于项目的范围、项目组织的大小、环境条件和业主的项目战略等。其组织形式是灵活多样的，不同的项目有不同的组织形式，甚至一个项目的不同阶段就有不同的授权和不同的组织形式，并应考虑到与原组织的适应性。

1）项目业主组织的有关职能部门，主要负责项目的进度计划、质量和成本监控；

2）项目组织必须能兼顾项目研究、开发、供应、生产和专业职能活动等；

3）项目组织结构应有利于项目的所有参与者的交流和合作，且便于领导；

4）组织机构简单、工作人员精简，项目组织要保持最小规模，并最大可能地使用现有部门中的职能人员。

在项目组织的运作过程中应经常性地检查和评价项目组织系统的有效性和适应性。

（4）管理跨度原则。

所谓管理跨度是指一个管理者直接管辖的人数（部门负责人）。一个有效率的领导，是以良好的信息沟通为前提的，而良好的双向信息沟通只能在有限范围内实现。某个层次管理者是上下双向信息沟通的汇聚点。

按照组织效率原则，应建立一个规模适度、组织结构层次较少、结构简单、能高效率运作的项目组织。由于现代工程项目规模大、参加单位多，造成组织结构非常复杂。组织结构设置常常在管理跨度与管理层次之间进行权衡。

管理跨度是指某一组织单元直接管理下一层次的组织单元的数量，管理层次是指一个组织总的结构层次。通常管理跨度窄造成组织层次多，反之，管理跨度宽造成组织层次少，如图4-2所示。

法国管理学家丘纳斯提出，如果一个领导者直接管辖的人数为 N，他们之间可能产生的沟通关系数 C 为：

$$C = N(2^{N-1} + N - 1) \tag{4-1}$$

从上面关系式可以看出，若直接管辖的人数较多，双向沟通关系很大，往往会引起指令信息传递失真，因此，需要将信息进行加工处理，以获取有价值的信息。领导者控制适当的管理跨度是对信息传递处理最好的办法。管理层次划分的多少应本着尽量精简的原则，根据部门事务的繁简程度和层次管理跨度的大小来确定。如果层次划分过多，信息传递容易发生失真及遗漏现象，可能导致管理失误。若层次划分过少，层次管理跨度过大，会加大领导者的管理难度，也可能导致管理失误。

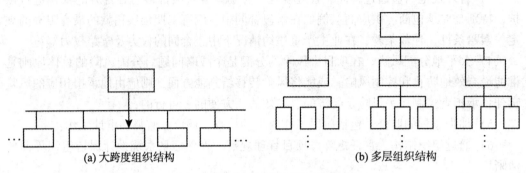

图 4-2　管理跨度和管理层次的关系

（5）合理授权。

项目的任何组织单元在项目中为实现总目标承担一定的工作任务和责任，则他必须拥有相应的权力、手段和信息去完成任务。根据项目的特点，项目组织是一种有较大分权的组织。项目鼓励多样性和创新，则必须分权，才能调动下层的积极性和创造力。

项目组织设置必须形成合理的组织权结构和职权关系，没有授权或授权不当会导致没有活力或失控，决策渠道阻塞，而无力进行重要的决策和控制。合理授权须注意以下几点：

1）依据完成的任务、预期要取得的结果进行授权，构成目标、任务、职权之间的逻辑关系，并订立完成程度的考核指标；

2）根据要完成的工作任务选择人员，分配职位和职务。分权需要强有力的下层管理人员；

3）采用适当的控制手段，确保下层恰当地使用权力，以防止失控；

4）在组织中保持信息渠道的开放和畅通，使整个组织运作透明；

5）对有效的授权和有工作成效的下层单位给予奖励；

6）谨慎地进行授权。分权的有效性与组织文化有关。人们的价值观念和行为准则对分权有很大的影响。

三、项目组织的协调

工程项目的组织协调是项目管理的一项重要工作。协调作为一种管理方法已贯穿于整个项目和项目管理的全过程。良好的组织协调能够营造高效、精干、和谐的项目团队，提高项目的经济效益。

1. 组织协调的内涵

工程项目的组织协调是指以一定的组织形式、手段和方法，对工程项目中产生的组织关系不畅进行疏通，对产生的干扰和障碍予以排除的活动。在各种协调中，组织协调是其他协调有效性的保证，只有通过积极的组织协调才能实现整个系统全面协调的目的。

在整个项目的目标规划、项目定义、设计等工作中有着各式各样的协调工作。例如：项目目标因素之间的协调，项目各个系统内部、子系统之间、子系统与环境之间的协调；各专业技术方面的协调；项目参加者之间的组织协调等。组织协调可使矛盾着的各个方面居于统一体中，以便解决它们之间的矛盾，使项目实施和运行过程顺利。

2. 组织协调的范围

项目组织协调是提高项目组织运行效率的重要措施，是项目成功的关键因素之一。从组织系统角度来看，项目组织的协调分为项目组织内部协调和组织系统外部的协调。而组织系统外部的协调，根据项目组织和外部联系的程度又可以分为近外层协调和远外层协调。近外层协调是指项目直接参与者之间的协调，远外层协调是指项目组织与间接参与者以及其他相关单位的协调。例如，某承包商的组织协调范围如图4-3所示。

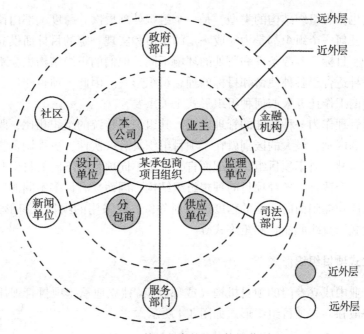

图 4-3　某承包商的组织协调范围

3. 组织协调的内容

组织协调的内容主要有以下几个方面：

（1）人际关系的协调。人际关系的协调应包括组织内部和组织与关联单位的人际关系协调。协调的对象应是相关工作结合部中人和人之间在管理工作中的联系和矛盾；

（2）组织关系协调。组织关系协调应包括项目经理部与其企业管理层及劳务作业层之间关系的协调，主要是解决项目组织内部的分工与配合问题；

（3）供求关系协调。工程项目实施中所需人力、资金、设备、材料、技术、信息的供应，主要通过协调解决供求平衡问题。供求关系协调应包括企业物资供应部门与项目经理部关系的协调，生产要素供需单位之间的关系的协调；

（4）协作配合关系协调。协作配合关系协调应包括近外层单位的协作配合，内部各部门、上下级、管理层与作业层之间的关系；

（5）约束关系协调。约束关系协调包括法律、法规的约束关系的协调和合同约束关系的协调，以及与政府部门、金融组织、税收部门等远外层的关系的协调。

此外，随着工程项目实施阶段的不同，项目所存在的关系和问题都有所不同，比如项目进行的初期主要是供求关系的协调，后期主要是合同和法律、法规约束关系的协调。这就要求协调工作应根据不同的发展阶段，及时、有效地沟通关系、化解矛盾，提高项目运行的效率和效益。

第二节　工程项目组织形式

组织形式也称为组织结构的类型，是一个组织处理层次、跨度、部门设置和上下级关系的方式。任何一个组织都是为完成一定的使命和实现一定的目标而设立的，由于每个组织的使命、目标、资源条件和所处的环境不同，他们的组织结构也会不同，因而人们无法找到一种适合于各种使命和目标的理想组织形式。因此，项目建设各相关方针对其合同范围内的工作任务采取何种组织形式至关重要。

工程项目管理作为一种特殊的管理方式，其组织与传统的组织相比，既具有相同之处，又有很大的区别。最大的区别就在于项目组织具有一次性，更强调负责人的作用以及团队的协作精神。对于项目组织管理而言，由于不同项目有不同的目标和要求，人们同样无法给出一个适合于各种项目的理想组织结构，因而会有许多不同的项目实施的组织形式。从面向功能到面向活动的程度进行划分，一般采用的项目组织形式有独立式、直线式、职能式、直线职能式和矩阵式等。

一、独立式项目组织形式

它是在企业中成立专门的项目机构（或部门），独立地承担项目管理任务，对项目目标负责。一般独立式项目组织形式如图 4-4 所示。

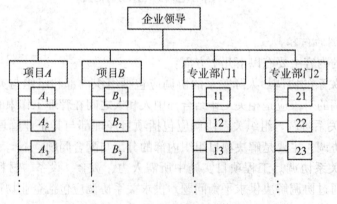

图 4-4　独立的项目组织形式

在项目实施过程中，项目组成员进入项目，不再接受企业职能部门的任务，项目结束后，项目组织解散或重新构成其他项目组织。

项目经理专门承担项目管理职能，对项目组织拥有完全的权力，负责项目调配，实现项目目标资源，并由他承担项目责任。项目管理权力集中，与其他项目、企业其他部门没有优先权的问题。

1. 独立式项目组织的优点

（1）项目参与者集中力量为项目工作，决策简单、迅速，对项目受到的外界干扰反应迅速，协调容易，内部争执较少，可避免权力争执和资源分配的争执。独立式项目组织具有直线式组织的优点，项目目标能得到保证，且指令唯一。组织任务、目标、权力、职责透明且易于落实。

（2）组织的设置能迅速有效地对项目目标和顾客需要作出反应，更好地满足顾客的要求。

（3）这种组织形式适用于企业进行特别大的、持续时间长的项目，或要求在短时间内完成且费用压力大、经济性要求高的项目。

2. 独立式项目组织的缺点

（1）独立式项目组织效率低，成本高昂。由于各项目自成系统，需要组织、办公用地、设施及测量仪器等。如果项目实施过程中出现不均匀性，会造成不能充分利用人力、物力、财力资源，造成企业内部资源浪费。

（2）由于项目的任务是波动的、不均衡的，带来资源计划和供应的困难。人事上的波动不仅会影响原部门的工作，而且会影响项目组织成员的组织行为，影响人员专业上的停滞不前和个人发展以及工作的积极性。

（3）难以集中企业的全部资源优势进行项目管理。如果企业同时承接许多项目，不可能向每个项目都派出最强的专业人员和管理人员。

（4）由于每个项目都建立一个独立式组织，在该项目建立和结束时，都会对原企业组织产生冲击，组织可变性和适应性不强。

二、直线式项目组织形式

直线式是最简单的工程项目组织形式，是一种线性组织结构。它适用于独立的项目和单个中小型的工程项目管理。它的组织结构形式与项目的结构分解图有较好的相关性，如图 4-5 所示。

1. 直线式项目组织的优点

（1）每个组织单元仅向一个上级负责，一个上级对下级直接行使管理和监督的权力，即直线职权，一般不能越级下达指令。项目参与者的工作任务、责任、权力明确，指令唯一，协调方便。

（2）项目经理能直接控制资源，对客户负责。

（3）信息流通快，决策迅速，项目容易控制。

（4）组织结构形式与项目结构分解图式基本一致，目标分解和责任落实比较容易，不会遗漏项目工作，组织障碍较小，协调费用低。

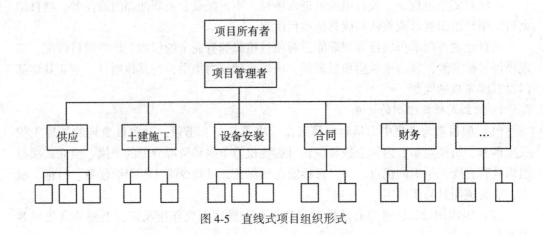

图 4-5 直线式项目组织形式

（5）项目任务分配明确，责权利关系清楚。

2. 直线式项目组织的缺点

（1）当项目比较多、比较大时，每个项目对应一个组织，使企业资源不能合理利用。

（2）不能保证企业部门之间信息流通速度和质量，使项目和企业部门间合作困难。例如工程施工单位发现设计问题不直接找设计单位，必须先找项目经理再转达设计单位；设计变更后，先交项目经理，再转达施工单位。

（3）企业的各项目间缺乏信息交流，项目之间的协调、企业的计划和控制比较困难。

（4）在直线式组织中，如果专业化分工太细，容易造成组织层次的增加。

三、职能式项目组织形式

职能式组织结构亦称"U 形"组织，又称为多线性组织结构，是传统的层次化的组织形式，这种组织形式按职能以及职能的相似性划分部门，也是当今世界上最普遍的组织形式。它是按职能来组织部门分工，即从企业高层到基层，均把承担相同职能的管理业务及其人员组合在一起，设置相应的管理部门和管理职务。

采用职能式项目组织形式的企业在进行项目工作时，各职能部门根据项目的需要承担本职能范围内的工作，项目的全部工作作为各职能部门的一部分工作进行。也就是说企业主管根据项目任务需要从各职能部门抽调人员及其他资源组成项目实施组织，这样的项目组织没有明确的项目主管经理，项目中各种职能的协调只能由处于职能部门顶部的部门主管来协调。项目组织的界限不十分明确，小组成员没有脱离原来的职能部门，项目工作多属于兼职工作性质。某职能式项目组织形式如图 4-6 所示。

1. 职能式项目组织形式优点

（1）以职能部门作为承担项目任务的主体，可以充分发挥职能部门的资源集中优势，有利于保障项目需要资源的供给和项目可交付成果的质量。

（2）职能部门内部的技术专家可以同时被该部门承担的不同项目同时使用，节约

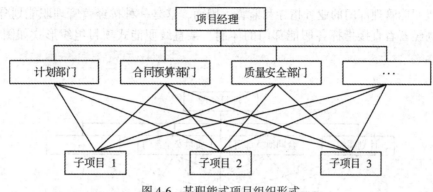

图 4-6　某职能式项目组织形式

人力，减少了资源的浪费。

（3）同一职能部门内部的专业人员便于相互交流、相互支援，对创造性地解决技术问题很有帮助。

（4）当有项目成员调离项目或者离开公司时，所属职能部门可以增派人员，保持项目的技术连续性。

（5）项目成员可以将完成项目和完成本部门的职能工作融为一体，可以减少项目的临时性给项目成员带来的不确定性。

2. 职能式项目组织形式缺点

（1）责任不明，协调困难。由于各职能部门只负责项目的一部分，没有一个人承担项目的全部责任，各职能部门内部人员责任感也比较淡化，且各部门常从其局部利益出发，对部门之间的冲突很难协调。

（2）当项目需要多个职能部门共同完成时，或者一个职能部门内部有多个项目需要完成时，资源的平衡就会出现问题。

（3）当项目需要由多个部门共同完成时，权力分割不利于各职能部门之间的沟通交流、团结协作。对于技术复杂的项目，跨部门之间的沟通更为困难，职能式项目组织形式较难适用。

（4）项目成员在行政上仍隶属于各职能部门的领导，项目经理对项目成员没有完全的权力，项目经理需要不断地同职能部门经理进行有效的沟通以消除项目成员的顾虑。当小组成员对部门经理和项目经理都要负责时，项目团队的发展常常是复杂的。对这种双重报告关系的有效管理常常是项目最重要的成功因素，而且通常是项目经理的责任。

四、直线职能式项目组织形式

直线职能式组织结构是现代工业中最常见的一种结构形式，而且在大中型组织中尤为普遍。这种组织结构的特点是：以直线指挥为基础，在各级行政主管之下设置相应的职能部门从事专业管理，作为该级行政主管的参谋，且只能对下级部门提供建议和业务指导，没有指挥和命令的权力。在直线职能式结构下，下级机构既受上级部门的管理，又受同级职能管理部门的业务指导和监督。因而，这是一种按经营管理职能划分部门、并由最高经营者直接指挥各职能部门的体制。某直线职能式项目组织形式如图 4-7 所示。

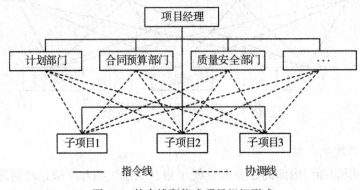

图 4-7 某直线职能式项目组织形式

直线职能式组织形式综合了直线式和职能式组织形式的优点，它既保证了直线式结构集中统一指挥的优点，又吸收了职能式结构分工细密、注重专业化管理的长处，发挥各种专门业务管理的作用，其职能高度集中、职责清楚、秩序井然、工作效率较高，整个组织有较高的稳定性。但是，直线职能式项目组织形式也存在一些缺点，具体表现如下：

（1）属于典型的"集权式"结构，权力集中于最高管理层，下级缺乏必要的自主权。

（2）各职能部门之间的横向联系较差，容易产生脱节和矛盾。

（3）建立在高度的"职权分裂"基础上，各职能部门与直线部门之间如果目标不统一，则容易产生矛盾。特别是对于需要多部门合作的事项，往往难以确定责任的归属。

（4）信息传递路线较长，反馈较慢，难以适应环境的迅速变化。

直线职能式组织形式所存在的问题是经常产生权力纠纷，从而导致直线指挥人员和职能参谋人员的摩擦。为了避免这两类人员的摩擦，管理层应明确他们各自的作用，鼓励直线指挥人员合理运用职能参谋人员所提供的服务。

五、矩阵式项目组织形式

矩阵式是现代大型工程管理中广泛采用的一种组织形式。它将管理的职能原则和对象原则结合起来，形成工程项目管理的组织机构，使其既能发挥职能部门的纵向优势，又能发挥项目组织的横向优势。从组织职能角度看，公司要求自身的机构专业分工稳定；从项目实施角度看，要求项目组织有较强的综合性。矩阵式组织机构将公司的职能与项目管理职能有机结合起来，形成一种纵向职能机构、横向项目机构交叉的矩阵式组织形式，如图 4-8 所示。

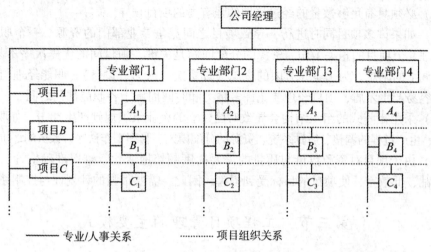

图 4-8 矩阵式项目组织形式

1. 矩阵式项目组织的优点

（1）以项目任务为中心的管理，集中全部的资源（特别是技术力量）为项目服务，能够迅速反映和满足顾客要求，对环境变化有比较好的适应能力。

（2）各种资源的统一管理，能最有效地、均衡地、节约地、灵活地使用资源，特别是能最有效地利用企业的职能部门人员和专门人才，形成全企业统一指挥，协调管理，保证项目和部门工作的稳定性和效率。另一方面又可保持项目间管理的连续性和稳定性。

（3）项目组织成员仍归属于一个职能部门，保证组织的稳定性和项目工作的稳定性，使得人们有机会在职能部门中通过参加各种项目，获得专业上的发展、丰富的经验和阅历。

（4）组织结构富有弹性，有自我调节的功能，能更好地适合于动态管理和优化组合，适合于时间和费用压力大的多项目和大型项目的管理。例如某个项目结束后，仅影响专业部门的计划和资源分配，而不会影响整个组织结构。

（5）矩阵组织的结构、权力与责任关系趋向于灵活，能在保证项目经理对项目最有控制力的前提下，充分发挥各专业职能部门的作用，保证有较短的协调、信息和指令的途径。决策层—职能部门—项目实施层之间的距离最小，沟通速度快。

（6）组织上打破了传统的以权力为中心的思想，树立了以任务为中心的思想。这种组织的领导者不是集权的，而是分权的、民主的、合作的。组织的运作必须是灵活的、公开的信息共享，需要互相信任与承担义务，容易接受新思想，整个组织氛围符合创新的需要。

2. 矩阵式项目组织的缺点

（1）存在组织上的双重领导、双重职能、双重的信息流、工作流和指令界面。这要求有熟练的严密的组织规范和措施，否则，极易产生混乱和职能争执。

（2）存在双重领导，信息处理量大，会议多，报告多。

（3）必须具有足够数量的经过培训的强有力的项目领导。

（4）如果许多项目同时进行，导致项目之间竞争专业部门的资源。一个职能部门同时管理几个项目的相关工作，资源的分配问题是关键。项目间的优先次序不易解决，带来协调上的困难。为了争夺有限的资源（如资金、人力、设备），职能经理与项目经理之间容易产生矛盾，项目经理要花许多精力和时间周旋于各职能部门之间。

（5）采用矩阵式的组织结构会导致对已建立的企业组织规则产生冲击，如职权和责任模式、生产过程的调整、后勤系统、资源的分配模式、管理工作秩序、人员的评价等。

（6）由于项目对资源数量与质量的需要高度频繁地变化，难以准确估计，可能会造成混乱、低效率，使项目的目标受到损害，因此，需要很强的计划性与控制系统。

第三节　工程项目管理的主要模式

工程项目管理模式是指项目单位组织管理工程项目建设的组织形式及其在项目建设过程中各参与方所扮演的角色及合同关系，决定了工程项目管理的总体框架、项目参与各方的权利义务和风险责任分担。它是将管理项目作为一个系统，为使项目能够正常运行并确保目标的实现，而对项目进行管理的一种运作方式。与其他管理运作方式相比，工程项目管理模式约束性更强，且与项目建设目标能否实现、项目建成后的运行能否取得既定的社会效益和经济效益直接相关。因此，工程项目管理模式对项目建设意义重大。

近年来，为了适应现代工程项目建设大型化、一体化以及项目大规模融资和分散项目风险的需要，工程管理领域推出并形成了多种成熟的工程项目管理模式，每一种都有其优点和缺点。在项目建设过程中，项目单位应根据工程项目的特点、复杂程度、自身管理能力及有关部门的规定要求，因地制宜地选择合适的项目管理模式，这样才能更好地规避风险，实现项目目标，创造最大的价值。

一、业主方项目管理模式

在工程项目建设过程中，项目投资者（业主）是与建设、施工、设计、咨询等项目参与方在一起共同协商管理项目的，项目的各参与方都有自己的项目管理任务，但影响工程项目进展和效益的核心是业主方的项目管理工作。特殊情况下，工程项目管理模式也可以简单理解为业主方项目管理模式，即业主方所采用的项目管理任务的分配与委托方式。业主方项目管理模式主要包括自行管理模式、分项委托管理模式、专业机构管理模式、工程项目代建制，项目业主应根据工程项目的实际，选择合适的项目管理模式。

1. 自行管理模式

自行管理模式又称"自建制"，是由项目业主自行设立工程项目管理机构，并将项目管理任务由该机构承担的组织形式。该模式是由项目单位统一组织、指挥、协调工程项目的策划、设计、采购、施工，直到投产运营各环节的工作，可以减少对外合同关系，有利于投资建设各阶段、各环节衔接和提高管理效率。

过去很长时期，项目单位临时组建基建办、筹建办、指挥部等自行管理建设项目，项目建成后项目管理机构便解散。这种管理模式往往只有一次教训，没有二次经验，这种管理模式已经落后和过时。要想采用自行管理模式，项目单位必须拥有稳定的、专业的项目管理团队和设计、施工力量，并拥有丰富的投资建设管理和服务经验。

目前，该模式主要适用于工程项目规模较小、周期很短、不复杂的项目，涉及高度保密等特殊情况的项目，以及不值得或不允许项目管理市场化的项目。

2. 分项委托管理模式

分项委托管理模式是由项目业主采用市场竞标方式，将工程项目的策划、设计、采购、施工等任务，分别委托给具有相应资质的各单位承担。

在这种管理模式下，项目业主主要是通过合同约定与参加管理各方发生关系。项目业主作为项目管理的中枢，负责项目的决策、监督和参与单位间的衔接、协调工作。这种模式有利于发挥市场机制的作用，择优选定较为理想的参与单位，有利于参与各方权、责、利的制衡。

3. 专业机构管理模式

专业机构管理模式是由项目业主将工程项目投资建设全过程或部分阶段的管理工作，打包委托给具有相应资质和专业素质、管理专长的管理公司，再由管理公司分别委托给设计、采购、施工等参建各方。这是委托与再委托的合同关系。

这种管理模式适用于以下情况：

（1）只有一次建设任务，项目单位不值得成立项目管理机构。

（2）项目单位缺少项目管理队伍、能力和经验。

（3）项目单位无精力或不愿意、不允许介入项目管理具体事务。

专业机构管理模式有利于推进工程项目专业化管理，提高现代化管理水平。

4. 工程项目代建制

工程项目代建制指政府投资项目按照规定的程序，通过招标等方式，选择具有相应资质的专业化的项目管理单位（代建单位），代理投资人或建设单位负责项目的投资管理和建设实施的组织工作，严格控制项目投资、质量和工期，竣工验收后移交给使用单位的制度。工程项目代建制是规范政府投资项目管理的重要举措，国家要求对采用直接投资方式的非经营性政府投资项目加快实行代建制。

推行代建制的关键是选择好代建单位，原则上应通过竞标或评定短名单方式，从中择优选定专业化的项目管理单位代建。代建单位确定后，应签订委托方、代建方和使用方三方合同；无特定使用单位或使用单位尚未成立的，可签订两方合同。

在代建期间，代建单位是代建项目管理的主体，在项目单位授权范围内行使代建职权，组建代建管理团队，建立健全工程项目管理制度，精心组织施工，合理使用建设资金，严格控制工程质量、进度和安全，主动接受有关部门的指导和监督。工程项目使用单位和有关部门不得干扰代建单位正常工作。

二、工程项目承发包模式

根据以上管理模式的介绍，我们可以知道，除了项目业主自行管理的项目以外，不论选用业主方项目管理模式的哪一种，建设项目都应采用工程承发包制进行，即项目投资者必须运用工程项目承发包模式经营项目。因此，工程项目承发包模式也是一种基于业主角度组织实施工程项目的组织管理模式。

工程项目承发包是一种商业行为，交易双方为项目业主和承包商，双方签订承包合同，明确双方各自的权利与义务，承包商为业主完成工程项目的全部或部分项目建设任务，并从项目业主处获取相应的报酬。

工程项目承发包内容主要包括两类：一类是勘察、设计、采购、施工、试运行等实体性业务；另一类是项目管理、项目咨询等非实体性业务。与工程项目承发包内容相对应的承发包模式包括工程项目实体性业务的承发包模式和非实体性业务的承发包模式，其中工程项目实体性业务的承发包模式包括工程项目平行承发包模式、工程项目总承包模式两类；工程项目非实体性业务承发包模式包括工程项目平行承发包管理/咨询模式、工程项目总承包管理/咨询模式。工程项目承发包模式类型具体如图4-9所示。

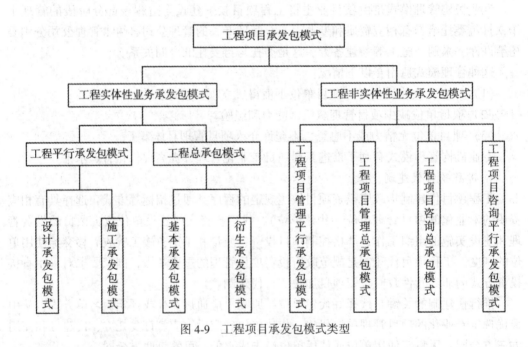

图 4-9　工程项目承发包模式类型

1. 工程平行承发包模式

平行承发包模式（实体性）是指业主将项目的设计、施工以及材料/设备采购等任务经过分解分别发包给设计单位、施工单位和材料/设备供应商等若干个单位，并分别与之签订合同。在平行承发包模式中，设计人、施工承包人和材料设备供货人之间为平行关系，相互之间既不存在合同关系，也不存在指令关系。平行承发包模式的一般形式见图 4-10。

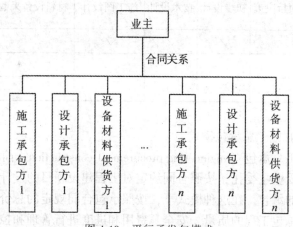

图 4-10　平行承发包模式

这种模式可使业主择优选择承包商，有利于控制工程质量，有利于缩短建设工期。但是，这种模式也使业主组织管理和协调工作量大，工程造价控制难度大，相对于总承包模式而言，不利于发挥那些技术水平高、综合管理能力强的承包商的综合优势。

2. 工程总承包模式

工程总承包是指从事工程总承包的企业受业主委托，按照合同约定对工程项目的勘察、设计、采购、施工、试运行（竣工验收）等实行全过程或若干阶段的承包。工程总承包商企业按照合同约定对工程项目的质量、工期和造价等向业主负责。工程总承包企业可以依法将所承包工程中的部分工作发包给具有相应资质的分包企业；分包企业按照分包合同的约定对总承包企业负责，所有的设计、施工分包工作都由总承包商对业主负责。这类总承包商可能是具备很强的设计、采购、施工、科研等综合服务能力的综合建筑企业，也可能是由设计单位、施工企业组成的工程承包联合体。

在这种管理模式中，业主的组织协调工作量少，有利于控制工程造价，有利于缩短建设工期。但是，对总承包商而言，责任重、风险大，获得高额利润的潜力也比较大。工程总承包有交钥匙总承包模式、设计/采购/施工总承包模式、设计/建造总承包模式、设计/采购总承包模式、采购/施工总承包等多种模式（见表 4-1），其中设计/采购/施工总承包模式和设计/建造总承包模式是建设项目总承包最常用的两种模式。

表 4-1　　　　　　　　　　　**工程总承包模式常见类型**

项目程序 总承包模式	项目决策	初步设计	技术设计	施工图设计	材料设备采购	施工安装	试运行
交钥匙	✓	✓	✓	✓	✓	✓	✓
设计/采购/施工		✓	✓	✓	✓	✓	✓
设计/施工			✓	✓		✓	

续表

项目程序 总承包模式	项目决策	初步设计	技术设计	施工图设计	材料设备采购	施工安装	试运行
设计/采购		✓	✓	✓	✓		
采购施工					✓	✓	
施工总承包						✓	

（1）设计/采购/施工总承包模式。

设计/采购/施工总承包（engineering procurement construction，简称 EPC）模式，是指工程总承包企业受业主委托，按照合同约定对工程建设项目的设计、采购、施工、试运行等实行全过程的承包。在这种模式下，按照承包合同规定的总价或可调总价，工程总承包企业对其所承包工程的质量、安全、费用和进度进行管理和控制，并按合同约定完成工程。一般地，EPC 模式如图 4-11 所示。

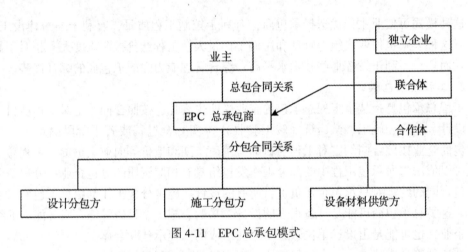

图 4-11　EPC 总承包模式

在 EPC 模式中，"engineering"不仅包括具体的设计工作，而且可能包括整个建设工程内容的总体策划以及整个建设工程实施组织管理的策划和具体工作；"procurement"也不是一般意义上的建筑设备材料采购，而更多的是指专业设备、材料的采购；"construction"应译为"建设"，其内容包括施工、安装、试车、技术培训等。该模式主要具有以下特征：

1）EPC 总承包合同是界定业主与总承包商权利、责任和风险的核心法律文件；

2）总承包商依据总承包合同可以与分包商订立合同，分包商的全部工作只对总承包商负责；

3）业主只负责整体的、原则的、目标的管理和控制，但应负有为 EPC 总承包商提供良好环境条件的义务；

4）业主可以自行组建管理机构，亦可以委托专业机构对工程项目实施整体的、原则的、目标的管理和控制。

在 EPC 模式下，总承包商对整个建设项目负责，但并不意味着总承包商须亲自完成整个建设工程项目。除法律明确规定应当由总承包商必须完成的工作外，其余工作总承包商则可以采取专业分包的方式进行。在实践中，总承包商往往会根据其丰富的项目管理经验，根据工程项目的不同规模、类型和业主要求，将设备采购（制造）、施工及安装等工作采用分包的形式分包给专业分包商。

1）EPC 模式的主要优点有如下几点：

① 业主把工程的设计、采购、施工和开工服务工作全部托付给工程总承包商负责组织实施，业主只负责整体的、原则的、目标的管理和控制，总承包商更能发挥主观能动性，能运用其先进的管理经验为业主和承包商自身创造更多的效益，提高了工作效率，减少了协调工作量；

② 设计变更少，工期较短；

③ 由于采用的是总价合同，基本上不用再支付索赔及追加项目费用；项目的最终价格和要求的工期具有更大程度的确定性。

2）EPC 模式的主要缺点有如下几点：

① 业主不能对工程进行全程控制；

② 总承包商对整个项目的成本工期和质量负责，加大了总承包商的风险，总承包商为了降低风险获得更多的利润，可能通过调整设计方案来降低成本，可能会影响长远意义上的质量；

③ 由于采用的是总价合同，承包商获得业主变更令及追加费用的弹性很小。

EPC 模式一般适用于规模较大、工期较长，且具有相当技术复杂性的工程，如化工厂、发电厂、石油开发等建设工程项目。

（2）设计/建造总承包模式。

设计/建造总承包（design-build，简称 DB）模式，在国际上也称交钥匙模式，在中国称设计/施工总承包模式。DB 模式是指由业主选定一家专业机构作为工程总承包商，并由其承担工程项目的设计和施工任务全过程的总承包。DB 模式下，总承包商与业主密切合作，并按照总承包合同约定完成项目的设计和施工等工作，对承包工程的质量、安全、工期、造价等全面负责。DB 模式中各参与方的关系如图 4-12 所示。

DB 模式的基本出发点是促进设计与施工的早期结合，以便有可能发挥设计和施工双方的优势，避免设计和施工的矛盾，缩短建设周期，提高项目的经济效益。在选定DB 承包商时，把设计方案的优劣作为主要的评标因素，可保证业主得到高质量的工程项目。同时，总承包商可自行完成承包的全部建设任务，也可以按照竞标的方式将部分建设任务发包给分包商。然而，DB 模式存在的最大问题就是业主一般不能直接参与设计分包和施工分包商的选择，无法对工程的全过程进行控制，不能参与项目本身的管理。在这种情况下，如果承包商未能正确理解业主方的意图，将会导致项目无法顺利开展。

1）DB 模式的主要优点有如下几点：

① 和承包商密切合作，完成项目规划直至验收，减少了协调的时间和费用；

② 承包商可在参与初期将其材料、施工方法、结构、价格和市场等知识和经验融

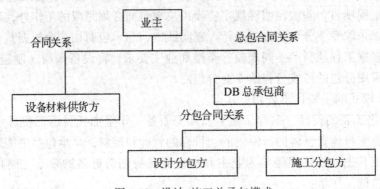

图 4-12 设计/施工总承包模式

入设计中;

③ 利于控制成本,降低造价。国外经验证明实行 DB 模式,平均可降低造价 10% 左右;

④ 利于进度控制,缩短工期;

⑤ 责任单一。从总体来说,建设项目的合同关系是业主和承包商之间的关系,业主的责任是按合同规定的方式付款,总承包商的责任是按时提供业主所需的产品,总承包商对于项目建设的全过程负有全部的责任。

2)DB 模式的主要不足有如下几点:

① 对最终设计和细节控制能力较低;

② 承包商的设计对工程经济性有很大影响,在 DB 模式下承包商承担了更大的风险;

③ 质量控制主要取决于业主招标时功能描述书的质量,而且总承包商的水平对设计质量有较大影响;

④ 时间较短,缺乏特定的法律、法规约束,没有专门的险种;

⑤ 方式操作复杂,竞争性较小。

DB 模式比较适合工程投资容易确定、隐蔽工程少、地质条件不复杂的项目。对工程复杂的项目,DB 交易模式可能给总承包商带来较大的工程风险。总承包商只有经过方案设计评估、详细设计以后才能确定工程造价以进行投标,投标准备阶段就需要投入较大的精力和资金,因此承包商的投标积极性可能会受到一定的抑制,而业主则需要承担招标失败的风险。

3. 项目管理承包模式

项目管理承包(project management contractor,简称 PMC)模式,是指业主在项目初期,通过招标聘请一家技术力量雄厚、工程管理经验丰富的专业项目管理公司或综合性咨询公司,作为 PMC 承包商,代表业主对工程项目进行全过程或若干阶段的管理和服务。这里主要说的是代理型的 PMC 模式,属于工程项目非实体性业务承发包模式中的工程项目总承包管理模式。

在这种模式下，业主一般要与专业咨询设计单位（如建筑师、测量师等）进行密切合作，仅需对建设项目的关键问题进行决策，绝大部分的项目管理工作都由 PMC 承包商组织。PMC 模式的合同价一般按"工时费用+利润+奖励"的方式计取，PMC 承包商按照合同约定承担一定的管理风险和经济责任。一般地，代理型 PMC 模式如图 4-13 所示。

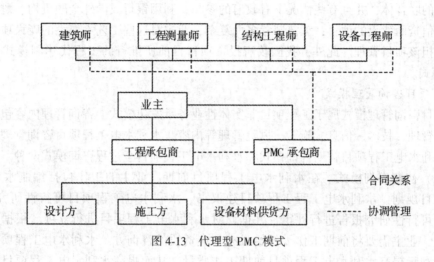

图 4-13 代理型 PMC 模式

PMC 承包商是业主机构的延伸，对业主负责，与业主的目标和利益保持一致。PMC 承包商代表业主对工程项目进行全过程、全方位的项目管理，但一般不直接参与项目的设计、采购、施工和试运行等阶段的具体工作。在项目前期，PMC 承包商代表或协助业主完成的工作主要包括：项目建设方案的优化，风险的优化管理；项目融资；负责组织完成初步设计；政府各环节的审批；确定技术与专业设计方案，提出项目实施方案；确定设备、材料的规格和数量；完成项目投资估算；编制工程设计、采购和建设招标文件，完成招标、评标，确定各承包商等。在项目实施阶段，PMC 承包商代表业主负责项目的全面管理、组织协调和监理工作，包括编制并发布工程项目统一规定；设计管理，协调技术条件，确保各承包商之间的一致性和互动性；采购管理；施工管理及协调；同业主配合进行运营准备，组织试运营，组织验收；向业主移交项目全部资料等。

1）PMC 模式的主要优点有如下几点：

①可以充分发挥 PMC 承包商在项目管理方面的专业技能，统一协调和管理项目的设计与施工，减少矛盾；

②可以采用阶段发包，有利于缩短工期；

③PMC 模式可以对项目的设计进行优化，有利于减少设计变更，节省建设项目投资；

④PMC 承包商承担的风险较低，有利于激励其在项目管理中的积极性和主观能动性。

2）PMC 模式的主要不足有如下几点：

①与传统模式相比，增加了一个管理层，也就增加了一笔管理费；

②业主参与工程的程度低，变更权利有限，组织协调与控制难度较大；

③若 PMC 承包商水平不高或责任心不强，容易出现责任争端，给业主方带来很大风险。

PMC 模式适用范围包括：项目投资在 1 亿美元以上的大型项目；业主是由多个大公司组成的联合体，并且有些情况下有政府的参与；利用银行或国外金融机构、财团贷款或出口信贷而建设的项目；工艺装置多而复杂，业主对这些工艺不熟悉的庞大项目，不足以承担该项目管理。此外，我国政府投资项目目前所推行的工程代建制模式也属于 PMC 模式。

4. 项目咨询管理模式

项目咨询管理模式属于工程项目非实体性业务承发包模式。咨询管理内容包括提供战略、管理、技术、信息、施工、风险管理等内容。水利水电工程项目咨询管理模式主要有水利水电工程项目初期咨询模式和水利水电工程项目全过程咨询模式两种。

（1）初期咨询模式。在水利水电工程项目前期，业主的工作包括编制水利水电工程项目规划、水利水电工程工程项目建议书、水利水电工程项目可行性研究报告，以及对可行性研究报告进行评审，并据此对水利水电工程项目进行立项。根据国家有关规定，业主需要将前期工作委托给具有相应资质的咨询方。水利水电工程项目初期咨询有利于提高水利水电工程项目前期工作质量，从而提高水利水电工程项目的决策水平。对于水利水电工程项目初期咨询模式，业主可以采用一次性委托模式，即业主将水利水电工程项目前期的所有咨询工作委托给一家咨询方，也可以采取多次委托的模式，即将工程项目建议书、项目可行研究以及可行研究报告的评审等分别委托给相应的咨询方。

（2）全过程咨询模式。对于大型的水利水电工程项目，业主可以将水利水电工程项目前期阶段、施工阶段、运行阶段等的咨询工作委托给一家咨询单位。当采用水利水电工程项目全过程咨询模式时，咨询服务工作贯穿于整个水利水电工程项目，咨询内容包括前期阶段的规划、建议书、可行性研究和可行性研究报告的评审，建设期的咨询以及工程运行期的咨询。

例如，对于水利水电工程项目全过程咨询模式，业主可以采用两种咨询模式：一是一次性委托模式，即业主将水利水电工程项目全过程的所有咨询工作委托给一家咨询单位；二是多次委托模式，即业主将全过程的咨询任务分解为若干的相对独立的部分，并将其分别委托给相应的咨询方。其中，多次委托模式见图 4-14。

（3）咨询模式的比较分析。

1）一次性咨询委托模式：

优点：咨询工作连贯性较好、业主选择咨询方的工作量和管理工作较少。

不足：能够承担全过程咨询任务的咨询方数量不多，业主选择咨询方的余地较少。

2）多次委托咨询模式：

优点：业主选咨询方的余地大、能够充分发挥各咨询方的优势。

不足：业主需要多次选择咨询方，采购工作量大、咨询工作连续性较差。

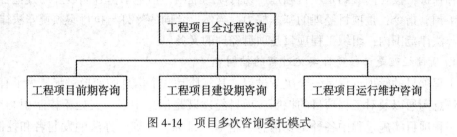

图 4-14　项目多次咨询委托模式

第四节　项 目 经 理

作为项目的管理者、负责人，项目经理是项目小组的灵魂，是决定工程项目成败的关键人物。因此，项目经理的知识结构、经验水平、管理水平、组织能力，领导艺术，都对工程项目管理的成败有决定性的作用。

一、项目经理的地位和作用

工程项目管理的组织特征是严格的项目经理负责制。在工程项目管理过程中，项目经理在总体上全面负责，控制工程项目建设的全过程。项目经理的地位和作用主要表现如下。

1. 项目经理是工程项目活动的最高决策者

工程项目建设的特点决定了工程项目是一个复杂的开放系统。其管理活动要求有一个管理保证系统的全权负责人，这就是甲、乙双方的项目经理。他们必须是工程项目管理活动的最高决策者、管理者、组织者、协调者和责任者。不管采取何种工程项目的组织形式，都应该体现线性系统为主的原则，而项目经理就是这个线性系统的最高决策者，只有这样，才能保证工程项目建设按照客观规律和统一意志，高效率地达到预期目标。

2. 项目经理是工程项目组织工作的协调者

一个大型复杂的工程项目牵涉到许多部门和单位，而项目经理就是工程项目有关各方协调配合的桥梁和纽带，他是组织工作的协调中心。工程项目管理又是一个动态的管理过程，在工程项目实施过程中，众多的结合部、复杂的人际关系，必然会产生各种矛盾、冲突和纠纷，而负责沟通、协商、解决这些矛盾的关键人物就是项目经理。作为业主和承包商的全权代理人，甲、乙双方的项目经理既代表着双方的利益，对工程项目行使管理权，也对工程项目目标的实施承担着全部责任，他的地位和作用是任何其他人所不能替代的。

3. 项目经理是工程项目合同的代表人

工程项目主要是以经济和法律方法为基础实施管理的。工程项目各方是以合同关系联结在一起的。项目经理作为法人代表，是履行合同义务、执行合同条款、承担合同责任、处理合同变更、行使合同权力的合法当事人。他们的权力、责任、义务受到法律的约束和保护，按合同履约是项目经理一切行动的准则，拒绝承担合同以外的其他各方强加的干预、指令，是项目经理的基本权力。当然，合同的签订与执行必须遵守法律，在合同与法律范围内，组织工程项目是项目经理的义务。

4. 项目经理是工程项目实施过程的控制者

工程项目的管理过程是一个决策过程，其实质是一个信息的变换过程。为了有效地进行信息沟通以及对工程项目的控制，项目经理既是信息中心，又处于控制中心地位，他是工程项目实施过程中各种重要信息、指令、目标、计划、办法的发起者和控制者。如在工程项目实施过程中，来自工程项目外部，如业主、政府、承包商、当地社会环境、国内外市场等的有关重要信息，均要通过项目经理汇总、沟通，得以实现。对于工程项目内部，项目经理则是工程项目各种重要目标、决策、计划、措施和制度的决策人和制订者；同时又要依据目标管理原则来具体实施，在实施过程中，依据信息反馈，不断地对工程项目过程进行调整与控制。

二、项目经理的职责

项目经理的任务就是要对项目实行全面的管理，具体体现在对项目目标要有一个全局的观点，并制订计划，报告项目进展，控制反馈，组建团队，必要的时候进行组织谈判并解决冲突。

考虑到项目经理在企业中、在项目中的地位及作用，项目经理的责任主要体现在三个层次上，即项目经理对企业所应负的责任、对项目所应负的责任以及对项目小组成员所应负的责任。

1. 项目经理对企业所应承担的责任

项目经理对企业所应承担的责任主要表现在以下三个方面：

（1）保证项目的目标与企业的经营目标相一致，使项目能够成功实施以实现企业的战略目标为前提。

（2）对企业分配给项目的资源进行适当的管理，保证在资源约束条件下所得资源能够被充分有效地利用。一个企业通常不止拥有一个项目，其重要性及优先程度各不相同，同时，企业所拥有的资源常常是十分有限的，项目经理有责任保证其负责的项目所得资源被充分地利用。

（3）与企业高层领导进行及时有效的沟通，即汇报项目的进展状况，成本、时间等资源的花费，项目实施可能的结果，以及对将来可能发生的问题的预测。项目不是孤立存在的，项目经理要想获得高层领导的支持，首先要使企业高层领导对项目的进展情况及已经出现或今后可能出现的问题及时了解。

2. 项目经理对项目所应承担的责任

项目经理对项目所应承担的责任具体表现在以下两个方面：

（1）对项目的成功负有主要责任，对项目实施进行计划、监督与控制，保证项目按时、在预算内达到预期结果。

（2）保证项目的整体性，保证项目在实施过程中自始至终以实现项目目标为最终目的。由于项目在实施过程中存在各种各样的冲突，项目经理在解决项目冲突的过程中要起重要作用，做到化解矛盾，平衡利害。

3. 项目经理对项目小组成员的责任

项目经理对项目小组成员所应承担的责任表现在以下三方面：

（1）项目经理有责任为项目组成员提供良好的工作环境与工作氛围。项目经理作为项目的负责人及协调人，首先应该保证项目小组成员形成一个好的工作团队，成员之间密切配合，相互合作，拥有良好的团队精神、工作氛围与工作环境。特别地，对项目小组中的关键成员及高级研究人员要进行特别的照顾，这是激励项目小组成员的重要手段。

（2）项目经理有责任对项目小组成员进行绩效考评。项目经理要建立一定的考评制度，对项目小组成员的绩效进行监督与考评，公正的考评制度也是激励员工的一种手段。

（3）由于项目小组是一个临时的集体，项目经理在激励项目小组成员的同时还应为项目小组成员的将来考虑，使他们在项目完成之后，有一个好的归属，这样可以使他们无后顾之忧，保证他们安心为项目工作。

三、项目经理的职权

1. 项目经理的职权

项目经理负责制是现代工程项目管理的突出特点。对项目经理充分授权是项目经理正常履行职责的前提，也是工程项目管理取得成功的基本保证。实践证明，凡是失败的工程项目，往往是因为对项目经理的授权不充分，缺乏强有力的授权保证体系而造成的。只有对项目经理授予合适的权力，才能保证工程项目顺利实施。

（1）人事权。

项目经理必须在其管辖范围内，具有人事权，这是最重要的权力。它包括工程项目管理班子组建时的人员选择、考核和聘任权；对重要高级人才调入的建议和选择权；对班子内成员的任职、考核、升迁、分配、奖励、处罚、调配、指挥、监督乃至辞退权等。

（2）财权。

项目经理必须拥有承包范围内的财务决策权，在财务制度允许的范围内，项目经理有权做出有关决定。

（3）技术决策权。

技术决策是工程项目实施的重大决策，项目经理应有决策控制权。项目经理并不要亲自处理具体技术问题，他的职责主要在于审查和批准重大技术措施和技术方案，以防止决策失误，造成重大损失。

（4）采购控制权。

项目经理主要是对不同设备、物资、材料的采购方案、采购目标、到货要求进行决策把关，而不是干涉具体采购业务。

（5）进度计划控制权。

项目经理不是要参与和干涉具体进度计划的编排，而是根据工程项目总目标，将其进度与阶段性目标、资源平衡与优化、工期压缩与造价控制进行统筹判断，针对网络计划反映出来的拖期或超前信息，对整个工程项目的人力、设备、资源进行统一调配，以便对整个工程项目进行有效的控制。

2. 授予项目经理职权的基本依据

对项目经理授权依据的主要是权责一致、权能匹配的原则，即依据项目经理担负的职责和任务，并考虑个人的实际工作能力，授予项目经理相应的职权及其范围。具体授权应根据工程项目的不同具体情况，予以区别对待。

（1）根据项目特点授权。

工程项目目标要求严格时，应给予项目经理较大权力。如工程项目工期要求相当紧迫时，项目经理可以集中一切必要权力，以确保工期。同样，当工程项目属于大型复杂项目、交钥匙工程项目时，也应授予项目经理较大的权力。反之，如是简单小型的工程项目，则无须授予项目经理过大的权力。

最后应指出的是：授权大小，还应考虑工程项目的风险大小。显然，风险越大，承担风险一方的项目经理应被授予较大的权力。

（2）按合同类型授权。

当合同承包范围较大时，授权也大。如对工程项目进行设计、采购、施工总承包时，应授予项目经理全过程的控制权力。同时，当合同付款方式不同时，甲、乙双方的权力也不同。如总价合同，乙方对工程项目控制权就较大，而甲方不能过多地干涉；反之，当合同为实报实销方式时，甲方控制权就较大，乙方应听命于甲方。

（3）根据项目经理水平高低和领导能力授权。

显然，项目经理水平高、能力强时，可以授予其较大权力；反之，则应限制授权范围。

3. 授权的原则

（1）按预期成果授权的原则。

按预期成果授权的原则即按确定的目标及编制的计划所要收到的预期成果，对实施各相应计划的下属授权的原则。所谓下属，即为符合计划与目标而设置的必要职位。

（2）职能界限的原则。

职能界限的原则即按职务和部门的预期成果，对从事这些部门工作的各职务，授予与其职能界限相适应的权力的原则。显然职权和信息交流越是有明确的界限，个人的责任就越是能充分地促进工程项目目标的实现。这既是授权的原则，也是部门划分的原则。

（3）等级原则。

等级原则即从项目经理到基层，必须形成一个指挥体系，从上到下的职权系统越是明确，则认真负责的决策和组织通讯联络就越是有成效。

（4）职权-管理层次原则。

职权-管理层次原则即职能界限原则加上等级原则构成的原则。在某一个组织层次上的职权的存在，显然是为了在其职权范围内作出某种决策。主管人员在其个人职权权限的范围内，应作出决策，而不要提交给组织机构中的上一级。换句话说，各级经理及主管人员应该按照所授予的职权作出他那一级的决策；只有职权界限限制他作出决策时，才可以提交给上级。

（5）统一指挥的原则。

统一指挥原则即按线性系统领导的原则，越是单线领导，在发布指示中互相冲突的问题就越少，个人对成果的责任感就越强。因为职责在实质上总是对个人而言的，由两名以上的上级给一名下属授权，很可能产生职权与职责两者的矛盾，统一指挥的原则有利于澄清职权与职责的关系。

（6）职责绝对性原则。

由于职责作为一种应该承担的义务是不可能授予别人的，即职权可以授予，但职责却不能授予。所以，即使上级通过授权，也不可能逃避他对下属的业务工作授权与委派任务的职责。同样，下属对上级负责也是绝对的，一旦他们接受了委派，就有义务去贯彻执行，而上级也不能逃避领导下属业务工作的职责。

（7）职责和职权对等原则。

由于职权就是执行任务时的决定权，职责是完成任务的义务，所以职权与职责一定要相符。

四、项目经理的素质

1．项目经理应具有的素质

（1）品格素质。

1）有良好的社会道德品质，对社会的安全、文明、发展负道德责任，有高度的事业心和责任感，认真履行国家的方针政策，对工程项目建设具有献身精神。既要考虑项目的经济利益，也要考虑对社会利益的影响；

2）廉洁奉公、联系群众。要求项目经理有高尚的品德和职业道德，要尊重知识、尊重人才，善于听取各方面的意见，善于与人共事，团结合作，讲究诚信；

3）懂得有关经济政策和法律、法规，并能模范地执行。

（2）技术业务素质。

项目经理应熟悉工程项目建设的客观规律及基本建设程序，如项目经理应掌握基本建设的方针、政策，专业技术知识应有一定的深度。其专业特长应和工程项目专业技术相"对口"，特别是大型复杂工程项目，其工艺、技术、设备专业性很强，非一朝一夕能吃透，作为工程项目实施的最高决策人，不懂技术就无法按照工程项目的工艺逻辑、施工逻辑来组织实施，更难以鉴别工程项目工艺设计、设备选型、安装调试及施工技术方案的优劣，往往会导致工程项目的失败。

（3）经营管理素质。

项目经理必须懂经营、会管理。管理作为综合性的软科学，具有交叉渗透、覆盖面宽等特点。项目经理的主要职能是经营管理专家的角色，而不是技术专家的角色。对于项目经理来说，管理比技术更重要，只精通技术而不懂管理的人，不宜作项目经理。项目经理必须在管理理论和管理技术（管理方法和手段）上，训练有素，并且能灵活地加以运用。项目经理的管理知识，应要求有一定的深度和广度。

（4）实际经验及创新素质。

项目经理不仅要懂技术，而且还要会管理，他更需要的是丰富的实践阅历和解决实际问题的技能。光懂管理理论和专业技术知识是当不好项目经理的。管理既是科学，又是艺术，没有丰富的实际锻炼是培养不出合格的项目经理的。由于科学技术迅速发展，新工艺、新材料等不断涌现，建筑产品的用户会不断地提出新要求。项目管理只有解放思想，开拓创新，与时俱进地开展工作，才能实现项目的总目标。

（5）身体素质。

项目经理的身体素质应能适应项目建设工作的需要。如前所述，项目经理日理万机，负担沉重，如果没有良好的身体素质和心理素质，是无法承担这一重任的。

2. 项目经理应具备的能力

（1）决策应变能力。

工程项目实施过程情况多变，及时决断、灵活应变就可以抓住战机，优柔寡断、瞻前顾后就会贻误战机，特别是在投标报价、合同谈判、纠纷处理、方案选择、突发事件等重大问题的处理上，项目经理的决策应变水平就显得格外重要。

（2）组织指挥能力。

项目经理作为工程项目的责任者和指令的发令者，每天都要行使行政组织指挥权。他必须统筹全局、指挥若定、忙而不乱、及时准确。这种素质的形成需要阅历的积累和实践的磨炼。这种才能的发挥需要以合理的指挥、体系的建立以及正确而充分的授权为前提。在工作中，注意统筹全局，抓关键、全局性的大事，如果事无巨细，必将陷入琐碎的日常事务当中，忘掉了全局，而自己也苦不堪言，疲于奔命，工作反而没有做好。

（3）协调控制能力。

协调是管理的本质，一个大型工程项目有众多的结合部，有时间上和空间上的配合，有人力、物力、资金的合理配置，有各种人际关系的处理，项目经理在实施计划、组织、控制职能时，各项职能以及各职能之间，都需要协调，通过协调才能达到管理的目的。同样地，为了实现工程项目的目标，就必须通过组织的保证，对工程项目活动实施有效的控制和监督，以便纠正偏差，排除干扰实现工程项目的目标。所以，作为一个项目经理，必须有良好的组织协调能力和控制技巧。而建立科学的信息沟通渠道，及时、准确地获得信息反馈，是协调和控制的前提条件。

（4）用人的艺术。

依据管理的能级原理，要使各种人才形成动态稳定的结构，如高、中、初级人才以宝塔形结构较为合理，而且，要使不同人才位于相应的能级上，做到合理用人，即做到优化组合。为此，作为项目经理，就应该做到：用人所长，容人之短；疑人不用，用人不疑；职责明确，充分授权；及时指导，客观评价。

（5）会议的管理能力。

会议是项目经理下达指令、沟通情报、协调矛盾、反馈信息、制订决策的重要手段，是项目经理对工程项目进行有效管理的重要工具，因此，如何高效率地召开会议，掌握组织会议的技巧，也是项目经理的基本功之一。

第五章 工程项目进度计划

工程项目管理中，进度计划是分步规划项目最广泛的使用手段。它可以在纸上对拟建项目做统筹安排，把拟建工程项目中所需的材料、机械设备、技术和资金等资源和人员组织集合起来，指向同一个工程目标，并利用进度计划方法确定投入和分配问题，提高工作效率。因此，进度计划是工程项目管理与控制的重要依据，是工程项目顺利组织实施的关键。要想成功地实现工程项目的建设目标，进度计划是必不可少的。

第一节 概　　述

一、进度与进度计划

1. 进度的内涵

进度通常是指工程项目实施结果的进展状况，一般可以用工程的持续时间来表达。由于工程项目对象是一个复杂系统，每项工作在实施过程中都要消耗时间、劳动力、材料、资金等资源才能完成，且这些消耗指标都适用于表达所有工作的进展情况，常常很难选定一个恰当的、统一的指标来全面反映工程的进度。因此，在现代工程项目管理中，为了描述地更加准确，进度往往被赋予综合性的含义，它是将项目的工期、成本、资金等有机地结合起来，全面反映项目各活动（工作）的进展情况。

从这个意义上来说，进度指标通常可以通过工程项目的持续时间、完成的实物量、已完成工程的价值量和资源消耗指标等综合表达。持续时间就是我们通常所说的工期。工期作为进度的一个指标，它们既相互联系又有区别。进度管理首先表现为工期管理，其总目标和工期管理是一致的，有效的工期管理才能达到有效的进度管理。但在进度管理过程中，其不仅追求时间上的一致性，而且追求劳动效率的一致性，不能只用工期来表达进度，这样是不全面的。在项目实施中，对计划的有关活动进行调整，工期当然也会发生变化。若进度延误了，最终工期目标也不可能实现。关于工程项目进度，本书论述重点表现为工期。

2. 进度计划

对于建设工程项目来说，进度计划是用横道图、网络图或表格的形式表达项目中各项工作、工序的开展顺序、开始及完成时间及相互搭接关系的计划。它在项目总工期目标确定的基础上，确定各个层次单元的持续时间、开始和结束时间，以及机动时间，可以使项目建设过程中的各种要素形成一个有机整体。

要想保证工程建设进度目标的实现，就要在收集资料和调查研究的基础上，认真分析建设工程任务的工作内容、工作程序、持续时间和搭接关系，按照工程建设合同工期的要求，编制工程实施进度计划。在编制项目进度计划时，首先假设不考虑资源约束，用数学分析方法在理论上计算出每个活动的最早开始和结束时间与最迟开始和结束时间，得出时间进度计划网络图，但此时的时间进度计划网络图还不是项目的实际进度，还要再根据资源需求和可用因素、活动持续时间和其他限制条件来调整活动的进度，最终形成最佳的项目进度计划。因此，工程项目进度计划的编制是一个不断完善的过程，它是逐步形成的。

二、进度计划的类型

根据不同的划分标准，工程项目进度计划有不同的类型。不同的进度计划构成了一个项目的进度计划系统。

1. 按计划时间划分

根据编制时间的不同，进度计划有总进度计划和阶段性进度计划。总进度计划是控制项目施工全过程的，阶段性进度计划包括项目年、季、月（旬）施工进度计划等。月（旬）计划是根据年、季度施工计划，结合现场施工条件编制的具体执行计划。

2. 按编制对象划分

根据编制的对象不同，进度计划分为工程总进度计划、单位工程进度计划、分项工程进度计划等。工程总进度计划是以整个建设项目为对象编制的，它确定各单项工程施工顺序和开竣工时间以及相互衔接关系，是全局性的施工战略部署；单位工程进度计划是在总进度计划控制目标原则下，以一个单位工程为编制对象，对单位工程中的各分部、分项工程的进度计划安排；分项工程进度计划是针对项目中某一部分（子项目）或某一专业工种的进度计划安排。

3. 按表达形式划分

根据表达形式的不同，进度计划有文字说明计划与图表形式计划。文字说明计划是用文字来说明各阶段的施工任务，以及要达到的形象进度要求；图表形式计划是用图表形式表达施工的进度安排，例如用横道图、网络图等表示的进度计划。

三、进度计划的作用

进度计划是实现项目设定的工期目标，对各项施工过程的施工顺序、起止时间和相互衔接关系所做的统筹策划和安排。它是工程项目部署在时间上的体现，反映了施工顺序和各个阶段工程进展情况，应均衡协调、科学安排。工程项目进度计划是工程项目计划中最重要的组成部分，在工程项目顺利建设过程中发挥着关键作用。对于建设项目来说，进度计划是项目实施过程中的进度管理与控制重要依据，其作用具体表现在以下几个方面：

（1）确定工程各个工序的施工顺序及需要的施工持续时间。

（2）预测项目在不同时间所需人力、资金和材料设备等资源的级别，以赋予项目不同的优先级。

（3）组织协调各个工序之间的衔接、穿插、平行搭接、协作配合等关系。

（4）满足严格的完工时间约束，为在规定期限内高质、高效地完成项目提供保障。

（5）为有关各方在时间上的协调配合提供依据。

第二节　工程项目计划系统

一、工程项目前期工作内容及程序

项目管理在我国从 1999 年开始逐渐热门起来，到 2002 年建设部颁布了"关于发布国家标准《建设工程项目管理规范》的通知"，正式开始从国家层面推广项目管理。项目前期工作属于项目管理范畴，是指建设项目从谋划确定到开工建设之前所进行的全部工作，是整个项目建设程序中非常重要的阶段。

1. 工程项目前期工作内容

工程项目前期工作分为广义和狭义两种。广义的项目前期工作从产生项目建设投资的想法开始，主要工作有资金筹措与使用计划、人员和项目管理组（或团队）组织形式和项目管理章程、项目申请报告、项目建设的合法手续以及功能性需要申请办理、建设方案设计评比、招标采购计划等。狭义的项目前期工作仅包括项目建设的合法手续办理，以及为项目建成后运行所需要的水、电、燃气、通信等需要申请开通的手续办理。

在现实过程中，从事项目前期工作的人员又称作前期拓展专员，其工作内容不外乎在各个政府部门之间以及相关单位办理审批，俗称"跑手续"。而实际项目前期工作的内容定义远远不止这些，按照 PMBOOK（project management body of knowledge 的缩写，即项目管理知识体系）中对项目过程组的划分，项目前期工作涵盖了"启动"和"规划"的所有内容。以下主要描述广义的项目前期工作内容。

（1）资金筹措与使用计划。

项目建设投资，离不开资金的支持。资金筹措计划和我们通常所说的项目融资计划很相似，属于融资计划的一个种，降低项目融资成本是资金筹措计划需要考虑的。资金使用计划是以项目建设计划为基础，根据其他类似工程经验收据预估资金使用量而编制的计划。资金筹措与使用计划的主要目的是以最小的融资成本，发挥资金的最大价值。

（2）人员和项目管理组（或团队）的组织形式和项目管理章程。

人员和项目管理组（或团队）的组织形式的选择，需要根据项目以及项目发起人的特点选择，如项目型组织、职能型组织、矩阵式组织等。

项目管理章程是项目管理的依据，是项目建设过程的行为准则等。

（3）项目申请报告。

国家发布了国发〔2004〕20 号文件，对项目投资建设批准进行了改革，取消了原先的工程项目建议书、可行性研究和开工报告的审批，改为根据《政府核准的投资项目目录》进行核准或者备案。同时增加了根据项目年度综合能源消费量办理固定资产节能评估内容。

（4）项目建设合法性手续以及功能性需要申请。

其主要工作内容涉及规划、建设、环保、消防、城管、人防、房产等部门办理，以及水、电、燃气、通讯等为项目建设完成后能够投入使用的功能性需求手续办理。与现实中理解的项目前期工作内容相同。

（5）设计方案评比。

随着施工技术的不断更新，新型材料的不断涌现，以及项目完成后的功能性需求，设计方案的优劣将对项目投资所产生的结果有着很大的影响。

（6）招标采购计划。

其内容主要是为满足保证项目的实施，根据项目的进度要求，通过招标形式确定施工实施单位或是采购设备等的时间。

2. 工程项目前期工作程序

国家投资审核制度改革后，国家对建设项目主要有三种审核制度，即审批制（主要针对政府投资的项目）、核准制（主要针对不使用政府性资金的企业投资的重大项目和限制类项目）和备案制（前两项以外的项目）。审批制下的工程项目前期工作程序如下：

（1）立项程序。

1）制项目计划书；

2）发改委立项。

（2）可研程序。

1）编制项目可研报告；

2）发改委评审；

3）发改委批复。

（3）环评程序。

1）报环保局（确定环评等级）；

2）环境评价机构编制项目环评报告；

3）高污染项目需要进行环境监测；

4）环保局评审；

5）环保局批复环评报告。

（4）规划选址。

1）准备立项、环评批复、建设场地地形图；

2）规划院办理建设规划；

3）办理规划选址（如建设规划面积超5万平方米必须到建设厅规划处办理规划选址）；

4）办理规划用地蓝线。

（5）土地预办。

1）准备立项、环评批复、规划选址意见书、规划用地蓝线图；

2）办理土地预办。

（6）项目初步设计程序。

1）准备立项、可研、环评批复、规划选址意见书；

2）委托有资质的设计单位编制项目施工图初步设计；

3）发改委评审；

4）发改委批复初步设计。

（7）建设规划红线。

1）准备立项、环评批复、规划选址意见书、规划用地蓝线图、土地预办；

2）办理规划红线。

（8）施工图设计程序。

1）准备立项、环评批复、规划蓝线图、规划红线图；

2）委托有资质的设计单位编制施工图设计。

（9）施工图审核程序。

1）准备立项、环评批复、规划蓝线图、规划红线图、消防审查合格证；

2）审图中心评审；

3）审图中心批复施工图审查合格证。

（10）建设用地许可证程序。

1）准备立项、环评批复、规划选址意见书、规划用地蓝线图、规划红线、土地预办；

2）办理建设用地许可证；

3）交纳国有土地有偿使用费；

4）办理用地所有权许可证。

（11）工程招投标程序。

1）委托招标代理机构（编制招标文件）；

2）招标公告发布；

3）招标文件、图审查合格证书、消防审批、规划审批、资金证明；

4）确定招标、评标、定标方式；

5）评标、定标；

6）办理中标通知书；

7）签订施工合同及相关协议；

8）办理建设质量监督手续（含安全监督手续）；

9）办理开工许可证。

实行核准制的企业投资项目应先到城市规划部门、国土资源部门、环境保护部门办理相关手续，然后与项目申请报告一起上报政府主管部门核准。对于重大的项目，政府委托有资质的工程咨询机构审核项目申请报告，并给出评估报告，政府主管部门最后进行核准。

实行备案制的企业投资项目应先到地方政府主管部门备案，并凭备案手续到城市规划部门、国土资源部门、环境保护部门等办理相关手续。

二、工程项目计划系统

1. 项目总计划

项目总计划是指对工程项目全过程的统一部署，以安排各单项工程和单位工程，合理分配年度投资，组织各方面的协作，以保证项目按期完成。项目总计划包括以下内容：

（1）编制说明。

编制说明包括项目的概况和特点，安排建设总进度的原则和依据，投资资金来龙去脉和各年度安排情况，设计文件、施工图设计、项目交付和施工力量进场时间的安排，道路、供电、供水等方面的协作配合及进度的衔接，计划中存在的主要问题及采取的措施，需要上级有关部门解决的重大问题等。

总计划的编制一般包括下列内容：

1）项目投资计划；

2）总体项目进度安排；

3）主要项目进度安排；

4）施工现场总体布置；

5）劳动力、物资和材料的供应安排；

6）编制说明。

（2）项目表。

该表确定项目的内容，按照主要项目归类并编号，明确其项目的内容、项目规模和投资额，以便各部门根据确定项目的控制投资进行项目管理。项目表如表5-1所示。

表5-1　　　　　　　　　　　　　　　　　项　目　表

单项工程和单位工程名称	工程编号	工程内容	概算（万元）						备注
			合计	建筑工程	安装工程	设备购置费	工器具购置费	其他费用	

（3）项目总进度计划。

项目总进度计划是根据项目设计（或规划）文件中确定的项目工期和工艺流程，具体安排单项工程或单位工程的进度。一般用横道图编制，如表5-2所示。在横道图计划中，各个季度的安排可详尽到月或天，也可以用网络图编制。

表5-2　　　　　　　　　　　　　　　　项目总进度计划表

工程编号	单项工程或单位工程	工程量		年				年				……
		单位	数量	一季度	二季度	三季度	四季度	一季度	二季度	三季度	四季度	……

（4）投资计划年度分配表。

投资计划年度分配表根据项目总进度计划安排各个年度的投资，以便预测各个年度的投资规模，规定分年用款计划，如表 5-3 所示。

表 5-3 投资计划年度分配表

工程编号	主要项目项目名称	投资额	投 资 分 配（万元）			
			年	年	年	年
	合计其中：项目工程投资　项目投资　工器具投资　其他投资					

（5）项目进度平衡表。

项目进度平衡表用来描述各种设计文件交付日期，主要设备交货日期，施工单位进场日期和竣工日期，水、电、道路交付使用日期等，以保证项目实施中各个环节相互衔接，确保工程项目按期投产，如表 5-4 所示。

表 5-4 进度平衡表

工程编号	单项工程或单位工程名称	开工日期	竣工日期	项目设计进度			设备供货进度			项目进度			道路、水、电交付使用日期				
				交付日期			数量	交货日期	供应单位	到场日期	竣工日期	项目单位	道路通行日期	供电		供水	
				设计	项目图	设备清单								数量	日期	数量	日期

2. 项目年度计划

项目年度计划依据项目总计划进行编制。该计划既要满足项目总计划的要求，又要与当前可能得到的资金、施工水平、材料及其他相关因素相适应。项目年度计划的内容如下：

（1）文字部分。

说明编制年度计划的依据和原则：项目进度；本年度计划投资额；本年度计划项目的工程量；施工图、材料、施工力量等建设条件的落实情况；设备制造及供货，物资采购等协作配合项目建设进度的安排或要求；有关部门协助解决的问题；计划中存在的其他问题；为完成计划采取的各项措施等。

（2）表格部分。

1）年度计划项目表。该计划包括年度项目的投资额、年末形象进度、施工条件（图纸、项目、材料、施工力量），如表5-5所示；

表5-5　　　　　　　　　　　　**年度计划形象进度表**

工程编号	单项工程或单位工程名称	开工日期	竣工日期	年初完成			本年计划						项目条件落实情况				
				投资额	其中		投资			工程量			年末形象进度	项目图纸	设备	材料	项目力量
					建筑工程投资	设备投资	合计	建筑工程投资	设备投资	新开工	续建	竣工					

2）年度竣工投产交付使用计划表。该计划阐明主要的工程量、投资额，本年计划完成数量和竣工日期，如表5-6所示；

表5-6　　　　　　　　　**年度竣工投产交付使用计划表**　　　投资：万元；面积：m²

工程编号	单位工程名称	总规模				本年计划完成				
		建筑面积	投资	新增固定资产	新增生产能力	竣工面积	建筑面积	投资	新增固定资产	新增生产能力

3）年度建设资金平衡表和年度施工机具平衡表。年度建设资金平衡表如表5-7所示；年度施工机具平衡表如表5-8所示。

表5-7　　　　　　　　　　　　**年度建设资金平衡表**　　　　　　单位：万元

项目编号	主要项目名称	本年计划投资	以后年度资金储备	本年计划需要资金	资金来源			
					预算拨款	自筹资金	基建贷款	……
								……

表 5-8　　　　　　　　　　　　　**年度项目机具平衡表**

项目编号	主要项目名称	机具名称规格	要求到货		利用库存	自制		订货		采购	
			数量	时间		数量	时间	数量	时间	数量	时间

三、项目计划的基础工作

1. 工程项目相关的信息工作

编制项目控制计划，必须掌握工程项目各方面的信息，特别是与项目建设单位、项目设计和项目相关单位的信息。这些信息主要是：

（1）国家相关管理部门及金融机构的信息。国家及其相关管理部门对项目建设管理的方针、政策和相关的法规等。

（2）建设投资方、业主方面的信息。项目的投资计划、资金落实情况、建设规划以及项目进度要求等。

（3）有关项目设计单位的信息。如各专业的设计人员的数量、设计工作效率、设计管理能力、对类似工程的设计情况等。

（4）有关项目单位的信息。各类人员的数量和技术等级、劳动效率、技术装备状况、各种加工能力、物资供应能力、科研能力、资金状况等；历年的产值、产量、质量、工期、成本、利润、材料消耗、能源消耗、资金周转、机械项目利用状况等信息；对类似工程的业绩、市场信誉、应变能力、计算机管理水平等信息。

2. 工程项目的相关法规、规范与规程

项目计划必须熟悉国家相关法律法规，符合《工程项目管理规范》《建筑工程施工质量统一验收标准》《建筑施工安全检查标准》等现行安全生产、文明施工、环保的规范与规程，此外，为了指导编制项目组织设计、项目进度计划等工作，为项目设计、规划工期提供依据，还需考虑项目工期定额，估计项目在平均的建设管理水平、施工工艺、机械装备水平和正常的项目设计条件下，从正式开工到全部完成、验收合格所需的定额时间。

3. 统计工作

加强统计资料的收集、整理、分析及报告（报表）工作，可为计划控制提供基础资料和必要的信息资料。充分的统计资料是项目管理的基础。统计工作包括日常统计和周期性统计。

4. 预测工作

计划是进行项目控制的主要依据，是对未来的行动所做的安排。预测工作决策由工程项目管理负责人进行；阶段性目标的决策由项目管理的具体工作人员进行，对决策工作进行咨询与监督。

第三节　工程项目进度计划编制

要想保证工程建设进度目标的实现，就要在收集资料和调查研究的基础上，认真分析建设工程任务的工作内容、工作程序、持续时间和搭接关系，按照工程建设合同工期的要求，编制工程实施进度计划。

一、进度计划的编制依据

1. 与工程项目有关的政府指令、法规、技术标准与规范

与工程项目建设有关的法规、技术规范、标准及政府部门下达有关建设的各种指标、指令、批示等。

2. 工程项目可行性研究报告及相关核准文件

工程项目可行性研究报告及相关核准文件是项目建设的重要基础资料，其中涉及的实施进度安排是编制项目进度计划的纲领性指导。

3. 招投标文件和合同文件

工程项目的招投标文件和合同文件既是联系各工程项目建设参与单位的纽带，也是确定工程项目管理目标的基础，更是确定进度计划最基本的依据。因此，编制工程项目进度计划时，首先应该根据招投标文件和合同文件了解工程项目建设的具体任务内容，并根据合同工期确定工程项目进度管理的总目标。

4. 工程项目设计图纸资料及设计进度

设计图纸资料是施工的依据，施工进度计划必须与设计进度计划相衔接，必须根据每部分图纸资料的交付日期，来安排相应部位的施工时间。

5. 工程项目的施工组织设计

工程项目的施工组织设计与工程项目进度计划的编制是互为影响的。编制施工组织设计时应考虑整个工程项目和主要工程项目的进度要求；而编制施工进度计划又应考虑工程项目实施方法的确定、施工机械的选择及现场的施工布置等因素的影响。

6. 承包商的生产经营计划、管理水平和设备

工程项目进度计划应与承包商的经营方针、企业管理水平、人员素质与技术水平、工程项目机械的配备与管理相协调，满足生产经营计划的要求。

7. 各类定额

定额是在合理的劳动组织和合理地使用材料和机械的条件下，预先规定完成单位合格产品所消耗的资源数量之标准，它反映了一定时期的社会生产力水平的高低。因此，它是计算和确定项目工期的参考标准，是编制项目进度计划的依据，对项目进度管理等具有指导作用。

8. 制约因素

（1）强制日期：项目业主或其他外部因素可能要求在某规定的日期前完成项目。

（2）关键事件或主要里程碑：项目业主或其他利害关系者可能要求在某一规定日期前完成某些可交付成果。如：什么时候完成可行性研究，什么时候完成初步设计等。

（3）假定前提：有些假定的情况不一定会出现，那么就必须特别注意这时候资源和时间的可靠性。

（4）提前和滞后：为了准确确定工作与工作之间的逻辑关系，有些逻辑关系可能需要规定提前或滞后的时间。例如：一件设备从定购、安装到使用可能有 2 周的滞后时间。

9. 其他有关的工程项目条件

工程项目实施进度的影响因素非常之多，在工程项目进度计划编制过程中，编制人员除了要考虑上述的影响因素外，还需要考虑气象条件、工程场地的地质条件和周围环境条件等许多因素。因此，编制人员在工程项目进度计划编制之前，需要尽可能多地搜集相关资料，并尽可能多地考虑影响项目进度计划的其他有关的工程项目条件。

在参照以上依据进行编制进度计划时，还应该严格遵守如下几点基本要求：

（1）应用现代科学管理方法，以提高计划的科学性和质量。

（2）充分落实编制进度计划的条件，避免过多地假设而使计划失去指导作用。

（3）大型的、复杂的、工期长的工程项目要采用分期、分段编制计划的做法，对不同阶段、不同时期，提出相应的进度计划，以保证计划的有效指导作用。

（4）进度计划要有一定的弹性。

（5）保证施工项目进展中各种资源消耗的均衡性和连续性。

（6）进度计划应与费用、质量等目标相协调，既有利于工期目标的实现，又有利于费用、质量、安全等目标的实现。

（7）进度计划应保证项目实现工期目标。

二、进度计划的编制程序

在编制工程项目进度计划之前，必须收集有关工程项目的各种资料，分析影响进度计划的各种因素，为编制进度计划提供依据。工程项目进度计划编制程序如图 5-1 所示。

1. 收集、分析有关资料

有效的工程项目进度计划取决于相关资料的质量。通过正式的、非正式的多种渠道收集有关资料，对与进度计划有关的问题进行分析预测，为编制工程项目进度计划提供依据，主要内容有：

（1）设计文件、有关的法规、技术规范、标准和政府指令。

（2）工程项目现场的勘测资料。

（3）收集工程项目所在地区的气温、雨量、风力及地震等有关资料。

（4）工程项目所在地区的各种资源状况，包括资源品种、质量、单价、运距、产量、供应能力及方式等。

（5）工程项目所在地区附近的铁路、公路、航运运输情况，包括其位置、运输能力、卸货及存贮能力等。

（6）供水、供电、供风的方式及能力等状况。

（7）提供当地劳动力的计划。

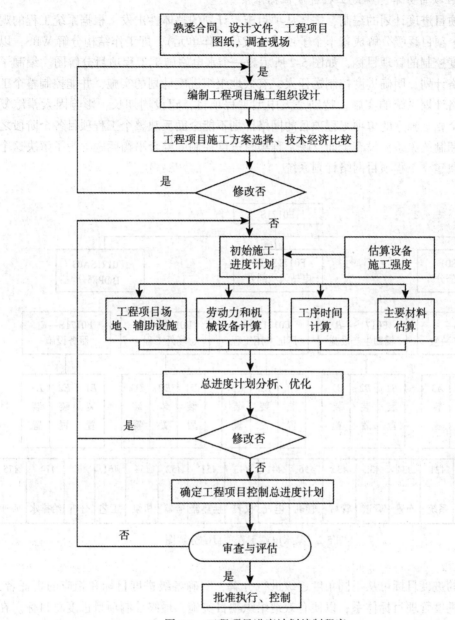

图 5-1 工程项目进度计划编制程序

（8）物资采购、设备供货计划，工程项目进度计划与提供有关物资采购和设备供货进度相协调。

（9）已建成的同类或相似项目的实际工程项目工期，并作为本项目编制工程项目进度计划提供参考依据。

（10）其他资料。

2. 工程项目分解，确定工程进度目标体系

工程项目进度计划的编制，需要从项目施工计划的整体性出发，根据系统工程的观点，将一个项目逐级分解成若干个子项目（或称工作单元），即工作结构分解 WBS，以便明确进度控制的管理目标，如图 5-2 所示为一个水电站施工工程项目分解图。编制子项目的网络计划，明确进度控制责任人，有效地组织进度计划的实施，并能控制整个工程项目网络计划系统的实施。特别是大中型工程项目，建设周期长，影响因素错综复杂，若干个相互独立的单项工程项目的网络计划不能全面反映整个工程项目各个阶段之间的衔接和制约关系，没有全面反映工程项目进度控制的综合平衡问题。为了解决这个问题，必须建立工程项目网络计划系统。

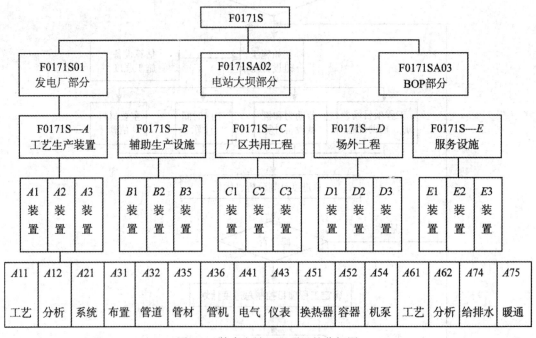

图 5-2　某水电站工程项目的分解图

项目的进度目标可从不同角度逐级进行分解，明确各级进度目标和相应的责任者，形成项目进度管理目标体系，以便有效地组织项目实施，最终控制项目进度总目标。在工程项目分解结构中，子项目网络计划具有相对独立的作业，项目参与者责权分明，易于管理。一般的工程进度目标分解方法包括：

（1）按项目组成分解进度目标。

（2）按项目实施单位分解进度目标。

（3）按工程实施过程分解进度目标。

（4）按项目计划分解目标。

3. 决定工程项目任务和里程碑

对于每一个最低级别的 WBS 元素，识别任务和里程碑对应交付的元素。可交付物

通常设置为里程碑，产生可交付物的活动被称为任务。里程碑是一个时间点，被用于管理检查点来测量成果。

在确定了交付产品的任务和里程碑之后，它们应该被逻辑地排序，来反映将被执行的工作方式。排序建立了任务和里程碑之间的依赖关系，并被用于计算交付产品的进度。

4. 选择施工技术方案，确定施工顺序及工作的逻辑关系

不同的施工项目，其工作内容和工作之间的关系不同；相同的施工项目，采用不同的施工技术方案，工作之间的关系也不尽相同。因此，在编制进度计划之前，首先应选择工程项目技术方案。

工作的逻辑关系主要由两个方面决定：一方面是工作的工艺关系，即工程项目工艺要求的先后顺序关系。在作业内容、施工技术方案确定的情况下，这种工作逻辑关系是确定的。另一方面是组织关系，即对于工艺上没有明确规定先后顺序关系的工作，由于考虑到其他因素（如工期、工程项目设备、资源限制等）的影响而组织编排的先后顺序关系。一般来说，确定工程项目顺序时，主要考虑以下几点：

（1）在保证工期及工程项目实施工艺逻辑关系的前提下，实行分期施工，以便提前投产收益。一般来说，在条件允许的情况下，工程项目的作业面越多，工期越有保证。

（2）工程项目由若干施工单元组成，在确定它们的施工顺序时，应优先安排下列项目：

1）按工程项目实施工艺要求，须先期投入生产或起主导作用的施工设备；

2）工程量大、施工难度大、需要时间长的项目，如水利水电枢纽发电系统的施工；

3）工程项目场内外的运输系统、动力系统；

4）工程项目辅助工程，如项目的工作车间等。

应当指出的是，上述确定工程项目顺序的原则不是一成不变的，应对具体问题具体分析。

（3）工程项目的管理目标。工程项目管理的重要任务是对项目的目标（投资、进度、质量、环境、安全等）进行有效的控制。就工程项目进度控制而言，编制进度计划时必须合理确定项目的进度目标，明确项目进度实施控制的目标，并与实施进度计划相协调。

5. 项目工程量、工作持续时间和资源需求量的计算

计算项目的工程量，确定项目工作持续时间和资源需求量是编制网络计划和对计划进行定量分析的基础。工程项目进度计划的准确性与施工工作的工程量、工作持续时间、资源需求量计算密切相关。

在估算项目的工程量时，工程量的估算精度与设计深度密切相关。当没有给出工程项目的详细设计时，可以根据类似工程或概算指标估计工程量。若有工程项目的设计施工图纸，可以根据设计施工图纸，并考虑工程项目分期、分段等因素，计算出相应的工程量。

在工程项目进度计划中，各项工作的作业时间是计算项目计划工期的基础。在项目工程量一定的情况下，工作持续时间与安排在工作上的设备水平、设备数量、效率、人员技术水平、人员数量等有关。

工程量的计算应根据项目的设计图和工程量计算规则，针对所划分的每一个工作进行。当编制工程项目进度计划有预算文件，且工作的划分与工程项目进度计划一致时，可以直接套用项目预算的工程量，不必重新计算。

（1）工程量的计量单位应与现行定额手册中所规定的计量单位相一致，以便计算劳动力、材料和机械数量时直接套用定额，避免换算。

（2）结合项目施工方法和安全技术要求计算工程量。

（3）结合工程项目组织的要求，按划分的工程项目分项、分段计算。

（4）计算劳动量和机械台班数。

计算劳动量和机械台班数时，首先要确定所采用的定额。定额有时间定额和产量定额两种，可直接套用现行工程项目定额；亦可考虑工程项目的实际状况做必要的调整，使主要工程项目的进度计划更切合实际。对具有新技术和特殊的工程项目，定额手册中尚未列出的，可参考类似项目的定额或实测确定。

当某项目由若干分项组成时，则应根据分项目的时间定额（或产量定额）及工程量，按公式（5-1）计算，得到项目的综合时间定额（或综合产量定额）：

$$H = \frac{Q_1H_1 + Q_2H_2 + \cdots + Q_iH_i + \cdots + Q_nH_n}{Q_1 + Q_2 + \cdots + Q_i + \cdots + Q_n} \qquad (5\text{-}1)$$

式中，H 为综合时间定额（工日/m^3，工日/m^2，工日/t，……）；Q_i 为项目中第 i 个分项目的工程量；H_i 为项目中第 i 个分项目的时间定额。

根据项目的工程量和所采用的定额，可按公式（5-2）或公式（5-3）计算出项目所需要的劳动量和机械台班数：

$$P = Q \times H \qquad (5\text{-}2)$$

或

$$P = Q/S \qquad (5\text{-}3)$$

式中，P 为项目所需要的劳动量（工日）或机械台班数（台班）；S 为项目所采用的人工产量定额（m^3/工日，m^2/工日，t/工日，……）或机械台班产量定额（m^3/台班，m^2/台班，t/台班，……）。

零星工作所需要的劳动量可结合实际情况，由承包商根据自己的经验进行估算。

（5）确定项目的持续时间。

根据项目所需要的劳动量或机械台班数，以及该项目安排的工人数或配备的机械台数按公式（5-4）计算项目的持续时间：

$$D = P/(R \times B) \qquad (5\text{-}4)$$

式中，D 为项目所需要的时间，即持续时间（天）；R 为每班安排的工人数或工程项目机械台数；B 为每天工作班数。

如果根据上式确定的工人数或机械台数超过承包单位现有的人力、物力，除了寻求其他途径增加人力、物力外，应从技术上和工程项目的组织上采取措施加以解决。

1）按实物工程量和定额标准计算。对于主要工程项目的各项工作，可根据工程量、人工、机械台班产量定额和合理的人、机数量按下式计算：

$$t = w/(r \times m) \tag{5-5}$$

式中，t 为工作基本工时；w 为工作的实物工程量；r 为台班产量定额；m 为施工人数（或机械台班数）。

2）套用工期定额计算。对于工程项目总进度计划中大"工序"的持续时间，通常对国家及相关部门制订的各类项目工期定额做适当修改后套用。

3）三时估计法计算。有些工作任务没有确定的实物工程量，或不能用实物工程量来计算工时，又没有颁布的工期定额可套用，例如试验性工作或新工艺、新技术等。在这种情况下，可以采用三时估计法来计算：

$$t = (t_0 + 4t_m + t_p)/6 \tag{5-6}$$

式中，t_0 为乐观估计工时；t_m 为最可能工时；t_p 为悲观估计工时。

上述三个工时是在经验的基础上，根据实际情况估计出来的。

根据上述方法确定了工作的基本工时后，还应考虑到其他因素，并进行相应的调整。在实际工作中，经常选择几种主要因素加以考虑，调整公式为：

$$T = tK \tag{5-7}$$
$$K = K_1 K_2 K_3 \tag{5-8}$$

式中，T 为工作项目的持续时间计划值；K 为综合修正系数；K_1 为自然条件（天气、水流、地质等）影响系数；K_2 为技术熟练程度影响系数；K_3 为单位或工种协作条件修正系数。

K_1、K_2、K_3 都是大于 1 或等于 1 的系数，其值可根据工程实践经验和具体情况来确定。在缺少经验数据时，综合调整系数参考取值为：

当 $t \leqslant 7$ 天时，$K = 1.15 \sim 1.4$；

当 $t > 7$ 天时，$K = 1.1 \sim 1.25$。

6. 编制工程项目工作明细表

为便于网络图的绘制、时间参数计算和网络计划优化，在前述几项工作的基础上编制工程项目工作明细表，如表 5-9 所示。

表 5-9　　　　　　　　　　　　　　　**工程项目工作明细表**

代号	工作名称	工作量		资源量		持续时间	紧前工作	紧后工作	备注
		数量	单位	人工	台班				
A	施工准备								
B									
⋮	⋮								

7. 绘制工程项目施工网络图

根据工作表中所列的施工工序关系绘制工程项目施工网络图，施工网络图主要考虑施工工艺逻辑关系（即考虑施工工作的先后关系）。在表明遵循工程项目的顺序的同时，还应考虑由工程项目施工方法决定的组织逻辑关系。编制工程项目网络进度计划时，常以考虑工序逻辑关系为主，绘制施工网络图，通过调整形成初始网络进度计划。

8. 编制初始网络进度计划

对形成的初始网络计划，综合考虑工程项目的工艺逻辑关系和组织逻辑关系，对图中存在的不合理逻辑关系必须进行修正，使网络图在工艺顺序和组织顺序上都正确地表达工程项目实施方案的要求，形成指导现场的网络进度计划。

在草拟初始进度计划时，一定要抓住关键，分清主次关系，合理安排，协调配合。这样就构成整个工程项目进度计划的轮廓，再将不直接受客观环境控制的其他项目配合安排，形成初始工程项目的总进度计划。

初始工程项目的总进度计划拟订以后，首先要审查施工工期是否符合规定要求。对于满足施工工期要求的初始总进度计划，按时间坐标累计各工种工程量和主要资源用量。对出现的施工强度高峰和资源用量高峰进行调整，以削减峰值，满足均衡施工的要求，使之成为可行计划。

9. 确定各种主要工程项目资源的计划用量

根据时间坐标网络图中施工工序所需的主要施工资源的计划用量，绘制不同资源的动态曲线和累计曲线图，形象描述资源用量计划。

10. 工程项目进度计划优化与调整

（1）施工工期。检查工程项目进度计划中的计划工期是否超过规定的合同工期目标，如果超过，则应对计划中增大关键工序的施工强度或增加机械设备，缩短关键工序的持续时间，使整个进度计划的计划工期满足合同工期要求。如工程项目进度计划的工期远小于规定的工期目标，则考虑降低工程项目投资，减少劳力或机械设备来降低施工强度，适当延长关键工序的持续时间，使整个进度计划的工期接近合同工期。工程项目进度计划经调整后满足工期控制目标，作为实施的施工进度计划。

（2）工程项目资源。检查工程项目主要资源的计划用量是否超过实际可能的投入量（拥有量），如果超过计划用量，则必须进行调整。调整的方法是在满足工期目标的基础上，利用非关键工序的时差，错开施工高峰，削减资源用量高峰；或改变施工方法，减少资源用量。这时要增加、减少或改变某些工序逻辑关系，经调整重新绘制施工进度计划网络图，经过不断的调整，直到资源计划用量满足实际拥有量。

（3）费用。在满足工期目标及资源目标的条件下，检查工程项目进度计划的费用是否超过施工承包的合同价。在正常条件下，缩短工期（即加快施工进度）会引起直接费用增加和间接费用减少；反之，延长工期（即放慢工程项目进度）会引起直接费用减少和间接费用增加。工期费用优化是在考虑工期目标的条件下，找出与工程项目费用最低对应的工期或既定工期条件下的工程项目费用最低，即在工程项目进度计划中考虑间接费用随着工期缩短而减少的影响，找出既能使计划工期缩短而又能使直接费用增加额最少的工序，缩短其持续时间。经过多次调整，比较分析不同工期的直接费用和间接费，求出工期-费用的优化关系。调整后的工程项目网络计划及其时标网络进度计划，用于指导施工及控制进度计划。

工程项目进度计划的可行性及优化程度，除了考虑工期、资源、费用三个目标外，还应考虑是否满足质量标准、安全计划、现场临时设施、施工辅助设施的规模与布置、各种材料及机械的供应计划等其他因素。

三、进度计划的编制方法

工程项目进度计划编制用到的方法很多，最常用的有横道图法和网络计划技术。

1. 横道图法

横道图又称甘特图、条形图，作为传统的工程项目进度计划编制及表示方法，它通过日历形式列出项目活动工期及其相应的开始和结束日期，为反映项目进度信息提供了一种标准格式。横道图是一种图和表相结合的进度计划表现形式，其基本形式如图 5-3 所示。

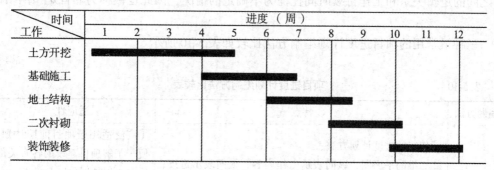

图 5-3　某项目横道图

在横道图中，工程活动的时间用表格形式在图的上方呈横向排列，工程活动的具体内容则用表格形式在图的左侧纵向排列，图的主体部分以横道（进度线）表示工程活动从开始到结束的时间，横道所对应的位置与时间坐标相对应，横道的长短表示工程活动持续时间的长短。这种表达方式非常直观，并且很容易看懂计划编制的意图。因此，横道图是一种最形象的进度计划的表示方法。

2. 网络计划技术

随着各类项目规模的不断扩大，项目中的工作数量越来越多，各项工作之间的逻辑关系也越来越复杂，原先用横道图编制进度计划的方法，由于横道图无法表达工作之间的逻辑关系而无法满足这种发展的需求，为了适应这类较复杂项目进度计划编制的要求，网络计划技术应运而生。

所谓网络计划，是指用网络图表达工作构成、工作顺序并加注工作时间参数的进度计划。则网络计划技术是指用网络计划对任务的工作进度进行安排和控制，以保证实现预定目标的科学的计划管理技术，它是一种在项目计划、进度安排和进度控制中非常有用的技术。网络计划技术主要包含关键路径法和计划评审技术两种方法。

（1）关键路径法。

关键路径法，又称关键线路法，是一种最常用的数学分析技术，其基本原理是用网络图表达项目活动之间的相互关系和进度，并在此基础上进行网络分析，计算网络中各项时间参数，确定关键活动与关键路线，利用时差调整与优化网络，求得项目所需时间的关键路径。同时，还要考虑成本与资源问题，求得项目计划方案的综合优化。简单地说，关键路径法主要是分析项目活动工期、项目资源与项目总工期的关系，努力实现以尽可能低的成本和短的工期实现项目目标，它是项目进度计划编制最常用的方法。

（2）计划评审技术。

计划评审技术是一种在活动工期估计高度不确定的情况下，用来估计项目工期的项目时间管理技术。它是一种以概率统计理论为基础的双代号非确定型网络分析方法，对不能确定历时时间的项目活动进行估算，然后按照关键路径法进行时间参数的计算分析。

采用关键路径法时，工作之间的逻辑关系往往是肯定不变的，并且工作的完成时间也是确定的，因此，常将关键线路法称为肯定型网络计划。而计划评审技术针对的是工作之间的逻辑关系和工作持续时间往往为不确定的情况，因此也被称为非肯定型网络计划。

三种最常用的项目进度计划编制方法比较如表 5-10 所示。

表 5-10   **项目进度计划编制方法比较表**

编制方法	特点	适应性
横道图法	①传统的进度计划方法； ②二维的平面图，纵向表示工作内容，横向表示进度，每一横道显示每项工作的开始和结束时间，长度表示持续时间，时间单位可以用月、旬、周或天表示； ③表述直观、简单、易操作，但各逻辑关系难以表达清楚。	①广泛适用于项目前期计划，便于了解项目建设的各有关部位和进展情况； ②适用于资源优化和编制资源及费用计划； ③不适用于大的进度计划系统。
关键路径法	①最理想的工期计划方法和工期控制方法； ②逻辑性、系统性、全面性； ③提供清晰的关键线路，便于计划的调整与控制。	普适性强，对复杂的大型项目更具优越性；绘制、分析、使用较为复杂，需要计算机作为工具。
计划评审技术法	①非肯定型网络计划； ②通过收集和处理的基础资料，将计划工期内完成的工程任务分别计算出某个给定期限前完工的概率，并加强控制具有较小概率的工作； ③投入大，要求高。	适用于不确定因素较多、复杂的项目。

第四节   工程项目网络计划的计算

网络计划是指用网络图表达工作构成、工作顺序并加注工作时间参数的进度计划。

因此，编制工程项目进度计划，必须要先进行工程项目网络计划时间参数的计算。工程项目网络计划计算的目的是确定项目工作和事件的时间参数，为工程项目进度计划的优化、调整、执行和控制提供保证。网络计划的时间参数计算主要包括：①工作最早开始和最早结束时间；②工作最迟结束和最迟开始时间；③工作的总时差和自由时差；④确定关键线路和总工期等。

我国《工程网络计划技术规程》（JGJ/T121—2015）推荐的常用网络计划有四种，即双代号网络计划、单代号网络计划、双代号时标网络计划和单代号搭接网络计划。下面将主要就最常用的双代号网络计划、单代号网络计划和计划评审技术（非肯定型双代号网络计划）进行详细介绍。

一、双代号网络计划的时间参数计算

在网络计划中，关键线路是网络图最长的线路。在介绍关键线路法之前，先讨论图5-4所示的简单网络图。从图5-4可知，从初始事件起到结束事件共有7条路线，每条路线由不同的工作组成。每条路线上工作所需的时间 D_{i-j} 的总和称为该条路线的长度。对于第 k 条路线的总时间 T_k 为：

$$T_k = \sum_{ij \in k} D_{i-j} \qquad (5-9)$$

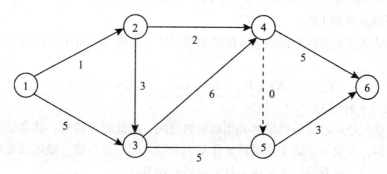

图5-4 双代号网络图

这7条线路的 T_k 值分别为：线路 P_1（1—2—4—6）的总时间 T_1 为8天；线路 P_2（1—2—3—4—6）的总时间 T_2 为15天；线路 P_3（1—2—3—4—5—6）的总时间 T_3 为13天；线路 P_4（1—2—4—5—6）的总时间 T_4 为6天；线路 P_5（1—3—4—6）的总时间 T_5 为16天；线路 P_6（1—3—5—6）的总时间 T_6 为13天；线路 P_7（1—3—4—5—6）的总时间 T_7 为14天。

完成整个工程所需的工期取决于其中线路总时间最长的一条，即线路 P_5，工期为16天。它就是该网络计划的关键线路，其他线路为非关键线路。关键线路与非关键线路时间的差值就做线路时差。若以 F_{Lk} 表示线路 k 的线路时差，以 T_{cp} 表示关键线路的时间，T_k 表示线路 k 的时间，则：

$$F_{Lk} = T_{cp} - T_k \qquad (5-10)$$

即 $F_{L1} = T_{cp} - T_1 = 16-8 = 8$ 天；$F_{L7} = T_{cp} - T_7 = 2$ 天。

由此可见，延长或缩短关键线路上作业的持续时间，就会影响项目的总工期。在线路时差范围内，延长或缩短非关键线路上作业的持续时间，项目的总工期不变。为了控制项目的工期，关键是关键线路上工作的实施时间控制。

网络计划时间参数计算的基本方法是：从初始节点开始，沿箭杆方向逐项计算最早开始时间 ES 和最早结束时间 EF，直到终止节点；从终止节点开始，逆着箭杆方向逐项计算最迟结束时间 LF 和最迟开始时间 LS，直到初始节点止。在此基础上，逐项确定工序总时差 TF、自由时差 FF、关键工序和关键线路。

1. 最早开始时间 ES

工作的最早开始时间是指最早可能开始的时间，其值等于该工作所有紧前工作中最早结束时间的最大值。计算从初始节点开始，沿箭杆方向逐项计算。

设 $T_i(E)$ 表示节点 i 的最早开始时间。假定初始节点的最早时间 $T_i(E) = 0$，则：

$$ES_{1j} = T_1(E) = 0, \qquad 1 < j \leq n \tag{5-11}$$

如果 $h{-}i$ 是 $i{-}j$ 的紧前工作，则：

$$ES_{i\cdot j} = T_i(E) = \max\{ES_{h\cdot i} + D_{h\cdot i}\}, \qquad 1 \leq h < i < j \leq n \tag{5-12}$$

式中：$ES_{i\cdot j}$ 为 $i{-}j$ 工作的最早开始时间；$ES_{h\cdot i}$ 为 $i{-}j$ 的紧前工作的最早开始时间；$T_i(E)$ 为 i 节点的最早开始时间；$D_{h\cdot i}$ 为 $h{-}i$ 工作的持续时间。

2. 最早结束时间 EF

工作的最早结束时间是指最早可能结束的时间，其值等于最早开始加本工作的持续时间，即：

$$EF_{i\cdot j} = T_i(E) + D_{i\cdot j} = ES_{i\cdot j} + D_{i\cdot j}, \qquad 1 \leq i < j \leq n \tag{5-13}$$

3. 最迟结束时间 LF

工作的最迟结束时间是指最迟必须结束的时间，若此时不结束，就会延误整个工程项目的总工期，其值等于该工作紧后工作最迟开始时间的最小值。最迟结束时间计算是从终止节点开始，逆着箭杆方向逐一计算直到初始节点。

如果规定工程项目的总工期为 CP，则最终节点的最迟结束时间 $T_n(L) = CP$；如果工程项目的总工期没有规定，则 $T_n(L) = T_n(E)$，即最终节点的最迟结束时间等于它的最早开始时间。因此：

$$LF_{i\cdot n} = T_n(L), \qquad 1 \leq i < n \tag{5-14}$$

如果 $j{-}k$ 是工作 $i{-}j$ 的紧后工作，则工作 $i{-}j$ 的最迟结束时间为：

$$LF_{i\cdot j} = T_j(L) = \min\{LS_{j\cdot k}\} \qquad 1 \leq i < j < k \leq n \tag{5-15}$$

4. 最迟开始时间 LS

工作的最迟开始时间是指最迟必须开始的时间，其值等于最迟结束时间减去该工作的持续时间，即：

$$LS_{i\cdot j} = LF_{i\cdot j} - D_{i\cdot j}, \qquad 1 \leq i < j \leq n \tag{5-16}$$

5. 总时差 TF

工作的总时差也叫工作时差，是指在不推迟整个工程项目总工期的情况下，该项工作允许推迟的时间范围，其值等于工作的最迟开始时间和最早开始时间之差，或最迟结束时间与最早结束时间之差。即：

$$TF_{i\text{-}j} = LS_{i\text{-}j} - ES_{i\text{-}j} = LF_{i\text{-}j} - EF_{i\text{-}j} \tag{5-17}$$

总时差具有如下特点：

（1）关键线路上工作的总时差为零。根据工作的总时差为零找出关键工作，将关键工作连接起来就是关键线路。

（2）非关键线路上工作的总时差不为零。如果利用非关键线路某项工作的总时差，会引起其紧后工作总时差的变化。

6. 自由时差 FF

自由时差也叫局部时差，是指工作在不影响其紧后工作最早开始的情况下，该工作可以推迟的时间范围，其值等于紧后工作最早开始时间的最小值与本工作的最早结束时间之差，即

$$FF_{i\text{-}j} = \min\{ES_{j\text{-}h}\} - EF_{i\text{-}j} \tag{5-18}$$

自由时差具有如下的特点：

（1）关键线路上工作的自由时差均为零；非关键线路上工作的自由时差可能为零，也可能不为零。因此，不能用工作的自由时差来判断是否为关键工作。

（2）工作在自由时差范围内进行调整，不会影响它的紧后工作的开始时间。

（3）一条线路上工作的自由时差之和等于该线路的线路总时差。

根据计算公式（5-11）~（5-18），计算如图 5-5 所示的双代号网络图的时间参数。计算过程可以用图解法，如图 5-5 所示；也可以用列表法，如表 5-11 所示。图解法或列表法的计算步骤如下：

表 5-11　　　　　　　　　　网络图时间参数表格法

序号	工作代号（i—j）	$D_{i\text{-}j}$	$ES_{i\text{-}j}$	$EF_{i\text{-}j}$	$LS_{i\text{-}j}$	$LF_{i\text{-}j}$	$TF_{i\text{-}j}$	$FF_{i\text{-}j}$
（1）	（2）	（3）	（4）	（5）	（6）	（7）	（8）	（9）
1	1—2	1	0	1	1	2	1	0
2	1—3	5	0	5	0	5	0	0
3	2—3	3	1	4	2	5	1	1
4	2—4	2	1	3	9	11	8	8
5	3—4	6	5	11	5	11	0	0
6	3—5	5	5	10	8	13	3	1
7	4—5	0	11	11	13	13	2	0
8	4—6	5	11	16	11	16	0	0
9	5—6	3	11	14	13	16	2	2

（1）计算工作的 ES 和 EF，工作的 EF 按式（5-13）计算。从初始节点开始到终止节点为止，顺着箭头的方向依次进行。设初始节点的 ES_1 为 0，其他工作的 ES 按式（5-

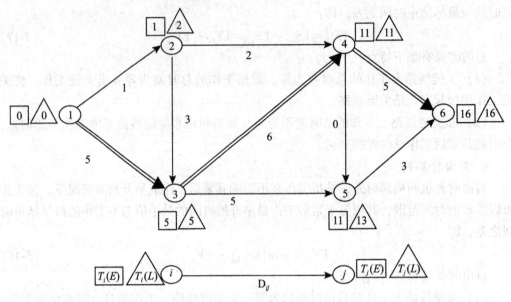

图 5-5　网络计划时间参数图解法

11）或式（5-12）计算；

（2）计算工作的 LF 和 LS，从终止节点开始到初始节点为止，逆着箭头的方向依次进行。假定终止节点的 LF=LS=EF，工作的 LF 可按式（5-14）和式（5-15）确定，工作的 LS 按式（5-16）确定，其结果标在箭杆下方的三角框中或表 5-11 中（6）、（7）栏内；

（3）计算工作的总时差和自由时差，按式（5-17）和式（5-18）确定。总时差为零的工作就是关键工作，关键工作组成的线路为关键线路，图 5-5 中关键线路为：1—3—4—6，并用双线箭杆表示。

在表 5-11 和图 5-5 中，时间参数的计算是以时间坐标为零点计算的。如果工作的时间参数转换成日历时间，规则是：

（1）工作的开始时间是在次日开始。如工作 2—4 的 ES 为 1 表示最早可在第 2 日开始；2—4 的 LS 为 9 表示最迟应在第 10 日开始。

（2）工作的完工时间是在当日末结束。如工作 2—4 的 EF 为 3 表示最早应在第 3 日完工；工作 2—4 的 LF 为 11 表示最迟应在第 11 日完工。

工作的总时差一般等于该工作的自由时差和紧后工作的自由时差之和。例如，网络图 5-5 中的部分如图 5-6（a）所示。根据图 5-5 和表 5-11，工作 3—5 的总时差等于本工作 3—5 及紧后工作 4—6 的自由时差之和，如图 5-6（b）所示，即

$$TF_{3-5} = FF_{3-5} + FF_{5-6} = 1 + 2 = 3$$

对任何一项工程项目而言，不仅可以利用本工作的自由时差，而且还可以利用其紧后工作的自由时差，但不得超过本工作的总时差。如果工作的自由时差只利用了一部分，另一部分不能转移到紧后工作上。如图 5-6（b）、（c）中的工作 3—5 可以利用 4—6 的自由时差，而工作 4—6 却不能利用工作 3—5 的自由时差。

120

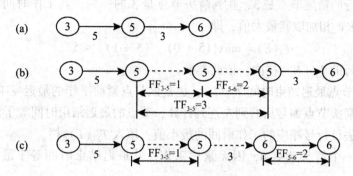

图 5-6 总时差与自由时差的关系

此外，网络计划的时间参数计算还可以采用矩阵形式计算。在矩阵上进行网络计划的时间参数计算，可先计算节点的最早开始时间 $T_i(E)$ 和最迟结束时间 $T_i(L)$，再将节点的 $T_i(E)$ 和 $T_i(L)$ 转换为工作的时间参数。矩阵计算的表格形式如表 5-12 所示。如果网络图的事件总数为 n 时，计算矩阵为一个 $n \times (n-1)$ 阶矩阵。下面仍以图 5-4 为例，说明其计算步骤。

（1）根据网络图确定计算矩阵，矩阵表如表 5-12 所示。并将节点的编号从小到大填入矩阵表中。

表 5-12 网络图矩阵表

最早开始 $T_i(E)$	箭尾节点	箭 头 节 点				
		2	3	4	5	6
0	1	1	5			
1	2		3	2		
5	3			6	5	
11	4				0	5
11	5					3
16	6					
最迟结束	$T_i(L)$	2	5	11	13	16

（2）将工作持续时间填入矩阵表中。它是一个上三角矩阵，如表 5-12 所示。

（3）计算节点的最早开始时间 $T_i(E)$，也是该节点紧后工作的最早开始时间 ES。计算方法是：按箭尾节点编号的顺序从上至下逐行计算，箭尾节点的最早开始时间等于该节点紧前工作的持续时间与其对应的最早开始时间之和的最大值。如第 1 行的箭尾节点是 1，因无紧前工作，故没有箭头节点号，其最早开始时间为 0，填入该行的 $T_i(E)$ 栏内。

121

又如第 3 行的箭尾节点是 3，找到箭头节点是 3 的一列，其工作时间有 5 和 3，与对应行的 $T_i(E)$ 相加取其最大值，即

$$T_3(E) = \max\{(5+0)，(3+1)\} = 5$$

填入第 3 行的 $T_i(E)$ 栏内，依此类推。

（4）计算节点最迟结束时间 $T_i(L)$，也是该节点紧前工作的最迟完工时间 LF。计算方法是：按箭头节点编号从右到左逐列计算，节点的最迟结束时间等于紧后节点的最迟结束时间减去该行号相应的工作时间的最小值，填入 $T_i(L)$ 栏。

例如最后一个箭头节点 6，因无紧后工作，其最迟结束时间等于最早开始时间，即：

$$T_6(L) = T_6(E) = 16$$

填入 $T_i(L)$ 栏第 5 列。

对于节点 5，第 5 行第 6 列为 3，对应 $T_6(L)$ 为 16，故：

$$T_5(L) = 16 - 3 = 13$$

填入 $T_i(L)$ 栏第 4 列。

同样地，对于节点 4，第 4 行为 0 和 5，对应 $T_5(L)$ 为 13 和 $T_6(L)$ 为 16，则取两者与第 4 行值的差取小值，即：

$$T_4(L) = \min\{(13 - 0)，(16 - 5)\} = 11$$

填入 $T_i(L)$ 栏第 3 列。

依此类推，分别计算节点的最迟结束时间，填入相应的 $T_i(L)$ 栏，如表 5-12 所示。

（5）将网络图中节点的 $T_i(E)$ 和 $T_i(L)$ 转换为相应工作的 ES 和 LF。

工作的最早开始时间 ES 等于其箭尾节点的最早开始时间。例如，节点 1 的 $T_1(E)$ 为 0，则工作 1—2、1—3 的最早开始时间 ES 均为 0；节点 2 的 $T_2(E)$ 为 1，则工作 2—3、2—4 的最早开始时间 ES 为 1。依此类推，直到最后一节点，计算结果如表 5-11 中第（4）栏所示。

工作的最迟结束时间 LF 等于其箭头节点的最迟开始时间。例如，节点 2 的 $T_2(L)$ 为 2，则工作 1—2 的最迟结束时间 LF 为 2；节点 3 的 $T_3(L)$ 为 5，则工作 1—3、2—3 的最迟结束时间 LF 为 5。依此类推，计算结果如表 5-11 第（7）栏所示。

网络图工作的 ES 和 LF 的计算结果如表 5-11 中的第（4）、第（7）栏。至于 EF、LS、TF 和 FF 的计算，则可按前述计算公式求出。

通过网络计划时间参数的计算可以知道：

（1）网络计划的关键路线决定总工期。要想缩短总工期，必须压缩关键路线上关键工作的持续时间。

（2）在工作时差范围内，非关键工作可适当调整起讫时间，以降低其资源强度，从而可抽出一部分人力、物力支援关键工作。

（3）在总时差范围内调整网络计划，不会影响总工期；在自由时差范围内调整网络计划不会影响后续工作的进度。

二、单代号网络计划的时间参数计算

在单代号网络计划中，除标注出各个工作的 6 个主要时间参数外，还应在箭线上方标注出相邻两工作之间的时间间隔，如图 5-7 所示。时间间隔是工作的最早完成时间与其紧后工作最早开始时间之间的差值。工作 i 与其紧后工作 j 之间的时间间隔用 $\mathrm{LAG}_{i,j}$ 表示。

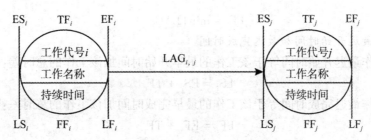

图 5-7　单代号网络计划时间参数

当计划工期等于计算工期时，单代号网络计划的六个主要时间参数及相邻两工作之间的时间间隔的计算步骤如下。

1. 最早开始时间和最早完成时间

网络计划中工作的最早开始时间和最早完成时间的计算是从网络计划的起点节点开始，顺着箭线方向按工作编号从小到大的顺序逐一计算。

（1）网络计划的起点节点的最早开始时间为零。如起点节点编号为 1，则：

$$\mathrm{ES}_1 = 0 \tag{5-19}$$

（2）工作的最早完成时间等于该工作的最早开始时间加该工作的持续时间：

$$\mathrm{EF}_j = \mathrm{ES}_j + D_j \tag{5-20}$$

（3）工作的最早开始时间等于该工作的紧前工作的最早完成时间的最大值。如工作 j 的紧前工作的编号为 i，则：

$$\mathrm{ES}_j = \max\{\mathrm{EF}_i\} \tag{5-21}$$

2. 相邻两项工作之间的时间间隔

工作 i 与其紧后工作 j 之间的时间间隔 $\mathrm{LAG}_{i,\,j}$ 为：

$$\mathrm{LAG}_{i,\,j} = \mathrm{ES}_j - \mathrm{EF}_i \tag{5-22}$$

3. 总时差

工作总时差计算从网络计划的终点节点开始，逆着箭线方向按工作编号从大到小的顺序逐一计算。

（1）网络计划终点节点的总时差，如计划工期等于计算工期，其值为零。若终点节点的编号为 n，则：

$$\mathrm{TF}_n = 0 \tag{5-23}$$

（2）其他工作的总时差等于该工作的紧后工作的总时差加该工作与其各个紧后工

作之间的时间间隔之和的最小值。若工作 i 的紧后工作为 j，则：

$$TF_i = \min\{TF_j + LAG_{i,j}\} \tag{5-24}$$

4. 自由时差

若无紧后工作，工作的自由时差等于计划工期减该工作的最早完成时间：

$$FF_i = T_p - EF_i \tag{5-25}$$

若有紧后工作，工作的自由时差等于该工作与其紧后工作之间的时间间隔的最小值：

$$FF_i = \min\{LAG_{i,j}\} \tag{5-26}$$

5. 工作最迟开始时间和最迟完成时间

（1）工作最迟开始时间等于该工作的最早开始时间加该工作的总时差：

$$LS_i = ES_i + TF_i \tag{5-27}$$

（2）工作最迟完成时间等于该工作的最早完成时间加该工作的总时差：

$$LF_i = EF_i + TF_i \tag{5-28}$$

6. 关键线路

关键线路上的工作必须是关键工作，且两相邻关键工作之间的时间间隔必须为零。

例　已知网络计划如图 5-8 所示，若计划工期等于计算工期，试列式算出各项工作的 6 个主要时间参数，将 6 个主要时间参数及工作之间的时间间隔标注在网络计划上，并用双箭线表示关键线路。

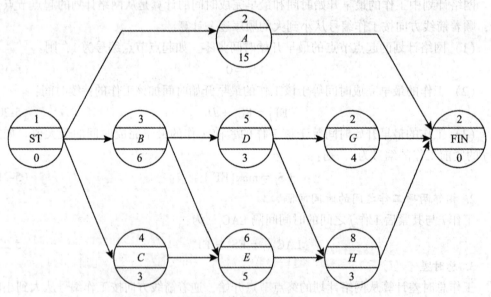

图 5-8　单代号网络计划

（1）最早开始时间和最早完成时间。

$ES_1 = 0$；$EF_1 = ES_1 + D_1 = 0 + 0 = 0$

$ES_2 = ES_3 = ES_4 = EF_1 = 0$；$EF_2 = ES_2 + D_2 = 0 + 15 = 15$

$EF_3 = ES_3 + D_3 = 0 + 6 = 6;$

$EF_4 = ES_4 + D_4 = 0 + 3 = 3$

$ES_5 = EF_3 = 6;$ $EF_5 = ES_5 + D_5 = 6 + 3 = 9$

$ES_6 = \max\{EF_3, EF_4\} = \max\{6, 3\} = 6;$ $EF_6 = ES_6 + D_6 = 6 + 5 = 11$

$ES_7 = EF_5 = 9;$ $EF_7 = ES_7 + D_7 = 9 + 4 = 13$

$ES_8 = \max\{EF_5, EF_6\} = \max\{9, 11\} = 11;$ $EF_8 = ES_8 + D_8 = 11 + 3 = 14$

$ES_9 = \max\{EF_2, EF_7, EF_8\} = \max\{15, 13, 14\} = 15;$ $EF_9 = ES_9 + D_9 = 15 + 0 = 15$

$T_P = T_c = EF_9 = 15$

（2）相邻两项工作之间的时间间隔。

由于节点 1 为虚拟的工作，不需计算其与相邻工作之间的时间间隔。其他时间间隔计算如下：

$LAG_{2,9} = ES_9 - EF_2 = 15 - 15 = 0$

$LAG_{3,5} = ES_5 - EF_3 = 6 - 6 = 0$

$LAG_{3,6} = ES_6 - EF_3 = 6 - 6 = 0$

$LAG_{4,6} = ES_6 - EF_4 = 6 - 3 = 3$

$LAG_{5,7} = ES_7 - EF_5 = 9 - 9 = 0$

$LAG_{5,8} = ES_8 - EF_5 = 11 - 9 = 2$

$LAG_{6,8} = ES_8 - EF_6 = 11 - 11 = 0$

$LAG_{7,9} = ES_9 - EF_7 = 15 - 13 = 2$

$LAG_{8,9} = ES_9 - EF_8 = 15 - 14 = 1$

（3）总时差。

当计划工期等于计算工期时，其终点节点所代表的工作的总时差为零，即：

$TF_9 = 0$

其他工作的总时差计算如下：

$TF_8 = TF_9 + LAG_{8,9} = 0 + 1 = 1$

$TF_7 = TF_9 + LAG_{7,9} = 0 + 2 = 2$

$TF_6 = TF_8 + LAG_{6,8} = 1 + 0 = 1$

$TF_5 = \min\{(TF_7 + LAG_{5,7}), (TF_8 + LAG_{5,8})\} = \min\{(2+0), (1+2)\} = 2$

$TF_4 = \min\{TF_6 + LAG_{4,6}\} = \min\{1+3\} = 4$

$TF_3 = \min\{(TF_5 + LAG_{3,5}), (TF_6 + LAG_{3,6})\} = \min\{(2+0), (1+0)\} = 1$

$TF_2 = TF_9 + LAG_{2,9} = 0 + 0 = 0$

（4）自由时差。

$FF_9 = T_P - EF_9 = 15 - 15 = 0$

$FF_8 = LAG_{8,9} = 1$

$FF_7 = LAG_{7,9} = 2$

$FF_6 = LAG_{6,8} = 0$

$$FF_5 = min \{LAG_{5,7}, LAG_{5,8}\} = min \{0, 2\} = 0$$

$$FF_4 = LAG_{4,6} = 3$$

$$FF_3 = min \{LAG_{3,5}, LAG_{3,6}\} = min \{0, 0\} = 0$$

$$FF_2 = LAG_{2,9} = 0$$

（5）工作最迟开始时间和最迟完成时间。

1）最迟开始时间。

$$LS_2 = ES_2 + TF_2 = 0 + 0 = 0$$

$$LS_3 = ES_3 + TF_3 = 0 + 1 = 1$$

$$LS_4 = ES_4 + TF_4 = 0 + 4 = 4$$

$$LS_5 = ES_5 + TF_5 = 6 + 2 = 8$$

$$LS_6 = ES_6 + TF_6 = 6 + 1 = 7$$

$$LS_7 = ES_7 + TF_7 = 9 + 2 = 11$$

$$LS_8 = ES_8 + TF_8 = 11 + 1 = 12$$

2）最迟完成时间。

$$LF_2 = EF_2 + TF_2 = 15 + 0 = 15$$

$$LF_3 = EF_3 + TF_3 = 6 + 1 = 7$$

$$LF_4 = EF_4 + TF_4 = 3 + 4 = 7$$

$$LF_5 = EF_5 + TF_5 = 9 + 2 = 11$$

$$LF_6 = EF_6 + TF_6 = 11 + 1 = 12$$

$$LF_7 = EF_7 + TF_7 = 13 + 2 = 15$$

$$LF_8 = EF_8 + TF_8 = 14 + 1 = 15$$

（6）将计算的时间参数及相邻工作之间的间隔时间标注在网络计划图上，并用双线箭线表示关键线路，如图 5-9 所示。

三、计划评审技术

计划评审技术与关键线路法基本相同，它们之间的主要区别在时间的估计与分析上。

1. 三种时间估计值

非肯定型网络计划中某些或全部工作的持续时间是事先不能确定的，工作的持续时间是随机变量。应用概率统计理论，估计工作的三种完成时间。

（1）最短工作时间 a。指在最有利的工作条件下完成该工作的最短必要时间，常称乐观估计时间。

（2）最大可能时间 c。指在正常工作条件下所需要的时间，是完成某一项工作可能性最大的估计时间。

（3）最长工作时间 b。指在最不利工作条件下所需要的时间，常称为悲观估计时间。

工作的持续时间按以上三值估计方法，其时间随机变量应用概率统计分析，认为服

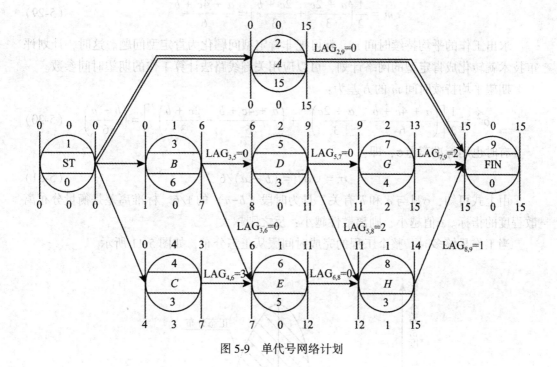

图 5-9 单代号网络计划

从 β 分布，如图 5-10 所示。

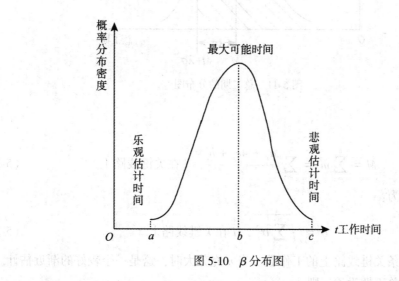

图 5-10 β 分布图

2. 期望平均值 m 和方差 σ^2

应用概率论，由 a、b、c 三值及其分布求出工作持续时间的期望平均值 m。

根据 β 分布，c 发生的可能性两倍于 a、b，用加权平均法求出 a、c 平均值 $(a+2c)$ /3；在 c、b 之间的平均值是 $(2c+b)$ /3。其期望平均值为：

$$m = \frac{1}{2}\left(\frac{a + 2c}{3} + \frac{2c + b}{3}\right) = \frac{a + 4c + b}{6} \tag{5-29}$$

求出工作的平均持续时间 m，就可把非肯定型问题化为肯定型问题。这时，计划评审技术就转化成肯定型的网络计划，可以应用关键线路法计算工作的期望时间参数。

期望平均持续时间 m 的方差为：

$$\sigma^2 = \frac{1}{2}\left[\left(\frac{a + 4c + b}{6} - \frac{a + 2c}{3}\right)^2 + \left(\frac{a + 4c + b}{6} - \frac{2c + b}{3}\right)^2\right] = \left(\frac{b - a}{6}\right)^2 \tag{5-30}$$

有时也用标准离差 σ，即：

$$\sigma = \sqrt{\sigma^2} = (b - a)/6 \tag{5-31}$$

由上式可知，σ 只与 a 和 b 有关，且为时段 $(b-a)$ 的 $1/6$。标准离差是衡量分布离散程度的指标。σ 值越小，则离散性越小；反之则越大。

当工作足够多时，整个工程的完成时间服从正态分布，如图 5-11 所示。

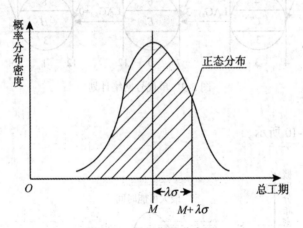

图 5-11 总工期的分布图

其均值为：

$$M = \sum_{i=1}^{n} m_i = \sum_{i=1}^{n} \frac{a_i + 4c_i + b_i}{6}, \quad i \text{ 在关键线路上} \tag{5-32}$$

其标准离差为：

$$\sigma = \sqrt{\sum_{i=1}^{n} \sigma_i^2}, \quad i \text{ 在关键线路上} \tag{5-33}$$

其中 n 是一条关键线路上的工作数。当 n 充分大时，这是一个较好的渐近估计。

如果给定的总工期为 Q，则：

$$Q = M + \lambda\sigma \tag{5-34}$$

式中 λ 为几率系数。λ 值的不同，总工期 Q 完工的保证率 $P(\lambda)$ 也不同。几率系数 λ 与保证率 $P(\lambda)$ 的关系，如表 5-13 所示。

一般情况下，$P(\lambda)$ 在 0.3~0.7 之间是可行的。合理的工期范围为：$M \pm \dfrac{1}{2}\sigma$。

表 5-13　　　　　　　　　　　　几率系数 λ 与保证 $P(\lambda)$ 的关系表

λ	$P(\lambda)$	λ	$P(\lambda)$	λ	$P(\lambda)$	λ	$P(\lambda)$
-1.5	0.07	-0.7	0.24	0.0	0.50	0.8	0.78
-1.4	0.08	-0.6	0.27	0.1	0.54	0.9	0.82
-1.3	0.10	-0.5	0.31	0.2	0.58	1.0	0.84
-1.2	0.12	-0.4	0.34	0.3	0.62	1.1	0.86
-1.1	0.14	-0.3	0.38	0.4	0.66	1.2	0.88
-1.0	0.16	-0.2	0.42	0.5	0.69	1.3	0.90
-0.9	0.18	-0.1	0.46	0.6	0.73	1.4	0.92
-0.8	0.21	-0.0	0.50	0.7	0.76	1.5	0.93

例　某工程项目的 PERT 网络计划如图 5-12 所示，若指定工期为 38、40.6 和 44，试分析按期完工的概率。

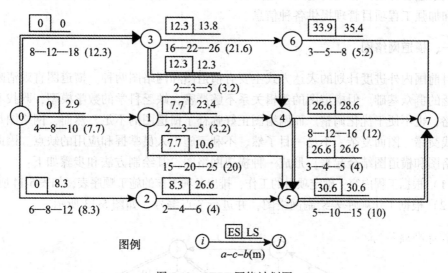

图 5-12　PERT 网络计划图

采用图上计算法，其步骤如下：

（1）根据公式（5-29），求工作的平均时间 m，PERT 网络计划化为肯定型的问题，平均时间 m 标在箭杆下括号中。

（2）计算工作的最早开始时间和最迟开始时间，如图 5-12 所示。

（3）确定关键工作及关键线路。由图可知：工作 0—3、3—4、4—5 和 4—7 的总时差为零，故为关键工作；由关键工作组成的关键线路为 0—3—4—5—7。

（4）计算关键线路的平均总工期，即

$$M = 12.3 + 14.3 + 4 + 10 = 40.6$$

（5）计算各关键工作的方差，得关键线路的总方差和标准离差，即

$$\sigma^2 = \sigma_{03}^2 + \sigma_{04}^2 + \sigma_{45}^2 + \sigma_{57}^2 = 2.8 + 1.0 + 0.1 + 2.8 = 6.7$$

$$\sigma = \sqrt{\sigma^2} = \sqrt{6.7} = 2.59$$

（6）计算指定工期完成的概率。

当 $Q = 38$ 时，则 $\lambda = (38.0 - 40.6)/2.59 = -1.0$，查表 5-13 得 $P(\lambda) = 16\%$，故按 38 完工的可能性仅 16%；

当 $Q = 40.6$ 时，则 $\lambda = (40.6 - 40.6)/2.59 = 0$，查表 5-13 得 $P(\lambda) = 50\%$，即按 40.6 完工的可能性为 50%；

当 $Q = 44$ 时，则 $\lambda = (44.0 - 40.6)/2.59 = 1.31$，查表 5-13 得 $P(\lambda) = 90\%$，即按 44 完工的可能性为 90%。

第五节　工程项目进度计划的表示方法

在工程项目进度计划除了用双代号、单代号网络图来描述外，还有其他类型的图表形式表示进度计划。在这些进度计划分析的基础上，进行时间参数计算，为实施、调整计划和加强工程项目管理提供各种信息。

一、横道网络图

目前国内外进度计划的表达方式主要有横道图和网络图两种。横道图直观清晰，具有广泛的群众基础。但横道图的逻辑关系不够严密，缺乏科学的数学模型，既找不出关键线路，也不便于优化调整。而网络图正好弥补了横道图的不足。然而，网络图却存在着箭线交错、图面复杂、不易一目了然、不利于施工人员掌握和应用的缺点。因此，可将网络图和横道图结合起来，形成一种横道网络图。其绘制方法和步骤如下：

（1）根据工程内容，确定项目的工作，排出各项工作的施工顺序表，如表 5-14 所示。

（2）根据工作顺序表绘制网络图，并进行节点编号，如图 5-13 所示。

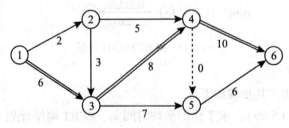

图 5-13　横道网络图

（3）按绘制的网络图，编制进度计划表，如表 5-14 所示。

如何将网络图的全部时间参数直接用横道图的形式表述，下面结合表 5-14 和图 5-13 予以说明。

表 5-14　　　　　　　　　　　工作的施工顺序表

序号	工作代号 $i-j$	工程名称	持续时间 D_{ij}	劳动力(人/天)	进度日期 1～24
	a	b		ES / LS	
1	1-2	材料运输	2	10	
2	1-3	挖土	6	8	
3	2-3	设搅拌站	3	12	
4	2-4	施工起重机	5	12	
5	3-4	基础施工	8	8	
6	3-5	外部管线铺设	7	9	
7	4-5	虚工作	0	0	
8	4-6	施工钢罐	10	6	
9	4-6	管线保温试压	6	10	

（1）将网络图 5-13 中工作名称和持续时间，按节点编号由小到大的顺序依次填入进度表。

（2）绘制工作最早可能开始的进度指示线（ES），以实线表示。进度线起点表示工作最早开始时间，终点表示最早结束时间。

网络图的初始点开始（图中节点①），其最早可能开始时间从第一天开始，在表中 ES 栏第一天为起点①。节点①点出发的工作 1—2、1—3 的进度指示线表示其持续时间。

除初始点以外，其他各节点的最早可能开始时间取指向该节点的紧前工作最早可能结束时间的最大值。如图 5-13 中节点②只有紧前工作 1—2，且 D_{12} 为 2，故在 ES 栏的第二天末的位置标以节点②；节点③有紧前工作 1—3、2—3，其完成时间分别为第 5 和第 6 天，取它们的最大值，在 ES 栏的第 6 天末的位置标以节点③。而工作 2-3 的进度指示线用实线画出 3，再用波折线从第 5 天末延伸到第 6 天末，延伸的天数为该工作的局部时差。

同理可以标出其余所有节点的最早可能开始时间及其进度指示线。

（3）绘制进度表中各项工作最迟必须开始的进度指示线（LS），以虚线表示。其起点表示工作最迟开始时间，终点表示最迟结束时间。

从网络的终点开始按照由大到小的节点编号逆向进行。图 5-13 中节点⑥为终点，它的最迟必须结束时间等于最早可能结束时间，即 $T_{LS-6} = T_{ES-6}$，为 24 天。在表 5-14 中 LS 栏第 24 天末的位置标以⑥，由此逆向画出工作 4—6、4—6 的进度指示线。

决定其他节点 T_{LS} 位置的方法是从该节点发出的紧后工作中，取 LS 最小值。如节点⑤只有紧后工作 4—6，D_{5-6} 为 6 天，在表 5-14 中 LS 栏第 18 天（＝24-6 天）末的位置标以节点⑤；节点④有紧后工作 4—5 和 4—6，4—5 为虚工作。由于虚工作时间为 0，故只画垂直箭杆，用"↕"表示，开始为第 18 天。而 4—6 工作的持续时间 D_{4-6} 为 10 天，故节点④的 LS 为 14 天，在 LS 栏的第 14 天末标以节点④。

用同样的方法，可以将各节点的 T_{LS} 位置及其紧后工作 LS 进度指示线用虚线表示出来。

（4）图中实线与虚线重合的工作是关键工作，关键工作连成的线路为关键线路，其他的工作是非关键工作。

在表 5-14 中，事件在 ES 和 LS 两栏的水平距离是该事件的时差。如事件② T_{ES-2} 和 T_{LS-2} 之间的水平距离为 1，则事件②的时差为 1 天。

用横道图的形式将网络图的逻辑关系清楚地表达出来，这对施工进度计划的管理十分方便，为网络计划应用提供了一条途径。

二、双代号时标网络图

双代号时标网络图（以下简称时标网络计划）是以时间坐标为尺度绘制的网络图。时标的时间单位根据需要在编制网络计划之前确定，可为小时、天、周、旬、月或季等。

时标网络图以实箭线表示工作，以虚箭线表示虚工作，以虚线表示工作与其紧后工作之间的时间间隔。时标网络图的箭线用水平箭线或由水平段和垂直段组成的箭线，不用斜箭线。虚工作亦宜如此，但虚工作的水平段应绘成虚线。

时标网络图可从工作的最早开始时间绘制。在绘制时，工作和虚工作的箭线向左（以网络计划起点节点基准），不能有逆向箭线和逆向虚箭线。如图 5-14 所示的网络图是错误的，因为有逆向虚箭线 2—3，逆向箭线 4—5；工作 4—7 和工作 7—8 不是在最早开始时间开工的。正确的时标网络图如图 5-15 所示。

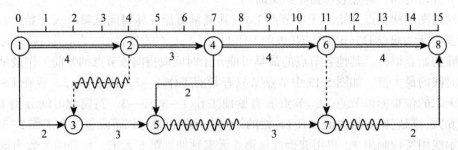

图 5-14 错误的时标网络计划

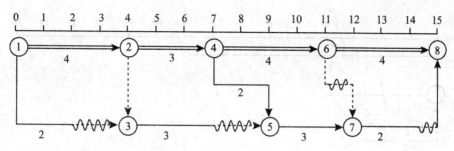

图 5-15　正确的时标网络计划

1. 时标网络的绘制方法

（1）将起点节点定位在时标表的起始点上。

（2）以网络计划起点节点为开始节点，在时标表上按工作持续时间绘制工作的箭线。

（3）其他工作的开始节点为该工作的紧前工作都确定以后，这些紧前工作完成时间最大值的位置。如果紧前工作的箭线长度达不到该节点时，用波形线补足与该节点连接。

（4）用上述方法自左至右依次确定节点位置，直至网络计划终点节点。网络计划的终点节点是在无紧后工作全部确定后，在最迟完工的时间位置。时标网络计划的关键线路可自终点节点逆箭线方向朝起点节点逐次进行判定，没有波形线的线路为关键线路。

已知网络计划的有关资料如表 5-15 所示，试绘制该计划的时标网络图。

表 5-15　　　　　　　　　　　网络计划资料

工　作	A	B	C	D	E	G	H
持续时间	9	4	2	5	6	4	5
紧前工作	—	—	—	B	B、C	D	D、E

下面说明绘制标时网络图的步骤。

（1）将网络计划起点节点定位标在时标表的起始位置"0"，起点节点的编号为1，如图 5-16 所示。

（2）画出工作 *A*、*B*、*C*。

（3）画出 *D*、*E*（如图 5-17 所示）。

（4）画出 *G*、*H*（如图 5-18 所示）。

（5）画出网络计划终点节点⑥，网络计划绘制完成（如图 5-19 所示）。

（6）在图上用双箭线标出关键线路（如图 5-19 所示）。

2. 时标网络计划时间参数的确定

时标网络计划主要时间参数确定的步骤如下：

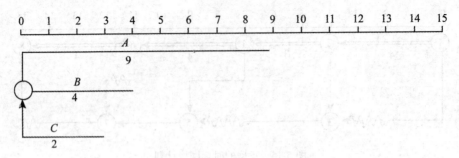

图 5-16　绘制时标网络图第一步

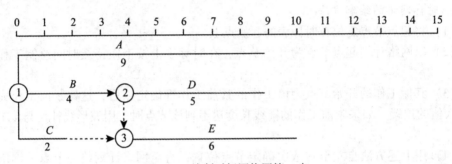

图 5-17　绘制时标网络图第二步

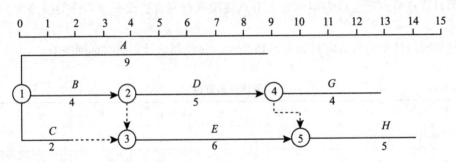

图 5-18　绘制时标网络图第三步

（1）从图上直接确定最早开始时间，最早完成时间和时间间隔。

1）最早开始时间。工作的开始节点对应的时标值为该工作的最早开始时间。图 5-19 中 A、B、C 的最早开始时间为 0；D、E 的最早开始时间为 4；G 的最早开始时间为 9；H 的最早开始时间为 10；

2）最早完成时间。如果箭线右段无波纹线，则该工作的结束节点对应的时标值为该工作的最早完成时间。图 5-19 中 B 的最早完成时间为 4；D 的最早完成时间为 9；E 的最早完成时间为 10；H 的最早完成时间为 15。如果箭线右段有波纹线，则该工作无波纹线部分结束点对应的时标值为该工作的最早完成时间。图 5-19 中 A 的最早完成时间为 9；C 的最早完成时间为 2；G 的最早完成时间为 13；

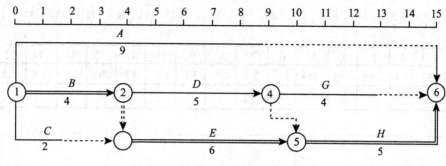

图 5-19　绘制时标网络图第四步

3）时间间隔。时标网络计划上波纹线的长度称为时间间隔。图 5-19 中 A 与终点节点⑥之间的时间间隔为 6；G 与终点节点⑥之间的时间间隔为 2；C 与 E 之间的时间间隔为 2；D 与 H 之间的时间间隔为 1；D 与 G 之间的时间间隔为 0；其他工作与相邻工作之间的时间间隔均为 0。

（2）按单代号网络计划计算自由时差、总时差、最迟开始时间、最迟完成时间的方法确定这些时间参数。

三、时标网络计划的坐标体系

时标网络计划的坐标体系有计算坐标体系、工作日坐标体系、日历坐标体系。

1. 计算坐标体系

计算坐标体系主要用于网络计划的计算时间参数。采用这种坐标体系计算时间参数较为简便，但不够明确。如按计算坐标体系，网络计划从零天开始，不易理解，应为第 1 天开始或具体开始日期。

2. 工作日坐标体系

工作日坐标体系明确工作在开工后第几天开始，第几天完成。但不能明确具体开工日期、工作开始日期、工作完成日期和网络计划的完工日期等。

工作日坐标给出的开工时间和工作开始时间等于计算坐标给出的开工时间和工作开始时间加 1。

工作日坐标给出的完工时间和工作完成时间等于计算坐标给出的完工时间和工作完成时间。

3. 日历坐标体系

日历坐标体系可以明确给出工程项目网络计划的开工日期、完工日期，以及工作的开始日期和完成日期。编制时要扣除节假日休息时间。

如图 5-20 所示为具有三种坐标体系的时标网络计划。上面为计算坐标体系，中间为工作日坐标体系，下面为日历坐标体系。假定工程项目网络计划在 4 月 24 日（星期二）开始，星期六、星期日和五一劳动节休息。

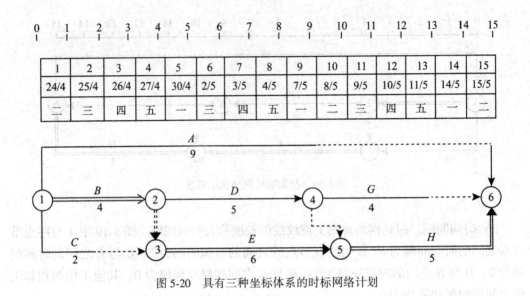

图 5-20 具有三种坐标体系的时标网络计划

四、形象进度计划表

1. 工作日形象进度计划表

工作日形象进度计划表编制步骤如下：

（1）明确工作代号、工作名称、持续时间、自由时差和总时差，并判断是否关键工作。

（2）根据具有工作日坐标体系的网络计划明确工作的最早开始时间和最早完成时间，相同开始节点的工作最早开始时间值相同。

（3）根据工作的最早开始时间、最早完成时间和总时差，确定工作的最迟开始时间和最迟完成时间。

1）当总时差为零时，最迟开始时间与最早开始时间相同，最迟完成时间与最早完成时间相同；

2）当总时差不为零时，最迟开始时间等于最早开始时间加总时差，最迟完成时间等于最早完成时间加总时差。

表 5-16 为图 5-20 对应网络计划的工作日形象进度计划。

表 5-16　　　　　　　　　网络计划的工作日形象进度计划

序号	工作代号	工作名称	持续时间	最早开始时间	最早完成时间	最迟开始时间	最迟完成时间	自由时差	总时差	是否关键工作
1	1—6	A	9	1	9	7	15	6	6	
2	1—2	B	4	1	4	1	4	0	0	是

续表

序号	工作代号	工作名称	持续时间	最早开始时间	最早完成时间	最迟开始时间	最迟完成时间	自由时差	总时差	是否关键工作
3	1—3	C	2	1	2	3	4	2	2	
4	2—4	D	5	5	9	6	10	0	1	
5	3—5	E	6	5	10	5	10	0	0	是
6	4—6	G	4	10	13	12	15	2	2	
7	4—6	H	5	11	15	11	15	0	0	是

2. 日历形象进度计划表

日历形象进度计划表编制步骤与工作日形象进度计划的编制步骤相同,只是将进度计划的主要时间参数中的"时间"转换为"日期",具体转换的方法有两种:

(1)按具有日历坐标体系的网络计划确定工作的最早开始日期和最早完成日期;确定最迟开始日期和最迟完成日期时需要考虑节假日的因素。

(2)在日历上按扣除节假日后的有效日为工作日,再将工作日转换为日时间。

上述第二种方法较简单,在确定最迟开始日期和最迟完成日期时不易出错。按图5-20及表5-16,在月历上确定工作日如表5-17所示。

表 5-17 日历及工作日换算表

二	三	四	五	六	日	一	二	三	四	五	六	日	一	二	三
24/4	25/4	26/4	27/4	28/4	29/4	30/4	1/5	2/5	3/5	4/5	5/5	6/5	7/5	8/5	9/5
1	2	3	4			5		6	7	8			9	10	11
四	五	六	日	一	二	三	四	五	六	日	一	二	三	四	五
10/5	11/5	12/5	13/5	14/5	15/5	16/5	17/5	18/5	19/5	20/5	21/5	22/5	23/5	24/5	25/5
12	13			14	15	16	17	18			19	20	21	22	23

根据表5-17的结果,将表5-16转换为日历形象进度计划,如表5-18所示。

表 5-18 日历形象进度计划

序号	工作代号	工作名称	持续时间	最早开始时间	最早完成时间	最迟开始时间	最迟完成时间	自由时差	总时差	是否关键工作
1	1—6	A	9	4月24日	5月7日	5月3日	5月15日	6	6	
2	1—2	B	4	4月24日	4月27日	4月24日	4月27日	0	0	是
3	1—3	C	2	4月24日	4月25日	4月26日	4月27日	2	2	
4	2—4	D	5	4月30日	5月7日	5月2日	5月8日	0	1	

续表

序号	工作代号	工作名称	持续时间	最早开始时间	最早完成时间	最迟开始时间	最迟完成时间	自由时差	总时差	是否关键工作
5	3—5	E	6	4月30日	5月8日	4月30日	5月8日	0	0	是
6	4—6	G	4	5月8日	5月11日	5月10日	5月15日	2	2	
7	4—6	H	5	5月9日	5月15日	5月9日	5月15日	0	0	是

第六章　工程项目资金计划

工程项目资金计划是对工程项目资金预期目标进行筹划安排等一系列活动的总称。它是在工程项目实施之前对其总体资金管理目标进行的规划，主要是对其资金筹措与使用做出的合理规划，以平衡资金的供求，提高资金使用效益，确保投资效益最大化，是工程项目管理的重要组成部分。

第一节　概　　述

工程项目资金计划主要表现为项目实施阶段现金流量计划，是项目的财务问题，极大地影响工程项目顺利建设。对业主或投资者来说，项目的建设期主要是资金支出，表现出负的现金流量；对承包商来说，项目的费用支出和收入常常在时间上不平衡，甚至必须垫资承包，其现金流量也时常表现为负。当出现负的现金流量时，必须有相应数量的资金在该时间注入，才能保证工程顺利开展。因此，无论是业主还是承包商，都应该越来越重视项目的资金计划。由于工程项目资金管理是以价值消耗为依据，无论从业主角度还是承包商角度，项目资金计划方法是相同的。

项目资金计划就是在工程项目实施之前对项目资金进行的规划，也可以称为项目资金规划，其主要内容是资金的筹措与使用安排。在筹措资金前，必须对项目的资金结构进行分析，即对潜在的各种资金来源是否可靠、筹资费用及资金成本进行系统分析，选择合适的资金来源，达到较优的资金结构。在筹措到资金之后，必须对资金使用进行合理的安排，编制切实可行的资金使用计划，并以此作为项目投资控制的依据和目标，使投资效益最大化。

一、项目的资金结构分析

资金结构是企业各种资金的构成及其比例关系，具体来说是指筹措资金中权益资金和债务资金的形式、各种资金的占比以及资金的来源情况，包括项目资本金与项目债务资金的比例、项目资本金内部结构的比例和项目债务资金内部结构的比例。现代工程项目的资金筹措渠道是多种多样的，将多渠道来源的资金按照一定的资金结构结合起来是制订工程项目筹资方案的主要任务。

在项目筹资方案分析中，资金结构分析是一项重要内容。在筹措资金前，必须对潜在的各种资金来源是否可靠、筹资费用及资金成本进行系统分析，选择合适来源的一定数量的资金，达到较优的资金结构。从技术上讲，综合资金成本最低且企业财务风险最小的资金结构最能实现企业价值最大化，也是最理想的资金结构。

1. 项目资本金结构

项目资本金是指项目总投资中，由投资者认缴的出资额。出资方式可以是货币，也可以用实物、工业产权、非专利技术、土地使用权对作为资本金的实物、工业产权、非专利技术、土地使用权等无形资产作价出资，必须经过有资格的资产评估机构按照法律、法规、评估作价，不得高估或低估。项目资本金对项目来说是非负债资金，项目法人不承担这部分资金的任何利息和债务；投资者可按照其出资比例依法享有所有者权益，也可转让其出资，但一般不得以任何形式抽回。

为了建立投资风险约束机制，有效地控制投资规模、提高投资效益，国家对固定资产投资项目实行资本金制度，规定了固定资产投资项目的建设都要有一定数额的资本金，并提出了各行业投资项目资本金的最低比例要求。国家会根据经济形势发展和宏观调控需要，适时调整固定资产投资项目最低资本金比例。根据《关于调整和完善固定资产投资项目资本金制度的通知》（国发〔2015〕51号），不同行业的固定资产投资项目资本金最低比例规定如表6-1所示。

表6-1　　　　　　　　　　　各行业项目资本金的最低比例

投 资 行 业	项目资本金的最低比例
钢铁、电解铝项目	40%
水泥项目	35%
煤炭、电石、铁合金、烧碱、焦炭、黄磷、多晶硅项目	30%
港口、沿海及内河航运、机场、化肥（钾肥除外）项目	25%
铁路、公路、城市轨道交通、玉米深加工、保障性住房和普通商品住房项目	20%
其他房地产开发项目	25%
电力等其他项目	20%

投资项目资本金的具体比例，由负责项目审批单位根据投资项目的经济效益以及银行贷款意愿和评估意见等情况，在审批可行性研究报告时核定。经国务院批准，对个别情况特殊的国家重点工程项目，可以适当降低资本金比例。

项目资本金结构是指项目投资各方的出资比例。不同的出资比例决定各投资方对项目建设和经营的决策权和承担的责任，以及项目收益的分配。由于资金筹措主体有新设项目法人和既有项目法人两种不同类型，项目资本金结构分析会因筹资主体不同而有所不同。

（1）当筹资主体为新设项目法人时，项目的资金结构应根据投资各方在资金、技术和市场开发方面的优势通过协商确定各方的出资比例、出资形式和出资时间。

（2）当筹资主体为既有项目法人时，项目的资金结构要考虑既有项目法人的财务状况和筹资能力，合理确定既有项目法人内部筹资与新增资本金在项目筹资总额中所占的比例，分析既有项目法人内部筹资与新增资本金的可能性与合理性。既有项目法人将现金资产和非现金资产投资于拟建项目长期占用将使企业的财务流动性降低，其投资额度受到企业自身财务资源的限制。

按照我国现行规定，有些项目不允许国外资本控股，有些项目要求国有资本控股。如《外商投资产业指导目录（2015 年修订）》中明确规定：核电站、电网、铁路干线路网以及综合水利枢纽等项目的建设、经营必须由中方控股。根据投资体制改革的精神，国家放宽社会资本的投资领域，允许社会资本进入法律法规未禁入的基础设施、公用事业及其他行业和领域。因此，在进行资金筹措方案分析时，应关注出资人出资比例的合法性。

2. 项目债务资金结构

在项目的债务资金结构比例分析中，需要分析债权各方为项目提供债务资金的数额比例、债务期限比例以及内债和外债的比例等。合理的债务资金结构需要考虑筹资成本、筹资风险、筹资方式、期限、偿还顺序及保证方式等。根据债权人提供债务资金的条件（包括利率、宽限期、偿还期及担保方式等）合理确定各类借款和债券的比例可以降低筹资成本和筹资风险。

（1）债务期限配比。

项目负债结构中，短期、中长期负债结构需要搭配。短期借款利率低于长期借款，适当安排一些短期负债可以降低总的筹资成本。但如果过多采用短期负债，会使项目公司的财务流动性不足，项目的财务稳定性下降，导致过高的财务风险。大型基础设施项目的负债筹资应以长期债务为主，长期负债筹资的期限应当与项目的经营期限相协调。

（2）偿债顺序安排。

偿债顺序安排包括偿债的时间顺序及偿债的受偿优先顺序。通常，在多种债务中，对于借款人来说，在时间上应尽可能先偿还利率较高的债务，后偿还利率低的债务。对于有外债的项目，由于有汇率风险，通常应先偿还硬货币（指货币汇率比较稳定、且有上浮趋势的货币）的债务，后偿还软货币（指汇率不稳定、且有下浮趋势的货币）的债务。应使债务本息的偿还不致影响企业正常生产所需的现金量。

多种债务的受偿优先顺序安排对于取得债务筹资有重要影响。提供信贷融资的金融机构如果感觉到资金的债权受偿顺序不利，可能会拒绝提供贷款。项目的筹资安排应当尽可能使所有的债权人对于受偿优先顺序均感到满意，通常对于所有的债权人都按照相同的受偿顺序是一种可行的办法。

（3）境内外借贷占比。

内债和外债的比例主要取决于项目的用汇量，同时主要由借款取得的可能性及方便程度决定。对于借款公司，如果贷款条件一样，使用境外借款或国内银行外汇贷款没有区别。对于国家，相对于使用国内银行的外汇贷款，项目使用境外贷款，国家的总体外汇收入增加，对于当期的国家外汇平衡有利，但是对于境外贷款偿还期内的国家外汇平衡会产生不利影响。如果国家需要利用项目从境外借贷融入外汇，也可以考虑由项目公司在国际上借贷融资，包括向世界银行等国际金融机构借款。项目投资中如果有国外采购，可以附带需求国外的政府贷款、出口信贷等优惠融资。

（4）利率结构。

当资本市场利率水平相对较低且有上升趋势时，尽量借固定利率贷款；当资本市场利率水平相对较高且有下降趋势时，尽量借浮动利率贷款。

3. 资本金与债务资金的比例

项目资本金与债务资金的比例是项目资金结构中最重要的比例关系。项目投资者希望投入较少的资本金，获得较多的债务资金，尽可能降低债权人对股东的追索。而提供债务资金的债权人则希望项目能够有较高的资本金比例，以降低债权的风险。当资本金比例降低到银行不能接受的水平时，银行将会拒绝贷款。资本金与债务资金的合理比例需要由各个参与方的利益平衡来决定。

设项目全部投资为 K，资本金为 K_0，债务资金为 K_L，全部投资利润率为 R，贷款利息率为 R_L，资本金利润率为 R_0，则有：

$$K = K_0 + K_L \tag{6-1}$$

$$R_0 = \frac{(K \cdot R - K_L \cdot R_L)}{K_0} = R + \frac{K_L(R - R_L)}{K_0} \tag{6-2}$$

可见，当 $R>R_L$ 时，$R_0>R$；$R<R_L$ 时，$R_0<R$。而且资本金利润率与全投资利润率的差别被资金构成比 K_L/K_0 所放大，这种放大效应称为财务杠杆效应。

在项目的收益不变、项目投资财务内部收益率高于负债利率的条件下，由于财务杠杆的作用，资本金所占比例越低，资本金财务内部收益率就越高，同时企业的财务风险和债权人的风险也越大。资本金所占比例越高，企业的财务风险和债权人的风险越小，可能获得较低利率的债务资金。债务资金的利息是在所得税前列支的，可以起到合理减税的效果。因此，一般认为，在符合国家有关资本金制度规定、符合金融机构信贷法规及债权人有关资产负债比例的要求的前提下，既能满足权益投资者获得期望投资回报的要求、又能较好地防范财务风险的比例是较理想的资本金与债务资金的比例。

二、项目的资金筹措

工程项目资金筹措是指工程项目的主体根据其建设活动和资金结构的需要，通过一定的筹资渠道，采取适当的筹资方式，获取所需资金的各种活动的总称。经过资金结构分析后，决策者需要依据合适的资金结构编制资金筹措计划，并在规定时期内筹措到满足工程项目需要的资金。工程项目资金筹措可以按照所筹资金性质、资金使用期限的长短、是否通过金融代理机构以及出资者对资金的追索性质等角度作不同的分类。

1. 权益资金筹措和债务资金筹措

从总体上看，项目的资金来源可分为投入资金和借入资金，前者形成项目的资本金，后者形成项目的负债。因此，按照所筹措资金的性质，工程项目资金筹措分为权益资金筹措和债务资金筹措。

（1）权益资金筹措。

权益资金筹措是指资金占有者以所有者身份投入到工程项目中的方式进行筹资。权益资金对项目的法人而言属非负债资金，一般不用还本，又称之为项目的自有资金或投入资金。权益资金形成企业的"所有者权益"和项目的"资本金"。权益资金的出资形式，可以是现金、实物、无形资产。但无形资产的比重要符合国家有关规定。根据出资方的不同，权益资金分为国家出资、法人出资和个人出资。相对于负债资金而言，权益资金的财务风险小，但是付出的资金成本较高。权益资金可以通过吸收股东直接投资、发行股票等方式筹措。

（2）债务资金筹措。

债务资金筹措是指项目投资中以负债方式从金融机构、证券市场等资本市场取得资金的方式。债务资金到期要还本付息，因而称之为借入资金。一般来说，债务资金的财务风险高于权益资金，但付出的资金成本较低。债务资金可以通过银行借款、发行债券、商业信用、融资租赁和借入外资等方式筹措。

2. 长期资金筹措和短期资金筹措

按照所筹措资金的使用年限，可以分为长期资金筹措和短期资金筹措。

（1）长期资金。

长期资金是指工程项目的主体购置或者建设固定资产、无形资产或者进行长期投资而筹措的并且使用期限在一年以上的资金。长期资金可以通过吸收直接投资、发行股票、发行长期债券、长期借款、融资租赁等方式筹得。

（2）短期资金。

短期资金是指工程项目主体因季节性或临时性资金需求而筹措并且使用期限在一年以内的资金。短期资金可以通过短期借款、商业信用、商业票据等方式筹得。

3. 直接筹资和间接筹资

按是否通过金融机构进行筹资，项目资金筹措可以分为直接筹资和间接筹资。

（1）直接筹资。

直接筹资是指不经过银行等金融机构，直接从资金占有者手中筹措资金。发行股票、债券、票据等都属于直接融资方式。

（2）间接融资。

间接融资是指借助于银行等金融机构进行的融资，如银行借款、融资租赁、保险、信托等融资方式。

4. 企业融资和项目融资

按照资金所有者对资金的追索权的不同，可以分为企业融资和项目融资。

（1）企业融资。

企业融资也叫公司融资，指依赖于一家现有企业的资产负债表及总体信用状况（通常企业涉及多种业务及资产），为企业（包括项目）筹措资金。以企业融资方式为项目筹措资金属于追索权融资，即当该项目的净运营收益不能满足合同规定的报偿或偿还贷款资金时，可追索企业其他项目、业务收益及资产来偿还。

（2）项目融资。

项目融资是通过某一项目的期望收益或者现金流量、资产和合同权益而进行的融资，债权人的追索权仅限于该项目本身，而不能追索债务人其他项目的资产及业务收益，属于无追索权或有限追索权融资。

三、项目的投资安排

项目的投资安排也可称资金使用计划，它作为项目实施计划的一项重要内容，必须与项目的投资构成、项目结构和时间进度等统筹考虑，协调一致，否则会影响项目的顺利进行。如果项目进度超前，资金使用计划滞后，必然会引起项目过程中断；反之，若资金使用计划不适当地超前过多，项目进度跟不上，则由于投资占用时间长，利息支付加大。由此可见，资金使用必须合理地计划安排。

资金使用计划在整个建设工程管理中处于重要的地位，其作用主要表现在以下几个方面：

（1）资金使用计划可以合理地确定投资控制目标值，包括投资的总目标值、分目标值、各详细目标值，以便于进行项目投资实际支出值与目标值的比较，找出实际投资值和计划投资值偏差，使投资控制更具有针对性。同时，也可为资金的筹措与协调打下基础。

（2）资金使用计划可以对未来工程项目资金使用和进度控制进行预测，消除不必要的资金浪费和避免进度失控。

（3）资金使用计划可以避免在今后工程项目中由于缺乏依据而进行轻率判断所造成的损失，减少盲目性，让现有资金充分发挥作用。

（4）在建设工程项目的实施过程中，通过严格执行资金使用计划，可以有效地控制工程造价上升，最大限度地节约投资，提高投资效益。

工程项目筹资和投资是工程项目管理不可分割的两个部分。一方面只有当项目具有良好的筹资前景和合理的资金来源时，才能对投资项目进行有针对性的可行性研究。若筹措不到足够的资金，即使项目投资前景广阔，收益可观，也难以付诸行动。另一方面，只有对投资项目进行深入的市场、技术和经济分析之后，才能估计项目的开发前景，从而吸引资金投入，并对投资项目的资金需求量做出符合实际的估算。

第二节　工程项目资金筹措计划

当投资项目出现负的现金流量时，必须有相应数量的资金在该时间注入。为了获得该相应数量的资金，必须进行工程项目的资金筹措。项目资金筹措是以一定的渠道为某种特定活动筹措所需资金的各种活动的总称，需按照一定的资金筹措计划进行。

一、资金筹措计划的原则

工程项目的资金筹措计划是指为满足工程项目建设需要，规定一定时期内资金筹措工作应达到的目标和应采取的手段的一种财务计划，它是根据资金筹措预测决策的结果编制的。执行合理的资金筹措计划，可以给工程项目及时地注入资金，保证建设工程顺利进行开展。资金筹措计划应遵循如下原则。

1. 资金的筹措量与需求量相吻合

项目所筹资金必须充分满足建设和生产经营的需要，但也不应过多。在核定资金需求量时，要注意投资规模和产品的销售趋势，防止因盲目生产造成资金积压。债务性筹资必须以一定的自有资金为基础。此外，金融市场发达，债务性筹资要多些，自有资金可少些；反之，债务性筹资要少，自有资金要多些。生产周期长的，只能在较长时间后还本付息，债务包袱时间长，因此，债务性筹资要少些；反之，生产周期短的在较短时间内可还本付息，债务持续较短，因而债务筹资可能性多些。产品结构单一的项目，筹资选择余地小，债务性筹资要少一些；反之，产品结构多样化，债务性筹资可多一些。销售收入利润率大的项目，利润在销售收入中比例大，企业可在应缴未缴的时间间隔内占用较多的税收，因而债务性筹资可少些；反之，债务性筹资要多些。除了掌握资金的总量外，还要掌握每年的资金投入量和每月的资金投入量，以便合理安排资金，减少资金占用，加速资金周转。

2. 资金的筹措与投入相结合

项目筹资必须先确定投向，即先确定资金的需求量及投资效果，然后才能选择筹资的方式和渠道。例如，要把资金用于流动资产，就不宜采用发行长期债券的方式筹措；若企业要进行长期投资，就不能选择短期银行借款来筹资。

3. 筹资结构与资产结构相匹配

筹资结构是不同来源的资金的比例以及负债期限长短的构成。资产结构是指项目固定资产和流动资产之间的比例，当项目固定资产和流动资产之比较大，进行运营的一部分固定资产较少，在运营中另一部分固定资产吸收流动资金较多，就不应该过多地进行债务性筹资。反之，固定资产和流动资产之比较小时，可以多进行债务性筹资。对于那些拥有较长寿命的固定资产的项目，若生产经营状况比较稳定时，可以提高项目长期债务的比重。但对零售企业，由于它的资产主要由流动资产构成，则应提高短期债务的比例。如果当前的利率相当高，未来的利率会下降，则可以增加短期债务的比重；反之，则可以增加长期债务的比例。

二、工程项目资金筹措的主体

分析、研究项目的资金筹措计划，提出项目的资金筹措方案，首先应确定项目资金筹措的主体。项目资金的筹措主体也称项目的融资主体，是指进行融资活动并承担融资责任和风险的经济实体。项目资金的筹措主体是项目资金融资活动的项目法人。确定项目的融资主体应考虑项目投资的规模和行业特点、项目与既有法人资产、经营活动的联系、既有法人的财务状况、项目自身的盈利能力等因素。按照是否依托于项目组建新的经济实体划分，项目的资金筹措主体分为新设项目法人和既有项目法人两类。

1. 新设项目法人

新设项目法人是指项目发起人和其他投资人为了项目投资建设而新组建的项目法人。依托新组建项目法人进行的资金筹措活动，称为新设项目法人融资，亦称项目融资，其资金筹措的责任和风险由新组建的项目法人承担。在这种融资模式下，建设项目所需的资金来源于新设项目法人筹措的资本金和债务资金，且债务资金依靠项目自身的盈利能力来偿还，并以项目投资形成的资产、未来收益或权益作为融资的担保。该融资主体的适用条件有：

（1）项目发起人希望拟建项目的生产经营活动相对独立，且拟建项目与既有法人的经营活动联系不密切。

（2）拟建项目的投资规模较大，既有法人财务状况较差，不具有为项目进行融资和承担全部融资责任的经济实力，需要新设法人募集股本金。

（3）项目自身具有较强的盈利能力，依靠项目自身未来的现金流量可以按期偿还债务。

2. 既有项目法人

既有项目法人是指为了项目投资建设而由现有企业法人担任的项目法人。依托既有项目法人进行的融资活动，称为既有项目法人融资，亦称公司融资，其资金筹措的责任和风险由既有项目法人承担。在这种融资模式下，建设项目所需的资金来源于既有法人内部融资、新增资本金和新增债务资金，且新增债务资金依靠既有法人整体的盈利能力来偿还，并以既有法人整体的资产和信用承担债务担保。该融资主体的适用条件有：

（1）既有项目法人为扩大生产能力而兴建的扩建项目或原有生产线的技术改造项目。

（2）既有项目法人为新增生产经营所需水、电、汽等动力供应及环境保护设施而兴建的项目。

（3）项目与既有法人的资产以及经营活动联系密切。

（4）现有法人具有为项目进行融资和承担全部融资责任的经济实力。

（5）项目盈利能力较差，但项目对整个企业的持续发展具有重要作用，需要利用既有法人的整体资信获得债务资金。

以新设项目法人和既有项目法人作为资金筹措主体存在很大的区别，其具体表现在项目融资和公司融资存在的差异，如表 6-2 所示。

表 6-2　　　　　　　　　　　　　　　　项目融资和公司融资比较

	项目融资	公司融资
融资基础	项目的资产和现金流量（放货者最关注的是项目效益）	投资人、发起人的资信
追索程度	有限追索权（特定阶段或范围内）或无追索权	完全追索权（用抵押资产以外的其他资产偿还债务）
风险分担	所有参与者	投资放贷担保者
股权比例	投资者出资比例较低、杠杆比率低	投资者出资比例较高
会计处理	资产负债表外融资（债务不出现在发起人的资产负债表上，仅出现在项目公司的资产负债表上）	项目债务是投资者债务的一部分，出现在其资产负债表
融资成本	资金的筹措费用和使用费用一般均高于公司融资方式	融资成本一般低于项目融资方式

三、项目资金筹措的渠道与方式

从总体上看，项目的资金来源可分为投入资金和借入资金，前者形成项目的资本金，后者形成项目的负债。因此，对于工程投资项目来说，其资金筹措主要分为项目资本金筹措和债务资金筹措。从项目资金筹措角度来看，投入资金可以看作是项目资本金渠道，借入资金可以看作是债务资金渠道。所谓资金渠道，是指筹措资金的方向与通道，也可称为项目资金筹措的来源。项目法人应根据资金的可得性、供应的充足性、融资成本的高低，选择相应的资金筹措渠道。

1. 项目资本金筹措的渠道与方式

项目资本金是指由项目的发起人、股权投资人（或称投资者）以获得项目财产权和控制权的方式投入的资金。这部分资金对项目的法人而言属非负债性资金，不承担任何利息和债务，是获得债务资金的基础。项目资本金的出资形式，可以是现金、实物、无形资产，但工业产权、非专利技术、土地使用权等无形资产应作价出资，必须经过有资格的资产评估机构按照法律、法规、评估作价，不得高估或低估。项目资本金的筹措渠道与方式主要有：

（1）股东直接投资。

股东直接投资包括政府授权投资机构入股资金、国内外企业入股资金、社会团体和个人入股的资金以及基金投资公司入股的资金，分别构成国家资本金、法人资本金、个人资本金和外商资本金。对于既有法人融资项目，股东直接投资表现为扩充既有企业的资本金，包括原有股东增资扩股和吸收新股东投资。对于新设法人融资项目，股东直接投资表现为项目投资者为项目提供资本金。

（2）股本资金。

无论是既有法人融资项目还是新设法人融资项目，凡符合规定条件的，均可以通过发行股票在资本市场筹措股本资金。股票融资可以采取公募与私募两种形式。公募又称公开发行，是在证券市场上向不特定的社会公众公开发行股票。为了保障广大投资者的利益，国家对公开发行股票有严格的要求。发行股票的企业要有较高的信用，符合证券监管部门规定的各项发行条件，并获得证券监管部门批准后方可发行。私募又称不公开发行或内部发行，是指将股票直接出售给少数特定的投资者。

（3）政府投资。

政府投资资金包括各级政府的财政预算内资金、国家批准的各种专项建设资金、统借国外贷款、土地批租收入、地方政府按规定收取的各种费用及其他预算外资金等。政府投资主要用于国家安全和市场不能有效配置资源的经济和社会领域，包括加强公益性和公共性基础设施建设，保护和改善生态环境，促进欠发达地区的经济和社会发展，推进科技进步和高新技术产业化。

2. 债务资金筹措的渠道与方式

债务资金是项目投资中除资本金外，以负债方式从金融机构、证券市场等资本市场借入的资金。它是项目资金筹措的重要方式，一般包括银行贷款、发行债券、融资租赁和借入国外资金。

（1）银行贷款资金。

项目银行贷款是银行利用信贷资金所发放的投资性贷款。随着投资管理体制、财政体制和金融体制改革的推进，银行信贷资金有了较快发展，成为工程项目投资资金的重要组成部分。银行贷款主要包括以下两种：

1）商业银行贷款。商业银行贷款是我国建设项目获得短期、中长期贷款的重要渠道。国内商业银行贷款手续简单、成本较低，适用于有偿债能力的建设项目；

2）政策性银行贷款。政策性银行贷款一般期限较长、利率较低，是为配合国家产业政策等的实施而对有关的政策性项目提供的贷款。我国政策性银行有国家开发银行、中国进出口银行和中国农业发展银行等。

（2）发行企业债券。

债券是借款单位为筹措资金而发行的一种信用凭证，它证明持券人有权按期取得固定利息并到期收回本金。企业债券是企业以自身的财务状况和信用条件为基础，按照《中华人民共和国证券法》《中华人民共和国公司法》等法律法规规定的条件和程序发行的、约定在一定期限内还本付息的债券。企业债券代表着发债企业和债券投资者之间的一种债权债务关系。债券投资者是企业的债权人，不是所有人，无权参与或干涉企业经营管理，但有权按期收回本息。

（3）融资租赁。

融资租赁是资金拥有者在一定期限内将资产（如设备）租给承租人使用，由承租人分期付给一定的租赁费的融资方式。出赁人和承租人之间订立契约，由出租人应承租人的要求，购买其所需的资产，在一定时期内供其使用，并按期收取租金。租赁期间设备的产权属出租人，用户只有使用权，且不得中途解约。期满后，承租人可以从以下的处理方法中选择：①将所租资产退还出租人；②延长租期；③作价购进所在地租资产；④要求出租人更新资产，另订租约。融资租赁是一种以租赁物品的所有权和使用权相分离为特征的信贷方式。这种融贷方式实际上是通过租赁资产融通到所需资金，从而形成债务资金。

（4）借用国外资金。

借用国外资金是中国利用外资的重要组成部分，也是促进中国经济发展的重要手段。中国借用的国外贷款主要有外国政府贷款、国际金融组织贷款、国际商业贷款、国际债券和出口信贷等。

1）外国政府贷款。外国政府贷款是一国政府向另一国政府提供的具有一定的援助或部分赠予性质的低息优惠贷款；

2）国际金融组织贷款。国际金融组织贷款是国际金融组织按照章程向其成员国提供的各种贷款。国际金融组织一般都有自己的贷款政策，只有这些组织认为应当支持的项目才能得到贷款。目前与我国关系最为密切的国际金融组织是国际货币基金组织、世界银行和亚洲开发银行；

3）国外商业银行贷款。国外商业银行贷款是指借款人在国际金融市场上向外国商业银行贷款的一种资金筹措方式。目前，外资银行都加快了进入中国的步伐，它们将利用其熟悉的国际金融业务、较丰富的现代管理经验、资产质量较高、较强的操纵金融和控制风险能力等优势，与我国的金融机构在市场和人才方面展开激烈的竞争。工程项目投资贷款主要是向国外银行筹措中长期资金。一般通过中国银行、国际信托投资公司和中国投资银行办理。

4）国际债券。国际债券是一国政府、金融机构、工商企业或国际组织为筹措和融通资金，在国际金融市场上发行的、以外国货币为面值的债券。国际债券的重要特征是债券发行者和债券投资者属于不同的国家，筹措的资金来源于国际金融市场；

5）出口信贷。出口信贷是设备出口国政府为促进本国设备出口，鼓励本国银行向本国出口商或外国进口商（或进口方银行）提供的贷款。贷给本国出口商的称"卖方信贷"，贷给外国进口商（或进口方银行）的称"买方信贷"。

四、资金成本分析

1. 资金成本的概念

资金成本是在商品经济社会中由于资金所有权与资金使用权相分离而产生的。它是投资项目在筹措资金时所支付的一定代价，这些代价主要包括筹资费和资金的使用费。筹资费是指在筹措资金过程中发生的各种费用，如委托金融机构代理发行股票、债券而支付的注册费和代理费等，向银行借款而支付的手续费等。使用费是指因使用资金而向资金提供者支付的报酬。资金成本一般属于一次性费用，筹措次数越多，筹措成本也越高。

资金成本可用绝对数表示，也可用相对数表示。由于不同情况下筹措资金的总额不同，为了方便比较分析，资金成本通常用资金成本率表示，即

$$K = \frac{D}{P - F} \text{ 或 } K = \frac{D}{P(1 - f)} \tag{6-3}$$

式中，K 为资金成本率；D 为资金使用费，元；P 为筹措资金总额，元；F 为筹资费，元；f 为筹资费率。

对各种不同的资金筹措方式，其资金成本都有相应的计算方法。一般情况下，资金成本率和资金成本都统称为资金成本。

2. 资金成本的作用

资金成本是投资者选择资金来源、拟订筹资方案的重要依据。不同资金来源有着不同的资金成本，为了以较少的支出取得建设项目所需资金，就必须对不同资金来源的资金成本进行分析计算，加以合理配置，以取得最佳经济效果。资金成本对工程项目资金筹措的影响主要有以下几个方面。

（1）资金成本是影响企业筹资总额的重要因素。

随着资金数额的增加，资金成本会有所变化，当项目筹资数额很大，资金的边际成本超过了企业的承受能力时，企业一般会停止增加筹资。

（2）资金成本是项目投资者选择资金来源和筹资方式的基本依据。

项目资金可以从各方面筹得，投资者选择应从什么来源渠道筹措资金时，首先考虑的就是资金成本的高低，并且通常会尽量选择资金成本较低的来源渠道。

（3）资金成本是确定项目最优资本结构的主要参数。

不同的资本结构会给投资者带来不同的筹资风险和资金成本，投资者在确定最优资本结构时，必须充分考虑资金成本和风险因素，使投资者利益达到最大化。

3. 资金成本的计算

资金成本是比较筹资方式、选择筹资方案的依据，在资金筹措计划中具有重要意义。资金成本有个别资金成本、综合资金成本、边际资金成本等形式，它们在不同情况下有各自的作用，计算方式也相应地不同。

（1）个别资金成本计算。

个别资金成本是指按各种资金的具体筹资方式计算确定的成本，如债券筹资成本、股票筹资成本等。项目筹措资金有多种方式可供选择，不同的筹资方式其筹资费用和使用费用各不相同。通过计算和比较个别资金成本，就能按其成本高低进行排列，并从中选出成本较低的筹资方式。项目资金筹措主要分为项目资本金筹措和债务资金筹措两大类。因此，个别资金成本也可分为项目资本金成本和债务资金成本。

1）债务资金成本。

债务资金成本是以负债方式从金融机构、证券市场等资本市场借入资金的成本，如长期借款的资金成本、长期债券的资金成本等。债务资金的资金成本用年利率表示，债务筹资时筹资费用往往较小，因而可以忽略不计，所以如果是银行贷款，税前资金成本即为贷款的年实际利率。债务资金的税后资金成本为：

$$K_d = i(1 - t) \tag{6-4}$$

式中，K_d 为借贷资金税后成本；i 为借贷资金税前成本；t 为所得税税率。

2）资本金成本。

资本金成本是指项目所有者投入资金的成本，对于股份制企业而言，即为股东的股本资金的成本。股本资金分优先股和普通股。

①优先股的资金成本。优先股资金成本包括股利和筹资费，优先股股利一般按固定比率支付，类似于债券，与债券不同的是，其股利是税后支付的。因此，优先股资金成本计算公式为：

$$K = \frac{D}{Q(1 - f)} \tag{6-5}$$

式中，K 为优先股资金成本；D 为优先股股息总额；Q 为优先股股本；f 为筹资费率。

②普通股资金成本。普通股的资金成本包括筹资费用和使用费用两部分，由于普通股的使用费用即股利的支付与企业的经营状态、利润的增减及企业的股利政策等有关，因此情况较为复杂，从而决定普通股资金成本的计算也相对复杂。从理论上说，股东的期望投资报酬率即为企业的普通股成本，在计算其成本时便常常以此作为计算依据。而主要采用股利折现法和风险收益调整法。

股利折现法：它是一种将未来的期望股利收益折为现值，以确定其成本的方法。

a. 普通股股利每年均按固定数额支付时，其资金成本计算公式同式（6-3）。

b. 股利具有逐年上升趋势，每年递增固定为 G，则普通股资金成本为：

$$K = \frac{D}{Q(1 - f)} + G \tag{6-6}$$

　　风险收益调整法：它是从投资者的风险与收益对等观念出发，来确定股票成本的方法，其基本思想是：投资总收益＝无风险收益＋风险收益贴水率。

　　其具体操作包括两种做法：

　　一是股票-债券收益调整法。这种方法使用两个变量：税前债券成本 K_B 和企业历史上股票与债券成本的差异 $K'_E - K'_B$。计算公式为：

$$K = K_B + (K'_E - K'_B) \tag{6-7}$$

　　此法优点在于简单实用。

　　二是资本-资产定价模型法，其常见的公式为：

$$K = R_f + \beta(R_m - R_f) \tag{6-8}$$

式中，K 为股票成本；R_f 为无风险证券投资收益率，一般用国库券利率表示；R_m 为资金市场平均投资收益率；β 为公司股票投资风险系数。

　　③留存收益资金成本。企业将盈利用于股利分配时，总会留存部分收益用于再投资。留存收益与其说是利润分配，不如说是企业筹资。留存收益不像其他筹资方式需花费筹资费用，但它仍然存在资金成本。投资者之所以同意将这部分收益再投资于企业，是期望从中获得更高的收益，这一收益期望即构成留存收益的机会收益，构成留存收益的资金成本。一般情况下，留存收益资金成本的计算与普通股成本计算方法基本相同，区别仅在于普通股有筹资费用，而留存收益没有筹资费用。

　　（2）综合资金成本的计算。

　　综合资金成本是指项目全部资金来源的总体成本，它是个别资金成本的加权平均计算结果。项目全部资金通常是采用多种筹资方式组合而成的，这种筹资组合又有多个方案可供选择。综合资金成本的高低将是比较各筹资组合方案、进行资金结构决策的重要依据之一。

　　为一项投资活动筹措资金，往往不止一种资金来源，所有各种来源资金的资金成本的加权平均值即为全部资金的综合成本，计算公式为：

$$K = \sum_{i=1}^{n} W_i K_i \tag{6-9}$$

式中，K 为综合资金成本；W_i 为某项来源的资金金额占全部资金金额的比重；K_i 为某项资金来源的资金成本。

　　可见，当个别资金成本一定时，综合资金成本的高低取决于资金的来源构成，这就是综合资金成本可作为筹资决策的重要依据的原因。

　　（3）边际资金成本的计算。

　　边际资金成本是指每增加一个单位的资金所需增加成本。它是综合资金成本在特殊情况下的一种特殊形式。通过计算边际资金成本，能对追加筹资量就单一筹资或组合筹资方式的资金成本进行比较，从而确定追加筹资方案。

　　无论是个别资金成本或是综合资金成本，都不是一成不变的。当某种方式的筹资超过一定数额时，个别资金成本将会增加，即使筹资结构不变，综合资金成本也发生变动。因此，在进行追加筹资时，必须通过边际资金成本的计算，了解资金成本的变动随筹资额变动的相互关系。

4. 影响资金成本的因素

要寻求降低资金成本的途径，必须先了解影响资金成本的因素。影响资金成本最主要的因素有：

（1）筹资期限。

筹资期限的长短在一定程度上决定资金成本的高低。一般而言，筹资期限越长，资金成本越高，反之则资金成本越低。原因在于筹资期限越长，未来的不确定因素越多，相应的风险便越大，投资者所要求的投资报酬便越高，从而其资金成本也越高。

（2）市场利率。

市场利率是资金"商品"的价格，它随资金市场的供求波动而变动。当供不应求时，市场利率会相应提高。反之，市场利率会相应有所降低。而市场利率通常是各种筹资方式的基准利率。所以，以各种筹资方式的资金成本也就必然受市场利率波动的影响。

（3）企业的信用等级。

一般认为，信用等级越高越为投资者所信赖，投资者所要求的风险报酬越小，则筹资资金成本相对较低；反之筹资成本相应增大。

（4）抵押担保。

抵押担保是对债权人投资的安全保证。如果企业能够为债权资金提供足够的抵押担保，则债权人投资的安全程度越高，其要求的报酬率便相应较低，从而降低资金成本；反之，必加大资金成本。

（5）筹资工作效率。

筹资效率越高，筹资费用越低，从而降低资金成本；反之，会增大资金成本。

（6）通货膨胀率。

一般情况下，通货膨胀率越高，资金成本也相应提高；反之则资金成本较低。

（7）政策因素。

市场经济离不开政府的宏观调控，国家的货币政策、金融政策、产业政策等随时发挥着宏观调控的职能，而它们都对投资的资金成本产生影响。比如，当国家实施紧缩银根政策时，资金供给相对较少，资金成本必然相应提高。

（8）资金结构。

如前所叙，个别筹资方式的筹资额大小影响着个别资金成本，进而影响着综合资金成本。

5. 降低资金成本的途径

在上述影响资金成本的因素中，既有主观因素，如筹资期限、筹资效率等；又有客观因素，如市场环境、政策等。为了降低资金成本，项目决策者应利用有利的客观环境、避开不利环境。具体来说，应从以下几方面入手：

（1）合理安排筹资期限。长期资金的筹措主要用于长期投资，筹资期限要服从于投资年限、服从于资金预算。但由于投资是分阶段、分时期进行的，因此，在筹资时，可以按照投资的进度来合理安排筹资期限，这样既能减少资金的不必要的闲置，而且还能降低资金成本。

（2）合理的利率预测。资金市场利率多变，合理预测利率对项目筹资意义重大。

（3）提高企业信誉，积极参与信用等级评估。

（4）提高筹资效率。正确制订筹资计划，充分掌握各种筹资方式的基本程序，理顺筹资工作中的关系，节约时间与费用。

（5）积极利用负债经营。相对而言，负债的个别资金成本要低于权益资金的个别资金成本，因此，在项目投资收益大于债务成本时，应该积极利用负债经营，取得财务杠杆效应，降低资金成本。

第三节　工程项目资金使用计划

所谓资金使用计划，就是在设计概算的基础上，根据合同中承包人的投标报价和投标书中的进度计划，综合考虑由发包人提供或者根据物资采购合同中有关物资供应、材料供应以及土地征用等方面的费用，考虑一定的不可预见影响，在项目分解的基础上，按时间顺序编制子项目的资金使用计划。为了做好工程项目的投资控制工作，使资金筹措、资金使用等工作有计划、有组织地协调运作，项目经理应于施工前做好资金使用计划。

一、资金使用计划的编制依据与原则

编制合理的资金使用计划有助于更具针对性投资控制，可以保证投资目标的实现。因此，编制资金使用计划时，应该有科学的依据和原则。

1. 资金使用计划编制的依据

（1）批准的初步设计概算书。如有变化，应有批准的最终概算书，包括总概算表、专业汇总概算表、单位工程概算表、其他费用概算表，一一对应的完整的概算书。

（2）建设工程项目里程碑计划。

（3）单位工程最早、最迟开、竣工时间的综合网络计划。

（4）资金筹措到位初步计划（还要根据资金使用计划来调整资金筹措计划）。

（5）设计、施工、采购等合同。

2. 资金使用计划编制的原则

（1）资金使用计划要落实到各工程分项。

（2）要满足设计、施工、采购等合同的付款要求。

（3）要保证施工综合网络计划对资金的需求，在保证关键路线能够顺利实现的前提下对非关键路线上的工序项目尽量推迟投资，以减少资金占用和建设期贷款利息支出，最大限度地利用现有资金。

（4）资金使用计划要与资金筹措计划相衔接，但以不影响关键路线进度为前提，应该说资金筹措要保证既定综合进度对资金的需求，一旦出现脱节，要做分析，采取措施，调整局部计划。

（5）要合理确定各阶段的费用比例，合同中已明确的按合同计划。

二、资金使用计划的编制方法

编制资金使用计划过程中最重要的步骤就是项目投资目标的分解。根据投资控制目标和要求的不同，投资目标的分解可以分为按投资构成分解、按项目分解、按时间进度分解三种类型。相应的资金使用计划分别有按投资构成分解的资金使用计划、按项目分解的资金使用计划、按时间进度分解的资金使用计划。这三种编制资金使用计划的方法并不是相互独立的，在实践中往往是结合使用。

1. 按投资构成分解的资金使用计划

项目总投资可以分解成建筑安装工程费用、设备工器具购置费以及其他费用等。建筑安装工程费用按成本构成可分解为人工费、材料费、施工机械使用费、措施费和间接费等。由于建筑工程和安装工程在性质上存在较大差异，费用的计算方法和标准也不尽相同，所以在实际操作中往往将建筑工程费用和安装工程费用分开计。在按项目成本构成分解时，可以根据以往的经验和建立的数据库来确定适当的比例，必要时也可以做一些适当的调整。按投资构成来分解的方法比较适合于有大量经验数据的工程项目，实际操作中使用没后两者高。

2. 按项目分解编制资金使用计划

按项目分解编制资金使用计划就是通过工程项目分解并对其具体的分配投资来编制资金使用计划，它必须对工程项目进行合理的分解，分解的粗细程度根据实际需要确定。由于不同阶段的投资分解结构的标准不同，所套用定额不同，费用分解结构没有完全按照项目分解结构划分，为了使项目投资控制的计划值与实际值能够在统一的结构上比较，需要将项目分解结构与费用分解结构通盘综合考虑，故要求资金使用计划中的项目划分与招标文件中的项目划分一致，在细部划分统一的基础上得出投资分解结构。

在完成工程项目投资目标分解之后，应分项列出由发包人直接支出的项目，编制工程分项的费用支出计划，构成详细的资金使用计划表，其内容一般包括工程分项编码、工程内容、计量单位、工程数量、计划综合单价、分项合价。在编制资金使用计划时，应该特别注意以下几点：

（1）选择项目分解的编码系统。

就一个建设项目来说，工作项目的数量巨大。为了便于计划的使用和调整，应编制计算机软件进行管理。为此，必须事先统一确定投资项目的编码系统，编码即指工程项目的号码，必须具有科学性。一般情况下，对工程项目的划分都具有层次性，但由于我国土建工程的工程量计算规则不统一，工程项目的分项编码没有统一格式，编码时，可针对具体工程，拟订合适的编码系统，按实际工程的大小采用三级编码系统或四级编码系统。单项工程或单位工程可参考招标文件或图纸上的编码，具体的分部工程可参照合同中的工程量价格表中的编码。

（2）明确项目分解与费用分解的关系。

通过对项目划分和项目投资估测，可以将项目总投资直接分解到各个单元、分部工程中，以作为这些单元或部分设计和计划的依据或限制。采用限额设计，决定功能、质量要求、寿命等，这样形成一个由上而下的控制过程。再结合工作分解结构，对工程项目进行单项工程或分部工程分解，逐级分解成若干个子项目，建立项目分解结构树。然后，根据工程量计量规则，以项目分解结构树为基础，分级确定子项目的工程量和资金用量，由下而上进行汇总，并与原计划投资进行对比，衡量每一步计划满意程度，以此决定对设计和计划的修改，形成由下而上的保证和反馈过程。它们的对应关系如图6-1所示。

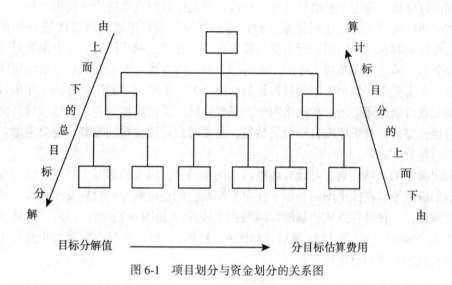

图 6-1 项目划分与资金划分的关系图

在项目结构中，资金的合理分配是达到项目总体的功能目标和工期目标的保证。

（3）估算工程分项的资金。

根据建设工程项目的组成，首先将总投资分解到各单项工程，再分解到单位工程，最后分解到分部分项工程。分部分项工程投资是分部分项工程的综合单价与工程量的乘积，其中综合单价主要包括直接费、间接费、利润和税金。按单价合同签订的招投标项目，可根据招标时提供的工程量清单所定的单价确定，工程量主要以招标时工程量清单量为主。其他形式的承包合同可利用招标编制标底或招标控制价时所计算的材料费、人工费、机械费及考虑分摊的间接费、利润和税金等确定综合单价，进一步核实工程量，准确估算该工程分项的投资。

此外，在编制资金使用计划时，要在项目总的方面考虑总的预备费，也要在主要的工程分项中安排适当的不可预见费。在具体编制资金使用计划时，可能发现个别单位工程或工程量表中某项内容的工程量计算出入较大，使根据招标时的工程量估算所做的投资预算失实，除对这些个别项目的预算支出做相应调整外，还应特别注明系"预计超出子项"，在项目的实施过程中尽可能地采取对应措施。

按照项目分解编制资金使用计划是资金使用计划编制的一种常用方式。按照项目分解项目总投资，有助于检查项目各阶段的投资构成是否完整，有无重复计算或缺项；同时还有助于检查各项具体的投资支出的对象是否明确落实，并且还可以从数字上校核分解的结果有无错误。

3. 按时间进度编制资金使用计划

工程项目的投资总是分阶段、分期支出的，资金使用是否合理与资金的时间安排有密切关系。通常情况下，项目的投资控制与进度控制两者相互联系、相互影响，按项目划分编制的资金使用计划，不能代替按进度的资金使用计划，后者将投资控制与进度控制结合在一起。因此，为了尽可能减少资金占用和利息支付，有必要将总投资目标按使用时间进行分解，确定工程项目的分目标值，编制按时间进度的资金使用计划。

按时间进度编制资金使用计划，通常可利用控制项目进度的网络图进一步扩充而得，且可以同时利用网络图进行进度与投资控制。在建立网络图时，一方面要对项目进行工序分解，确定完成某项工序所需的时间，另一方面也要确定完成这一活动所需的支出预算。在实践中，每个工序项目都是独立施工的一个单元，利用划分的工序项目本身的逻辑关系可制订网络图。在网络图中，只要完成了关键路线的各个工序项目，整个工程项目也就完成，对工序项目划分的数量，既要考虑进度安排的需要，也要考虑对工序项目的预算分配需要。

利用确定的网络计划，可计算各项活动的最早开工以及最迟开工时间，获得项目进度计划的横道图。在横道图的基础上便可编制按时间进度划分的投资支出预算。其表达方式有两种：一种是在总体控制时标网络图上表示（如图6-2所示）；另一种是利用时间-投资累计曲线（S形曲线）表示（如图6-3所示）。可视项目投资额大小及施工阶段时间的长短按月或旬分配投资。

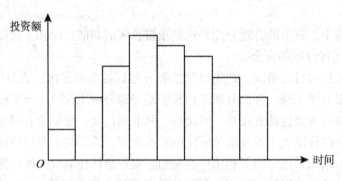

图 6-2 时标网络图上按月编制的资金使用计划

时间-投资累计曲线的绘制步骤如下：

（1）确定工程进度计划，编制进度计划的横道图。通过划分工序，项目可编制网络计划，利用制定的网络计划便可计算各项活动的最早开工及最迟开工时间，并进一步可绘制项目进度计划的横道图，如图6-4所示。

绘制横道图上资金使用曲线，应将活动列在表左侧，沿垂直方向从上到下，图表可以用月、旬或其他时间单位表示的时间坐标；对应于各项活动，在其水平方向上用线条表示该活动，水平直线的长度表示计划完成该活动的施工工期，直线的始端统一以最早或最迟开工时间为准，直线上部同时标明完成这项活动的支出预算。

（2）根据每单位时间内完成的实物工程量或投入的人力、物力和财力，即在横道

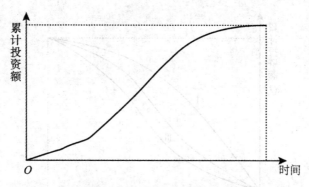

图 6-3　时间-投资累计曲线（S 形曲线）

子项目	投资额（万元）	进度计划（月）					
		1	2	3	4	5	6
子项目 1	500	200	150	150			
子项目 2	350		150	200			
子项目 3	750			150	450	150	
子项目 4	700				150	250	300
合计	2300	200	300	500	600	400	300
累积额		200	500	1000	1600	2000	2300
累积百分比		8.7%	21.7%	43.5%	69.6%	87.0%	100%

图 6-4　某项目进度计划的横道图

图同一时间单元内累计各项活动的投资使用计划，计算单位时间（月或旬）的投资，在时标网络图上按时间编制投资支出计划，如图 6-2 所示。

（3）计算规定时间 t 计划累计完成的投资额，其计算方法为：各单位时间计划完成的投资额累加求和，可按下式计算：

$$Q_t = \sum_{n=1}^{t} q_n \tag{6-10}$$

式中：Q_t 为某时间 t 计划累计完成投资额；q_n 为单位时间 n 的计划完成投资额；t 为某规定计划时间。

（4）在横道图和时标网络图的基础上，按各规定时间的 Q_t 值，便可编制按时间进度的资金使用计划，也可绘制预算支出的 S 形曲线，如图 6-5 所示。

每一条 S 形曲线都是对应某一特定工程进度计划。因为在进度计划的非关键路线中存在许多有时差的工序或工作，因而 S 形曲线（投资计划值曲线）必然在由全部活动

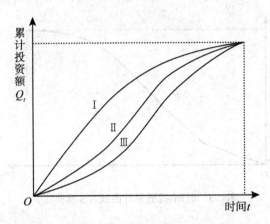

图 6-5　工程项目资金计划与工期的关系曲线

注：Ⅰ—按最早开始时间编制的网络计划的投资累计曲线；Ⅱ—按优化分析时间编制的网络计划的投资累计曲线；Ⅲ—按最迟开始时间编制的网络计划的投资累计曲线

都按最早开始时间开始和全部活动都按最迟必须开始时间开始的曲线所组成的"香蕉图"内，如图 6-5 所示的"香蕉"形曲线，"Ⅲ"是所有活动按最迟必须开始时间开始的曲线，"Ⅰ"是所有活动按最早开始时间开始的曲线。建设单位可根据编制的投资支出预算来合理安排资金，同时建设单位也可以根据筹措的建设资金来调整 S 形曲线，即通过调整非关键路线上的工序项目的最早或最迟开工时间，力争将实际的投资支出控制在预算的范围内。

一般而言，所有活动都按最迟开始时间开始，对节约项目建设资金贷款利息是有利的，但同时也降低了项目按期竣工的保证率。因此，项目经理必须合理地确定投资支出预算，达到既节约投资支出，又控制项目工期的目的。

三、资金使用计划的控制

编制合理的资金使用计划，作为投资控制的依据和目标是十分必要的。编制资金使用计划的目的是明确投资控制目标值，合理地确定投资控制目标值，也就是根据工程概算或预算确定计划投资的总目标值、分目标值、细目标值。如果没有明确的投资控制目标，便无法把项目的实际支出额与之进行比较，不能进行比较也就不能找出偏差，不知道偏差程度，就会使控制措施缺乏针对性。在确定投资控制目标时，应有科学的依据。如果投资目标值与人工单价、材料预算价格、设备价格及各项有关费用和各种取费标准不相适应，那么投资控制目标便没有实现的可能，则控制也是徒劳的。

工程项目资金使用计划控制的基本原理就是把计划支出额作为控制目标值，定期地进行投资实际支出值与目标值的比较，发现并找出实际支出额与计划支出额之间的偏差，然后分析产生偏差的原因，并采取有效的措施使投资控制更具有针对性，以保证控制目标的实现。其控制的基本原则是：

（1）动态控制。由于工程项目建设周期一般较长，在项目实施过程中受到的干扰因素多，如社会、经济、自然等方面的干扰，因而实际投资偏高于概（预）算投资的情况发生，这就需要不断地进行投资控制即动态控制。根据投资计划值与实际值比较的结果，分析其产生偏差的原因，采取针对性措施。

（2）主动控制与被动控制相结合。在工程项目投资控制过程中，每一控制周期所可能发生的目标偏差程度较大，目标偏离的后果亦较严重，因而仅仅采用被动控制难以保证系统目标的实现。从另一方面来看，工程项目投资控制仅仅采用主动控制又是不可能，因为无论采取什么预防措施，都不可能保证不发生干扰，也不能保证系统目标不偏离，因而在实际工程项目投资中总是主动控制与被动控制相结合。

（3）全过程控制。所谓全过程控制，要求从设计准备阶段开始就进行投资控制，并将投资控制工作贯穿于工程项目实施的全过程，直至项目结束。在明确全过程控制的前提下，还要特别强调早期控制的重要性，越早进行控制，投资控制的效果越好，节约投资的可能性越大。

（4）全方位控制。工程项目投资由地价、建安工程费、配套费、前期费等构成。全方位控制，就是对这些费用都要进行控制，既要分别进行控制，又要从项目整体出发进行综合控制。

此外，人们对客观事物的认识有个过程，并且在一定时间内所占有的经验和知识有限，因此，工程项目的投资控制目标应辩证地对待，既要维护投资控制目标严肃性，也要允许对脱离实际的既定投资控制目标进行必要的调整，调整并不意味着可以随意改变项目投资目标值，而必须按照有关的规定和程序进行。

第四节　资金计划风险

一、资金筹措计划风险分析

1. 筹资时间

筹资时间没有与用资时间相衔接，不能平衡资金的筹措量与需要量，带来影响生产经营或因筹资过剩而增加财务费用的风险。

2. 筹资渠道和方式

筹资渠道和方式的组合，超过项目风险承受能力和资金成本。各种筹资渠道和筹资方式的难易程度、资金成本和筹资风险不尽相同，要综合考察项目风险承受能力和资金成本，研究各种资金来源的构成，求得资金来源的最优组合，以降低筹资的综合成本和风险。

3. 资本结构

筹资结构不合理带来的风险过于集中在单一的融资渠道，各种不确定性因素给项目带来的损失可能性增大。在筹资过程中合理选择和优化筹资结构，做到长、短期资本、债务资本和自有资本的有机结合，有效地规避和降低筹资中各种不确定性因素给项目带来的风险。

4. 筹资合同履行风险

在筹资方案的实施过程中，筹资者与出资者没有按法定手续签定合同、协议，双方的责任和义务不明确，带来筹资合同履行风险增大。

在进行筹资成本、资本结构和投资效益可行性研究基础上，拟订好筹资方案。此后，必须按照筹资方案和合同、协议的规定执行，恰当支付出资人报酬，按期偿还借款，维护信誉。

二、资金使用计划风险分析

由于工程项目建设周期一般较长，在项目实施过程中受到的干扰因素多，如社会、经济、自然等方面的干扰，资金使用计划在实施过程中必然会出现偏离现象，即资金使用计划风险，具体表现为：

（1）投资需求速率大于计划速率。在这种情况下，施工进度超前，可能使项目施工后期出现窝工，同时加大了业主资金投入的压力。

（2）投资需求速率小于计划速率。可能导致施工工期延误，不能保证项目的按期完工或者后期施工强度过大等。

（3）工程项目完成的实际价值小于投资规定完成的工程量，资金出现浪费。

假设工程项目施工时段为 t_1，$t_2 \cdots t_n$。施工进行到时段 $t_i(i=1,2 \cdots n)$ 时，实际完成的投资为 $cr(t_1)$，$cr(t_2) \cdots cr(t_n)$，对应的实际工程量折算价值为 $Dr(t_1)$，$Dr(t_2) \cdots Dr(t_n)$，而投资规划的计划量为 $cp(t_1)$，$cp(t_2) \cdots cp(t_n)$。

1. 投资实现风险

（1）投资实现的累积值 $Tcr(t_i)$ 为：

$$Tcr(t_i) = \sum_{k=1}^{i} cr(t_k) \tag{6-11}$$

（2）实际完成工程价值累积值 $TDr(t_i)$ 为：

$$TDr(t_i) = \sum_{k=1}^{i} Dr(t_k) \tag{6-12}$$

（3）计划完成投资的累积值 $Tcp(t_i)$ 为

$$Tcp(t_i) = \sum_{k=1}^{i} cp(t_k) \tag{6-13}$$

（4）投资实现率 $f_c(t_i)$ 为：

$$f_c(t_i) = Tcr(t_i)/Tcp(t_i) \tag{6-14}$$

（5）工程价值实现率 $f_{pc}(t_i)$ 为：

$$f_{pc}(t_i) = TDr(t_i)/Tcr(t_i) \tag{6-15}$$

（6）投资浪费率 $f_{wc}(t_i)$ 为：

$$f_{wc}(t_i) = 1 - TDr(t_i)/Tcr(t_i) \tag{6-16}$$

2. 投资计划偏离风险

（1）投资计划偏离的累积值 $R_c(t_i)$ 为：

$$R_c(t_i) = \sum_{k=1}^{i} |cr(t_k) - cp(t_k)| \tag{6-17}$$

（2）投资浪费的累积值 $R\omega(t_i)$ 为：

$$R\omega(t_i) = \sum_{k=1}^{i} |cr(t_k) - Dr(t_k)| \tag{6-18}$$

（3）工程进度实现偏差的累积值 $RD(t_i)$ 为：

$$RD(t_i) = \sum_{k=1}^{i} |Dr(t_k) - cp(t_k)| \tag{6-19}$$

（4）投资计划偏差风险率 $R_i(t_i)$ 为：

$$R_i(t_i) = Rc(t_i)/Tcp(t_i) \tag{6-20}$$

（5）投资浪费风险率 $r\omega(t_i)$ 为：

$$r\omega(t_i) = R\omega(t_i)/Tcr(t_i) \tag{6-21}$$

（6）工程进度实现偏差风险率 $rD(t_i)$ 为：

$$rD(t_i) = RD(t_i)/Tcr(t_i) \tag{6-22}$$

（7）投资计划偏差的单位风险率 $f_{rc}(t_i)$ 为：

$$f_{rc}(t_i) = (rc(t_i) - rc(t_{i-1}))/(t_i - t_{i-1}) \tag{6-23}$$

（8）投资浪费的单位风险率 $f_{r\omega}(t_i)$ 为：

$$f_{r\omega}(t_i) = (r\omega(t_i) - r\omega(t_{i-1}))/(t_i - t_{i-1}) \tag{6-24}$$

（9）工程进度实现偏差单位风险率 $f_{rd}(t_i)$ 为：

$$f_{rd}(t_i) = (rD(t_i) - rD(t_{i-1}))/(t_i - t_{i-1}) \tag{6-25}$$

三、资金计划风险防范

1. 树立风险意识

在项目建设过程中，内外部环境的变化导致实际结果与预期效果相偏离的情况是难以避免的。如果在风险临头时，毫无准备，一筹莫展，必然会招致失败。因此，必须树立风险意识，正确认识风险，科学估测风险，预防发生风险，有效应对风险。

2. 建立有效的风险防范机制

立足市场，建立一套完善的风险预防机制和财务信息网络，及时地对财务风险进行预测和防范，制订适合项目实际情况的风险规避方案，通过合理的筹资结构来分散风险。如通过控制经营风险来减少筹资风险，充分利用财务杠杆原理来控制投资风险，避免由于决策失误而造成的财务危机，把风险降低到最低限度。

3. 确定适度的负债数额，保持合理的负债比率

负债经营能获得财务杠杆利益，同时还要承担由负债带来的筹资风险损失。为了在获取财务杠杆利益的同时避免筹资风险，一定要做到适度负债经营。负债经营是否适度，是指项目的资金结构是否合理，即负债比率是否与项目的具体情况相适应，以实现风险与报酬的最优组合。在实际工作中，如何选择最优化的资金结构是复杂和困难的，对一些生产经营好、产品适销对路、资金周转快的项目，负债比率可以适当高些。对于经营不理想、产销不畅、资金周转缓慢的项目，其负债比率应适当低些，否则就会使企业在原商业风险的基础上，又增加了筹资风险。根据国家有关部门统计，目前我国项目资产负债普遍过高，一般在 70% 左右，有的甚至达到 80%，为了增强抵御外界环境变化的能力，我国项目必须着力于补充自有流动资本，降低资产负债率。

4. 根据项目实际情况，制订负债财务计划

根据资产数额，按照需要与可能安排适量的负债。同时，应根据负债的情况制订出还款计划。如果举债不当，经营不善，债务无法偿还时，就会影响信誉。因此，利用负债经营加速发展，就必须从加强管理、加速资金周转上下工夫，努力降低资金占用额，尽力缩短生产周期，提高产销率，降低应收账款，增强对风险的防范意识，在充分考虑影响负债各项因素的基础上，谨慎负债。在制订负债计划的同时须制订出还款计划，使其具有一定的还款保证，速动比率不低于 1∶1，流动比率保持在 2∶1 左右的安全区域。只有这样，才能最大限度地降低风险，提高盈利水平。同时还要注意，在借入资金中，长短期资金应根据需要合理安排，使其结构趋于合理，并要防止还款期过分集中。

5. 根据利率走势，把握其发展趋势，并以此筹资安排资金供求

在利率处于高水平时期，尽量少筹资或只筹急需的短期资金；在利率处于由高向低过渡时期，也应尽量少筹资，不得不筹的资金应采用浮动利率的计息方式；在利率处于低水平时，筹资较为有利；在利率处于由低向高过渡时期，应积极筹措长期资金，并尽量采用固定利率的计息方式。

对于筹措资带来的风险，应从预测汇率变动的趋势入手，制订外汇风险管理战略，通过其内在规律找出汇率变动的趋势，采取有效的措施防范筹资风险。并且在预测汇率变动的同时，还应在筹资战略上和具体筹资的过程中做出防范风险的安排。例如注意债务币种和期限的分散以及对债务货币实行"配对管理"等。

总之，项目负债经营，就必须承担筹资风险。应在正确认识筹资风险的基础上，充分重视筹资风险的作用及影响，掌握筹资风险的防范措施，使项目既获得负债经营带来的财务杠杆收益，又同时将风险降低到最低限度，使负债经营更有利于提高项目的经营效益，增强项目市场竞争力。

第七章 工程项目进度优化

工程项目进度优化也称工程项目进度的网络计划优化，是在工程项目进度计划编制阶段，在满足既定的条件下，利用工作的时差调整、改善网络计划的初始方案，按具体优化目标寻求优选进度的计划方案。

优化是以项目的初始网络进度计划方案为基础，运用优化理论和方法，针对不同的优化目标，通过不断调整网络计划的时间参数来实现的，即当网络进度计划初始方案拟订后，通过计算检查进度计划是否满足工期控制的要求，是否满足人力、物力、财力等资源限制，能否以合理的消耗取得满意的经济效果，从而针对特定的优化目标调整初始方案以达到优化的目的。

第一节 工 期 调 整

若以规定工期作为控制标准，当计算工期短于规定工期时，则网络进度计划的工作有正时差。在调整网络计划时，利用时差延长工作的持续时间，降低单位时间的物资需要量（或资源消耗强度）。

当计算工期大于规定工期时，则网络进度计划的工作出现负时差。为满足规定的计划工期要求，可缩短关键线路上工作的持续时间；或者调整网络计划工作的逻辑关系，以缩短计划工期。

缩短关键线路持续时间的途径常有：依次加快法、平均加快法和选择加快法。

依次加快法是指当计划工期与规定工期相差较大时，可按施工工艺依次增加安装机具、人力或采取其他技术组织措施来解决。

平均加快法是指当计划工期超过规定工期时，将赶工时间平均分摊到所有采取措施加快进度的关键工作上。

选择加快法是根据一定赶工目标，有针对性地选择某些关键工作以缩短工期。

以上三种方法基本相似，现以图7-1（a）为例，说明用平均加快法调整网络进度计划的程序和步骤。

1. 按规定工期计算网络时间参数

假定规定工期为130天，计算事件时间参数及工作总时差，并标注在工作的箭线下方，如图7-1（b）所示。

2. 确定可以缩短时间的关键工作

根据计算结果，确定网络图上时差最小的线路，即关键线路。如果有两条以上的关键线路，必须同时缩短所有的关键线路，以满足计划工期的要求。

从图 7-1（b）中可以看出，最小时差 min（TF）= -30 的线路 1—3—4—6 为关键线路。假设该线路上可以加快进度的所有工作集合为 A，则：

$$A = \{1—3,\ 3—4,\ 4—6\}$$

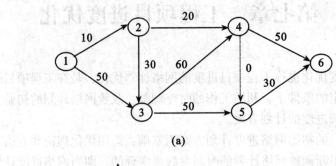

(a)

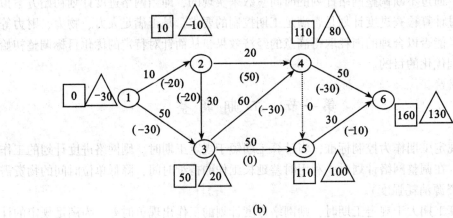

(b)

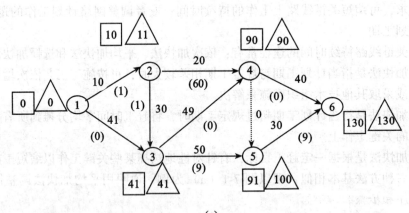

(c)

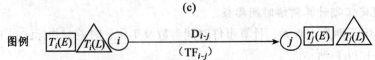

图 7-1　网络进度计划工期调整

集合 A 的总持续时间为：

$$D(A) = \sum_{(i-j) \in A} D_{i-j} \qquad (7\text{-}1)$$

如果工作 1—3、3—4、4—6 都可以采取措施加快进度，且：

$$D(A) = D_{1\text{-}3} + D_{3\text{-}4} + D_{4\text{-}6} = 50 + 60 + 50 = 160（天）$$

3. 确定关键工作缩短的时间

$$\Delta T_{i\text{-}j} = \min(\mathrm{TF}) \times \frac{D_{i\text{-}j}}{D(A)} \qquad (7\text{-}2)$$

且满足

$$\sum_{(i\text{-}j) \in A} \Delta T_{i\text{-}j} = \min(\mathrm{TF}) \qquad (7\text{-}3)$$

则：

$$\Delta T_{1\text{-}3} = (-30) \times \frac{50}{160} = -9.4 \approx -9（天）$$

$$\Delta T_{3\text{-}4} = (-30) \times \frac{60}{160} = -11.3 \approx -11（天）$$

$$\Delta T_{4\text{-}6} = (-30) - [(-9) + (-11)] = -10（天）$$

4. 用缩短后的持续时间重新计算时间参数

集合 A 中各关键工作缩短后的持续时间为：

$$D'_{i\text{-}j} = D_{i\text{-}j} + \Delta T_{i\text{-}j} \qquad (7\text{-}4)$$

则：

$$D'_{1\text{-}3} = 50 + (-9) = 41（天）$$
$$D'_{3\text{-}4} = 60 + (-11) = 49（天）$$
$$D'_{4\text{-}6} = 50 + (-10) = 40（天）$$

重新计算事件时间参数及工作总时差，结果如图 7-1（c）所示。

当关键工作的持续时间已经缩短过，以后不再加快其实施进度，并将持续时间标注在相应工作的箭线上。

如果网络图中有两条及以上的关键线路，或者调整进度计划重新计算，关键线路发生了变化，并且计划工期仍然超过规定工期，重复上述步骤，直到计划工期满足规定要求或不能调整为止。

如果采用以上加快关键线路进度的方法，不能使计划工期满足规定的时间要求，而规定工期又不能改变时，应重新考虑网络进度计划的实施方案，调整工作的顺序关系、工艺关系等，将原先依次完成的工作调整为流水作业、平行作业或搭接作业，改变网络图的逻辑结构，以缩短计划工期。

第二节　工期优化

工期优化是压缩计算工期实现要求工期目标，或在一定约束条件下使工期最短的过程。一般是通过压缩关键工作的持续时间达到优化目标。在优化过程中，如果出现多条关键线路时，必须对各条关键线路的持续时间同时压缩相同数值，否则不能有效地缩短计划工期。工期优化的步骤如下：

（1）确定网络计划中的关键线路，求出计划工期；

（2）按要求工期计算相应的缩短时间 ΔT ：

$$\Delta T = T_c - T_r \tag{7-5}$$

式中，T_c 为计算工期；T_r 为要求工期。

（3）按下列因素选择优先缩短关键工作的持续时间：

1）缩短持续时间对质量和安全影响不大的工作；

2）有充足备用资源的工作；

3）缩短持续时间所需增加的费用最少的工作。

（4）将应优先缩短的关键工作压缩至最短持续时间，再找出关键线路。若被压缩的工作变成了非关键工作，则应将其持续时间延长，使之仍为关键工作；

（5）若计算工期仍超过要求工期，则重复以上步骤，直到满足工期要求或工期已不能再缩短为止；

（6）当所有关键工作或部分关键工作已达到最短持续时间而寻求不到继续压缩工期的方案，但工期仍不能满足要求工期时，应对原进度计划的技术、组织方案进行调整，或对要求工期重新审定。下面用一个例子来说明工期优化的步骤。

某安装工程网络计划如图 7-2 所示，图中箭线下方为正常持续时间，括号内为最短持续时间，箭线上方括号内为优选系数，优选系数越小越好。若同时缩短多个关键工作，则以关键工作的优选系数之和（称为组合优选系数）最小者的为优先选择。假定要求工期为 15 天，试对该网络计划工期优化。

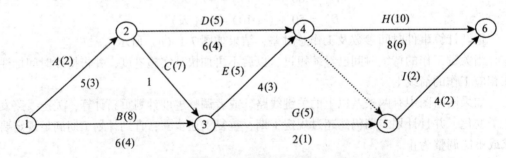

图 7-2　安装项目网络图

（1）求出在正常持续时间下的关键线路及计算工期，如图 7-3 所示；

（2）计算工期应缩短的时间：

$$\Delta T = T_c - T_r = 19-15 = 4 \text{（天）}$$

（3）按优选系数最小选择缩短持续时间的工作为工作 A ；

（4）将应优先缩短的关键工作 A 压缩至最短持续时间 3 天，并找出关键线路，如图 7-4 所示。此时关键工作 A 压缩后成了非关键工作，须将其松弛，使之成为关键工作，现将其松弛至 4 天，找出关键线路如图 7-5 所示。图中有 ADH 和 BEH 两条关键线

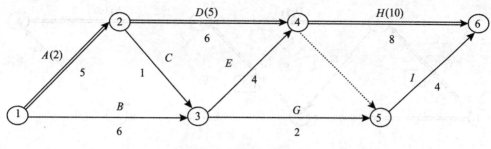

图 7-3 初始网络计划

路，计算工期 $Tc = 18$ 天，$\Delta T_1 = 18 - 15 = 3$ 天，如图 7-5 所示。

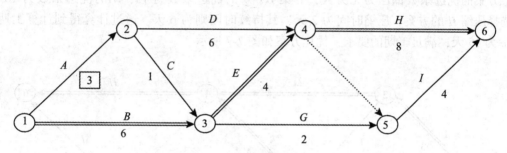

图 7-4 工作 A 缩短至极限工期

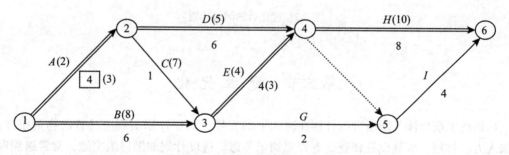

图 7-5 第一次压缩后的网络计划

（5）由于计算工期仍大于要求工期，需继续压缩。在图 7-5 中，有五个压缩方案：A、B 的组合优选系数为 $2+8 = 10$；A、E 的组合优选系数为 $2+4 = 6$；D、E 的组合优选系数为 $5+4 = 9$；H 的优选系数为 10；D、B 的优选系数为 13。选择压缩优选系数最小的工作 A、E。这两项工作都压缩至最短持续时间为 3 天，各压缩 1 天，并找出其关键线路，如图 7-6 所示。关键线路有 ADH 和 BEH 两条，计算工期 Tc 为 17 天，$\Delta T_2 = 17 - 15 = 2$ 天。由于 A 和 E 已达到最短持续时间，不能再压缩，可假定它们的优选系数为无穷大；

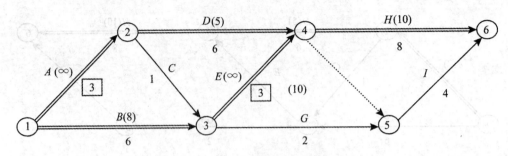

图 7-6　第二次压缩后的网络计划

（6）由于计算工期仍大于要求工期，故需继续压缩。上述的五个压缩方案中前三个方案的优选系数都已为无穷大，方案 B、D 的优选系数为 13；H 的优选系数为 10。选择压缩 H 的方案，压缩时间为 2 天，其持续时间则为 6 天。通过计算得到计算工期 T_c 为 15 天，满足工期的要求，优化方案如图 7-7 所示。

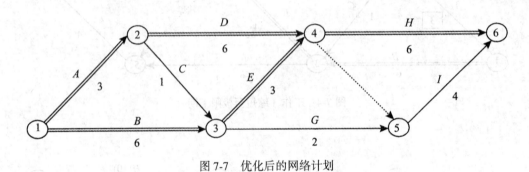

图 7-7　优化后的网络计划

第三节　资　源　优　化

调整工期仅涉及网络进度计划在时间上的安排，对于计划实现应具备的物资条件，如人力、材料、机具设备和资金等资源均未考虑。进度计划如果付诸实施，常常遇到资源供应能否满足需要及合理配置的问题。网络计划技术资源优化的目的是力求最大限度地降低工程项目成本，获得最好的经济效益。资源优化可以概括为两类问题：①资源有限，工期延长最短；②工期规定，资源均衡。

1. 资源有限，工期延长最短

通过一个例子说明资源优化的方法。假定 P、Q、R 三项工作都需要一台起重机，其他计算资料如表 7-1 所示，其横道图如图 7-8 所示。图上给出了各项工作按最早开始时间，列出了它们的 ES、EF、LS 和 LF。工作 P 的总时差为零，是关键工作。若只有两台起重机可供使用，则在第 10 天和第 11 天就产生了资源的冲突，即需要三台起重机，实际只能供应两台起重机。

表 7-1　　　　　　　　　　　　　　　工作与资源需求的关系表

工作	持续时间（天）	需要起重机（台）	ES	EF	LS	LF
P	5	1	8	13	8	13
Q	4	1	7	11	9	13
R	5	1	9	14	10	15

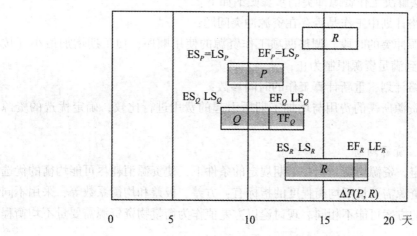

图 7-8　资源有限，工期延长最短示例

为了寻求最优安排的规律，先假定 R 安排在 P 的后面，其工期增加值 $\Delta T(P,R)$ 为：

$$\Delta T(P,R) = \mathrm{EF}_P + D_R - \mathrm{LF}_R$$

因

$$D_R - \mathrm{LF}_R = -(\mathrm{LF}_R - D_R) = -\mathrm{LS}_R \tag{7-6}$$

故

$$\Delta T(P,R) = \mathrm{EF}_P - \mathrm{LS}_R$$

一般来说，对于任意两项工作 I 和 J，当工作 J 安排在工作 I 后面时，工期的增加为：

$$\Delta T(I,J) = \mathrm{EF}_i - \mathrm{LS}_j \tag{7-7}$$

由此可见，要使增加的工期 ΔT 最小，必须选择 EF 值最小的工作安排在前面，而选择 LS 值最大的工作安排在后面。按这个原则进行调整，既能解决资源冲突问题，又使工期延长最小。如果同时进行的工作有相同的 EF 和 LS，可以任选两项工作。

如果工期增值为负数，表示利用了后面工作的时差，说明既解决资源冲突问题，又不会延长工期。

现在讨论 P、Q 和 R 的资源调整问题。从表 7-1 中可知，工作 Q 的 EF 最小值为 11；工作 R 的 LS 最大值为 10。因此，应将 Q 安排在 R 前面进行，工期增加为：

$$\Delta T(Q,R) = \mathrm{EF}_Q - \mathrm{LS}_R = 11 - 10 = 1\text{（天）}$$

即工作 Q 完成后工作 R 开始，工期增加 1 天。在网络图中，可在 Q、R 之间增加一个箭头，表示 R 在 Q 的后面，并重新进行网络计算。

综合考虑调整进度与降低资源之间的关系，主要取决于下列两个因素：①增加资源所追加的费用；②延长工期所增加的间接费用。例如，在上述例子中，每天的间接费为1000 元，而增加一台起重机每天的租赁费为 400 元，则租赁机械两天的费用为 400×2 = 800 元，小于延续工期一天的费用 1000 元。很显然，应该租赁机械以缓解资源冲突，而不采用调整工作顺序延长工期的方案。

采用以上方法解决工作资源冲突的步骤归纳如下：

（1）检查网络计划中工作是否存在资源冲突问题；

（2）在有资源冲突的时段，调整两项工作资源的使用顺序，使工期增加最小（按式 7-7 计算），直到满足资源限制为止；

（3）调整网络计划，重新计算工作的时间参数；

（4）将增加资源所需的费用与增加工期所引起的费用进行比较，确定优选的资源配置方案。

2. 工期规定，资源均衡

所谓工期规定，资源均衡是指在工期规定的条件下，使资源消耗尽可能均衡的优选方案。衡量物资资源需要量不均衡程度的指标有：方差、极差和均衡系数等，采用不同指标算法，优选的方案可能不相同。现讨论以方差值作为衡量物资资源需要量不均衡程度的优化方法。

为讨论方便，假定在施工期间内，每项工作 i–j 的资源需要强度 $r_{i\text{-}j}$ 在 $D_{i\text{-}j}$ 范围内为常数，且整个网络计划只需要同一种资源。在规定的工期内，资源需要量的方差值 σ^2 为：

$$\sigma^2 = \frac{1}{T}\int_0^T \left[R(t) - \overline{R}\right]^2 \mathrm{d}t = \frac{1}{T}\int_0^T R^2(t)\,\mathrm{d}t - \overline{R}^2 \tag{7-8}$$

式中，$R(t)$ 为在时刻 t 的资源需用强度；$\overline{R}$ 为规定工期内资源需要强度的平均值；T 为规定的工期。

因为 T、$\overline{R}$ 为常数，要使资源需要量的方差值最小，即使 $\int_0^T R^2(t)\,\mathrm{d}t$ 为最小。

实际上，资源需要动态曲线是阶梯形不连续的曲线，则 $\int_0^T R^2(t)\,\mathrm{d}t$ 为：

$$\sum_{k=1}^T R_k{}^2 = R_1^2 + R_2^2 + \cdots + R_k^2 + \cdots + R_T^2 \tag{7-9}$$

式中，R_k 为工期内第 k 个时间段的资源需要强度。

现将资源需要量方差值最小的计算步骤和方法说明如下：

（1）根据满足规定工期条件的网络计划，计算工作的时间参数，统计资源需要强度曲线。一般常按最早开工时间绘出时间坐标网络图及资源需要量动态曲线，并确定其关键线路、关键工作及非关键工作的总时差。为了满足网络进度计划的规定工期要求，在优化过程中调整关键工作的资源需要量；

（2）按事件最早开始时间的后先顺序，自终节点起由右向左逆向进行调整。如果

节点 j 为网络进度计划的终点事件,那么首先对以节点 j 为结束点的非关键工作进行调整。假定工作 i—j 第 m 天开始,第 n 天结束。如果工作 i—j 在时差范围内向右移 1 天,那么第 m 天需要的资源数量将减少 $r_{i\text{-}j}$,而 $n+1$ 天需要的资源数量将增加 $r_{i\text{-}j}$,即

$$R'_m = R_m - r_{i\text{-}j} \tag{7-10}$$

$$R'_{n+1} = R_{n+1} + r_{i\text{-}j} \tag{7-11}$$

工作 i—j 向右移一天后,资源需要量均衡程度 $\sum_{i=1}^{T} R_i^2$ 的变化值 ΔR^2 为

$$\Delta R^2 = \left[(R_{n+1} + r_{i\text{-}j})^2 - R_{n+1}^2 \right] - \left[R_m^2 - (R_m - r_{i\text{-}j})^2 \right]$$

上式简化后得

$$\Delta R^2 = 2r_{i\text{-}j} \left[R_{n+1} - (R_m - r_{i\text{-}j}) \right] \tag{7-12}$$

如果 ΔR^2 为负值,即工作 i—j 右移一天使 $\sum_{i=1}^{T} R_i^2$ 值减小,意味着方差在减小。如果

$$R_{n+2} < (R_{m+1} - r_{i\text{-}j}) \tag{7-13}$$

而且

$$\left[R_{n+1} - (R_n - r_{i\text{-}j}) \right] + \left[R_{n+2} - (R_{m+1} - r_{i\text{-}j}) \right] < 0 \tag{7-14}$$

则在总时差许可的范围内,工作 i—j 就右移 2 天;反之则检查工作 i—j 能否右移 3 天。对其他非关键工作按上述方法一一进行检查。

(3)当所有工作都按事件最早开始时间的先后顺序,自右向左地进行了一次调整后,使资源需要量的方差值减小,再按自右向左同样顺序或自左向右相反顺序进行第二次调整。循环反复,直至所有工作都不能再调整为止。

下面以给水泵检修劳动力平衡为例,说明资源需要量均衡的方法。

(1)编制作业项目关系表,如表 7-2 所示;

表 7-2 作业项目关系表

作业代号	作业		作业名称	紧前工作	持续时间(天)	需要人力(人)
	i	j				
A	1	6	水泵电动机检修	—	4	9
B	1	2	拆外部管道	—	2	3
C	1	3	水泵解体检查	—	2	6
D	1	4	水泵基础修理	—	2	4
E	2	5	检查、加装再循环管道	B	3	8
F	3	4	检修水泵轮	C	2	7
G	4	5	检修水泵流道部件、推力盘	F、D	3	2
H	5	6	水泵组装	E、G	4	1

(2)绘制给水泵检修网络图。根据表 7-2,按网络图的绘制方法绘制给水泵检修网

络图，如图 7-9 所示；

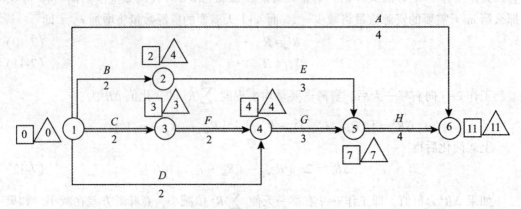

图 7-9　给水泵检修网络图

（3）画横道图。利用非关键工作的时差，再调整非关键路线上的劳动力，直到每天的劳动力安排均衡为止；

（4）绘制劳动力平衡图。根据表 7-3，绘制劳动力平衡图，如图 7-10 所示；

表 7-3　　　　　　　　　　　　　**劳动力平衡表**

作业代号	作业		耗时（天）	时差（天）	所需人力（人）	日　　　期										
	i	j				1	2	3	4	5	6	7	8	9	10	11
A	1	6	4	7	9											
B	1	2	2	2	3											
C	1	3	2	0	6											
D	2	4	2	2	4											
E	2	5	3	2	8											
F	3	4	2	0	7											
G	4	5	3	0	2											
H	5	6	4	0	1											
平衡前劳动力分布						22	22	24	24	10	2	2	1	1	1	1
平衡后劳动力分布						10	10	10	10	10	10	10	10	10	10	10

注：▬▬▬▬表示调整前时间，■■■■▶表示调整后时间。

（5）绘制执行网络图。根据表 7-3 调整后作业时间的安排，绘制执行网络图，如图

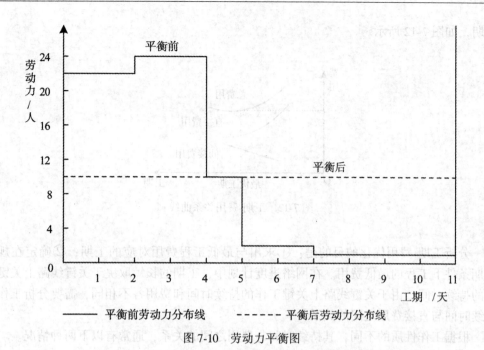

图 7-10 劳动力平衡图

7-11 所示。

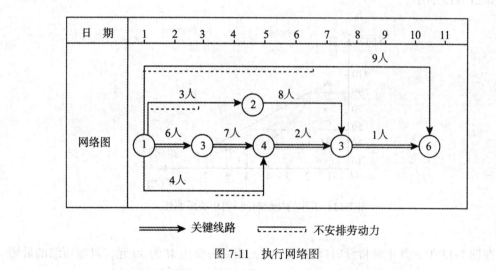

图 7-11 执行网络图

第四节 工期-费用优化

工程项目的费用主要包括直接费用和间接费用两部分。缩短工程项目的工期，会引起直接费用的增加，间接费用的减少；反之，延长工程项目的工期，会引起直接费用的减少，间接费用的增加。在费用与工期的关系中，一般有总费用较低的合理工期或最优工期，如图 7-12 所示。

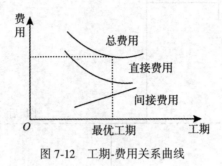

图 7-12 工期-费用关系曲线

分析工期-费用优化的目的是：①求出与最低工程费用对应的工期；②确定在规定工期条件下工程的最低费用。在网络进度计划中，工期的长短取决于关键线路上关键工作的持续时间。由于关键线路上关键工作的持续时间和费用各不相同，需要分析工作的持续时间与直接费用之间的关系。

根据工作性质的不同，其持续时间与费用之间的关系，通常有以下两种情况。

（1）工作的直接费用与工作的持续时间存在一定的统计关系。

为了简化计算，在这种情况下，正常持续时间与最短持续时间之间近似地取为直线，如图 7-13 所示。

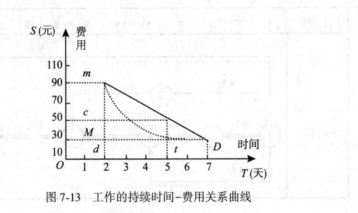

图 7-13 工作的持续时间-费用关系曲线

在图 7-13 中，其正常持续时间 D 为 7 天，相应的费用 M 为 30 元；可能压缩的最短持续时间 d 为 2 天，相应的费用 m 为 90 元。则单位时间费用变化率为：

$$c = \frac{90 - 30}{7 - 2} = 12 \text{（元/天）}$$

对于时间-费用呈直线关系的工作（$i—j$），其单位时间费用变化率 c_{ij} 有：

$$c_{i\text{-}j} = \frac{m_{i\text{-}j} - M_{i\text{-}j}}{D_{i\text{-}j} - d_{i\text{-}j}} \tag{7-15}$$

当工作（$i—j$）介于正常持续时间 $D_{i\text{-}j}$ 和最短持续时间 $d_{i\text{-}j}$ 之间的 $t_{i\text{-}j}$ 时，相应的直接

费用为：

$$S(t)_{i\text{-}j} = -c_{i\text{-}j}t_{i\text{-}j} + K_{i\text{-}j} \tag{7-16}$$

$$K_{i\text{-}j} = \frac{m_{i\text{-}j}D_{i\text{-}j} - M_{i\text{-}j}d_{i\text{-}j}}{D_{i\text{-}j} - d_{i\text{-}j}} \tag{7-17}$$

在图 7-13 中，$t=5$ 时对应的费用为：

$$S(5) = -12 \times 5 + \frac{90 \times 7 - 30 \times 2}{7 - 2} = 54 \text{（元）}$$

（2）工作的直接费用与持续时间之间不存在统计关系，如由不同施工方案所决定的工期和费用往往属于这种情况，此时应依具体条件进行估算。

工期-费用的优化程序是：从工作的持续时间和费用关系中找出既能使计划工期缩短而又能使直接费用增加最少的工作，缩短其持续时间；然后考虑间接费用随着工期缩短而减小的影响，用工期变化引起直接费用、间接费用变化之和，求出总费用最小所对应的工期或规定工期对应的最小总费用。下面介绍一种渐近算法。

渐近算法的基本方法是：网络进度计划中的工作采用正常持续时间和费用，以关键工作的持续时间和费用关系为依据，综合考虑缩短关键工作持续时间的可能性和非关键工作时差之间的制约关系，不断调整网络计划，得到一系列计算工期与总费用之间的关系和工作的进度安排。现结合图 7-14 和表 7-4 说明渐近算法计算工期与总费用之间的关系的主要步骤，计算时假定工作的时间与费用具有线性统计关系。

表 7-4 　　　　　　　　　　　　工作的持续时间与费用之间的关系

工作编号	正常工期		最短工期		相差值		费用变化率
	时间（天）	费用（千元）	时间（天）	费用（千元）	时间（天）	费用（千元）	（元/天）
(1)	(2)	(3)	(4)	(5)	(6)	(7)	(8)
1—2	6	1.5	4	2	2	0.5	250
1—3	30	9	20	10	10	1	100
2—3	18	5	10	6	8	1	125
2—4	12	4	8	4.5	4	0.5	125
3—4	36	12	22	14	14	2	143
3—5	30	8.5	18	9.2	12	0.7	58
4—5	0	0	0	0	0	0	/
4—6	30	9.5	16	10.3	14	0.8	57
5—6	18	4.5	10	5	8	0.5	62

1）确定工作的正常持续时间、最短持续时间和相应费用，如图 7-14（a）中的原始网络计划和表 7-4 中的第 1~5 栏。间接费用率为 120 元/天；

2）计算工作的费用变化率，结果如表 7-4 中第 6~8 栏；

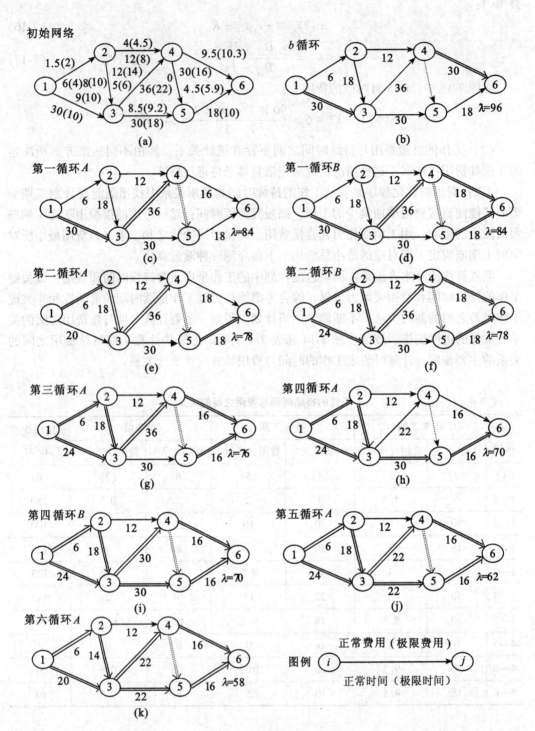

图 7-14 工期-费用优化

3）计算工作在正常和最短持续时间条件下，网络计划的时间参数；

4）以初始网络计划为基础，计划工期为96天，直接费用为5.4万元，合理地缩短工作的持续时间，逐步缩短计划工期，直至不能再继续压缩工期为止。压缩计划工期通常需要经过多次循环来完成，其步骤是：①计算确定网络计划的关键线路和关键工作；②从关键工作中选择工期费用变化率最小的关键工作；③根据非关键工作的时差和拟压缩关键工作的压缩量，确定工期可能缩短的最大天数；④计算由于缩短工作持续时间而引起的费用变化。

第一循环：从图7-14（b）中可以看出，关键工作是1—3、3—4、4—6，从表7-4中找出工期费用率最小（57元/天）的工作为4—6。工作4—6可以缩短14天，重新进行网络计划的计算，结果如图7-14（c）。此时关键线路变了，其总工期为84天，比原总工期减少了12天。说明工作4—6没有必要减少14天，只需缩短12天，即t_{46}取30-12=18天。然后重新进行网络计划的计算，结果如图7-14（d）所示。

第二循环：经第一循环计算后，两条关键路线为：1—3—4—6和1—3—4—5—6。这时有三个缩短工期方案可供选择（如图7-14（d）所示）：①缩短工作1—3，每天增加费用100元；②缩短工作3—4，每天增加费用143元；③同时缩短工作4—6和5—6，每天增加费用为57+62=119元。因此，压缩工作1—3的持续时间。

经过六个循环可以求出全部计算结果，如图7-14（e）～（k）和表7-5所示。根据表7-5绘制网络计划工期-直接费用关系曲线，如图7-15所示。

表7-5 工期优化

循环序号	压缩工作名称	可以缩短的时间	实际的缩短天数	缩短时间费用增加（元/天）	增加费用小计（元）	直接费用总计（元）	总工期（天）
0	—	—	—	—	—	54000	96
1	4—6	14	12	57	684	54684	84
2	1—3	10	6	100	600	55284	78
3	4—6；5—6	2；8	2	119	238	55522	76
4	3—4	14	6	143	858	56380	70
5	3—4；3—5	8；12	8	201	1608	57988	62
6	1—3；2—3	4；8	4	225	900	58888	58

从表7-5中，网络计划工期共缩短96-58=38天，增加费用58888-54000=4888元，在图7-15中，虚线是所有工作都以最短时间完成时的费用变化；而采用优化方法同样可以达到缩短工期的效果，而直接费用节省61000-58888=2112元。

网络计划的间接费用与工期成正比，将间接费用曲线与直接费用曲线迭加，求得网络计划工期与总费用的关系曲线，以及工程项目的最小费用所对应的工期，如图7-16所示。

从图中可以看出，工程项目的最小费用为72682元，所对应的工期为76天。当工期规定为84天时，工程项目的最小费用为72820元；当工期规定为70天时，工程项目

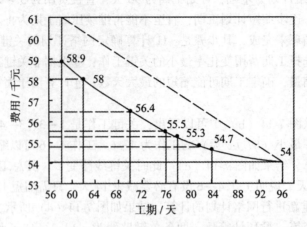

图 7-15　工期-直接费用关系曲线

的最小费用为 72840 元等。如果考虑进一步缩短工期，使工程项目建设的投资发挥经济效益，工期-费用优化的意义更加明显。

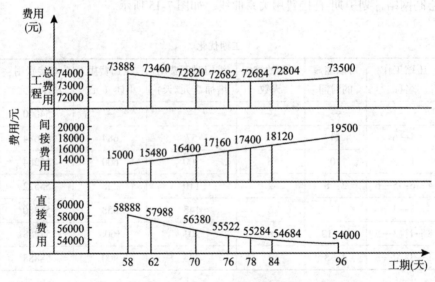

图 7-16　工期-总费用关系曲线

第八章 工程项目进度控制

工程项目进度控制是指在确定进度计划的基础上，在规定的控制时期内，对比分析实际进度状况与计划进度，对产生的偏差和原因进行分析，找出影响进度的主要因素，调整和修改计划进度，做好施工进度计划与项目总进度计划的衔接，明确进度控制各级管理人员的职责与工作内容，对进度计划的执行进行检查、分析与调整，按期实现工期。

第一节 工程项目进度控制的目标与内容

一、工程项目进度控制的目标

为了防止项目进度的失控，必须建立明确的进度目标，并按项目的分解建立各层次的进度分目标，上级目标控制下级目标，下级目标保证上级目标，最终实现施工项目进度的总目标。

1. 按专业工程分解，确定交接日期

在同专业同工程的任务之间，要进行综合平衡；在不同专业或不同工种的任务之间，要强调相互之间的衔接配合，要确定相互之间的交接日期。在这里需要强调为下一道工序服务，保证项目进度不在本工序造成延误。工序的管理是各项管理的基础，监理工程师通过掌握各道工序的完成质量及时间，才能控制住各分部工程的进度计划。

2. 按工程项目阶段分解，确定进度控制的里程碑

根据工程项目的特点，将施工项目分成几个阶段，每一阶段的起止时间都要有明确的里程碑。特别是不同承包单位的施工段之间，更要明确划定时间分界点，以此作为形象进度的控制标志，使工程项目进度控制目标具体化。

3. 按施工单位分解，明确分目标

一个投资项目一般都有多个施工单位参加施工，要以总进度计划为依据，确定各单位的分包目标。通过分包合同落实分包责任制，以分头实现分目标来确保项目总目标的实现。

4. 按时间进度分解，确定形象进度等目标

将工程项目的工期及进度目标、施工总进度计划按年、季度、月（或旬）进行分解，用施工实物工程量、货币工作量及形象进度来表示，便于监理工程师明确对承包单位进度控制的要求。

二、工程项目进度控制的内容

项目进度控制的主要内容包括事前、事中和事后进度控制。

1. 事前进度控制的内容

事前进度控制是指项目正式施工前的进度控制，是指对整个工程建设项目的工期进行预控，其主要内容有：

（1）编制施工阶段进度控制工作细则。

施工阶段进度控制工作细则是针对具体的施工项目来编制的，它是施工阶段监理人员实施进度控制的一个指导性文件。内容应包括：

1）施工进度控制目标分解图；

2）施工进度控制的主要工作内容和深度；

3）进度控制人员的具体分工；

4）与进度控制有关的各项工作的时间安排及工作流程；

5）进度控制的方法（包括进度检查日期、数据收集方式、进度报表格式、统计分析方法等）；

6）进度控制的具体措施（包括组织措施、技术措施、经济措施及合同措施等）；

7）施工进度控制目标实现的风险分析；

8）尚待解决的有关问题。

（2）编制或审核施工总进度计划。

对于大型工程项目，由于单项施工项目较多、施工工期长，为了保证工程项目的任务按期完成，工程项目管理负责人必须对施工总进度计划进行审核。进度计划审核的内容主要有：

1）进度安排是否符合工程项目建设总进度计划中总目标和分目标的要求，是否符合施工合同中开、竣工日期的规定；

2）在施工总进度计划中，项目是否有遗漏，分期施工是否满足计划之间的衔接和配套施工条件的要求；

3）施工顺序的安排是否符合施工程序的要求；

4）劳动力、材料、配件、机具和设备的供应计划是否能满足施工进度计划的要求，物资供应的均衡性和满足高峰期供应能力的适应性；

5）资金供应能力是否能满足项目进度的需要；

6）施工进度的安排是否与设备制造的进度相协调；

7）工程项目场地的条件、原材料和设备供应的保证，特别是国外设备的到货与进度计划是否衔接；

8）总分包单位分别编制各项工程项目的进度计划之间是否相协调，专业分工与计划衔接是否明确合理；

9）进度安排是否合理，是否有造成业主违约而导致索赔的可能性。

如果在审查工程项目进度计划的过程中发现问题，应及时提出修改意见，并调整进度计划。

（3）按年、季、月编制工程项目计划。

按年、季、月编制进度计划时，要着重解决工程项目进度计划之间、施工进度计划与资源（包括资金、设备、机具、材料及劳动力）供应计划之间、外部协作单位计划之间的综合平衡与相互衔接问题，并根据计划的完成情况对本期计划做必要的调整。

2. 事中进度控制的内容

施工过程中进行的进度控制，这是施工进度计划能否付诸实现的关键过程。进度控制人员一旦发现实际进度与目标偏离，必须及时采取措施以纠正这种偏差。事中进度控制的主要内容包括：

（1）建立现场办公室，以保证施工进度的顺利实施。

（2）协助施工单位实施进度计划，随时注意施工进度计划的关键控制点。

（3）了解进度实施的动态。

（4）及时检查和审核施工单位提交的进度统计分析资料和进度控制报表。

（5）严格进行进度检查，进行必要的现场跟踪检查，做好项目施工进度的记录。

（6）对收集的数据进行整理和统计，并将计划与实际进行比较，从中发现是否出现进度偏差。

（7）分析进度偏差将带来的影响并进行项目进度预测，从而提出可行的修改措施。

（8）重新调整进度计划并付诸实施。

3. 事后进度控制的内容

事后进度控制是指完成整个施工任务后进行的进度控制工作，主要内容有：

（1）及时组织验收工作。

（2）处理项目索赔。

（3）整理项目进度资料。

（4）项目进度资料的归类、编目和建档。

第二节　工程项目进度控制流程

工程项目进度控制流程运用了系统原理、动态控制原理、封闭循环原理、信息原理、弹性原理等。进度控制过程实质上就是不断地与计划实施进行信息的传递与反馈过程，因此，计划编制时需要考虑到各种风险的存在，使进度留有余地，具有一定的弹性，进度控制时，可利用这些弹性，缩短工作持续时间，或改变工作之间的搭接关系，确保项目工期目标的实现。进度控制工作流程如图 8-1 所示。

一、编制进度计划

编制进度计划前要进行详细的项目结构分析，系统地剖析整个项目结构构成，包括实施过程和细节，系统规则地分解项目。进度计划编制要与费用、质量、安全等目标相协调，充分考虑客观条件和风险预计，确保项目目标的实现。根据总进度计划，制订出项目资源总计划、费用总计划，把这些总计划分解到每年、每季度、每月、每旬等各阶段，从而进行项目实施过程的依据与控制。具体内容参考第五章。

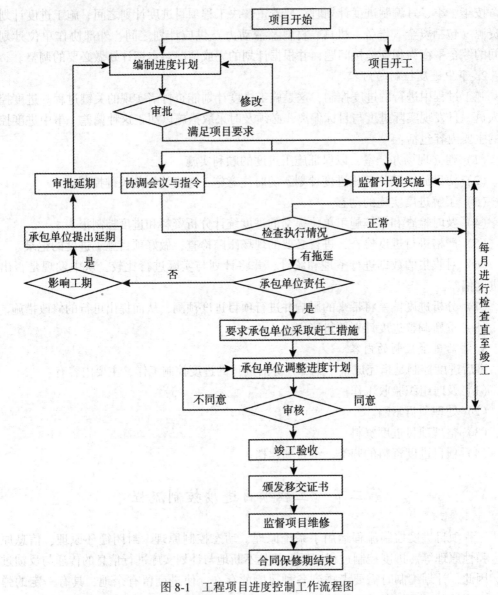

图 8-1　工程项目进度控制工作流程图

二、分析影响项目进度的主要因素

对于大中型工程项目，由于施工周期长、影响进度的因素纷繁复杂，如技术、组织协调、气候、政治、资金、人力、物资和场地条件等，这些影响因素使得工程项目进度计划在执行过程中表现为可变性和不均衡性。因此，项目管理人员应运用头脑风暴法，结合各成员各自的工作经验对潜在的、可能影响到各工作目标实现的各种因素进行预见性分析，研究、归纳，并制订出解决措施，责任落实到人。常见影响因素包括：

1. 工程项目的专业水平要求、技术复杂性

由于生产设备现代化水平的提高，特别是计算机和自动化设备的广泛应用，工程项目的工艺和调试技术较复杂，工程项目的专业分工越来越细，并逐渐向技术密集型发展。因此，这些都给施工项目的工期控制带来了困难。

2. 影响工程项目的因素的多变性

（1）施工专业分工细、协作关系复杂，容易造成工程项目配合的脱节。

（2）工程项目是以分部分项、单机（机组）或工序分段交叉进行，它们相互联系，相互制约，可能由于局部问题影响整个项目施工的连续性。

（3）物资供应的品种、规格繁多，可能由于物资供应计划的不落实影响施工项目的进度。

（4）工程项目资金的不落实，影响进度计划的执行。

3. 工程项目相关单位

影响施工进度计划实施的单位并不只是工程项目施工单位，还涉及设备制造、物资供应单位、资金贷款单位以及与工程项目建设有关的运输部门、通信部门、供电部门的工作进度，任何一个部门工作的变动都会影响工程项目的进度。因此，控制进度要考虑有关单位的工作相互协调性；对于无法事先预计的突发事件，应在计划工期中留有足够的机动时间。

4. 设备制造

设备制造是工程项目进度控制的最大干扰因素，包括业主和政府主管部门在项目实施中改变了部分项目的功能，增加或减少了施工项目的工作量；设备制造的变更会打乱原定的施工进度计划。

5. 材料、物资供应

工程项目配套的材料、物资和机具供应计划的改变，或不满足合同中规定的质量、技术标准等都会影响工程项目的进度。

6. 资金原因

工程项目的顺利实施必须有足够的资金作保障。如果在工程项目施工过程中，业主出现资金短缺问题，将直接影响承包商的施工进度。业主必须根据项目资金使用计划通过各种渠道筹措足够资金，保证正常的工程项目进度。在项目施工初期，需要大量的流动资金用于采购施工配套的材料、工具、临时设施和相关的准备工作，资金不足必然影响工程项目计划的执行。

工程项目开工时，按照惯例业主应拨给承包商一笔预付款用于前期工程。如果该费用不能满足实际需要，承包商还须筹措资金以满足短缺部分。

7. 工程项目的组织

工程项目现场的情况千变万化，常用劳动力、施工机械的安排或施工顺序不当，会影响施工进度计划。要及时做好进度计划的调整，抓住主要矛盾，保证计划的实现。并在工程项目现场协调好场地、道路等的利用状况，减少项目之间的干扰。

8. 不可预见的事件

不可预见事件包括工人罢工、施工事故、自然灾害、恶劣气候和政治事件、战争等

事件的发生，都必将影响到工程项目进度，甚至终止合同。

在工程项目实施过程中，应根据进度实施状况、分析问题的原因，采取有效措施，上述绝大多数影响因素是可以控制的。

三、制订进度控制的保证措施

计划要起到应有的效应，就必须采取措施，使之得以顺利实施，进度控制的措施包括组织措施、技术措施、合同措施、经济措施和信息管理措施等。

1. 组织措施

（1）落实项目管理班子中进度控制部门的人员、具体控制任务和管理职能分工。

（2）进行项目分解（如按项目结构分、按项目进展阶段分、按合同结构分），并建立编码体系。

（3）建立进度控制的组织系统，确定事前控制、事中控制、事后控制、协调会议、集体决策等进度控制工作制度。

（4）对影响进度目标实现的风险因素进行分析。根据主要的统计资料，对各种因素影响进度的概率及进度拖延的损失值进行计算和预测，并考虑有关项目审批对进度的影响等。

2. 技术措施

在保证工程项目质量的前提下，采用有效的技术措施加快施工进度。技术措施包括：设计与图纸的审查、修改、施工方法、施工机械的选择等内容。

3. 合同措施

（1）在合同文件中明确合同工期及各阶段的进度目标。

（2）分标合同工期与总进度计划的协调性。

（3）如实际进度与计划进度存在的偏差，应及时调整进度计划。非承包商责任的工程延期，通过审查后给予批准；而由于承包商的责任造成工期延误，其损失由承包商承担，并责令其尽快调整进度、减少延误工期。

（4）按合同条件规定，向承包商提供施工设备和施工图纸，保证施工的顺利进行。

（5）对隐蔽及主要工程项目及时组织阶段性验收，避免影响后继施工项目的进度。

4. 经济措施

（1）业主加强工程项目的预付款管理。

（2）及时签署月进度支付凭证。

（3）及时处理承包商或业主的索赔要求。

5. 信息管理措施

收集项目实施中有关工程项目的进度信息，比较分析计划进度的执行情况，定期向业主提供分析报告。如果检查发现实际进度与计划进度存在偏差，则应采取措施纠正偏差。信息管理关键在于明确计划进度的目标，收集反映实际进度的信息以及处理各种进度信息的方法和手段。

四、进度动态监测

项目实施过程中要对施工进展状态进行观测，掌握进展动态，对项目进展状态的观测通常采用日常观测和定期观测方法。日常观测法是指随着项目的进展，不断观测记录每一项工作的实际开始时间、实际完成时间、实际进展时间、实际消耗的资源、目前状况等内容，以此作为进度控制的依据。定期观测是指每隔一定时间对项目进度计划执行情况进行一次较为全面的观测、检查；检查各工作之间逻辑关系的变化，检查各工作的进度和关键线路的变化情况，以便更好地发掘潜力，调整优化资源配置。

五、进度分析比较和更新

进度控制的核心就是将项目的实际进度与计划进度进行不断分析比较，不断进行进度计划的更新。调整更新主要是关键工作的调整、非关键工作的调整、改变某些工作的逻辑关系、重新编制计划、资源调整等。

第三节　工程项目进度控制与调整

一、工程项目进度控制方法

工程项目进度实施控制是工程项目进度控制的主要环节，常用的控制方法有横道图控制法、S 曲线控制法、香蕉曲线法、前锋线法和列表法。

1. 横道图控制法

人们常用的、最熟悉的方法是用横道图编制实施进度计划，控制施工进度，指导项目的实施。它简明、形象和直观，编制方法简单，使用方便。

横道图控制法是在项目过程实施中，收集检查实际进度的信息，经整理后直接用横道线表示，并直接按原计划的横道线进行比较的方法。例如电厂建设进度实施控制，如表 8-1 所示。其中实线表示计划进度，粗黑部分则表示工程项目的实际进度。从比较中可以看出，在第 8 季度末进行进度计划的检查时，第 1、3 项工作已完成，第 2 项工作按计划进度应完成 50%，而实际进度只完成了 41.6%，已经拖后了 8.3%。

表 8-1　　　　　　　　　　　电厂建设进度横道图

工作序号	工作名称	工作时间	进　度（季度）															
			1	2	3	4	5	6	7	8	9	10	11	12	13	14	15	16
1	电厂主厂房	10																
2	机组施工	13																
3	输电线路	8																
4	电厂辅助设施	8																
5	试运行	1																

注：▬▬▬ 为已完成的

　　▬▬▬ 为未完成的

利用横道控制图检查时，图示清楚明了，可在图中用粗细不同的线条分别表示实际进度与计划进度。在横道图中，完成任务量可以用实物工程量、劳动消耗量和工作量三种方式表示。为了比较分析与控制的方便，一般采用累计百分比来描述。

由于施工项目中各个工序（或工作）实施速度的进度控制的要求不一定相同，可采用移动式进度计划控制法。

移动式进度计划控制方法是按照时间坐标（季度、月、周、日）在同一条粗实线的上下方分别标注两组工程量（目标计划工程量和实际完成工程量），以图示的方法描述目标进度与当前进度之间的状态。比较当前进度与目标进度之间工程量的差异，可以得到工序的完成情况（按时、推迟或提前），粗实线的尾部表示工序实际完成的工程量和完成时间，它始终在控制的目标时间前后移动，称这种方法为移动式进度计划。机组施工工序的移动式进度计划如表 8-2 所示。

表 8-2　　　　　　　　　　机组施工移动式施工进度计划　　　　　　　　（单位：t）

时间（季度） 工程量	3	4	5	6	7	8	9	10	11	12	13	14	15	16
目标计划工程量	**1000**	**800**	**1000**	**1000**	**800**	**800☆**								
实际完成工程量	800	600	1000	400	1300	(1300)								
备注	计划量 5400t，累计完成工程量 4100t，剩余工程量 1300t													

在表 8-2 中，加粗数据为每季度计划的目标工程量，未加粗数据为每季度实际完成的工程量。要确保目标工期，括号内的数字是要完成的剩余工程量，星号位置为计划工期的相应时间。

当前进度的推迟或提前天数可按下式计算：

$$D_j = \sum_{i=1}^{j} I(AQ_i - TQ_i)/TQ_i \tag{8-1}$$

式中，D_j 为当前进度的推迟或提前天数；i 为时间坐标，$i = 1，2，3，\cdots，j，\cdots，N$；$i$ 为时间坐标相应的实际工作天数；AQ_i 为实际完成的工程量；TQ_i 为计划工程量。

以表 8-2 为例，按照上式计算该工序当前进度的实际状态。如第 3 季度 $D_1 = (800-1000) \times 3/1000 = -0.6$，表示当前进度比目标进度推迟 0.6 个月；第 8 季度 $D_8 = -1.44$，表明在第 8 季度，工序的当前进度比计划进度推迟了 1.44 个月。采用移动式进度计划的控制方法，必须每个时段计算、更新一次进度图。通过当前进度的实际状况安排以后的进度计划，以满足目标工期的要求。

移动式进度计划控制方法最适用于短期的单项关键工序，在众多的项目同时施工时，它可以抓住关键、重点突破，以确保关键工序的形象进度。无论是工程量的完成还是工程项目工期的长短，都能以图示的形式，用时间直接反映出当前进度与目标进度之间的关系。

2. S 形曲线控制法

S 形曲线是一个以横坐标表示时间，纵坐标表示工作量完成情况的曲线图。该工作量的具体内容可以是实物工程量、工时消耗或费用，也可以是相对的百分比。对于大多数工程项目来说，在整个项目实施期内单位时间（以天、周、月、季等为单位）的资源消耗（人、财、物的消耗）通常是中间多而两头少。即项目实施前期资源的消耗较少，随着时间的增加而逐渐增加，在某一时期到达高峰后又逐渐减少直至项目完成，形状如图 8-2（a）所示。由于这一特性，资源消耗累加后便形成一条中间陡而两头平缓的形如"S"的曲线，如图 8-2（b）所示。

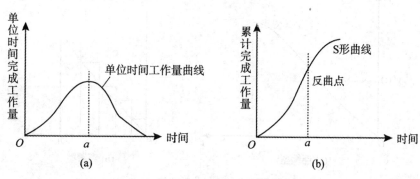

图 8-2　时间与完成工作量关系曲线

（1）S 形曲线绘制方法。

1）确定工程项目进展速度曲线。该曲线反映不同时间工作量完成情况。例如在任一 t 时刻，项目完成的工作量 y 可用公式表示为：

$$y = f(t) \tag{8-2}$$

如图 8-3（a）所示，其中横轴表示时间，纵轴表示工作量。如单位时间完成的工作量为离散型时，则某时刻 j 对应一个 y_j 值，如图 8-3（b）所示。

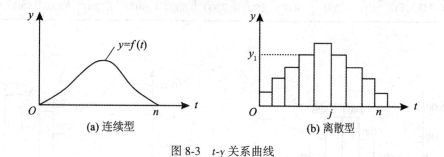

图 8-3　$t\text{-}y$ 关系曲线

2）计算不同时间累计完成的工作量。根据工作量 $t\text{-}y$ 关系曲线，在 t 时刻的累计完成量为：

$$y' = \int_0^t f(t)\,\mathrm{d}t \tag{8-3}$$

若单位时间的完成工作量为离散型，则有：

187

$$y'_j = \sum_{k=1}^{j} y_k \qquad (8\text{-}4)$$

也可表示为:

$$y'_j = y'_{j-1} + y_j \qquad (8\text{-}5)$$

3）根据不同时刻的 y'_j 值，绘制 S 形曲线，如图 8-4（a）、（b）所示。

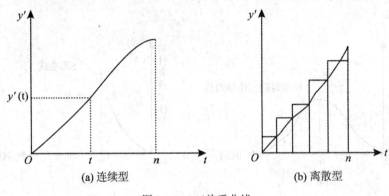

(a) 连续型   (b) 离散型

图 8-4 $t \sim y'$ 关系曲线

例 某施工项目的总施工量为 10000t，要求在 10 周完成，不同时间的施工量如表 8-3 和图 8-5 所示，试绘制该施工项目的 S 形曲线（如图 8-6 所示）。

表 8-3 完成工程量汇总表

时间（周）	j	1	2	3	4	5	6	7	8	9	10
每周完成量（t）	y_j	200	600	1000	1400	1800	1800	1400	1000	600	200
累计完成量（t）	y'_j	200	800	1800	3200	5000	6800	82000	9200	9800	10000

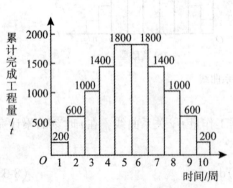

图 8-5 每周完成工程量

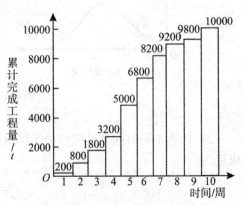

图 8-6 累计完成工程量的 S 形曲线

（2）S形曲线进度控制。

像横道图一样，S形曲线也能直观地反映工程项目的实际进展情况。项目进度控制监理工程师事先绘制进度计划的S形曲线。在项目施工过程中，每隔一定时间将项目实际进度情况绘制进度计划的S形曲线，并与原计划的S形曲线进行比较，如图8-7所示。

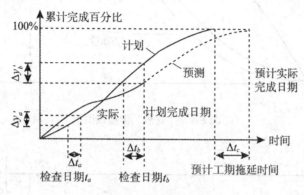

图8-7 S形曲线比较图

1）项目的实际进展速度。如果项目实际进展的累计完成量在原计划的S形曲线左侧，则表示此时的实际进度比计划进度超前，如图8-7中 a 点；反之，如果项目实际进展的累计完成量在原计划的S形曲线右侧，则表示实际进度比计划进度拖后，如图8-7中 b 点。

2）进度超前或拖延时间。如图8-7中，Δt_a 表示 t_a 时刻进度超前时间；Δt_b 表示 t_b 时刻进度拖延的时间。

3）工程量完成情况。在图8-7中，$\Delta y_a'$ 表示 t_a 时刻超额完成的工程量；$\Delta y_b'$ 表示 t_b 时刻拖欠的工程量。

4）项目后续进度的预测。在图8-7中，虚线表示项目后续进度若按原计划速度实施，总工期拖延的预测值为 Δt_c。

3. "香蕉"形曲线比较法

（1）"香蕉"形曲线的概念。

"香蕉"形曲线是由两条以同一开始时间、同一结束时间的S形曲线项目后续进度组合而成的，如图8-8所示。其中，一条S形曲线是工作按最早开始时间安排进度所绘制的S形曲线，简称ES曲线；而另一条S形曲线是工作按最迟开始时间安排进度所绘制的S形曲线，简称LS曲线。除了项目的开始和结束时刻外，ES曲线在LS曲线的上方，同一时刻两条曲线所对应完成的工作量是不同的。在项目实施过程中，对于任一时刻，实际进度是在这两条曲线所包区域内的曲线 R，如图8-8所示。

利用"香蕉"形曲线除可进行进度计划的合理安排、实际进度与计划进度的比较外，还可以对项目后续工作的工期进行预测。即在目前状态下，预测项目后续工作的最早和最迟开始时间ES曲线与LS曲线的发展趋势如图8-9所示。

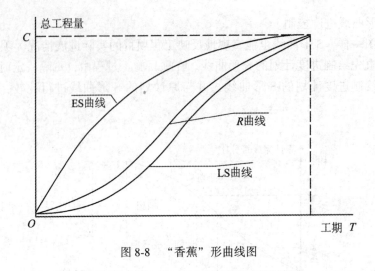

图 8-8　"香蕉"形曲线图

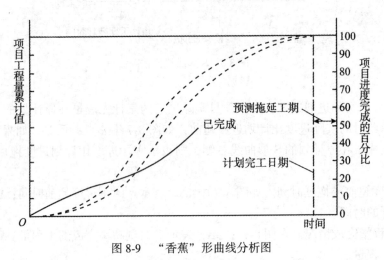

图 8-9　"香蕉"形曲线分析图

（2）"香蕉"形曲线的绘制步骤。

香蕉曲线的绘制方法与 S 形曲线的绘制方法基本相同。它是以工作的最早开始时间和最迟开始时间分别绘制两条 S 形曲线。其具体步骤如下：

1）在项目的网络计划基础上，确定项目的工作数目 n 和检查次数 m，计算工作的时间参数 ES_i、LS_i（$i = 1, 2, \cdots, n$）；

2）确定工作在不同时间计划完成工程量。以项目的最早时标网络计划确定工作在各单位时间的计划完成工程量 q_{ij}^{ES}，即第 i 项工作按最早开始时间开工，第 j 时段内计划完成的工程量（$1 \leqslant i \leqslant n$；$0 \leqslant j \leqslant m$）；以项目的最迟时标网络计划确定工作在各单位时间的计划完成工程量 q_{ij}^{LS}，即第 i 项工作按最迟开始时间开工，第 j 时段内计划完成的工程量；

3）计算项目总任务量 Q：

$$Q = \sum_{i=1}^{n} \sum_{j=1}^{m} q_{ij}^{ES} \qquad (8\text{-}6)$$

或

$$Q = \sum_{i=1}^{n} \sum_{j=1}^{m} q_{ij}^{LS} \qquad (8\text{-}7)$$

4）计算到 j 时刻末完成的工程量；

按最早时标网络计划计算完成的工程量 Q_j^{ES} 为：

$$Q_j^{ES} = \sum_{i=1}^{n} \sum_{j=1}^{j} q_{ij}^{ES} \qquad (8\text{-}8)$$

按最迟时标网络计划计算完成的工程量 Q_j^{LS} 为：

$$Q_j^{LS} = \sum_{i=1}^{n} \sum_{j=1}^{j} q_{ij}^{LS} \qquad (8\text{-}9)$$

5）计算到 j 时刻末完成项目工程量百分比；

按最早时标网络计划计算完成工程量的百分比 μ_j^{ES} 为：

$$\mu_j^{ES} = \frac{Q_j^{ES}}{Q} \times 100\% \qquad (8\text{-}10)$$

按最迟时标网络计划计算完成工程量的百分比 μ_j^{LS} 为：

$$\mu_j^{ES} = \frac{Q_j^{ES}}{Q} \times 100\% \qquad (8\text{-}11)$$

6）绘制香蕉形曲线。以（μ_j^{ES}，j）绘制工程量的 ES 曲线；以（μ_j^{LS}，j）绘制工程量的 LS 曲线，由 ES 曲线和 LS 曲线构成项目的香蕉形曲线。

例　已知某项目的网络计划如图 8-10 所示，网络计划的时间参数如表 8-4、表 8-5 所示，计划的工作量以工时消耗表示。

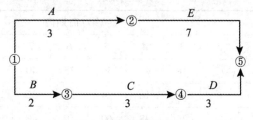

图 8-10　网络计划图

表 8-4　　　　　　　　　　　　　　　　　　**网络参数**

i	工作编号	工作名称	D_i (d)	ES_i	LS_i
1	1—2	A	3	0	0
2	1—3	B	3	0	2
3	3—4	C	3	2	4

续表

i	工作编号	工作名称	D_i（d）	ES_i	LS_i
4	4—5	D	3	5	7
5	2—5	E	7	3	3

表 8-5 各工作单位时间工作量汇总表

q_{ij}	q_{ij}^{ES}（工时）										q_{ij}^{LS}（工时）									
i j	1	2	3	4	5	6	7	8	9	10	1	2	3	4	5	6	7	8	9	10
1	3	3	3								3	3	3							
2	3	3											3	3						
3			3	3	3										3	3	3			
4					2	2	1											2	2	1
5				3	3	3	3	3	3	3				3	3	3	3	3	3	3

（1）计算项目的总工作量 Q：

$$Q = \sum_{i=1}^{5} \sum_{j=1}^{10} q_{ij}^{(ES)} = 50$$

（2）计算在 j 时期内完成的总工作量 Q_j^{ES}、Q_j^{LS}，结果如表 8-6 所示；

表 8-6 计算结果表

	第 j 时期内									
	1	2	3	4	5	6	7	8	9	10
Q_j^{ES}（工时）	6	12	18	24	30	35	40	44	47	50
Q_j^{LS}（工时）	3	6	12	18	24	30	36	41	46	50
μ_j^{ES}（%）	12	24	36	48	60	70	80	88	94	100
μ_j^{LS}（%）	6	12	24	36	48	60	72	82	92	100

（3）根据（j，μ_j^{ES}）绘制项目计划的 ES 曲线；再根据（j，μ_j^{LS}）绘制项目计划的 LS 曲线，如图 8-11 所示。

4. 前锋线比较法

前锋线比较法也是一种简单地进行项目进度计划分析和控制的方法，主要适用于时标网络进度计划。它是从检查项目进度计划的时标点开始，依次连接工作箭线实际进度的时标点，将所有正在进行的工作时标点连接成一条折线，称这条折线为前锋线。比较

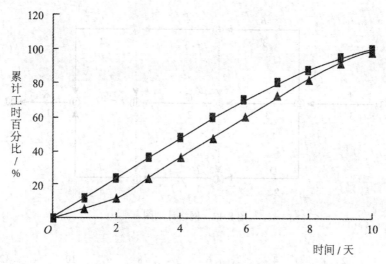

图 8-11　项目计划的"香蕉"形曲线图

前锋线与计划进度的位置来判定项目的实际进度与计划进度之间的偏差。采用前锋线比较法分析进度计划的步骤为：

（1）绘制项目进度计划的早时标网络图。

（2）绘制项目进度计划的前锋线。项目进度计划的前锋线是在早时标网络图上绘制的。在早时标网络图的上方和下方各设一时间坐标轴，从上时间坐标轴的检查时刻起，依次连接工作箭线的实际进度时标点，直到下时间坐标轴的检查时刻为止。

（3）比较分析实际进度与计划进度。项目进度计划的前锋线能够给出工作的实际进度与计划进度的关系，一般有以下三种情况。

1）工作的实际进度时标点与检查的时间坐标相同，说明工作的实际进度与计划进度是一致的；

2）工作的实际进度时标点在检查的时间坐标右侧，说明工作实际进度超前，超前时间为两者之差；

3）工作的实际进度时标点在检查的时间坐标左侧，说明工作实际进展拖后，拖后时间为两者之差。

采用进度计划的前锋线比较分析实际进度与计划进度，适用于匀速进展的工作；对于非匀速进展的工作比较方法较复杂，在此就不介绍。

例　某项目的网络计划如图 8-12 所示，在第 5 天检查时发现工作 A 已完成，工作 B 进行了 1 天，工作 C 进行了 2 天，工作 D 还未开始。试用前锋线法分析实际进度与计划进度的关系。

（1）按照网络计划图绘制早时标网络计划，如图 8-13 所示。

（2）第 5 天检查实际进度情况，绘制前锋线，如图 8-13 的折线。

（3）实际进度与计划进度比较。从图 8-13 中的前锋线可以看出：工作 B 拖延 1 天；工作 C 与计划一致；工作 D 拖延 2 天。

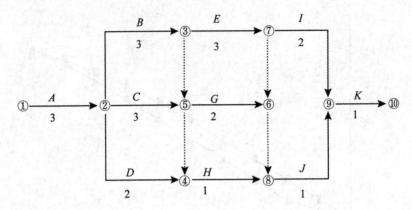

图 8-12　网络计划图

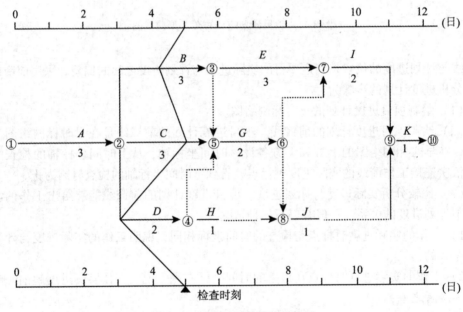

图 8-13　网络计划前锋线比较图

5. 列表比较法

采用列表比较法比较项目的实际进度与计划进度的偏差方法是检查正在进行的工作和进行的时间，通过列表计算工作的时间参数，比较分析总时差的变化判断实际进度与计划进度的关系。列表比较法的分析步骤是：

（1）计算正在进行的工作 $i—j$ 还需的作业时间 $T_{i-j}^{②}$，计算公式为：

$$T_{i-j}^{②} = D_{i-j} - T_{i-j}^{①} \qquad (8-12)$$

式中，D_{i-j} 为工作 $i—j$ 的计划持续时间；$T_{i-j}^{①}$ 为工作 $i—j$ 检查时已用的时间。

（2）计算工作 $i—j$ 从检查时刻至计划最迟完成时间的时间 $T_{i-j}^{③}$，计算公式为：

$$T_{i\text{-}j}^{③} = \text{LF}_{i\text{-}j} - T_2 \tag{8-13}$$

式中，$\text{LF}_{i\text{-}j}$为工作i—j的最迟完成时间；T_2为检查时刻。

（3）计算工作i—j剩余的总时差$\text{TF}_{i\text{-}j}^{①}$，计算公式为：

$$\text{TF}_{i\text{-}j}^{①} = T_{i\text{-}j}^{③} - T_{i\text{-}j}^{②} \tag{8-14}$$

（4）分析工作实际进度与计划进度的偏差：

1）若工作剩余的总时差与原总时差相等，说明工作的实际进度与计划进度一致；

2）若工作剩余的总时差小于原总时差，并且$\text{TF}_{i\text{-}j}^{①}$为正值，说明工作的实际进度比计划进度拖后，但不影响总工期；

3）若工作剩余的总时差小于原总时差，并且$\text{TF}_{i\text{-}j}^{①}$为负值，说明对总工期有影响。

例　某项目的网络计划如图8-13所示，在第5天检查时发现工作A已完成，工作B进行了1天，工作C进行了2天，工作D还未开始。试用列表比较法分析实际进度与计划进度的关系。

（1）计算正在进行的工作还需的作业时间：

$$\text{TF}_{2\text{-}3}^{②} = D_{2\text{-}3} - T_{2\text{-}3}^{①} = 3 - 1 = 2$$

（2）计算工作从检查时刻至计划最迟完成时间的时间：

$$T_{2\text{-}3}^{③} = \text{LF}_{2\text{-}3} - T_2 = 6 - 5 = 1$$

（3）计算工作剩余的总时差：

$$\text{TF}_{2\text{-}3}^{①} = T_{2\text{-}3}^{③} - T_{2\text{-}3}^{②} = 1 - 2 = -1$$

其余工作C、D的时间参数按式8-12~8-14分别计算，结果如表8-7所示；

（4）工作的实际进度与计划进度的偏差，从表8-7中的有关数据进行判断分析，结果如表8-7所示。

表8-7　　　　　　　　　　　　　　　　项目进度检查比较表

工作代号	工作名称	还需的作业时间 $T_{i\text{-}j}^{②}T$	从检查时刻至计划最迟完成时间 $T_{i\text{-}j}^{③}T$	原总时差 $\text{TF}_{i\text{-}j}$	剩余总时差 $T_{i\text{-}j}^{①}$	判断分析
2—3	B	2	1	0	−1	影响工期1天
2—5	C	1	2	1	1	不影响工期
2—4	D	2	2	2	0	不影响工期

二、进度计划实施中的调整方法

1. 分析偏差对后继工作及工期影响

当进度计划出现偏差时，需要分析偏差对后继工作产生的影响。分析的方法主要是利用网络计划中工作的总时差和自由时差来判断。工作的总时差（TF）是指不影响项目工期，但影响后继工作的最早开始时间，该工作拥有的最大机动时间；而工作的自由时差是指在不影响后继工作按最早开始时间的条件下，工作拥有的最大机动时间。利用时差分析进度计划出现偏差，可以了解进度偏差对进度计划的局部影响（后继工作）

和对进度计划的总体影响（工期）。具体分析步骤如下：

（1）判断进度计划偏差是否在关键线路上。如果出现进度偏差工作的总时差 TF 等于零，说明工作在关键线路上。无论其偏差有多大，都将对其后继工作和工期产生影响，必须采取相应的调整措施；如果总时差 TF 大于零，说明工作在非关键线路上。偏差的大小对后继工作和工期是否产生影响以及影响的程度，还需要进一步分析判断。

（2）判断进度偏差是否大于总时差。如果工作的进度偏差大于工作的总时差，说明偏差必将影响后继工作和项目的总工期；如果偏差小于或等于工作的总时差，说明偏差不会影响项目的总工期。但它是否对后继工作产生影响，还需进一步与自由时差进行比较判断来确定。

（3）判断进度偏差是否大于自由时差。如果工作的进度偏差大于工作的自由时差，说明偏差将对后继工作产生影响，但偏差不会影响项目的总工期；反之，如果偏差小于或等于工作的自由时差，说明偏差不会对后继工作产生影响，原进度计划可不做调整。

采用上述分析方法，进度控制人员可以根据工作的偏差对后继工作的不同影响采取相应的进度调整措施，以指导项目的进度计划实施。具体的判断分析过程如图 8-14 所示。

2. 进度计划实施中的调整方法

当进度控制人员发现问题后，对实施进度进行调整。为了实现进度计划的控制目标，究竟采取何种调整方式，要在进度分析的基础上确定。从实现进度的控制目标来看，可行的调整方案可能有多种，存在一个方案优选的问题。一般来说，进度调整的方法主要有以下两种。

（1）改变工作之间的逻辑关系。

这种方式主要是通过改变关键线路上工作之间的先后顺序、逻辑关系来实现缩短工期的目的。例如，若原进度计划按比较保守的方式编制，即各项工作采用分别实施，也就是说某项工作结束后，另一项工作才开始。通过改变工作之间的逻辑关系、相互间搭接关系，便可达到缩短工期的目的。采取这种方式进行调整时，由于增加了工作之间的相互搭接时间，进度控制工作显得更加重要，实施中必须做好协调工作。

（2）改变工作延续时间。

这种方式与第一种方式不同，它主要是对关键线路上工作本身的调整，工作之间的逻辑关系并不发生变化。例如，某一项目的进度拖延后，为了加快进度，通常采用压缩关键线路上工作的持续时间、增加相应的资源来达到加快进度的目的。这种调整方式通常在网络计划图上直接进行，调整方法与限制条件以及对后继工作的影响程度的不同有关，一般可考虑以下三种情况：

1）在网络图中，某项工作进度拖延，但拖延的时间在该工作的总时差范围内，自由时差以外。若用 Δ 表示此项工作拖延的时间，则：

$$FF < \Delta < TF$$

根据前面分析的方法，这种情况不会对工期产生影响，只对后继工作产生影响。因此，在进行调整前，要确定后继工作允许拖延的时间限制，并作为进度调整的限制条件。确定这个限制条件有时很复杂，特别是当后继工作由多个平行的分包单位负责实施

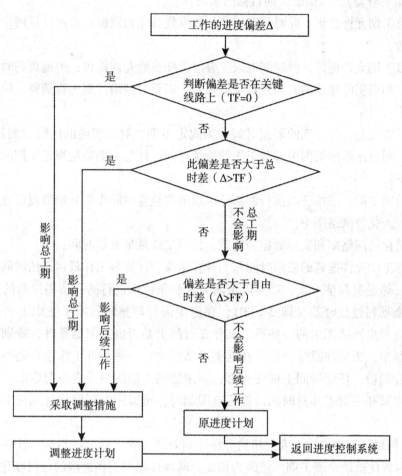

图 8-14 进度偏差对后继工作和工期影响分析

时，更是如此。后继工作在时间上产生的任何变化都可能使合同不能正常履行，受损失的一方可能向业主提出索赔。例如在进度执行过程中，设计单位拖延了交图时间，由于推迟交图而造成工程项目拖后，可能造成施工单位人力、机具等的窝工，增加工程项目成本。施工单位有责任按合同规定的价格和按时间完成工程项目任务，对于推迟交图造成的损失，有权向业主提出索赔。因此，寻找合理的调整方案，把对后继工作的影响减少到最低程度，是工程项目管理的一项重要工作。

2）在网络图中，某项工作进度的拖延时间大于该项工作的总时差，即：

$$\Delta > TF$$

这种情况可能是该项工作在关键线路上（TF = 0）；工作在非关键线路上，但拖延的时间超过了总时差（$\Delta > TF$）。无论哪种情况都会对后继工作及工期产生影响，其进度的调整方法可分为以下三种情况。

①项目工期不允许拖延。在这种情况下，只有采取缩短关键线路上后继工作的持续

197

时间（消除负时差），以保证工期目标的实现；

②项目工期允许拖延。此时只需用实际数据代替原始数据，重新计算网络计划的有关时间参数；

③项目工期允许拖延，但时间有限。有时工期虽然允许拖延，但拖延的时间受到一定的限制。如果实际拖延的时间超过了该限制，需要对网络计划进行调整，以满足进度控制的要求。

调整的方法是：以工期的限制时间作为规定工期，对未实施的网络计划进行工期-费用优化。通过压缩网络图中某些工作的持续时间，使总工期满足规定工期的要求。具体步骤如下：

①化简网络图，去掉已经执行的部分，以进度检查时间作为开始节点起点时间，将实际数据代入化简网络图中；

②以简化的网络图和实际数据为基础，计算工作最早开始时间；

③以总工期允许拖延的极限时间作为计算工期，计算各工作最迟开始时间。

以上三种进度调整方式，都是以工期为限制条件来进行的。值得注意的是：当工作时间的拖延超过总时差（即 $\Delta > TF$），在进度进行调整时，除了考虑工期的限制条件外，还应考虑网络图中的一些后继工作在时间上是否也有限制条件，特别是在总进度计划控制中，更应注意这一点。在这类网络图中，一些后继工作也许是一些独立的工程项目合同段，任何时间上的变化都会带来协调上的麻烦或者引起索赔。因此，当网络计划中某些后继工作对时间的拖延有限制时，可以用时限网络计划按上述方法进行调整。

3）在网络计划中工作进度的超前。在计划阶段所确定的工期目标，往往是综合考虑各方面因素优选的合理工期。正因为如此，网络计划中工作进度的任何变化，无论是拖延还是超前，都可能造成其他目标的失控，如造成费用增加等。例如，在一个项目工程总进度计划中，由于某项工作的超前，致使资源的使用发生变化。它不仅影响原进度计划的继续执行，也影响各项资源的合理安排。特别是施工项目采用多个分包单位进行平行工程项目时，因进度安排发生了变化，会导致协调工作的复杂性。

第四节　工程延期与延误控制

在工程项目实施过程中，工期的延长有两种情况：工期延误和工程延期。虽然它们都是使项目拖期，但性质不同，因而业主与承包单位所承担的责任也就不同。如果是工期延误，由此造成的一切损失均应由承包单位承担，同时，业主还有权对承包单位违约造成的工期延误处以罚款。如果是工程延期，承包单位不仅有权要求延长工期，而且还有权向业主提出由于工程延期而赔偿费用的要求，弥补由此造成的额外损失。因此，在工程项目过程中，监理工程师对工期的延长批准及其责任分析，对业主和承包单位都十分重要。

一、基本概念

1. 工程延期与工程延误

（1）工程延期。

由于承包商以外的原因造成工程项目工期的延长，称之为工程延期。工程延期给承包商带来的损失由业主负责。

经过批准的工程延期，延长的时间属于合同工期的一部分。根据合同条件规定，项目的竣工时间等于标书中所规定的时间加上经过批准的工程延期的时间。

在工程项目实施过程中，是否批准施工项目工期的延长（即工程延期），对承包商和业主都十分重要。经过批准施工项目的工程延期，承包商不仅可以节省由于延长工期而支付的工期损失费，而且工程延期所增加的费用将由业主承担；对业主来说，工程延期不仅使业主推迟了项目的竣工期和投产期，还有可能导致其他一些经济损失。

（2）工程延误。

由于承包商自身的原因，造成工程项目工期的延长称为工程延误。由于工程延误导致工期延长的一切损失由承包商自己承担。

根据合同条件的规定，由于工程延误所造成的工期延长，承包商还要向业主支付误期损失费。此外，承包商必须采取可行的加快施工项目进度的任何措施，所增加的各种费用，全部由承包商承担。

因此，在项目管理过程中应严格按照有关的合同条件，公正、科学地区分工程延误与工程延期，并按规定的程序批准工程延期。

2. 造成工程延期的原因

（1）工程量的增加。

根据合同条件规定，如果项目变更指令增加了工程量，相应地工期也需要延长。

（2）在合同条件中涉及的任何可能造成延期的原因。

1）设计及施工图纸提交延期。根据合同条件的规定未能按照合同条件规定的时间向承包商提供项目设备或施工图纸，造成工程项目的延误或中断；

2）施工项目的暂停。由于暂停部分或全部工程的工程项目，而暂停的原因不是由承包商自身造成而导致的工程延期；

3）延迟提供施工场地。业主未能按照合同条件规定的时间向承包商提供施工场地导致工程的延误或中断；

4）合同规定以外的检查。对施工项目进行了合同规定以外的检查，并且检查的结果表明被检查的项目达到了合同规定的标准，由此导致工程的延误或中断；

5）不利的外界条件。承包商在工程项目实施过程中，如果遇到了合同条件规定以外的，承包商又无法预料的外界障碍或条件而导致工程的延误或中断；

6）业主未按合同条件规定的时间付款。根据合同条件的规定，如果业主未按规定的时间向承包商支付工程款项，且应付款期满后规定的时间之内，则承包商有权通知业主暂停施工或减缓施工工作速度，由此导致的工程延误或中断。

（3）业主的干扰和阻碍。

根据合同条件规定，业主对承包商的施工活动不能进行指挥或干预。业主任何干预承包商的行为，都可能构成对承包商的干扰和阻碍。由于受到业主的干扰和阻碍，导致工程项目的延误或中断。

（4）除承包商自身以外的任何原因。

凡是承包商自身以外的任何原因造成工程延误或中断，应当按照合同条件的有关规定，批准承包商的工程延期。

二、工程延期的申报与审批

1. 申报工程延期的条件

由于以下原因导致施工项目工期的延长，承包单位有权提出延长工期，并按合同规定批准工程延期的时间。

（1）由于工程项目的变更，导致工程量增加。

（2）合同中所涉及的任何可能造成工程延期的原因，如延期交图、工程暂停、对合格工程的额外检查及不利的外界条件等。

（3）异常恶劣的气候条件。

（4）由业主造成的任何延误、干扰或障碍，如未及时提供工程项目施工场地、未及时付款等。

（5）除承包单位自身以外的其他任何原因。

2. 工程延期的审批程序

工程延期的审批程序如图 8-15 所示。当工程延期事件发生后，承包单位应在合同规定的有效期内，以书面形式提出工程延期意向通知。向监理工程师提交详细的申述报告（延期理由及依据），同时还要报送业主，经监理工程师调查核实，准确地确定工程延期时间。

当延期事件具有持续性，承包单位在合同规定的有效期内不能提交最终详细的申述报告时，应先向监理工程师提交阶段性的详细报告。监理工程师应在调查核实阶段性报告的基础上，应和业主协商并尽快做出延长工程工期的临时决定。临时决定的延期时间不宜太长，一般不超过最终批准的延期时间。

待延期事件结束后，承包单位应在合同规定的期限内，提交最终的详情报告。经复查详情报告的全部内容后，确定工程延期的时间。对于一时难以做出结论的延期事件，即使不属于持续性的事件，也可以先做出临时延期的决定，然后再做出最后的决定。这样，既可以保证有充足的时间处理延期事件，又可以避免由于处理不及时而造成的损失。

三、工程延期的控制

工程项目一旦发生延期事件，不仅影响工程的进度，而且会给业主带来很大的损失。工程延期的控制主要是由业主和监理工程师共同完成的。

1. 业主的工程延期控制

业主的前期准备工作是否充分，与工程延期关系很大。实际上，很多工程延期都是

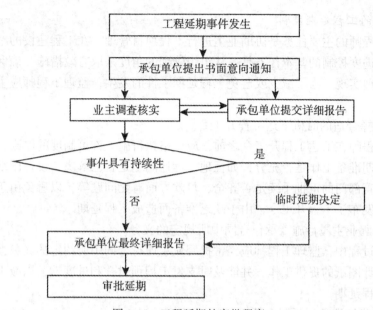

图 8-15 工程延期的审批程序

由于业主的前期工作准备不好而造成的。因此，业主的工程延期控制措施应包括以下几个方面：

（1）及时提供施工场地。

根据合同规定，业主如果不能按照监理工程师批准的施工进度计划，在合理的时间范围内及时给承包商提供施工用地，承包商有权获得工程延期时间。目前，在我国由于政府与地方之间对工程用地的征用问题不易解决，经常会影响到承包商对施工场地的及时占有，由此造成的工程延期是普遍存在的。因此，业主应提前做好征地拆迁工作，确保能及时给承包商提供施工场地，减少或避免由此而引起的工程延期。

（2）抓好工程设计工作。

为了避免由于设计图纸不能及时提供而造成的工程延期，业主应抓好工程设计工作。在工程建设中，有些工程采用初步设计招标，但在开工之后施工图设计文件却不能及时提供。更普遍的问题是在施工过程中，由于业主前期工作不够充分，导致设计中变更过多，加之有些变更未能提供变更图纸，往往又造成更大的工程延期。业主如果能抓好前期的工程设计工作，这方面的工程延期是完全可以减少或避免的。

（3）做好付款的准备工作。

根据合同规定，如果业主不能及时向承包商支付工程款项，承包商有权减缓施工进度或暂停工作，并有权获得工程延期时间。为了减少或避免由于延期支付而造成的工程延期，业主应按照承包商的资金流动计划，做好付款的准备工作，保证按合同规定的时间支付工程款项。

此外，在施工过程中，业主应完全按施工承包合同约定行事，尽量减少不必要的干预，与工程建设各方多协调、多商量，以避免由于业主的干扰和阻碍而导致工程延期事件的发生。

2. 监理的工程延期控制

监理工程师的主要任务是协助业主进行工程项目管理。在工程建设的施工阶段，监理工程师对进度控制的基本任务是：从组织管理的角度采取有效措施，确保工程建设进度总目标合理实现。为了减少或避免工程延期事件的发生，监理工程师应主要做好以下工作：

(1) 选择合适的时机下达工程开工令。

监理工程师在下达工程开工令之前，应严格执行施工许可制度的原则，要充分考虑到业主的前期准备工作是否充分，如征地、拆迁问题是否已解决，设计图纸能否及时提供，政府主管部门的审批手续是否齐全，付款方面有无问题等，以避免由于上述问题的存在，即使发布了工程开工令，由于缺乏准备而造成工程延期。

(2) 提醒业主履行施工承包合同中所规定的义务。

在施工过程中，监理工程师应经常提醒业主履行合同中所约定的义务，提前做好施工场地及设计图纸的提供工作，并能及时支付工程预付款和进度款，以减少或避免由此而造成的工程延期。

(3) 妥善处理工程延期事件。

当工程延期事件发生以后，监理工程师应根据合同的约定，协同各方来进行妥善处理，既要尽量减少工程延期时间及其损失，又要在详细调查研究的基础上合理批准工程延期时间。

四、工程延误的控制

工期延误是由于承包商自身的原因造成，而承包商又未采取相应的措施予以改变进度拖延状态时，业主或监理工程师通常可以采用下列控制措施。

1. 要求承包单位采取措施

监理工程师通过由承包商提交的有关进度的报表、现场跟踪检查工程实际进度、召开工地例会等方法，发现承包商的工程进度延误时，应及时向承包商发出监理工作联系单，要求承包商采取切实措施，防止工程延误事件的继续发生。承包商可以采取的措施有：组织措施，如增加劳动力、施工机具，合理组织施工；技术措施，如采用先进的施工方法、施工工艺；经济措施，如增加投入，加班加点。

2. 拒绝签署付款支付凭证

当承包商的施工不能避免工程延误事件的发生，或工程延误事件越来越严重时，监理工程师有权拒绝承包商的工程款支付申请的签署。因此，当承包商的施工进度拖后且又不采取积极措施时，监理工程师可以采取停止付款的手段来制约施工单位。

3. 工期延误损失赔偿

停止付款手段一般是监理工程师在施工过程中制约施工单位延误工期的手段，而延误损失赔偿则是当承包商未能按合同规定的工期完成合同范围内的工作时对其的处罚。如果承包商未能按合同规定的工期和条件完成整个工程，则应向建设单位支付投标书附件中规定的金额，作为该项违约的损失赔偿费。

4. 取消施工承包资格

如果承包商严重违反合同，发生工程延误事件后，经监理工程师书面通知而不采取有效补救措施，则业主为了保证合同工期，有权取消承包商的施工承包资格。例如：承包商接到监理工程师的开工通知后，无正当理由推迟工程开工，或在施工过程中无任何理由要求延长工期，施工进度缓慢，又无视监理工程师的书面警告等，都有可能受到取消施工承包资格的处罚。

取消施工承包资格是对施工承包单位违约的严厉制裁。监理单位只有向业主提出取消施工承包资格的建议权，业主拥有决定权。因为，业主一旦取消了承包商的承包资格，承包商不但要被驱逐出施工现场，而且还要承担由此而造成的业主的工程损失费用。这种惩罚措施一般不轻易采用，而且在做出这项决定前，业主必须事先通知承包单位。取消施工承包资格可能引起仲裁或法律诉讼，当事人双方都要做好辩护准备。

第九章 工程项目投资控制

工程项目投资控制是在工程项目建设过程中，采取相应的手段，将工程投资控制在一定的计划范围内，以期实现工程项目的投资控制目标的过程。它是工程项目管理中最重要的内容之一，是建设项目获得预期投资效益的根本保证。

第一节 概　　述

一、工程项目投资的内涵

工程项目投资包含两层含义：①它是一种将货币和其他资源投入工程项目综合开发、经营、管理和服务等活动而以期获得预期收益的经济行为；②它是指进行某项工程建设而花费的全部费用。前者是将工程项目投资作为动词属性理解，后者是将其作为名词属性理解。本书中的"工程项目投资"主要是指后者，即指工程项目建设所需要的全部费用的总和，是工程项目建设过程中发生的各种资源消耗的货币体现。由于工程项目参与各方的主体不同，各方对工程项目投资的理解也不同，从不同的角度出发，工程项目投资有着不同的内涵。

就投资者或业主的角度而言，他们对整个工程项目负责，总希望以尽可能少的投资保质保量地按期完成工程项目。此时，工程项目投资是指投资者或业主为了获得投资项目的预期效益，进行项目策划、决策及实施，直至竣工验收、交付使用的一系列投资活动所花费的全部费用。从这个意义上讲，工程项目投资是投资者或业主为了进行某项工程建设而获得投资效益，预期或实际花费的全部建设投资，也称投资费用或投资额，包括设备及工具器具购置费、建筑安装工程费、工程建设其他费用等。

就市场交易的角度而言，承包商往往通过招投标获得投资者或业主投资项目的部分工程承建的机会，并依据合同条件对中标的工程项目对象（一般为建筑安装工程任务）负责，总希望使用更低的成本来获取更大利润。此时，工程项目投资是指承包商为完成某项工程的建设，预计或实际在工程承发包市场等交易活动中所形成的工程价格，或称合同价、承包价。从这个意义上讲，工程项目投资是承包商为了承建工程项目而获取利润，以承建项目作为成本核算对象的施工过程中所耗费的全部生产费用，通常也称成本费用或施工成本。

在本书中，工程项目投资对投资者或业主而言，是狭义上理解的工程项目投资，一般就称为建设项目投资，而对承包商而言则通常称为施工成本。

1. 建设项目投资的构成

根据我国现行建设工程费用的构成，建设项目总投资包括建设投资（固定资产投资）和流动资产投资两部分。其中，建设投资按其性质不同可划分为设备及工器具购置费、建筑安装工程费、工程建设其他费用、预备费、建设期贷款利息和建设投资方向调节税等。具体构成如图 9-1 所示。

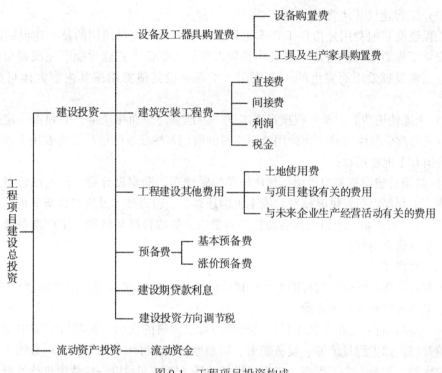

图 9-1　工程项目投资构成

（1）设备及工器具购置费。

设备及工器具购置费是指为工程项目购置或自制达到固定资产标准的设备和新、扩建工程项目配置的首批工器具及生产家具所需的费用，由设备购置费和工器具及生产家具购置费组成。

1）所谓设备购置费，是指购置设计文件规定的各种机械和电气等设备的全部费用，包括设备原价或进口设备抵岸价和设备运杂费；

2）所谓工器具及生产家具购置费，是指按项目初步设计规定的，为生产、试验、经营、管理或生活需要购置的，以及未达到固定资产水平的各种工具、器具、仪器及用具和家具的费用，一般以设备购置费为计算基数，按照部门或行业规定的工具、器具及生产家具费率计算。

在生产性工程建设中，设备及工器具投资主要表现为其他部门创造的价值向建设工程项目中的转移，是建设工程投资中的积极部分，其占投资费用比例的多少意味着资本有机构成和生产技术进步的程度。

（2）建筑安装工程费。

建筑安装工程费是指按照建设工程设计文件要求用于建筑工程和安装工程的费用。建筑工程包括一般土建工程、采暖通风工程、电气照明工程、给排水工程、工业管道工程和特殊构筑物工程。安装工程包括电气设备安装工程、化学工业设备安装工程、机械设备安装工程和热力设备安装工程等。建筑安装工程费用包括直接费、间接费、利润和税金，一般占工程项目总投资费用的 50%~60%。

（3）工程建设其他费用。

工程建设其他费用是指在工程筹建到工程竣工验收交付使用的整个建设期间，除建筑安装工程费用和设备及工器具购置费以外，为保证工程建设顺利完成和交付使用后能够正常发挥效用而发生的一些费用。工程建设其他费用按其内容大体可分为三类：

1）土地使用费。由于工程项目固定于一定地点与地面相连接，必须占一定量的土地，也就必然要发生为获得建设用地而支付的费用，按获取的性质分为农用土地征用费和取得国有土地使用费；

2）与项目建设有关的费用。如建设单位管理费、勘察设计费、研究试验费、工程监理费、工程保险费、供电贴费、施工机构迁移费、引进技术及进口设备其他费等；

3）与未来企业生产和经营活动有关的费用，如联合试运转费、生产准备费、办公及生活家具购置费等。

（4）预备费。

预备费是指考虑建设期可能发生的风险因素而导致的建设费用增加的这部分投资，包括基本预备费和涨价预备费。

1）基本预备费是指在初步设计及概算内难以预料的支出，在项目实施中需要预先预留的费用，如工程量增加、设备变更、局部地基处理等增加的费用，一般按设备及工器具购置费、建筑安装工程费、工程建设其他费三者之和乘以一定费率进行计取；

2）涨价预备费指工程项目在建设期内由于物价上涨或费率变化等因素影响而需要预测预留的费用，如人工、设备、机械的价差费以及利率、汇率调整等增加的费用，一般根据国家规定的投资综合价格指数，以估算年份价格水平的投资额为基础采用复利计算。

（5）建设期贷款利息。

建设期贷款利息是指在建设期内使用银行或其他金融机构的贷款而发生并应计入固定资产的利息。建设期贷款利息应按借款要求和条件考虑，一般都是按复利计算。

（6）建设投资方向调节税。

固定资产投资方向调节税是为了贯彻国家产业政策，控制投资规模，调整投资结构，加强重点建设，引导投资在地区和行业间的有效配置而开征的税收。目前建设投资方向调节税已暂停征收。

（7）铺底流动资金。

铺底流动资金是指生产性建设工程为保证生产和经营正常进行，按规定应列入工程项目总投资的铺底流动资金，一般按流动资金的 30% 计算。

2. 施工成本的构成

在项目建设总投资中，施工过程所消耗的建筑安装工程费用占有 50%～60% 以上的份额，是建设项目投资的主体，它是在建筑市场通过招投标由投资者或业主和承包商共同认可的价格，并且由承包商（建筑安装施工企业）承建完成，因而人们通常也将施工成本理解为投资中的建筑安装工程费用。施工成本（或建筑安装工程费）可以划分为人工费、材料费、施工机具使用费、企业管理费、利润、规费和税金。

（1）人工费。

人工费是指按工资总额构成规定，支付给从事建筑安装工程施工的生产工人和附属生产单位工人的各项费用，主要包括计时工资或计件工资、奖金、津贴补贴、加班加点工资以及特殊情况下支付的工资。

（2）材料费。

材料费是指施工过程中耗费的原材料、辅助材料、构配件、零件、半成品或成品、工程设备的费用，主要包括材料原价、运杂费、运输损耗费、采购及保管费。

（3）施工机具使用费。

施工机具使用费是指施工作业所发生的施工机械、仪器仪表的使用费或其租赁费。其中，施工机械使用费可以用施工机械台班耗用量乘以施工机械台班单价表示，施工机械台班单价主要包含折旧费、大修理费、经常修理费、安拆费及场外运费、人工费、燃料动力费和税费等；仪器仪表使用费是指工程施工所需使用的仪器仪表的摊销及维修费用。

（4）企业管理费。

企业管理费是指建筑安装企业组织施工生产和经营管理所需的费用，主要包括管理人员工资、办公费、差旅交通费、固定资产使用费、工具用具使用费、劳动保险和职工福利费、劳动保护费、检验试验费、工会经费、职工教育经费、财产保险费、财务费、税金等。

（5）利润。

利润是指施工企业完成所承包工程获得的盈利。

（6）规费。

规费是指按国家法律、法规规定，由省级政府和省级有关权力部门规定必须缴纳或计取的费用，主要包括社会保险费、住房公积金、工程排污费。其中，社会保险费包括养老保险费、失业保险费、医疗保险费、生育保险费、工伤保险费。其他应列而未列入的规费，按实际发生计取。

（7）税金。

税金是指国家税法规定的应计入建筑安装工程造价内的营业税、城市维护建设税、教育费附加以及地方教育附加。

二、工程项目投资控制内涵

通常情况下，投资者或业主进行某项工程的投资建设是为了获得预期的投资效益，承包商承建某项工程项目是为了获取预期的利润。因此，不管是投资者或业主还是承包商，他们参与到工程建设中都是为了达到各自预期的目标。由于工程项目具有周期长、涉及因素多、所耗费用高等特点，工程项目预期的收益具有不确定性，以投资者或业主为核心的项目参与各方为了创造多赢的局面，必须认真做好工程项目投资控制。

工程项目投资控制作为工程项目投资管理的核心内容，是在工程项目实施中，不断地进行项目投资计划值与实际值的比较，发现偏差，分析偏差产生的原因，及时采取纠偏措施，将项目最终发生的投资控制在目标范围之内的一系列工作的总称。它不仅可以促进工程项目加强经济核算，不断挖掘潜力，降低不必要的支出，提高建设项目投资效益，还可以促进改善经营管理，提高项目管理水平。

工程项目投资控制不是单一目标的控制，不能简单地把投资控制理解为将工程项目实际发生的投资控制在计划范围内，而应认识到，投资控制是与质量控制、进度控制同时进行的，在实施投资控制的同时要兼顾质量目标和进度目标。在制订投资计划时，不仅应使项目总投资目标满足投资者或业主的要求，还应使进度目标和质量目标也能满足投资者或业主的需求，在进行投资控制的过程中，应协调好与质量、进度的关系。

根据工程项目投资的含义，工程项目投资控制包括投资者或业主的投资控制和承包商的施工成本控制。

1. 建设项目投资控制

建设项目投资控制贯穿于工程建设全过程，是在项目投资决策阶段、设计阶段、招标发包阶段、施工阶段及竣工验收阶段，通过综合运用技术、经济、合同、法律等方法和手段，随时纠正投资各阶段发生的偏差以使人力、物力、财力得到有效使用，并把工程项目的投资控制在批准的目标限额以内，以取得良好的经济效益和社会效益。

在工程项目的建设实施中，投资控制的主要任务是对建设全过程的投资负责，是要严格按照批准的可行性研究报告中规定的建设规模、建设内容、建设标准和相应的工程投资目标值等进行建设，努力把建设项目投资控制在计划的目标值以内。在工程项目的建设过程中，各阶段均有投资的规划与投资的控制等工作，不同阶段投资控制的工作内容与侧重点各不相同，如图9-2所示。

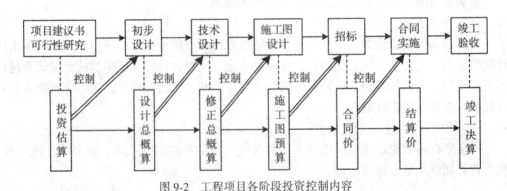

图9-2　工程项目各阶段投资控制内容

要做好工程项目的投资控制工作，通常需要遵循以下几项原则。

（1）分阶段设置明确的投资控制目标。由于工程项目周期长、涉及因素多、投资大，项目管理者不可能在项目的开始时就确定一个具体明确且一成不变的费用控制目标，而只能设置一个大致的目标，如投资估算。然后随着项目的发展，该控制目标一步步清晰、明确，从而形成设计概算、施工图预算以及承包合同价等。具体来说，投资估算应是设计方案选择和进行初步设计的项目费用目标；设计概算应是进行技术设计和施工图设计的项目费用控制目标；施工图预算或建筑安装工程承包合同价则是施工阶段建筑安装工程费用控制的目标。有机联系的各个阶段目标相互制约，相互补充，前者控制后者，后者补充前者，共同组成建设工程费用控制目标系统。

（2）以设计阶段为投资控制重点。项目费用控制贯穿于项目建设全过程，但不同建设阶段的工作对项目费用的影响不同。在项目决策之后，初步设计影响项目总投资的可能性为 75%～95%；技术设计影响项目总投资的可能性为 35%～75%；施工图设计影响项目总投资的可能性则为 5%～35%。很显然，项目费用控制的关键在于施工以前的投资决策阶段和设计阶段，而在项目做出投资决策后，费用控制的关键就在设计阶段。

（3）主动控制。费用控制应立足于事先主动采取措施，尽可能减少或避免目标值与实际值的偏离。而当出现偏离再采取措施时，由于偏离或纠正偏离而造成的损失已无法弥补，这种被动控制对减少损失或避免出现更大的损失虽然也有实际意义，但费用控制更应采取积极主动的控制方。最好的主动控制就是在费用预测的基础上，事先编制合理、可行的费用控制计划，并在计划执行中定期检查实际情况与计划的吻合情况，尽可能控制费用偏差的出现。

（4）技术与经济相结合。工程项目的建设从最初的决策开始，在策划、设计、施工，直至竣工投产交付使用的全过程中，需要采用各种各样的技术与方法，这些技术与方法对建设方案的选择具有重要影响，而同一项目的不同建设方案将导致项目投资、项目建设进程、项目成果与后期使用效果的差异，这些差异都可以反映到对项目经济性的影响。因此，在工程项目的建设中，应尽可能地将技术与经济相结合，通过技术比较、经济分析和效果评价等，正确处理技术先进与经济合理的对立统一关系，力求实现在技术先进条件下的经济合理，以及在经济合理基础上的技术先进，把费用控制渗透到决策、设计和施工等的各个环节中。

（5）最适原则。对于投资者或业主来说，工程项目的工期、质量、投资三大目标组成的目标系统是一个相互制约、相互影响的统一体，其中任何一个目标的变化，势必会引起另外两个目标的变化，并受它们的影响和制约。但是，在项目建设过程中，工期、质量、投资通常不可能同时最优，即不能同时做到投资最省、工期最短、质量最高。因此，在工程项目建设中，投资者或业主应该转变投资控制思路，用"最适"投资代替"最优化"投资，并根据工程建设的主客观条件综合研究一套切合实际的衡量准则，只要投资控制的方案符合这套衡量准则，投资控制就算达到了预期目标。

2. 施工成本控制

工程项目的施工成本控制是项目管理者的一项非常重要工作，其成效往往与项目管理者所属建筑企业的效益息息相关，同时也是建筑企业对项目管理者工作绩效进行评价的主要依据。从管理层次上讲，企业是建设项目的决策中心和利润中心，项目是企业的生产场地而耗费项目建设的大部分成本费用，是成本中心。在施工企业中广为流传一句话："企业是以利润为中心，项目以成本为中心。"任何一个企业的发展和壮大都离不开"企业利润"这一源泉，建筑企业也不例外。如果脱离了对基层项目部工程成本的有效管理和控制，无论什么样的企业也不可能获得丰厚的利润和长足的发展。因此，工程项目的施工成本控制主要是围绕建设工程项目展开的。

所谓工程项目施工成本控制，是指在工程项目施工成本发生和形成的过程中，严格审查项目进展中人、机、材消耗和各项费用支出是否符合成本目标，识别成本实际值与计划值的偏差，并及时分析偏差产生的原因，采取有效的纠偏措施，将施工中实际发生的各种消耗和支出严格控制在成本计划范围内的一系列工作的总称。工程项目施工成本控制的核心是对施工过程和成本计划进行实时监控。其中，施工成本计划为事前控制，即在成本发生之前，根据建设工程项目的结构类型、规模、工序、工期、质量标准等情况，运用一定的科学方法，进行成本费用指标的测算，并据以编制建设工程项目成本计划，作为降低施工成本的依据。

施工成本的发生和形成是一个动态的过程，决定了成本的控制是一个动态过程。施工成本控制的主要过程为：

（1）分析计划成本目标值。由于主观和客观因素的制约，工程项目成本计划的成本目标值有可能难以实现或不尽合理，需要在项目实施的过程中进行合理调整，或者分解细化。只有基于合理的工程项目成本目标，成本控制才有效。

（2）收集实际成本数据。收集有关成本发生或可能发生的实际数据，整理实际成本数据。成本实际数据的及时、完整和正确是分析判断成本偏差的基础。

（3）比较成本计划值与实际值。比较成本计划值与实际值，判断是否存在成本偏差。为了方便比较，要求在制订工程项目成本计划时，设计统一的成本数据体系，保证计划成本与实际成本比较工作的有效性。

（4）制订各类成本控制报告和报表。制订反映工程项目计划成本、实际成本、计划与实际成本比较等的各类成本控制报告和报表，提供作为进行成本数值分析和相关控制措施决策的重要依据。

（5）分析成本偏差。通过对比计划成本与实际成本，评价成本计划值与实际值之间的偏差，分析造成偏差的可能原因，制订纠正偏差的方案。经方案评价后，确定成本纠偏方案。

（6）采取成本纠偏措施。实施成本纠偏方案，纠正成本偏差，保证工程项目成本目标。

第二节　建设项目投资控制

建设项目投资控制是指投资者或业主在投资决策阶段、设计阶段、建设项目发包阶段和施工阶段等项目实施过程，合理使用人力、物力、财力，把建设工程项目投资控制在批准的投资限额以内，并随时纠正发生的偏差，以保证项目投资控制目标的实现，进而取得较好的经济效益和社会效益。

投资控制贯穿于建设的全过程，但不同建设阶段对投资的影响程度是不同的，如图9-3所示。由图9-3可知，项目决策阶段对投资影响程度可达95%~100%，换句话说，如果项目决策发生重大错误，项目投资可能毫无效益。其他阶段对项目投资的影响程度分别是初步设计为75%~95%，技术设计为35%~75%，施工设计为10%~35%，施工阶段为10%以内。因此，对项目投资的控制直点在项目建设前期。

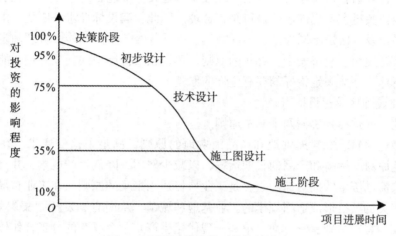

图9-3　不同建设阶段对投资的影响

一、决策阶段的投资控制

决策阶段的投资控制包括两层含义：一是指对决策阶段本身发生成本的控制。对于这一部分用于实地调查、科学研究、决策咨询等方面的费用要本着对科学决策有利的原则，舍得投入；二是指对项目建设前期所确定的工程投资规模的控制。工程投资规模是由建设方案、建设标准、对建设期宏观经济环境的预测等综合因素决定的，是按照工程项目建设目标进行整体优化的结果，本书主要是指第二层含义。

在工程的前期决策阶段，投资方或其委托机构运用科学的方法对项目进行全面的分析和论证，按照可持续发展和全生命周期费用最低的原则，合理确定投资规模，做好多方案比选和定量研究，提供详细的技术、经济、环境、社会及财务等多方面指标，为科学决策和控制投资提供可靠依据。如果决策失误，后续的投资控制目标本身就有问题，控制得再好也只是实现了一个错误的目标。决策阶段项目决策的内容是决定工程投资的基础，对工程投资及工程建成后的经济效益起着决定性的影响，决策阶段是工程投资控制的重要阶段。

1. 决策阶段项目投资的影响因素

决策阶段影响工程项目投资额的主要因素包括项目建设规模、建设地区及建设地点（厂址）的选择、技术方案、设备方案、工程方案、环境保护措施等。

（1）项目建设规模。当项目单位产品的报酬为一定时，项目的经济效益与生产规模成正比。效益规模的客观存在对项目规模的合理选择意义重大而深远，可以充分利用规模效益来合理确定和有效控制工程造价，提高项目的经济效益。但同时也须注意，规模扩大所产生的效益不是无限的，它受技术进步、管理水平、项目经济技术环境等多种因素的制约。超过一定的限度，规模效益将不再出现，甚至可能出现规模报酬递减。

（2）建设标准。建设标准指工艺装备、建筑标准、配套工程、劳动定员等方面的标准或指标。建设标准的编制、评估、审批是项目可行性研究的重要依据，是衡量工程造价是否合理及监督检查项目建设的客观尺度。建设标准能否起到控制工程造价、指导建设的作用，关键在于标准水平订得是否合理。因此，建设标准水平应从我国目前的经济发展水平出发，区别不同地区、不同规模、不同等级、不同功能，合理确定。在建筑方面，应坚持适用、经济安全、朴实的原则。建设项目标准中的各项规定，能定量的应尽量给出指标，不能规定指标的要有定性的原则要求。

（3）建设地区及建设地点。

建设地区的选择要遵循两个基本原则。

一是靠近原料、燃料提供地和产品消费地的原则。满足了这一要求，在项目建成后，可避免原料、燃料和产品的长期运输，以减少费用，降低生产成本，并且缩短流通时间，加快流动资金的周转速度。二是工业项目适当聚集的原则。在工业布局中，通常是一系列相关的项目形成适当规模的工业基地和城镇，从而有利发挥"集聚效益"。集聚效益形成的客观基础有三方面：第一，现代化生产是一个复杂的分工合作体系，只有相关企业集中配置，对各种资源和生产要素充分利用，才能便于形成综合生产能力，尤其对那些具有密切投入产出链环关系的项目，集聚效益尤为明显；第二，现代产业需要有相应的生产性和社会性基础设施相配合，其能力和效率才能充分发挥，企业布点适当集中，才可能统一建设比较齐全的基础结构设施，避免重复建设，节约投资，提高这些设施的效益；第三，企业布点适当集中，才能为不同类型的劳动者提供多种就业机会。

另外，厂址的选择还应满足以下的要求：①节约用地。项目的建设应尽可能节约土地，尽量把厂址放在荒地和不可耕种的地点，避免大量占用耕地，节约土地的补偿费用；②应尽量选在工程地质、水文地质条件好的地段；③厂区土地面积与外形能满足厂房与各构筑物的需要，并适合于按科学的工艺流程布置厂房与构筑物；④应靠近铁路、公路、水路，以缩短运输距离，减少建设投资；⑤应便于供电和其他协作条件的取得；⑥应尽量减少对环境的污染。

以上条件不仅关系到建设投资的高低和建设期限，对项目投产后的运营状况也有很大影响。因此，在确定厂址时，也应进行方案的技术经济分析、比较，选择最佳厂址。

（4）技术方案。技术方案不仅影响项目的建设成本，也影响项目建成后的运营成本。技术方案选择的基本原则是先进适用、安全可靠、经济合理。

（5）设备方案。在生产工艺流程和生产技术确定后，就要根据工厂生产规模和工艺过程的要求选择设备的型号和数量。在设备的选用中，要尽量选用国产设备，若必须进口时，要弄清进口设备之间以及国内设备之间的行业配套问题、进口设备与原有国产设备、厂户之间的配套问题以及进口设备与原材料、备品备件及维修能力之间的配套问题。如果能处理好以上问题，可以大大降低产品成本，从而降低工程投资。

（6）工程方案。工程方案选择是在已选定项目建设规模、技术方案和设备方案的基础上，研究论证主要建筑物、构筑物的建造方案，包括对于建筑标准的确定。工程方案选择应满足的基本要求包括：①满足生产使用功能要求；②适应已选定的场址（线路走向）；③符合工程标准规范要求；④经济合理。

（7）环境保护措施。建设项目一般会引起项目所在地自然环境、社会环境和生态环境的变化，其对工程建设环境状态和质量会产生不同程度的影响。因此，需要在确定厂址方案和技术方案中，调查研究环境条件，识别和分析拟建项目影响环境的因素，研究提出治理和保护环境的措施，比选和优化环境保护方案。

2. 决策阶段投资控制的措施

据工程项目决策的主要步骤绘制决策阶段投资控制的流程图，如图9-4所示。在投资决策阶段投资控制的措施主要有以下几点：

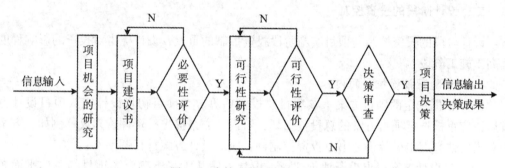

图9-4　决策阶段投资控制的流程

（1）进行多方案的技术经济比较，择优确定最佳建设方案。

1）最佳建设方案的规模应合理，规模过小会使得资源得不到有效配置，单位产品成本较高，项目经济效益低下；规模过大不仅会加大前期资金筹措的压力，也会造成建成后的项目某些功能的闲置或发挥不充分，也会致使项目经济效益低下；

2）建设标准水平应从我国目前的经济发展水平出发，区别不同地区、不同规模、不同等级、不同功能，然后合理确定；

3）还要考虑建设地区及建设地点的选择，不仅要符合国家工业布局总体规划和地方规划，而且要靠近原料、燃料和消费地，并要考虑工业基地的聚集规模适当的原则；

4）生产工艺及设备的选型，既要先进适用，又要经济合理，从而优选出最佳方案，达到控制投资的目的。

（2）加强可行性研究的深度，提高项目决策的科学性。

可行性研究是确定建设项目前具有决定性意义的工作，是在投资决策之前，对拟建项目进行全面技术经济分析的科学论证。加强可行性研究的深度，实事求是地对拟建项目有关的自然、社会、经济、技术等进行调研、分析比较以及预测建成后的社会经济效益，可以更好地论证项目建设的必要性、财务的盈利性、经济上的合理性、技术上的先进性和适应性以及建设条件的可能性和可行性，从而为投资决策提供科学依据。

（3）推行建设项目法人责任制，建立与项目法人制度相配套的监督机制。

项目法人责任制是国际上的通行做法，是从投资源头上有效地控制工程投资的制度。项目法人责任制是在国家政府宏观调控下，先有法人，后进行建设，法人对建设项目筹划、筹资、人事任免、招投标、建设直至生产经营管理、债务偿还以及资产保值增值实行全过程、全方位的负责制，按国家规定法人享有充分的自主权，并对法人进行严格管理和奖惩的制度。实行法人制有利于建立法人投资主体，形成自我决策、自我约束、自担风险、自求发展的运行机制，也有利于国家用法律、法规和经济手段来规范工程项目投资与建设的全部活动，从而促进建筑市场规范化管理。同时，还需要建立与项目法人制度相配套的监督机制。

此外，对于大中型项目而言，在决策过程中可适当聘请有资质的咨询机构或专家进行独立评审，有利于提高重大工程项目决策的科学性。

二、设计阶段的投资控制

设计阶段的投资控制是项目实施阶段投资控制的重点，设计优劣对投资的影响程度远高于施工阶段。

1. 设计阶段投资控制的内容

（1）根据选定的项目方案审核项目总投资估算。在项目初步设计完成项目设计方案后，应审核选定项目方案的总投资估算，对设计方案提出投资评价建议。例如，方案的总投资估算超出设计任务书总投资控制额，应对设计方案进行调整。

（2）对设计方案提出投资评价建议。设计方案从大局上确定了项目的总体平面布置、立面布置、剖面布置、结构选型、设备及工艺方案等，其合理性、适用性及经济性需要认真审查。从投资控制角度，应审查方案的经济合理性，对设计方案提出投资评价建议。例如，设计方案中有大跨度的屋面结构，可以选择复合桁架结构、网架结构、预应力混凝土屋面梁结构等形式，但其造价不同，由于施工难度不同而带来的建筑安装费也不同，因此必须进行综合评价，选出既适用又经济的方案。所以投资评价建议必须建立在方案优化的基础上。

（3）审核项目设计概算，对设计概算做出评价报告和建议。初步设计完成后，设计单位应编制设计概算，业主通过监理工程师对设计概算进行审核，并做出设计概算评价报告和建议。这项工作应在设计概算上报主管部门审批之前完成，因为设计概算上报主管部门批准之后，如需调整设计概算，须重新上报主管部门审批。同时在设计深化过程中要严格控制项目投资在设计概算所确定的投资计划值之内。

（4）对设计有关内容进行市场调查分析和技术经济比较论证。从设计、施工、材料和设备等多方面做必要的市场调查分析和技术经济比较论证，并提出咨询报告，如发现设计可能突破投资目标，则可提出解决办法的建议，供业主和设计人员参考。

（5）考虑优化设计，进一步挖掘节约投资的潜力。如采用价值工程方法，在充分满足项目功能的条件下考虑进一步挖掘节约投资的潜力。

（6）严格审核施工图预算。施工图完成后，设计应编制施工图预算，监理应严格审核施工图预算，并控制其不超出经批准的设计概算。

（7）编制设计资金限额指标。根据设计概算，要求设计单位对编制设计阶段各单项工程、单位工程、分部工程及各专业设计进行合理的投资分配，制订设计资金限额指标，以体现控制投资的主动性。必要时可对设计资金限额指标提出调整建议。

（8）控制设计变更。进入施工阶段，施工图投入使用后，出于多方面原因难免会出现要求设计变更情况，问题还会返回到设计单位。所以要注意控制设计变更，认真审核变更设计的合理性、适用性和经济性。

（9）认真监督勘察设计合同的履行。

2. 设计阶段投资控制的措施

设计阶段控制投资的措施很多，以下主要介绍几种常用措施。

（1）推行设计招标或方案竞赛。推行设计招标或方案竞赛，有利于设计方案的选择和竞争。投标单位为了在竞争中取胜，必须有自己的独创之处，并使自己的方案符合国家的有关方针、政策，节约用地，切合实际，安全适用，技术先进，造型新颖，选用新型材料的设备，并在建筑造型上有新意，打破千篇一律的呆板格调，这有利于确保项目设计满足业主所需功能的使用价值。同时，中标项目一般所做出的投资估算能控制或接近在招标文件规定的投资范围内，有利于把投资控制在合理的额度内。此外，设计招标或方案竞赛还有利于缩短设计周期，降低设计费。

（2）严格进行限额设计。在设计阶段实行限额设计，优化设计方案，在满足同等使用功能的前提下，采用技术先进、经济合理的优化设计方案，就能有效地控制项目投资。因此要使工程项目控制在预定的投资费用之内，就不要过分地强调提高设计标准，将"肥梁、胖柱、密钢筋、深基础"等不合理的现象消灭在设计阶段；只要根据其使用特点，满足建筑物的适用性、美观性、经济性、耐久性，就已经达到要求了。因此，当采用限额设计进行费用控制时，要力争使实际的项目设计投资限定在投资额度内，同时又要保障项目的功能、使用要求和质量标准。

（3）引入设计监理。在设计阶段，可以引入设计监理。设计监理工程师主要检查施工图是否根据已批准的初步设计进行了深化；检查工程设计是否符合有关的规定、规范、标准；检查在设计中采用的新材料、新技术、新工艺是否符合规范要求，并研究其可靠性、安全性、经济性，综合协调各专业，避免或减少图纸变更。

（4）加强标准设计的应用。标准设计，又称定型设计或通用设计，是工程设计标准化的组成部分，各类工程设计中的构件、配件、零部件、通用的建筑物、构筑物、公用设施等，有条件时都应编制标准设计并推广使用。标准设计一般较为成熟，经得起实践考验。推广标准设计有助于降低工程造价，节约设计费，加快设计速度。

（5）认真做好地质勘察工作。地质勘察数据是进行项目设计的第一手资料，如果不把详细的地质调查报告提供给设计部门，将会使投资产生大量漏洞，而且极易造成工程事故。根据钻探地质报告，邀请专家会同设计人员对基础选型进行认真分析研究，做经济比较，充分挖掘地基潜力，选用最佳基础设计方案，减少不必要的投资。

三、施工阶段的投资控制

施工阶段是工程投资具体使用到建筑物实体上的阶段，设备的购置、工程款的支付主要在此阶段，加之此阶段施工工期长，市场物价及环境因素变化大。因此，施工阶段是投资控制最困难的阶段。

在施工阶段，业主应该按照经济规律，从公正的立场维护业主方合法的权益，并且不损害承包单位合法权益。施工阶段的投资控制目标不是盲目追求越少越好，而应当是以计划投资额为控制目标，在可能的情况下，努力节约投资。

1. 施工阶段投资控制的内容

（1）投资资金使用计划。

投资控制在具体操作上须将投资逐级分解到工程分项上才能具体控制，同时由于工程价款现行的支付方式主要是按工程实际进度支付，因此除按工程分项分解外，还需要按照工程进度计划中工程分项进展的时间编制资金使用时间计划。所以，资金使用计划包括工程分项资金使用计划和单项工程资金使用时间计划。详细内容可以参考第六章第三节。

1）工程分项资金使用计划。

从投资控制角度将一个项目分解成工程分项，需要综合考虑多方面因素，如工程的部位、概预算子项的划分、工作队组相应承担的任务等，而且要与工程进度计划中分项的划分协调。特别是使用计算机辅助管理时，进度计划、投资计划、工程概预算工程分项的划分一定要一致，这样才可能建立统一的数据库，即必须保持一致的WBS。

项目分解应有层次性，应统一编码以便管理，其单位工程分解结构如图9-5所示。

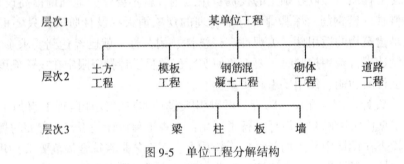

图9-5　单位工程分解结构

工程分项的资金支出是工程分项综合单价与工程量的乘积，每个工程分项应填写资金使用计划表，供分项费用控制使用。资金使用计划表主要栏目有工程分项编码、工程内容、计量单位、工程数量、计划综合单价、不可预见费等。

2）单项工程资金使用时间计划。

在工程分项资金使用计划编制后，结合工程进度计划可以按单位工程或整个项目制订资金使用时间计划，这样可以供业主筹措资金，保证工程资金及时到位，从而保证工程进度按计划进行。

编制资金使用时间计划。通常可利用工程进度计划横道图或带时间坐标的网络计划图，并在相应的工程分项上注出单位时间平均资金消耗额，然后按时间累计可得到资金支出S形曲线。参照网络计划中最早开始时间、最迟开始时间可以得到两条投资资金计划使用时间S形曲线，如图9-6所示。

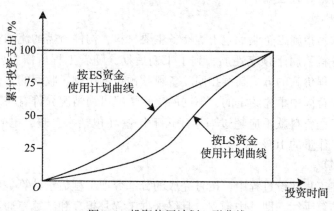

图 9-6 投资使用计划 S 形曲线

一般而言，所有的工程分项若都按最迟开始时间开始，投资贷款利息可最少，但同时也降低了项目按期完工的保证率，因此要合理地控制资金使用计划，实际使用曲线应介于上述两曲线之间。

资金使用时间计划还应编制投资计划年度（季度）分配表，以便统计和操作，如表 9-1 所示。

表 9-1　　　　　　　　　　投资计划年度（季度）分配表

工程编码	工程名称（单位、分部、分项）	投资额/万元	年度（季度）投资分配/万元														
			2013 年				2014 年				2015 年				2016 年			
			1	2	3	4	1	2	3	4	1	2	3	4	1	2	3	4
XX-XX-1																		
XX-XX-2																		
...																		
合计																		

（2）工程款的结算。

我国现行建安工程价款的主要结算方式有按月结算、竣工后一次结算以及结算双方约定并经开户银行同意的其他结算方式，其中，按月结算建安工程价款的一般程序是依据分部分项工程，以工程实际完成进度为对象按月结算，待工程竣工后再办理竣工结算。上述结算款在施工期间一般不应超过承包价的 95%，另外 5%的尾款在工程竣工验收后按规定清算。

工程价款的结算方法如下：

1）预付备料款。

预付备料款是指施工企业承包工程储备主要材料、构件所需的流动资金。业主拨付给承包单位的备料款属于预支性质，到了工期后期，随着工程所需主要材料储备的减少，应以抵充工程价款的方式陆续扣回。备料款预付的比例、收回的方式、时间主要是业主与承包商在合同中事先约定的，不同的工程情况可视情况允许有一定的变动。一般情况下，建筑工程备料款不应超过当年建筑工作量（包括水、暖、电）的30%，安装工程按年安装工作量的10%~15%计。

2）中间结算。

施工企业在工程建设过程中，按月完成的分部分项工程数量计算各项费用，向建设单位办理中间结算手续，即月中预支，月终根据工程月报表和结算单通过银行结算。

3）竣工结算。

竣工结算是指工程按合同规定内容全部完工并交工之后，施工单位向业主进行的最终工程价款结算。如果合同价款发生变化，则按规定对合同价款进行调整。

（3）工程款计量支付。

审核已完工程实物量是施工阶段业主做好投资控制工作的一项最重要的工作。无论建设项目施工合同签订的是工程量清单还是施工图预算加签证，按照合同规定的实际发生的工程量进行工程价款结算，是大多数工程项目施工合同所要求的。因而业主应根据施工设计图样、工程量清单、技术规范、质量合格证书等认真做好工程计量工作，并据此审核施工承包单位提交的已完工程结算单，签发付款证书。

1）工程款计量一般程序。

工程款计量的一般程序是承包方按协议条款的时间（承包方完成的工程分项获得质量验收合格证书以后），向监理工程师提交《合同工程月计量申报表》，监理工程师接到申报表后7天内按设计图样核实已完工程数量，并在计量24小时前通知承包方，承包方必须为监理工程师进行计量提供便利条件并派人参加予以确认。承包方无正当理由不参加计量，由监理工程师自行进行，计量结果仍然视为有效。根据合同的公正原则，如果监理工程师在收到承包方报告后7天内未进行计量，从第8天起，承包方报告中开列的工程量即视为已被确认。

因此，无特殊情况，监理工程师对工程计量不能有任何拖延。另外监理工程师在计量时必须按约定时间通知承包方参加，否则计量结果按合同视为无效。经监理工程师确认签字后的《合同工程月计量申报表》，可作为工程价款支付的依据。

2）工程计量应注意的事项。

①严格确定计量内容。监理工程师进行计量必须根据具体的设计图样以及材料和设备明细表中计算的各项工程的数量进行，并采用合同中所规定的计量方法和单位。监理工程师对承包方超出设计图样要求增加的工程量和自身原因造成返工的工程量，不予计量；

②加强隐蔽工程的计量。为了切实做好工程计量与复核工作，避免建设单位和承建单位之间的争议，监理工程师必须对隐蔽工程做预先测量。测量结果必须经甲、乙方认

可，并以签字为凭。

3）合同价款的复核与支付。

施工单位根据协议所规定的时间、方式和经监理工程师签字的计量表，按照构成合同价款相应项目的单价和取费标准提出付款申请，申请由监理工程师审核后，签署"工程款支付证书"，再由业主予以支付。根据国家工商行政管理总局、住房和城乡建设部的文件规定，合同价款在协议条款约定后，任何一方不得擅自改变，协议条件另有约定或发生下列情况之一的可作调整：

①法律、行政法规和国家有关政策变化影响合同价款；

②监理工程师确认可调价的工程量增减、设计变更或工程洽商；

③工程造价管理部门公布的价格调整；

④一周内因非承包方费用原因造成停水、停电、停气造成停工累计超过 8 小时；

⑤合同约定的其他因素。

（4）工程价款的动态结算。

建设项目按照合同价款事先约定的方式进行结算时，通常要考虑到造价管理部门公布的价格指数（或调价系数）、政策性因素引起的价格变化，市场的涨价因素等进行动态结算，常用的动态结算方法有以下几种。

1）按实际价格结算法。

施工过程中的主要材料按市场实际价格结算，施工单位凭发票实报实销。

2）按调价文件结算法。

合同双方在合同期内按造价管理部门调价文件规定补足价差。

3）调值公式法。

对项目已完成工程价款的结算，国际上通常采用调值公式法，并在合同中事先明确规定各项费用的比重系数。

建筑安装工程费用价格调值公式包括固定部分、材料部分和人工部分三项。典型的材料成本要素有钢筋、水泥、木材、钢构件、沥青制品等。同样，人工可包括普通工、技术工和监理工程师。调值公式一般为

$$P = P_0 \cdot (a_0 + a_1 \cdot B_1/A_1 + a_2 \cdot B_2/A_2 + \cdots + a_n \cdot B_n/A_n) \qquad (9\text{-}1)$$

式中，P 为调值后合同价款或工程实际结算款；P_0 为合同价款中工程预算进度款；a_0 为固定要素，代表合同支付中不能调整的管理费用等部分；n 为需要调值的各项费用的个数；a_1，a_2，$\cdots$，a_n 为有关各项费用（如，人工费用、钢材费用、水泥费用、运输费用等）在合同总价中所占的比重，且 $a_1 + a_2 + \cdots + a_n = 1$；$A_1$，$A_2$，$\cdots$，$A_n$ 为签订合同时与 a_1，a_2，$\cdots$，a_n 对应的各种费用基准日期价格指数或价格；B_1，B_2，$\cdots$，B_n 为工程结算时与 a_1，a_2，$\cdots$，a_n 对应的各项费用的现行价格指数或价格。

各部分成本的比重系数在许多标书中要求承包方在投标时提出，并在价格分析中予以论证。但也有的是由业主在标书中规定一个允许范围，由投标人在此范围内选定，因此，在编制标书中，尽可能要确定合同价中固定部分和不同投入因素的比重系数和范围，招标时以给投标人留下选择的余地。

（5）费用的变更和索赔。

工程变更在施工阶段常常会发生，一旦发生总是会对工程的造价、质量、工期或功能要求带来一定的影响，而工程变更又常会导致费用的索赔，因此必须加强工程变更管理，避免不必要的工程变更发生。变更合同价款按下列方法进行：

1）合同中已有适用于变更工程的价格，按合同已有的价格变更合同价款；

2）合同中只有类似于变更工程的价格，可以参照类似价格变更合同价款；

3）合同中没有适用或类似于变更工程的价格，由承包人提出适当的变更价格，经监理工程师和业主确认后执行。

工程费用索赔在工程中往往难以避免，包括承包商向业主的索赔和业主向承包商的反索赔。无论是哪方面的索赔处理，都应通过总监理工程师的审核以后，在业主和施工单位双方协商的基础上进行，并且主要参考以下依据：

1）国家有关的法律、法规和工程项目所在地的地方法规；

2）国家、部门和地方有关的标准、规范及定额；

3）工程的施工合同文件；

4）施工合同履行过程中与索赔事件有关的凭证。

常用的索赔费用的计算方法有 3 种：

1）实际费用法。此法最常用，即承包商以实际开支为依据向业主要求费用补偿；

2）总费用法。此种方法在实际费用法很难计算时才用，即当发生多次索赔事件后。重新计算该工程的实际总费用，再扣除投标报价时的估算总费用，可得索赔金额；

3）改进总费用法。此法是在总费用计算的基础上去掉一些不合理因素，使其更准确，即某项工作调整后的实际总费用扣除该项工作的报价费用，可得索赔金额。

2. 施工阶段投资控制的措施

建设项目投资控制的好与坏，直接关系到建筑项目的质量、建筑项目的进度、建设项目的成功与否。通常一个工程项目的投资主要是由项目的决策阶段和设计阶段所决定，施工阶段对工程项目投资的影响相对较小，但是施工阶段是建筑产品形成的阶段，也是投资支出最多的阶段，也是矛盾、问题频发的阶段。如何做好施工阶段的投资控制，从建设单位角度出发，应从以下几方面着手。

（1）严把设备、材料价格关。

设备费、材料费在工程建设项目投资中约占总投资的 70% 左右，是工程直接费的主要组成部分，其价格的高低将直接影响工程造价的大小。因此，必须把好设备、材料价格关，要引入竞争机制，创造竞争条件，开展设备、材料的招投标工作，在保证产品质量的同时，降低设备、材料的价格。

（2）择优选择施工单位。

工程施工招标制度是建设单位控制工程造价的有效手段，通过招投标，引入充分竞争，形成由市场定价机制，选择综合实力强、市场口碑好、报价合理的施工单位，可合理降低工程造价。业主组织招投标时，要避免为了减少建设资金，任意压价，导致工程造价严重失真，而应在合理低价中标的基础上，对投标单位的社会信誉、资质情况、施工能力、设备状况、业绩等进行综合地评定，以便选择一个既能降低工程造价成本，又能保证工程按质按时完成的中标单位。

（3）控制工程变更。

工程变更是施工阶段影响工程造价最大的因素，任何工程项目都不可避免地会发生工程变更，但是严禁通过设计变更扩大建设规模，提高设计标准，增加建设内容。在施工中引起变更的原因很多，对必须发生的（尤其是涉及费用增减的）工程变更，变更工作应尽量提前，变更发生得越早则损失越小。

施工前应对施工图进行会审，及时发现设计中的错误。其次，对设计及承包商提出的每一项工程变更，都要进行经济核算，做出是否需要变更的决定。特别是变更价款很大时要从多方面通过分析论证决定。最后，严格审核变更价款，包括工程计量及价格审核，要坚持工程量属实、价格合理的原则。

（4）做好工程计量，防止超付工程进度款。

工程进度款是建设单位按工程承包合同有关条款规定，支付给施工单位的合格工程产品的价款，它是工程项目竣工结算前工程款支付的最主要方式。控制工程进度款，首先要对工程计量进行审核，只有质量合格的项目才允许计量，对不合格项目及由于施工单位原因造成的增加项目则不予计量。另外要注意抵扣的各种款项，如备料款、甲方供料款等。最后按合同规定的付款比例进行付款。只有把握好工程进度付款，才能保证工程投资不失控，才能保证工程质量，也才能保证工程进度目标的实现。

（5）控制工程索赔。

在工程施工中，如果出现了合同内容之外的自然因素、社会因素、业主因素等，引起工程发生事故或拖延工期，就会有许多合同外的经济签证及费用索赔发生。处理这些索赔时，必须以承包合同、有关法律和法规为依据，站在客观公正的立场上认真查索赔要求的正当性，然后审查其取费的合理性，准确地确定索赔费用。业主应按合同要求，积极履行职责，防止索赔事件的发生。建设单位应积极主动搞好设计、材料、设备、土建、安装及其他外部协调与配合，不给施工单位造成索赔条件，凡涉及费用的各种签证均需手续完备。建设单位可依据合同，对施工单位的工期延误、施工缺陷等提出反索赔。

（6）加强工程结算审核。

工程结算为施工阶段投资控制的最后环节，业主要随时熟悉工程施工情况，在工程竣工时做好竣工验收各项工作，工程投入运行后，要组织专门的工程竣工结算班子。在工程竣工结算时，要依据施工承包合同和工程项目实施的实际情况，坚持按合同办事，工程建设预算外费用必须严格控制，严格控制各单项工程投资，对于未按图纸要求完成的工作量及未按规定执行的施工签证一律核减费用；凡合同条款未明确包含的费用，属于风险费应包含的费用，未按合同条款履行的违约等一律核减费用。要做好工程竣工结算会签工作，做到层层把关。

第三节　施工成本控制

工程项目施工成本控制应按照事先确定的项目建设成本计划，通过运用多种恰当的方法，不断地对项目进展和成本费用进行监控，以判断工程项目进展中成本的实际值与计划值是否发生了偏差，如发生偏差，须及时分析偏差产生的原因，采取有效的纠偏措施。如果成本目标发生改变，则成本计划与成本控制措施随之调整。

一、施工成本控制的组织

在进行施工成本控制之前，必须弄清施工成本控制的组织。工程项目的成本控制不仅仅是专业成本员的责任，并且所有的项目管理员，特别是项目经理，都要按照自己的业务分工各负其责。为了保证项目成本控制工作的顺利进行，需要把所有参加项目建设的人员组织起来，并按照各自的分工开展工作。

建立以项目经理为核心的项目成本控制体系，项目经理负责制是项目管理的特征之一。实行项目经理负责制，就是要求项目经理对项目建设的进度、质量、成本、安全和现场管理标准化等全面负责，特别要把成本控制放在首位。如果成本失控，必然影响项目的经济效益，难以完成预期的成本目标。项目管理人员的成本责任不同于工作责任。有时工作责任已经完成，甚至完成得相当出色，但成本责任却没有完成。因此，应在原有职责分工的基础上，建立工程项目成本管理责任制，进一步明确成本管理责任，并将成本管理责任联系实际整理成文，作为一种制度贯彻落实。成本管理责任一般包括以下内容。

1. 建立以项目经理为核心的项目成本控制体系

项目经理负责制，是项目管理的特征之一。项目经理必须对工程项目的进度、质量、成本、安全和现象管理标准化等全面负责，特别要把成本控制放在首位。项目成本控制体系的模式如图9-7所示。

2. 建立成本管理责任制度

根据项目的特点和实际情况，建立严格的成本管理制度，并具有一定的操作性、可行性。调动项目团队对成本控制的积极性，明确和协调各级组织和各归口的职能管理部门在成本控制方面的权限与责任，建立健全成本控制的责任制度。

（1）合同预算员的成本管理责任。

根据合同内容、预算定额和有关规定，充分利用有利因素，编好施工预算，为增收节支把好第一关；深入研究合同规定的"开口"项目，在有关项目管理人员（如项目工程师、材料员等）的配合下，努力增加工程收入；收集工程变更资料（包括工程变更通知单、技术核定单和按实结算的资料等），及时办理增减账，保证工程收入，及时收回垫付的资金；参与对外经济合同的谈判和决策，以施工图预算和增减账为依据，严格控制经济合同的数量、单价和金额，切实做到"以收定支"。

（2）工程技术人员的成本管理责任。

根据施工现场的实际情况，合理规划施工现场平面布置（包括机械布局、材料和构件的堆放场地、车辆进出现场的运输道路、临时设施的搭建数量和标准等），为文明施工、减少浪费创造条件；严格执行工程技术规范和以预防为主的方针，确保工程质量，减少零星修补，消灭质量事故，不断降低质量成本；根据工程特点和设计要求，运用自身的技术优势，采取实用、有效的技术组织措施和合理化建议，走技术与经济相结

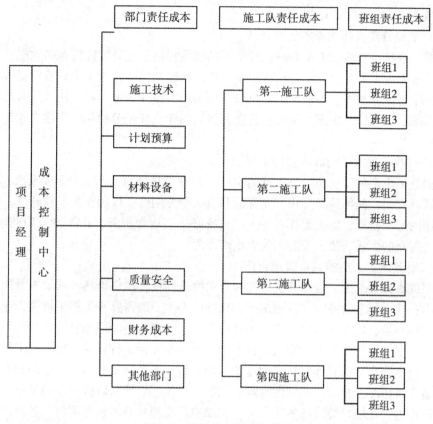

图 9-7　项目成本控制体系图

合的道路，为提高项目经济效益开拓新的途径；严格执行安全操作规程，减少一般安全事故，消灭重大人身伤亡事故和设备事故，确保安全生产，将事故损失减少到最低限度。

（3）材料人员的成本管理责任。

材料采购和构件加工要选择质高、价低、运距短的供应（加工）单位，对到场的材料和构件要正确计量、认真验收，如遇质量差、量不足的情况，要进行索赔，切实做到既要降低材料和构件的采购（加工）成本，又要减少采购（加工）过程中的管理损耗，为降低材料成本走好第一步；根据项目施工的计划进度，及时组织材料和构件的供应，保证项目施工的顺利进行，防止因停工待料造成损失。在构件加工的过程中，要按照施工顺序组织配套供应，以免因规格不齐造成施工间隙，浪费时间，浪费人力；在施工过程中严格执行限额领料制度，控制材料消耗。同时，还要做好余料的回收和利用，为考核材料的实际消耗水平提供正确的数据；钢管、脚手架和钢模板等周转材料进出现场都要认真清点，正确核实并减少赔损数量；使用以后，要及时回收、整理、堆放，并及时退场，这样既可节省租费，又有利于场地整洁，还可加速周转，提高利用效率；根据施工生产的需要合理安排材料储备，减少资金占用，提高资金利用效率。

（4）机械管理人员的成本管理责任。

根据工程特点和施工方案合理选择机械的型号规格，充分发挥机械的效能，节约机械费用；根据施工需要合理安排机械施工，提高机械利用率，减少机械费用成本；严格执行机械维修保养制度，加强平时的机械维修保养，保证机械完好，使其随时都能保持良好的状态，并在施工中正常运转，为提高机械作业、减轻劳动强度、加快施工进度发挥作用。

（5）行政管理人员的成本管理责任。

根据施工生产的需要和项目经理的意图，合理安排项目管理人员和后勤服务人员，节约工资性支出；具体执行费用开支标准和有关财务制度，控制非生产性开支；管好行政办公用的财产物资，防止损坏和流失；安排好生活后勤服务，在勤俭节约的前提下，满足职工群众的生活需要，安心为前方生产出力。

（6）财务成本人员的成本管理责任。

按照成本开支范围、费用开支标准和有关财务制度，严格审核各项成本费用，控制成本支出；建立月度财务收支计划制度，根据施工生产的需要平衡调度资金，通过控制资金使用达到控制成本的目的；建立辅助记录，及时向项目经理和有关项目管理人员反馈信息，以便对资源消耗进行有效的控制；开展成本分析，特别是分部分项工程成本分析、月度成本综合分析和针对特定问题的专题分析；要做到及时向项目经理和有关项目管理人员反映情况，提出存在问题及解决问题的建议，以便采取针对性的措施来纠正项目成本的偏差；在项目经理部的领导下，协助项目经理检查考核各部门、各单位乃至各班组责任成本的执行情况，落实责、权、利相结合的有关规定。

二、施工成本控制的内容

施工项目成本的形成过程中，对施工生产所消耗的生产要素进行指导、监督、调节和限制，并及时纠正将要发生和已经发生的偏差，将各项支出和消耗控制在计划之内，并保证成本目标的实现，是施工项目成本控制主要内容。在施工的不同阶段，成本控制的重点和内容是不同的。

1. 投标阶段的成本控制

投标阶段是施工企业获取工程项目的开源阶段，是企业取得经济利润的源头和基础。该阶段成本控制的主要工作是编制竞争力强的投标报价，即根据工程概况和招标文件进行项目成本预测，最终确定一个合理的投标报价。具体而言，根据施工图纸分解工程项目，结合施工现场勘查和工程特点，预测投标成本，从而计算出整个工程预计的成本价。再综合竞争对手的情况，考虑施工过程中的风险和适当的利润，确定投标报价。投标报价既要有竞争优势，又要为企业取得合理的利润打下良好的基础。

2. 施工准备阶段的成本控制

（1）施工准备阶段，对施工方法、施工顺序、作业组织形式、机械设备的选型、技术组织措施等进行研究和分析，制订出科学先进、经济合理的施工方案。

（2）根据企业的成本目标，以工作包或项目单元所包含的实际工程量或工作量为基础，根据消耗标准和技术措施等，在优化的施工方案的指导下，编制成本计划，将各项单元或工作包的成本责任落实到各职能部门、施工队和班组。

（3）根据工程项目的特征和要求，以施工项目结构分解的项目单元或工作包为对象进行成本计划，编制成本预算，进行明细分解，落实到有关部门和责任人，为成本控制和绩效考评提供依据。

3. 施工过程中的成本控制

施工过程中的成本控制是项目成本管理的重要组成部分，主要是对各项费用的控制和成本分析。在施工过程中，工程成本控制是实现成本预算目标的根本保证。

（1）加强施工任务单和限额领料单的管理。施工任务单应与工作包表结合起来，做好每一个工作包及其工序的验收，审核实耗人工、实耗材料的数量，保证施工任务单与限额领料单的一致性，任务单和限额领料单的真实、可靠性。

（2）根据施工任务单进行实际与计划的对比，计算工作包的成本差异，分析差异产生的原因，采取有效措施调整成本计划。

（3）做好检查周期内成本信息的收集、整理和工作包实际成本的统计，分析该检查期内实际成本与计划成本的差异。

（4）实行责任成本核算。通过工作编码对责任部门或责任人的责任成本进行对比，分析责任部门或责任人的成本差异和产生差异的原因，采取有效措施，纠正差异。

（5）加强合同管理工作和索赔工作。对承包商自身以外原因造成的损失，力求及时进行索赔。

4. 竣工验收阶段的成本控制

（1）及时办理工程项目的竣工验收，顺利交付使用。

（2）及时办理结算，注意结算资料的完整，避免漏算。

（3）在工程保修期间，明确保修责任者，做好保修期间的费用控制。

项目完工后，要及时进行总结和分析，做好成本核算和分析，并与调整后的成本目标进行对比，找出差异并分析原因。总结成本节约的经验，吸取成本超支的教训，改进和完善决策水平，从而提高经济效益。

三、施工成本控制方法

根据工程项目的具体情况，成本控制流程可以按照一定的控制方法每周或每月或者不定期循环地进行。施工成本控制方法有很多，现仅对成本控制图法和挣值法做简要介绍。

1. 成本控制图法

（1）施工成本控制图法的原理。

将全面质量管理方法中的质量控制图法原理引入成本的日常控制之中，称为成本控制图法，以此作为成本过程控制的一种常用方法。在施工项目成本控制中，有关成本的偏差有三种：第一是目标偏差，即计划成本与项目的实际成本之间的偏离；第二是实际偏差，即实际成本与项目的预算成本之间的偏离；第三是计划偏差，即预算成本与项目的计划成本，也就是目标成本之间的偏离，它们的计算公式分别如下：

$$目标偏差 = 实际成本 - 计划成本$$
$$实际偏差 = 实际成本 - 预算成本$$
$$计划偏差 = 预算成本 - 计划成本$$

成本控制的目的是力求减少目标偏差，目标偏差越小，说明成本控制的效果越好。计划成本、预算成本和实际成本三者之间的关系如图9-8所示。从图9-8可知，施工项目的实际成本总是围绕计划成本上下波动，但不超过预算成本，表明了项目系统运行状态是正常的。

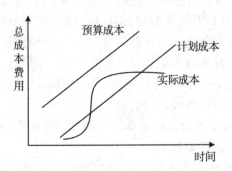

图9-8 计划成本、预算成本和实际成本三者关系

（2）施工成本控制图法的基本程序。

1）根据计划成本、预算成本，在成本控制图中绘制各自相应的曲线；

2）根据实际成本核算资料，即时在图中描点连线，绘制实际成本曲线；

3）对实际成本曲线的变化趋势进行分析。

施工项目成本控制图法的基本程序如图9-9所示：

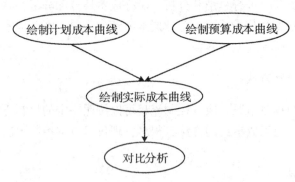

图9-9 施工成本控制图法的基本程序

（3）施工项目成本控制图法的结果分析。

依据以上程序绘制出计划成本、预算成本、实际成本关系网后，可能出现以下四种情况：

1）实际成本线并未超过预算成本线，如图9-10（a）所示，但实际数据点连续呈上升趋势排列，表示成本控制过程已出现异常，应迅速查明原因，采取相应措施，否则就会出现亏损。

2）实际成本线始终位于计划成本线的上侧，如图9-10（b）所示，这种情况也不能说明成本控制过程处于正常状态。有可能存在两种问题：一是预算成本偏低而导致计划成本制订不合理；二是计划成本制订得不合理，与预算成本无关。不管哪一种情况，都要及时进行调整，否则会影响成本控制工作的深入开展；

3）实际成本线始终位于计划成本线的下侧，如图9-10（c）所示。如果出现这样的情况，要注意两个问题：一是计划成本制订合理性的问题；二是会不会造成质量低劣而导致返工，影响后续作业的问题；

4）实际成本超出预算成本线，或虽未超越界限，而数据点的跳动幅度大，出现忽高忽低的现象，如图9-10（d）所示，要迅速查明原因。

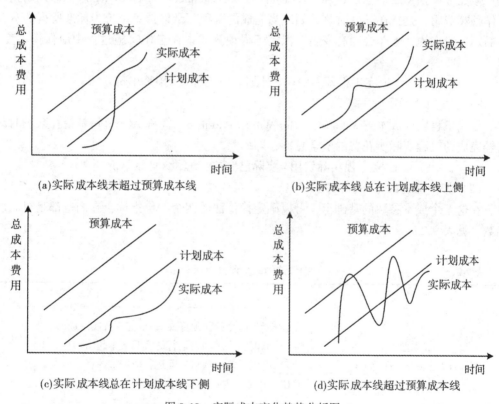

图9-10　实际成本变化趋势分析图

2. 挣值法

施工项目成本控制过程中，仅仅依靠实际值与计划值的偏差无法判断成本是否超支或有节余，因此，需引入成本/进度综合度量指标，此即为挣值法。挣值法也称赢得值法，是一种能全面衡量工程费用/进度整体状况的偏差分析方法。挣值法的实质是用价值指标（工作量）代替实物工程量来测定工程进度的一种控制方法，到目前为止国际上先进的工程公司已普遍采用挣值法进行工程项目成本、进度综合控制。

（1）挣值法的三个基本参数。

挣值法主要运用三个基本费用参数进行分析，它们都是时间的函数，这三个参数分别是已完工程预算成本、拟完工程预算费用和已完工程实际费用。

1）已完工程预算成本。

已完工程预算成本（Budgeted Cost for Work Performed，简称BCWP）是指在某一时间已经完成的工程，乘以批准认可的预算单价为标准所得的资金总额。由于业主正是根据这个值为承包商完成的工程量支付相应的费用，也就是承包商获得（挣得）的金额，故称赢得值或挣得值，即

$$已完工程预算成本＝实际完成工程量×预算单价$$

2）拟完工程预算成本。

拟完工程预算成本（Budgeted Cost for Work Scheduled，简称BCWS）也称计划完成工作预算费用，是指在某一时刻计划应当完成的工程，乘以预算单价为标准所得的资金总额。一般来说，除非合同有变更，拟完工程预算成本在工作实施过程中应保持不变，即

$$拟完工程预算费用＝计划完成工程量×预算单价$$

3）已完工程实际成本。

已完工程实际成本（Actual Cost for Work Performed，简称ACWP）是指在某一时刻已经完成的工程实际所花费的资金总额，即

$$已完工程实际费用＝实际已完成工程量×实际单价$$

（2）挣值法的四个评价指标。

在这三个成本参数的基础上，可以确定挣值法的四个评价指标，它们也都是时间的函数，见表9-2。

表9-2　　　　　　　　　　　　　　挣值法的四个评价指标

评价指标	内涵
成本偏差 （Cost Variance，简称CV）	成本偏差＝已完工程预算成本－已完工程实际成本 当CV<0时，表示项目运行的实际成本超出预算成本； 当CV>0时，表示项目实际运行成本节约； 当CV＝0时，实际成本与预算成本一致。
进度偏差 （Schedule Variance，简称SV）	进度偏差＝已完工程预算成本－拟完工程预算成本 当SV<0时，表示进度延误，即实际进度落后于计划进度； 当SV>0时，表示实际进度提前； 当SV＝0时，实际进度与计划进度一致。

续表

评价指标	内涵
成本绩效指数 （Cost Performed Index，简称 CPI）	成本绩效指数＝已完工程预算成本/已完工程实际成本 当 CPI<1 时，表示实际成本高于预算成本； 当 CPI>1 时，表示实际成本低于预算成本； 当 CPI＝1 时，实际成本与预算成本一致。
进度绩效指数 （Schedule Performed Index，简称 SPI）	进度绩效指数＝已完工程预算成本/拟完工程预算成本 当 SPI<1 时，表示实际进度比计划进度拖后； 当 SPI>1 时，表示实际进度比计划进度提前； 当 SPI＝1 时，实际进度与计划进度一致。

（3）施工成本偏差分析。

使用挣值法进行施工成本偏差分析可采用不同的表达方式，可以是文字描述、表格、横道图、曲线图等。

1）表格法。表格法是进行偏差分析最常用的一种方法。它是将项目编号、名称、各成本参数以及成本偏差数综合纳入一张表格中，并直接在表格中进行比较。因此，表格法具有灵活、适用性强、信息量大、便于计算机辅助施工成本控制等特点，如表 9-3 所示。

表 9-3   施工成本偏差分析表

工程代号	拟完工程预算成本	已完工程预算成本	已完工程实际成本	挣值
A				
B				
C				
D				

2）横道图法。用横道图法进行施工成本控制，是用不同的横道标识已完工程预算成本、拟完工程预算成本和已完工程实际成本，横道的长度与其金额成正比例。横道图法的优点是形象而直观，能够准确表达出成本的绝对误差，且能一眼感受到偏差的严重性。但是，这种方法反映的信息量少，一般在项目的较高管理层应用较多。

3）曲线法。曲线法分析成本偏差，即在由时间和成本组成的坐标系中，绘制 BC-WP、BCWS 和 ACWP 三条曲线，进行对比分析，如图 9-11 所示。在实际执行过程中，最理想的状态是 BCWP、BCWS 和 ACWP 三条曲线靠得很近、平稳上升，表示项目按预定计划目标进行。

如果三条曲线离散度不断增加，则预示可能发生关系到项目成败的重大问题。下面就不同情况分别进行分析说明，并就偏差分析提出纠偏措施，见表 9-4。

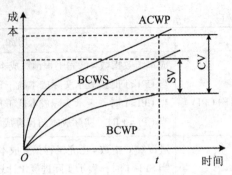

图 9-11　三种成本参数曲线

表 9-4		挣值法偏差分析
图型	参数关系	分析及措施
	ACWP>BCWS>BCWP CV<0 SV<0 CV>SV（绝对值）	分析：成本超支，效率低；进度滞后，进度慢；成本超支大于进度落后； 措施：建议用高效人员更换一批工作效率低的人员。
	BCWS>ACWP>BCWP CV<0 SV<0 CV<SV（绝对值）	分析：成本超支，效率低；进度滞后，进度慢；成本超支小于进度落后； 措施：建议增加高效人员投入项目。
	BCWP>BCWS>ACWP CV>0 SV>0 CV>SV	分析：成本节约，效率高；进度提前，进度快；成本节约大于进度提前； 措施：若费用偏离在允许的范围内，可维持现状。
	ACWP>BCWP>BCWS CV<0 SV>0	分析：成本超支，进度提前； 措施：建议抽出部分人员，增加少量骨干人员。

续表

图型	参数关系	分析及措施
	BCWP>ACWP>BCWS CV>0 SV>0 CV<SV	分析：成本节约，效率高；进度提前，进度快；费用节约小于进度提前； 措施：建议抽出部分人员，放慢进度。
	BCWS>BCWP>ACWP CV>0 SV<0	分析：成本节约，进度滞后； 措施：建议采取赶工措施，迅速增加人员投入。

3. 案例分析

某工程项目原计划安装 30000 m² 模板，预计劳动效率为 0.8 工时/m²，工时单价为 20 元。则

计划人工费 = 20 元/工时×30000 m²×0.8 工时/m² = 480000 元

而实际工作量为 32000 m²，实际劳动生产率为 0.7 工时/m²，工时单价为 25 元 m²，则

实际人工费 = 32000×25×0.7 = 560000（元）

成本差异 = 560000−480000 = 80000（元）

由于工作量增加造成的成本变化为：

（32000−30000）×20×0.8 = 32000（元）

由于工时单价引起的成本变化为：

32000×（25−20）×0.8 = 128000（元）

由于劳动效率引起的成本变化为：

32000×25×（0.7−0.8）= −80000（元）

进一步可以分析工程量增加、工时单价增加、劳动效率提高的更细的原因和责任人。

如工程计划直接总成本为 2557000 元，工地管理费和企业管理费总额为 567500 元。工程总成本为 3124500 元，则：

管理费分摊率 = 567500/2557000×100% = 22.19%

该工程总工期 150 天，现已进行了 60 天，已完成工程总价 BCWS（计划值）为 1157000 元。实际工时为 14670 小时，已完工程中计划工时 14350 小时，实际成本 ACWP（实耗值）为 1156664 元，已完工程计划成本 BCWP（赢得值）1099583 元，则

当前成本总体状况分析：

$$工期进度 = 60 \text{ 天}/150 \text{ 天} \times 100\% = 40\%$$

$$工程完成程度 = 1157000 \text{ 元}/3124500 \text{ 元} \times 100\% = 37\%$$

$$劳动效率：14670 \text{ 工时}/14350 \text{ 工时} \times 100\% = 102.2\%$$

$$SV = BCWP - BCWS = 1099583 - 1157000 = -57417 \text{ （元）} \quad 进度拖后$$

$$CV = BCWP - ACWP = 1099583 - 1156664 = -57081 \text{ （元）} \quad 成本超支$$

$$SVP = SV/BCWS = 57417/1157000 \times 100\% = 4.96\%$$

$$CVP = CV/BCWP = 57081/1099583 \times 100\% = 5.19\%$$

$$SPI = BCWP/BCWS = 1099583/1157000 = 0.9503\% < 1.0, \text{ 则进度拖后，工作效果差}$$

$$CPI = BCWP/BCWS = 1099583/1156664 = 0.9507\% < 1.0, \text{ 则成本超支，工作效果差}$$

$$EAC = （ACWP/BCWP） \times BAC = （1156664/1099583） \times 3124500 = 3286697 \text{ （元）}$$

$$VAC = BAC - EAC = 3124500 - 3286697 = -162197 \text{ （元）} \quad 成本超支$$

$$已实现利润 = 1157000 - 1156664 = 336 \text{ （元）}$$

$$利润率 = 336/1157000 \times 100\% = 0.029\%$$

总体上，本工程虽未亏本，但利润太少，进度拖后，成本超支，劳动效率较低。其中有一分项工程，模板为 30000m^2，报价 900000 元，该分项工程施工的计划工期 130 天，计划工时 24000 小时，平均投入 23 人，则

$$计划平均生产速度 = 30000 \text{m}^2/130 \text{ 天} = 231 \text{m}^2/\text{天}$$

$$计划劳动生产效率 = 24000 \text{ 小时}/30000 \text{m}^2 = 0.8 \text{ 工时}/\text{m}^2 或 1.25 \text{m}^2 工时$$

假定工程项目已进行 45 天，消耗工时 6290 小时，直接成本花费 243100 元，已完成工作量 8500m^2，平均 $189 \text{m}^2/\text{天}$，而本期完成 4900m^2，工时消耗为 3310 工时，则：

$$平均实际劳动生产率 = 6290 \text{ 工时}/8500 \text{m}^2 = 0.74 \text{ 工时}/\text{m}^2$$

$$本期劳动生产率 = 3310 \text{ 工时}/4900 \text{m}^2 = 0.68 \text{ 工时}/\text{m}^2$$

则该分项工程成本状况为：

$$工期进度 = 45 \text{ 天}/130 \text{ 天} \times 100\% = 35\%$$

$$工程完成程度 = 8500 \text{m}^2/30000 \text{m}^2 \times 100\% = 28\%$$

$$劳动效率 = 0.74/0.8 \times 100\% = 92.5\%$$

$$实际总成本 = 243100 \times （1 + 0.2219） = 29744 \text{ 元}$$

$$该分项工程单位成本 = 297044 \text{ 元}/8500 \text{m}^2 = 34.95 \text{ 元}/\text{m}^2$$

如项目定位报价 30 元，则每单位工程量亏损 4.95 元，亏损的进一步原因可以分析对比人工、材料、机械的消耗。从上面可见，人工的劳动效率比计划还是提高的（节约了劳动工时消耗）。进一步详细分析，可以得出人工费、材料费、机械费各占的份额，而且还可以分析人工费用中，由于工资单价变化、工作量变化和劳动生产率变化所引起的成本变化的份额。

工程项目成本控制报告如下：

×××项目成本控制报告

报告期××年 8 月 31 日

① 总收支情况：

　　a. 工程款总额 4418529 元；

　　b. 其中包括费用追加 343000 元；

　　c. 实际成本额 3574710 元；

　　d. 计划成本（新计划）3206729 元；

　　e. 完成原投标工程价 2997128 元。

② 经营成果：

	绝对差	差异率（比工程款）
工程款-实际成本=	843819 元	19.1%
工程款-计划成本=	1211800 元	28.4%

③ 生产成果：

	差值	偏差率
计划成本-实际成本=	-367918 元	-11.5%（比计划成本总额）
		-8.3%（比工程款）

主要成本项目差异分析表（见表9-5）：

表 9-5　　　　　　　　　　　主要成本项目差异分析表

成本项目	计划值	实际值	偏差	偏差率（比本项计划成本值）	偏差率（比计划成本总额）
直接费					
其中			-335982	·	-10.5%
人工费					
机械费	…	…		…	
材料费	…	…		…	
现场管理费	…	…	-31999	…	-1.0%
总部管理费			0		0
合　计			-367981		-11.5%

各分项工程直接成本比较见表9-6。

表 9-6　　　　　　　　　　各分项工程直接成本比较表

分项工程编号	分项名称	计划值	实际值	偏差	偏差率（比本项计划成本值）	偏差率（比计划成本总额）	完成程度
	负偏差分项						
	工地临时设施						
	工地清理	…	…	-48030	-78.8%	-1.6%	98%

续表

分项工程编号	分项名称	计划值	实际值	偏差	偏差率（比本项计划成本值）	偏差率（比计划成本总额）	完成程度
	正偏差分项	…	…	−23410	−192.2%	−0.8%	85%
	…	…	…	−24792	−15.3%	−0.8%	95%
	…						

注：分析表仅列出成本偏差在±5%以上的分部工程。

第四节　施工成本核算

施工成本核算是施工项目进行成本预测、制订成本计划和实行成本控制所需信息的重要来源，是施工项目进行成本分析和成本考核的基本依据。施工成本分析就是根据成本核算提供的资料，对施工成本的形成过程和影响成本升降的因素进行分析，以寻求进一步降低成本的途径。同时，成本分析可从账簿、报表反映的成本现象看清成本的实质，增强项目成本的透明度和可控性，能为加强成本控制、实现项目成本目标创造条件。

一、施工成本核算程序

（1）人工、材料、机械台班消耗分析。

各分项工程项目消耗的人工、材料、机械台班的数量及费用，是成本分析与控制的基础。有些消耗是必须经过分摊才能进入工作包的，如在一段时间内几个工作包共用的原材料、劳务、设备，必须按照实际情况进行合理的分摊。

（2）完成状况的分析。

已完成工程项目的成本分析一般比较简单。对于跨期的分项工程，即已开始但尚未结束分项工程的成本分析是困难的。实际工程进度是作为成本花费所获得的已完产品，其状况分析的准确性直接关系到成本核算、成本分析和趋势预测（剩余成本估算）的准确性，应避免实际工程中人为的影响。

为了解决已开始但尚未完成的工作包，对其完成成本及已完成程度进行客观分析时，可采用企业同类项目成本消耗标准，或者按以下几种模式进行定义：

1）0%～100%，即工作任务开始后直到完成前其完成程度一直为0，完成后则为100%；

2）50%～50%，即工作任务开始后直到完成前其完成程度都认为是50%，完成后为100%；

3）按实物工作量或成本消耗、人工消耗所占的比例，即按已完成的工作量占工作总量的比例计算；

4）按已消耗工期与计划工期（持续时间）的比例计算；

5）定义工作任务资源负荷分配。

（3）工程工地管理费及总部管理费开支的汇总、核算和分摊。

（4）各分项工程以及总工程的各个费用项目核算及盈亏核算，提出工程成本核算报表。

在上面的各项核算中，许多费用开支是经过分摊进入分项工程成本或工程总成本的，例如周转材料、大型施工机械、工地管理费和总部管理费等。

由于分摊是选择一定的经济指标，按比例核算的，如企业管理费按企业同期所有工程总成本（或人工费）分摊到各个工程；工地管理费按本工程各分项工程直接费总成本分摊到各个分项工程，周转材料和设备费用必须采用分摊的方法核算。其核算和经济指标的选取受人为因素的影响较大，不能完全反映实际情况，常常影响成本核算的准确性和成本评价的公正性。所以对能直接核算到分项工程的费用应尽量采取直接核算的办法，尽可能减少分摊费用及分摊范围。

二、施工成本核算编码系统

由于成本核算工作复杂，成本数据庞大，有必要将各个工作任务、各个部门、各责任人所发生的成本进行编码，便于统计分析和成本核算。成本核算编码系统建立的步骤如下：

（1）以工程项目结构分解 WBS（或 CWBS）的项目单元或工作包为任务中心，采用其 WBS 编码，通过 WBS 编码可以实现工作任务成本的汇总。

（2）将每一项目单元或工作包通过工作任务单分配到各职能部门或工作队，并分配一个工作码给该部门或施工队，工作码代表每一个成本核算的费用码。

（3）通过定义，成本核算就是在 WBS 与项目组织结构分解（organizational break-down structure，简称 OBS）的交叉点，即某项目单元或工作包的工作责任落实到某职能部门或工作队，或责任人）进行实际的劳动力、材料以及其他直接成本与计划进行比较，成本核算可同时包含几个工作包，如图 9-12 所示；

（4）成本核算编码分解。成本核算编码分解可视项目任务的具体情况进行，工程项目比较大，则分解层次多；工程项目小，则分解层次少，甚至可以不分解。如果实际工作中工时不足，成本中心可通过成本核算变更通知（cost account change notice，简称 CACN）请求增加时，报项目部批准。该变更通知要求有说明变更的描述，变更的原因，以及申请增加的工时等如图 9-13 所示。

这种形式的成本核算是根据 WBS 进行的，应与工作项目的任务、进度计划协调一致，便于按实施时间进度作成本核算。

三、施工成本分析

在工程施工过程中，一方面生产出建筑产品，同时又为生产这些产品耗费一定数量的人力、物力和财力，发生的资源消耗的货币体现即为施工成本费用。工程成本分析就是通过对施工过程中各项费用的对比与分析，揭露存在的问题，寻找降低工程成本的途径。

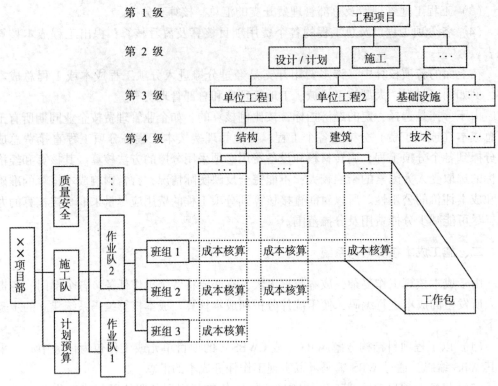

图 9-12 工作包定义

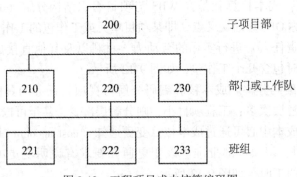

图 9-13 工程项目成本核算编码图

1. 施工成本的影响因素

施工成本作为一个反映工程项目生产活动耗费情况的综合指标，必然同各项技术经济指标之间存在着密切的联系。技术经济指标完成的好坏，最终会直接或间接地影响施工成本的增减。下面就主要工程技术经济指标变动对施工成本的影响作简要分析。

（1）产量变动对施工成本的影响。

施工成本一般可分为变动成本和固定成本两部分。由于固定成本不随产量变化，因

此，随着产量的提高，各单位工程所分摊的固定成本将相应减少，单位施工成本也就会随产量的增加而有所减少。即

$$D_Q = R_Q C \qquad (9\text{-}2)$$

$$R_Q = \left(1 - \frac{1}{1 + \Delta Q}\right) W_d \qquad (9\text{-}3)$$

式中，D_Q 为因产量变动而使施工成本降低的数额，简称成本降低额；C 为原工程总成本；R_Q 为成本降低率，即 D_Q / C；ΔQ 为产量增长百分率；W_d 为固定成本占总成本的比重。

（2）劳动生产率变动对施工成本的影响。

提高劳动生产率，是增加产量、降低成本的重要途径。劳动生产率变动对施工成本的影响体现在两个方面：一是通过产量变动影响施工成本中的固定成本（其计算按产量变动对成本影响的公式）；二是通过劳动生产率的变动直接影响施工成本中的人工费（即变动成本的一部分）。值得注意的是，随着劳动生产率的提高，工人工资也有所提高。因此，在分析劳动生产率的影响时，还须考虑人工平均工资的增长的影响。其计算公式为

$$R_L = \left(1 - \frac{1 + \Delta W}{1 + \Delta L}\right) \cdot W_\omega \qquad (9\text{-}4)$$

式中，R_L 为由于劳动生产率（含工资增长）变动而使成本降低的成本降低率；ΔW 为平均工资增长率；ΔL 为劳动生产率增长率；W_ω 为人工费占总成本的比重。

（3）资源、能源利用程度对施工成本的影响。

在工程项目实施过程中，总是要耗用一定的资源（如原材料等）和能源。尤其是原材料，其成本在施工成本中占了相当大的比重。因此，降低资源、能源的耗用量，对降低施工成本有着十分重要的意义。

影响资源、能源费用的因素主要是用量和价格两个方面。就工程项目而言，降低耗用量（当然包含损耗量）是降低成本的主要方面。其计算公式为：

$$R_m = \Delta m \cdot W_m \qquad (9\text{-}5)$$

式中，R_m 为因降低资源、能源耗用量而引起的成本降低率；Δm 为资源、能源耗用量降低率；W_m 为资源、能源费用在施工成本中的比重。

成本降低率如果利用率表示，则有

$$R_m = \left(1 - \frac{m_0}{m_n}\right) \cdot W_m \qquad (9\text{-}6)$$

式中，m_0、m_n 分别为资源、能源原来和变动后的利用率。

在工程项目实施过程中，有时要根据不同原因，在保证工程质量的前提下，采用一些替代材料，由此引起的施工成本降低额为

$$D_r = Q_0 \cdot P_0 - Q_r \cdot P_r \qquad (9\text{-}7)$$

式中，D_r 为替代材料引起的成本降低额；Q_0、P_0 为原拟用材料用量和单价；Q_r、P_r 为替代材料用量和单价。

（4）机械利用率变动对施工成本的影响。

机械利用的好坏，并不直接引起成本变动，但会使产量发生变化，通过产量的变动

而影响单位成本。因此，机械利用率变动对施工成本的影响，可直接利用式（9-3）和式（9-4）分析。

为便于随时测定，亦可用以下两式计算：

$$R_T = (1 - \frac{1}{P_T}) \cdot W_d \tag{9-8}$$

$$R_p = \frac{P_p - 1}{P_T \cdot P_p} \cdot W_d \tag{9-9}$$

式中，R_T、R_p 分别为机械作业时间和生产能力变动引起的单位成本降低率；P_T、P_p 分别为机械作业时间的计划完成率和生产能力计划完成率；W_d 为固定成本占总成本比重。

（5）工程质量变动对施工成本的影响。

工程质量的好坏，既是衡量企业技术和管理水平的重要标志，也是影响产量和成本的重要原因。质量提高，返工减少，既能加快施工速度，促进产量增加，又能节约材料、人工、机械和其他费用消耗，从而降低施工成本。

工程项目虽不设废品等级，但对废品存在返工、修补、加固等要求。返工次数和每次返工所需的人工、机械、材料费等越多，对施工成本的影响越大。因此，一般用返工损失金额来综合反映施工成本的变化。其计算式为

$$R_d = C_d / B \tag{9-10}$$

式中，R_d 为返工损失率，即返工对施工成本的影响程度，一般用千分比表示；C_d 为返工损失金额；B 为施工总产值（亦可用工程总成本）。

（6）技术措施变动对施工成本的影响。

在工程项目实施过程中，应尽力发挥潜力，采用先进的技术措施，是降低施工成本最有效的手段。其对施工成本的影响程度为

$$R_s = \frac{Q_s \cdot S}{C} \cdot W_s \tag{9-11}$$

式中，R_s 为采取技术措施引起的成本降低率；Q_s 为措施涉及的工程量；S 为采取措施后单位工程量节约额；W_s 为措施涉及工程原成本占总成本之比重；C 为工程总成本。

（7）施工管理费变动对施工成本的影响。

施工管理费在施工成本中占有较大的比重，如能注意精简机构，提高管理工作质量和效率，节省开支，对降低施工成本也具有很大的作用。其成本降低率为

$$R_g = W_g \cdot \Delta G \tag{9-12}$$

式中，R_g 为节约管理费引起的成本降低率；G 为管理费节约百分率；W_g 为管理费占施工成本之比重。

2. 工程成本综合分析

工程成本综合分析，就是从总体上对工程项目成本计划执行的情况进行较为全面概略的分析。

在经济活动分析中，一般把工程成本分为三种：预算成本、计划成本和实际成本。

预算成本，一般为施工图预算所确定的工程成本，在实行招标承包工程中，一般为工程承包合同价款减去法定利润后的成本，因此又称为承包成本。

计划成本是在预算成本的基础上，根据成本降低目标，结合本企业的技术组织措施计划和施工条件等所确定的成本，是工程项目降低生产消耗费用的奋斗目标，也是企业成本控制的基础。

实际成本是指企业在完成建筑安装工程施工中实际发生费用的总和，是反映企业经济活动效果的综合性指标。

计划成本与预算成本之差即为成本计划降低额；实际成本与预算成本之差即为成本实际降低额。将实际成本降低额与计划成本降低额比较，可以考察企业降低成本的执行情况。

工程成本的综合分析，一般可分为以下三种情况：

（1）实际成本与计划成本进行比较，以检查完成降低成本计划情况和各成本项目降低和超支情况。

（2）对企业间各单位之间进行比较，从而找出差距。

（3）本期与前期进行比较，以便分析成本管理的发展情况。

在进行成本分析时，既要看成本降低额，又要看成本降低率。成本降低率是相对数，便于进行比较，看出成本降低水平。

3. 施工成本分析方法

施工成本分析的方法包括比较法、因素分析法、差额计算法、比率法等基本方法。

（1）比较法。

比较法，又称"指标对比分析法"，就是通过技术经济指标的对比，检查目标的完成情况，分析产生差异的原因，进而挖掘内部潜力的方法。这种方法，具有通俗易懂、简单易行、便于掌握的特点，因而得到了广泛的应用，但在应用时必须注意各技术经济指标的可比性。比较法的应用，通常有下列几种形式：

1）将实际指标与目标指标对比，以此检查目标完成情况，分析影响目标完成的积极因素和消极因素，以便及时采取措施，保证成本目标的实现。在进行实际指标与目标指标对比时，还应注意目标本身有无问题，如果目标本身出现问题，则应调整目标，重新正确评价实际工作的成绩。

2）本期实际指标与上期实际指标对比。通过这种对比，可以看出各项技术经济指标的变动情况，反映施工管理水平的提高程度。

3）与本行业平均水平、先进水平对比，通过这种对比，可以反映本项目的技术管理和经济管理与行业的平均水平和先进水平的差距，进而采取措施赶超先进水平。

（2）因素分析法。

因素分析法又称连环置换法。这种方法可用来分析各种因素对成本的影响程度。在进行分析时，首先要假定众多因素中只有一个因素发生变化，而其他因素不变，计算出结果，而后逐个替换可变因素，分别比较其计算结果，以确定各个因素的变化对成本的影响程度。因素分析法的计算步骤如下：

1）确定分析对象，并计算出实际数与目标数的差异；

2）确定该指标是由哪几个因素组成的，并按其相互关系进行排序；

3）以目标数为基础，将各因素的目标数相乘，作为分析替代的基数；

4）将各个因素的实际数按照上面的排列顺序进行替换计算，并将替换后的实际数保留下来；

5）将每次替换计算所得的结果与前一次的计算结果相比较，两者的差异即为该因素对成本的影响程度；

6）各个因素的影响程度之和，应与分析对象的总差异相等。

（3）差额计算法。

差额计算法是因素分析法的一种简化形式，它利用各个因素的目标值与实际值的差额来计算其对成本的影响程度。

（4）比率法。

比率法是指用两个以上的指标的比例进行分析的方法。它的基本特点是：先把对比分析的数值变成相对数，再观察其相互之间的关系。常用的比率法有以下几种：

1）相关比率法：由于项目经济活动的各个方面是相互联系、相互依存、又相互影响的，因而可以将两个性质不同而又相关的指标加以对比，求出比率，并以此来考察经营成果的好坏。

2）构成比率法：又称比重分析法或结构对比分析法。通过构成比率，可以考察成本总量的构成情况及各成本项目占成本总量的比重，同时也可看出量、本、利的比例关系（即预算成本、实际成本和降低成本的比例关系），从而为寻求降低成本的途径指明方向。

3）动态比率法：是将同类指标不同时期的数值进行对比，求出比率，以分析该项指标的发展方向和发展速度。动态比率的计算，通常采用基期指数和环比指数两种方法。

4. 成本超支原因分析

经过对比分析，若发现某一方面已经出现成本超支，或预计最终将会出现成本超支，则应将它提出，做进一步的原因分析。成本超支的原因可以按照具体超支的成本对象（费用要素、工作包、工程分析等）进行分析。原因分析是成本责任分析和提出成本控制措施的基础。成本超支的原因是多方面的，例如：

（1）原成本计划数据不准确，估价错误，预算太低，不适当地采用低价策略，承包商（或分包商）报价超出预期的最高价。

（2）外部原因：上级、业主的干扰，阴雨天气，物价上涨，不可抗力事件等。

（3）实施管理中的问题：

1）不适当的控制程序，费用控制存在问题，许多预算外开支，被罚款；

2）成本责任不明，实施者对成本没有承担义务，缺少成本（投资）方面限额的概念，同时又没有节约成本的奖励措施；

3）劳动效率低，工人频繁调动，施工组织混乱；

4）采购了劣质材料，工人培养不充分，材料消耗增加，浪费严重，发生事故，返工，周转资金占用量大，财务成本高；

5）合同不利，在合同执行中存在缺陷，承包商（分包商、供应商）的赔偿要求不能成立。

（4）工程范围的增加，设计的修改，功能和建设标准提高，工作量大幅度增加。

成本超支的原因非常多，不胜枚举。可以说，在项目的目标设计、可行性研究和计划的实施，以及在技术、组织、管理、合同等任何一方面出现问题都会反映在成本上，造成成本的超支。如工程项目建设的经济环境对工程投资控制的影响具有不确定性，并伴随着很大的风险。但根据近几年工程投资的变化趋势看，宏观经济环境的影响因素如物价上涨和通货膨胀等具有一定可测性。

（1）物价上涨。由于物价上涨和国家政策性调整因素，引起项目投资的变动，由建设单位与承包商之间按合同规定进行调整，投资的调整量可按下式计算：

$$Q = P - P_0 \tag{9-13}$$

$$p = p_0 \left(A + GK + \sum_{i=1}^{n} B_i K_i \right) \tag{9-14}$$

即

$$Q = p_0 \left(A + GK - 1 + \sum_{i=1}^{n} B_i K_i \right) \tag{9-15}$$

式中，Q 为支付给承包商的价差；P_0 为结算期完成的按预算价计算的工作量；P 为价差调整以后的工作量；A 为定值权重，按施工期不同确定；G 为统一变值权重，按施工期不同确定；K 为统一变值权重所采用的价格指数；B_i 为变值权重，根据执行概算权重总表中各类工程的变值权重计算；K_i 为各类工程的项目价格调整系数；n 为从工程开工至计算价差年的施工年数。

（2）通货膨胀与投资控制。由于物价水平上涨，使投资计划规定的投资额与项目实施或竣工时的不相等，而且随着时间的推移而减少，从而影响投资额。如果考虑通货膨胀率，实际投资额为：

$$F = P (1 + r)^n \tag{9-16}$$

式中，F 为实际投资额；P 为计划投资额；r 为通货膨胀率；n 为施工工期。

5. 成本状况报告

成本管理人员应及时向项目经理、高层管理者、业主或项目组织者报告当期的成本状况，使其尽早掌握工程项目的实施情况以及工程成本控制动态，如有成本失控情况，还需向他们及时提出解决问题的方法。实际上，减少或消除上级干扰最好的办法就是向其提供正常的、有意义的成本状况报告。报告内容包括：

（1）各种差异分析报告。

（2）EAC 计算与分析。

（3）成本信息总结与分析。

（4）进度信息总结与分析。

（5）工程形象进度报告。

（6）存在问题、原因分析及纠偏措施。

（7）"赢得值"曲线图。

偏差分析报告应尽量简短。报告越简短，反馈越迅速，处理问题就越及时。如果必须在固定的资源条件范围内调整计划，则时间因素就成为关键因素。最常见的约束条件主要有完成日期不变或资源的获得不变。

当完成日期不变时，项目计划的调整通常需要额外的资源供应。若项目资源的获得不变，则项目进度就会延长，或进行资源重分配来缩短网络计划关键线路。

一旦偏差分析完成，项目经理及其项目部必须对产生的问题进行诊断，并寻求纠偏措施。

然而，并不是一出现偏差或所有的偏差都必须纠偏。不同情况下的偏差有 4 种处理方式。

1）忽略不计。当偏差在项目开始前所确定的允许范围内，可不予考虑。

2）由项目部做适当的调整。当偏差在允许偏差的边缘时，通常可调整施工方案或选择采用其他可行的措施，而无需改变计划。

3）调整计划。

4）调整系统。一旦出现重大偏差，就必须对计划或系统进行调整。计划调整过程需要重新定义或重新建立项目进展目标，但这必须在项目系统定义允许的范围内。调整计划的措施包括对工期、成本、质量进行综合平衡或者定义继续实施项目的新活动和新方法，如新的网络计划。若项目资源有限，则适当进行资源重分配；若没有资源方面的限制，则适当引进资金、人员、设备、工具、信息等。

如果在系统定义范围内无法进行计划调整，则必须进行系统的重设计。这是一种最不利的情况，这将导致工程项目的使用功能受到影响，或者丧失对时间和资金的控制。

要处理好偏差，就必须首先在项目管理文件中明确定义项目管理的工作流程、工作岗位及其工作职责，定义管理中的指令权。要把这些文件发给项目组织中的每一个关键人员。应建立与项目的成本管理与控制相配套的决策、政策。

成本分析的指标很多，项目管理可以从各个不同的角度反映成本，则必然有不同的分析指标。为了综合、清楚地反映成本状况，成本分析必须与进度、工期、效率、质量、分析同步进行，并互相对比参照，例如包括各个生产要素的消耗，各分项工程及整个工程的成本分析。通常成本分析的综合指标有如下几大类：

1）赢得值原理中的各项指标。

2）效率比：

$$机械生产效率=实际台班数/计划台班数$$

$$劳动效率=实际使用人工工时/计划使用人工工时$$

与它相似，还有材料消耗的比较及各项费用消耗的比较。

3）成本分析指标。对已完成的工程：

$$成本偏差=实际成本-计划成本$$

$$成本偏差率=（实际成本-计划成本）/计划成本×100\%$$

$$利润=已完工程价格-实际成本$$

6. 降低成本的措施

通常要压缩已经超支的成本，而又不损害其他目标是十分困难的，降低成本的措施必须与工期、质量、合同、功能通盘考虑。一般只有当给出的措施比原计划已选定的措施更为有利，或使工程范围减少，或生产效率提高时，成本才能降低，例如：

（1）寻找新的、更好的、更省的、效率更高的技术方案，采用符合规范而成本低的原材料。

（2）购买部分产品，而不是采用完全由自己生产的产品。

（3）重新选择供应商，但会产生供应风险，选择需要时间。

（4）改变实施过程，在符合工程（或合同）要求的前提下改变工程质量标准。

（5）删去工作包，减少工作量、作业范围或要求。但这会损害工程的最终功能，降低质量。

（6）变更工程范围。

（7）索赔，如向业主、供应商索赔以弥补费用超支等。

采取降低成本的措施尚有如下问题应注意：

（1）一旦成本失控，要在计划成本范围内完成项目是非常困难的。因此在项目一开始，就必须牢固树立这个观念，不放过导致成本超支的任何迹象，而不能等超支发生了再想办法。在任何费用支出之前，应确定成本控制系统所遵循的程序，形成文件并通知负责授权工作或经费支出的人。

（2）当发现成本超支时，人们常常通过其他手段，在其他工作包上节约开支，这常常是十分困难的，会损害工程质量和工期目标；甚至有时贸然采取措施，主观上企图降低成本，而最终却会导致更大的成本超支。

（3）在设计阶段采取降低成本的措施是最有效的，而且不会引起工期问题，对质量的影响可能小一些。

（4）成本的监控和采取的措施重点应放在：负值最大的工作包或成本项目；近期就要进行的活动；具有较大的估计成本的活动。

（5）成本计划（或预算）的修订和措施的选择应与项目的其他方面（如进度、实施方案、设计、采购）、项目其他参加者和投资者协调。

第十章 工程项目质量控制

工程项目的质量不仅关系到工程项目的适用性和投资效益，同时也关系到人民群众生命和财产的安全。对工程项目质量实施有效控制，保证工程项目质量达到预期目标，是工程项目管理的主要任务之一。

第一节 概　述

对于工程项目来说，"进度、费用、质量"是工程项目管理的三大要素，而工程质量则是最核心、最关键的要素，它是工程建设实现投资效益的基本保证。如果某项工程的质量不合格或者因其需拆除重建，进度再快、费用再省也是无济于事的，不但不能创造投资效益，而且还可能造成不利影响，如危害社会、生态环境。因此，质量是工程建设永恒的主题。为了进一步加强工程质量工作，国务院第 25 次常务会议通过《建设工程质量管理条例》，提出"百年大计，质量第一"的方针。

一、质量与质量管理

1. 质量

通常情况下，质量有两个完全不同的含义：一个是指"度量物体惯性大小的物理质量"或"物体中所含物质的量"，一个是指一组固有特性满足要求的程度。在管理学中，人们常用第二个含义，并将其表述为产品、过程或体系的一组固有特性以满足顾客及其他相关方要求的程度。随着质量实践活动的逐渐深入，人们对质量的认识也在不断深化。对质量的理解可以从以下几点出发：

（1）概念的广义性。

质量不仅是指产品质量，也可以是某项活动或过程的工作质量，还可以是管理体系的运行质量。其中，产品质量是针对"物"而言，工作质量是针对"人"而言，运行质量是针对"体系"而言。

（2）特征的固有性。

"特性"是指可区分的特征，可以是固有的，也可以是赋予的。质量由一组固有的特性组成，这些固有特性是指在某事或某物中本来就有的、天然存在的，尤其是那种永久的特性（如产品的尺寸），不包括人为赋予的特性（如产品的价格）。

（3）质量的时效性。

由于质量的要求会随着时间、地点、环境等外界因素变化而变化，顾客及其他相关方对组织的产品、过程或体系的要求、期望是动态的、发展的和相对的，是不断变化的，因此质量具有一定的时效性，组织必须根据外界因素的变化不断地调整质量目标和标准。

（4）要求的差异性。

不同的顾客及其他相关方可能对同一产品的功能提出不同的要求，也可能对同一产品的同一功能提出不同的要求，甚至是同一顾客及其他相关方在不同的环境条件下，对同一产品的功能提出不同的要求。这些要求是指明示的、通常隐含的或必须履行的顾客及其他相关方的需要或期望。明示的需要或期望是指标准、规范、规程等规定的要求，通常隐含的需要或期望是指顾客及其他相关方的惯例、一般习惯、社会风俗等，必须履行的需要或期望是指法律、法规和强制性条文规定的要求。

（5）满足的多样性。

顾客及其他相关方的需求不同，对质量的要求也就不同。对质量的要求的满足，不仅要考虑顾客的需求，还应考虑其他相关方的多种需求，如组织自身利益、提供原材料和零部件等供方的利益和社会的利益等。只有多方面满足这些要求，才能评为好的质量或优秀的质量。

2. 质量管理

质量管理是指确定质量方针、目标和职责，并在质量体系中通过质量策划、质量控制、质量保证和质量改进来使其实现的全部管理职能与活动。项目质量管理工作具有工作过程复杂、参与人员众多、实施周期长等特点，需要采用必要的工具和方法。质量管理经历了从经典的 TQM（Total Quality Management）到目前的 ISO9000 全面质量管理的过程，正确地综合运用多种工具和方法，是搞好项目质量管理的关键。

（1）质量管理体系。

ISO9000：2015《质量管理体系础和术语》和 GB/T19000-2008 标准，是目前流传广泛的建立质量管理体系的指导性工具。从项目管理的角度看，质量管理体系要素包括以下内容：

1）质量方针。

质量方针是由质量管理专家制定的为最高管理者完全支持的该组织总的质量宗旨和质量方向。质量方针必须表明质量目标，为组织所承认的质量管理层次，体现了该组织成员的质量意识和质量追求，是组织内部的行动准则，也体现了用户的期望和对用户做出的承诺。

质量方针的履行是最高管理者的责任，最高管理者必须遵守诺言。

2）质量目标。

质量目标是落实质量方针的具体要求，由详细而明确的目标以及实现这些目标的时间框架构成。质量目标又是企业经营目标的组成部分，与其他目标（如利润目标、成本目标等）相协调。应根据质量方针，对实体和工作质量在一定时期内期望达到的水平做出具体规定。

质量目标应先进可行，要分解落实到各职能部门和基层单位，以便质量方针目标的实施、检查、评价与考核。如某水电建设公司的质量目标是：

①分项工程质量一次合格率为100%，优良率不低于75%；

②单项工程质量一次合格率为100%，优良率不低于80%。

3）质量保证。

质量保证是指为努力确保移交的产品或服务达到所要求的质量水平而计划并实施的正式活动和管理过程。质量保证还包括针对这些过程的外部工作以及为改进内部过程提供必要的信息。努力确保项目的范围、成本和时间等完全集成是质量保证的职能。

质量保证是质量管理的组成部分。项目经理需要建立必要的管理过程和程序，确保和证明项目范围的说明与顾客的实际要求一致，对其项目的质量施加最大的影响。项目经理必须与项目经理部一道确定他们的管理过程，保证项目收益人对项目的质量活动能正确履行充满信心，同时必须符合所有相关的法律、法规。

4）质量控制。

质量控制是在质量管理过程中，为达到质量要求所采取的作业技术和活动。这类活动包括持续的控制过程，识别和消除产生问题的原因，使用统计过程控制、减少质量波动，增加管理过程的效率。质量控制的目的是保证组织的质量目标能得到实现。

质量控制贯穿于质量形成的全过程、各环节。要排除这些环节的技术活动偏离有关规范的现象，使其恢复正常达到控制的目标。

质量控制体系包括选择控制的对象，建立标准作为选择可行性方案的基准，确定控制技术方法，能做实际结果与质量标准的对比，根据所收集的信息对不符合要求的工作过程或材料做出纠正。

5）质量审计。

质量审计就是有资质的管理人员所做的独立的评价，保证项目符合质量要求；遵守既定的质量程序和方针。

质量审计将保证实现项目的质量要求，项目或产品安全适用，遵守相关的法律、法规，数据的收集和发布体系正确、适合，需要时能采取适当的纠偏，能提供改进的机会。

6）质量计划。

质量计划是由项目经理和项目部成员编制的，项目质量计划是通过将项目的目标分解落实到WBS中编制的，使用倒置的树形图技术，项目的活动被分解成较低级别的活动，直到这些活动要求能明确并能清楚地识别。这样，项目经理就能保证将这些质量要求用文件记录下来，并在以后的过程中执行，项目就能满足用户的要求和期望。

按照ISO10006，为了达到项目质量目标，必须制订整个工程项目的质量体系，在工程实施过程中按照质量体系进行全面控制。企业的质量体系与项目的质量体系既有联系又有区别。首先，项目的质量体系从属于企业的质量体系，符合企业的质量体系方针政策、质量目标、质量管理、质量体系、质量策划、质量控制、质量保证等，体现在企业的质量保证手册中。其次，项目的质量体系又与企业的质量体系有所区别，项目是具体的，具有独立的特征，项目质量体系应在企业质量体系的基础上满足业主对项目的质量要求，体现在项目手册的质量执行计划中，项目的质量体系在合同、项目实施计划、项目管理规范、工作计划中有所反映。

（2）ISO9000 族质量标准。

ISO 是 International Organization for Standardization（国际标准化组织）的英文缩写。ISO9000 族质量标准是 ISO 在 1987 年 3 月正式发布的《质量管理和质量保证》系列，它并不是产品或服务的系列标准，也不是特别针对某一行业。ISO9000 族标准的构成如图 10-1 所示。

通过 ISO 质量体系论证的组织并不能完全保证提供高品质的产品或服务。它实际是应用于产品、服务或过程中的质量管理体系，同样运用于工程项目质量控制。

ISO9000 系列是在 ISO8402—86《质量—术语》的基础上产生的，它是由计划、控制、文件三部分组成的，并构成一个循环体。计划是保证每个活动的目标、权力、责任的关系；控制是保证目标实现、预先发现问题，或通过纠偏解决问题；文件反馈质量体系中如何实施、满足顾客的需求。它包括：

1）ISO9000 是质量管理和质量保证——选择和使用指南，它规定了在该系列内作为使用和选择质量体系标准的原理、原则、程序和方法，是系列标准中的实施指南。

2）ISO9001 是质量体系——设计/开发、生产、安装和服务的质量保证模式。

3）ISO9002 是质量体系——生产和安装的质量保证模式。

4）ISO9003 是质量体系——最终检验和试验的质量保证模型。ISO9001、ISO9002、ISO9003 适用于合同环境下的外部质量保证，为供需双方签订含有质量保证要求的合同提供了三种质量保证模式。

5）ISO9004 是质量管理和质量体系要素——指南。该标准从市场经济需求出发，提出并阐述了企业质量体系的原理、原则和一般应包括的质量要素，它是为希望开发和实施质量管理体系的组织提供质量管理指南。

6）ISO10001—10020 是支持性技术标准。该标准是对质量管理和质量保证中的某个专题的实施方法提出指南。其中 ISO10006 是 1997 年由 ISO 组织颁布的《质量管理——项目管理的质量指南》。我国于 2000 年 1 月由国家质量技术监督局作为国家标准 GB/T 19016—2000 颁布发行，于 2000 年 6 月开始实施。

ISO10006 是以项目管理知识体系（The Project Management Institute Body of Knowledge，简称 PMBOK）为框架制订的，它"将项目管理过程作为框架来讨论其应用"，但"它不是项目管理本身的指南"。它认为一个项目是一个过程，即将输入转化为输出的一组彼此相关的资源和活动。该过程可以分成很多彼此不同的、相关的子过程。按照一定的顺序和渐进的方式实施这些子过程时，可能需要将这些子过程按其组成分成几个

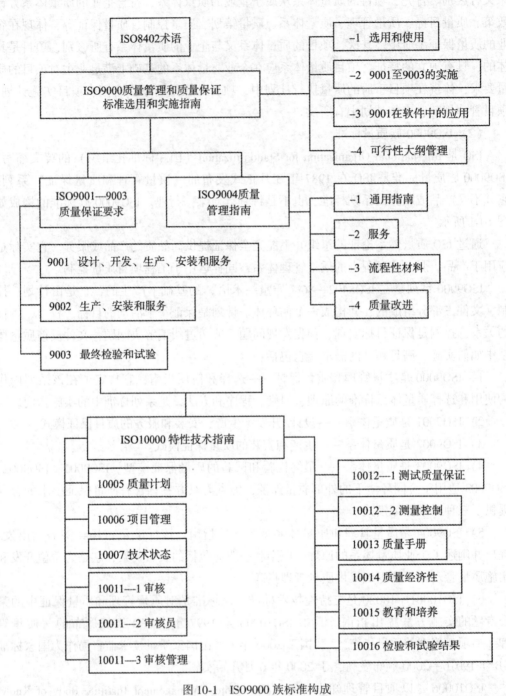

图 10-1 ISO9000 族标准构成

阶段。

ISO10006 将项目过程分成两类：项目管理过程和与产品有关的项目过程。ISO10006 就是项目管理过程的质量指南。项目产品过程的质量指南由 ISO9000 提供。

二、工程项目质量的内涵

工程项目从本质上说是一个建筑产品，它和一般产品具有相同的质量内涵。就工程项目质量而言，它是国家现行的有关法律、法规、技术标准、设计文件及工程合同中对工程项目固有特性的综合要求的总和。这些固有特性通常包括使用功能、安全、寿命和环境保护等，它们满足要求的程度越高，质量就越好。工程项目作为一个特殊的产品，其质量的固有特性主要表现在以下几个方面：

1. 适用性

质量适用性即功能性质，是指工程项目满足使用功能需求的一系列特性指标，包括理化性能、结构性能、使用性能、外观性能等，如工程的平面空间布局、通风采光性能等。

2. 安全可靠性

质量安全可靠性是指工程在规定的时间和规定的条件下满足自身规定要求的能力，主要包括稳定性、耐久性、安全性等，如工程自身结构防腐蚀、防火、防盗、防辐射、设备系统运行安全以及工程在建或建成使用过程中保证人身、环境免受危害等。质量可靠性指标必须在满足质量功能性指标需求的基础上，结合技术标准、规范的要求进行确定与实施。

3. 经济性

质量经济性主要是指质量成本和质量效益要符合工程建设要求。质量成本是指工程为达到质量要求从规划、勘察、设计、施工到整个建筑产品使用寿命周期内所消耗的总费用，质量效益是指工程达到质量要求后的投资效益。质量经济性指标的主要目的是在保证达到质量要求的条件下，以尽可能低的质量成本创造尽可能高的质量效益。

工程建设活动是应业主的要求进行的，不同的业主有不同的产品使用功能要求，不同门类不同专业的工程可根据其所处的特定的环境条件、技术经济条件的差异，有不同的侧重面，且其意图已通过文字或设计图反映在合同中。因此，工程项目质量是在"合同环境"下形成的，合同条件中对工程项目的功能、使用价值及设计、施工质量有明确要求，是工程项目质量的内容。

由于工程项目质量是按照建设项目建设程序，经过建设项目可行性研究、决策、设计、施工、竣工验收等各个阶段而逐步形成的，因此工程项目的质量不仅取决于实施阶段产生的工程实物质量，还取决于工作服务质量，即项目建设参与各方为了保证工程项目质量所从事技术、组织工作的水平和完善程度，如咨询、设计、投标中服务时间（主动、及时、准时、适时周到的程度）、服务能力（准确判断、解决问题的程度）、服务态度（热情、诚恳、有礼貌、守信用、建立良好服务信誉的程度）、施工中的工期、现场的面貌、同其他参加者的协作配合、工程竣工后的保修等。

三、工程项目质量的影响因素

工程项目实施需要依次经过由建设程序所规定的各个不同阶段，工程建设的不同阶段对工程项目质量的形成所起的作用各不相同，而对工程项目质量的影响归纳起来主要有人、材料、机械、方法和环境等 5 个方面。

1. 人的因素

人是指直接参与工程建设的决策者、组织者、指挥者和执行者。产生质量问题的主要原因是人，有许多属于技术、管理、环境等原因造成的质量问题，最终常常归结到人的身上。作为控制的对象，人应避免产生错误或过失；作为控制的动力，应充分调动人的积极性。工程实践中增强人的责任感和质量观，通过工作质量的改善和提高来保证工程质量。最关键的是要求所有项目管理人员具有良好的素质（如良好的职业道德、工作热情、敬业精神、讲究诚实信用、具有团队精神等）、能力（较丰富的工作经验和经历、人事能力、组织管理能力等）和知识（学历、专业知识、较宽的知识面）。

2. 材料的因素

材料是工程项目施工的物质条件，是工程质量的基础。材料的质量直接影响工程的质量。加强材料的质量控制是提高工程质量的重要保证。未经检验认可的材料及没有出厂质量合格证的材料，不得在施工中使用。

3. 机械的因素

机械包括生产机械设备和施工机械设备两大类。生产机械设备是工程项目的组成部分；施工机械设备是工程项目实施的重要物质基础。在质量控制过程中，要从设备的造型、主要性能参数、使用与操作要求，从对生产机械设备、施工性能参数、使用与操作要求，从对生产机械设备、施工机械设备的购置、检查验收、安装质量和试车运转加以控制，以保证工程项目质量目标的实现。

4. 方法的因素

方法包含工程项目整个建设周期内所采取的技术方案、工艺流程、组织措施、计划与控制手段、检验手段、施工方案等各种技术方法。方法是实现工程项目的重要手段，无论工程项目采取哪种技术、工具、措施，都应以确保质量为目的。

5. 环境的因素

影响工程项目质量的环境因素很多，如社会环境、工程技术环境、工程管理环境、劳动环境等。环境因素对工程质量的影响，具有复杂而多变以及不确定的特点。对环境因素的控制，关键是充分调查研究，及时做出预报和预测，针对各个不利因素以及可能出现的情况，做好相应预测，及时采取对策和措施。

四、工程项目质量的控制

工程项目的质量形成是一个有序的系统过程，在这个过程中，为了使工程项目具有满足业主某种需要的使用价值及其属性，需要进行一系列的技术作业和活动，其目的在于监视工程项目建设过程中所涉及人、材料、机械、方法和环境等各种因素对质量的影响，并排除在质量形成的各相关阶段导致质量事故的原因，预防质量事故的发生。这些作业技术和活动包括在质量形成的各个环节之中，所有的技术和活动都必须在受控状态下进行，这样才可能得到满足项目规定的质量要求的工程。

工程项目质量控制就是为了达到工程项目功能要求所采取的技术作业和活动，主要表现为工程项目合同、设计文件、规范规定等，是为了保证达到工程合同规定的质量标准而采取的一系列措施、手段与方法。在质量控制过程中，要及时排除在各个环节上出现的偏离有关规范、标准、法规及合同条款的现象，使之恢复正常，以达到控制的目的。

工程项目质量控制贯穿于项目执行的全过程，是在明确的质量目标和具体的条件下，通过行动方案和资源配置的计划、实施、检查和监督，进行质量目标的事前预控、事中控制和事后纠偏控制，实现预期质量目标的系统过程。针对质量控制的主体不同，工程项目控制主要有以下几个方面的控制工作。

（1）业主方面的质量控制。通常反映为工程建设监理的质量控制，其特点是外部、横向的控制，是监理单位受业主委托，为保证工程项目按照合同规定的质量要求，进行制作合同文件、设计图纸、现场监督等一系列活动，实现业主的建设意图，取得良好的投资效益。

（2）政府方面的质量控制。反映为政府监督机构的质量控制，是外部、纵向控制，是根据有关法规和技术标准，对本地区（或本部门）的工程项目质量进行监督检查，维护社会公共利益，保证技术性法规的标准贯彻执行。

（3）承包商方面的质量控制。是项目内部、自身的控制；是根据合同文件，设计图纸对项目生产过程及各环节的实施质量进行监督与检查，反映在施工过程中的工序、工艺及生产流程等方面，是最终形成工程产品质量和使用价值的环节。

项目质量控制的主要对象是工程实体质量，主要是指工程项目适合于某种规定的用途，满足人们要求所具备的质量特性的程度，除具有一般产品所共有的特性之外，还包括如下几个方面：

（1）工程运行后，所生产的产品（或服务）的质量，该工程的可用性、使用效果和产出效益、运行的安全度和稳定性。

（2）工程结构设计及施工的安全性和可靠性。

（3）所使用的材料、设备、工艺、结构的质量以及它们的耐久性和整个工程的寿命。

（4）工程的其他方面，如外观造型、与环境的协调、对生态的保护、项目运行费用的高低以及可维修性和可检查性等。

在工程项目管理中，质量控制必须始终依靠管理者和生产者积极主动的热情、良好的知识结构与水平、丰富的工作经验、高尚的职业精神，这样才能使质量体系的建立、实施和认证得以实现，而不是单纯依靠质量检验或质量控制手段。要保证工程项目质量，就必须要求有关部门和人员精心工作，对决定和影响工程质量的所有因素提前识别并加以控制。

第二节　工程项目质量控制方法

建设工程产品有着建设周期长、价值额度大、生产的一次性、影响因素多、涉及面广等特点，建设工程质量的优劣直接关系到国民经济的发展和人民生命财产的安全。因此，非常有必要加强建设工程质量的控制。工程项目质量控制是为了达到工程项目功能要求所采取的一系列技术作业和活动，是对项目各阶段的资源、过程和成果所进行的计划、实施、检查和监督过程，以判定其是否符合有关的质量标准，并找出方法消除造成项目成果令人不满意的因素。它贯穿于项目实施的全过程，是工程项目质量管理的核心内容，遵循工程项目管理理论和方法。

一、工程项目质量控制原则

进行工程项目质量控制，应遵循质量第一、以人为核心、以预防为主、坚持质量标准和科学方法的原则。

1. 坚持质量第一的原则

在工程项目建设中，控制的目标一般包括质量、进度和投资。必须处理好三者之间的关系，在任何情况下都必须坚持质量第一的原则，把质量放在第一位，只能在保证质量的前提下加快施工进度和降低投资，不能用降低质量要求的办法来加快施工进度和降低投资。

2. 坚持以人为核心的原则

人是工程项目建设的决策者、组织者、管理者和操作者，没有人就不可能进行工程项目的建设。人的工作质量将会直接或间接地影响到工程项目的质量，所以在质量控制中要以人为核心，重点控制人的素质和行为，以提高人的工作质量来保证工程项目的质量。

3. 坚持以预防为主的原则

质量控制首先应做好事前和事中控制，预先分析有哪些可能会出现的影响因素，并对这些影响因素采取相应的防范措施加以控制，防止质量问题的出现。工程项目的质量控制应该以预防为主，事前控制。

4. 坚持质量标准的原则

质量标准是评价质量的尺度。工程项目质量标准主要是指法律法规、标准、设计文件和工程承包合同。工程项目的施工质量通过质量检验后，与工程项目的质量标准相比较，符合质量标准要求的才是合格的；而不符合质量标准要求的，则必须返修处理，直到达到质量标准要求为止。

5. 坚持科学方法的原则

在工程项目的质量控制中，必须尊重科学、尊重事实，坚持科学方法。数据是质量管理的基础，是科学管理的依据。数据可以作为判别质量的依据，分析质量波动的原因，揭示质量波动的规律；用数据进行质量统计分析，将质量管理工作定量化，以便及时采取相应的对策和措施对质量进行动态控制。

二、工程项目质量控制原理

1. PDCA 循环原理

工程项目质量控制是一个持续过程，主要包括计划（plan）、执行（do）、检查（check）和处理（action）等四个方面：首先在提出项目质量目标的基础上，制定质量控制计划，包括实现该计划需采取的措施；其次将计划加以执行，特别要在组织上加以落实，真正将工程项目质量控制的计划措施落实到实处；然后，在计划执行过程中，还要经常检查、监测，以评价检查结果与计划是否一致；最后对出现的工程质量问题进行处理，对暂时无法处理的质量工作重新进行分析，进一步采取措施加以解决。

工程项目质量控制活动的运转，离不开管理循环的转动，上述四个方面通常不停顿地周而复始地运转，简称为 PDCA 循环。PDCA 循环作为工程项目质量管理体系运转的基本方法，是工程项目质量控制应遵循的科学程序，其实施需要监测、记录大量工程施工数据资料，并综合运用各种管理技术和方法。PDCA 循环原理可以概括为四个阶段、八个步骤和七种工具。

（1）四个阶段。

工程项目质量控制过程可分成四个阶段，即计划、执行、检查和处理，即 PDCA 循环。PDCA 循环的特点有三个。

1）各级质量控制都有一个 PDCA 循环，形成一个大环套小环、一环扣一环、互相制约、互为补充的有机整体，如图 10-2 所示。在 PDCA 循环中，一般地说，上一级循环是下一级循环的依据，下一级循环是上一级循环的落实和具体化。

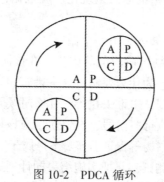

图 10-2　PDCA 循环

2）每个 PDCA 循环，都不是在原地周而复始运转，而是像爬楼梯那样，每一循环都有新的目标和内容，这意味着工程项目质量管理经过一次循环，解决了这一批问题，质量水平有了新的提高，如图 10-3 所示。

3）在 PDCA 循环中，A 是一个循环的关键，这是因为在一个循环中，从质量目标计划的制订、质量目标的实施和检查，到找出质量偏差及其原因，只有通过采取一定措施来处理，使这些措施形成标准和制度，才能在下一个循环中贯彻落实，质量水平才能步步高升。

（2）八个步骤。

为了保证 PDCA 循环有效地运转，有必要把循环的工作进一步具体化，一般细分为以下八个步骤：

1）分析现状，找出存在的质量问题；

2）分析产生质量问题的原因或影响因素；

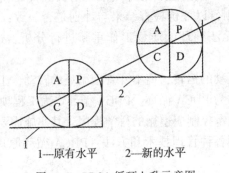

1---原有水平　　2—新的水平

图 10-3　PDCA 循环上升示意图

3）找出影响质量的主要因素；

4）针对影响质量的主要因素，制订措施，提出行动计划，并预计改进的效果；

5）质量目标措施或计划的实施；

6）检查、衡量采取措施的改善效果，并找出存在的问题；

7）总结经验，把成功和失败的原因系统化、规范化，使之形成标准或制度，纳入到有关质量管理的规定中去；

8）提出尚未解决的问题，转入到下一个循环。

以上步骤 1）~4）是"计划"阶段的具体化，在该阶段所提出的措施和计划必须明确具体，且能回答下列问题：为什么要制订这一措施和计划？预期能达到什么质量目标？在什么范围内、由哪个部门、由谁去执行？什么时候开始？什么时候完成？如何去执行？等等；步骤 5）属于"执行"阶段，在该阶段应该按上一步所确定的行动计划组织实施，并给以人力、物力、财力等保证；步骤 6）属于"检查"阶段，在该阶段应该对执行结果进行必要的检查和测试，并把实施结果同计划进行比较和分析，找出成功的经验和失败的教训；最后两个步骤属于"实施"阶段，在该阶段应该对确有成效的措施，通过进一步总结将其纳入有关的工艺流程、作业标准和各种管理制度中，以便遵照执行，对无效、失败的措施或新发现的质量问题，反映到下一个循环中去，以便继续解决。

（3）七种工具。

在以上八个步骤中，需要调查、分析大量的数据和资料，才能做出科学的分析和判断。为此，要根据数理统计的原理，针对分析研究的目的，灵活运用七种统计分析图表，使每个阶段各个步骤的工作都有科学的依据。

常用的七种工具是：排列图、直方图、因果分析图、分层法、控制图、散布图、统计分析表等。实际使用时，还可以根据质量控制的需要，运用数理统计或运筹学、系统分析的基本原理，制订一些简便易行的新方法、新工具。

七种工具的详细介绍，可参阅有关的专著。下面仅结合每个阶段各个步骤中的应用，列于表 10-1 中，以供参考。

表 10-1 质量管理的四个阶段、八个步骤、七种工具关系表

阶段	步骤	工具或方法	说 明
P	1)	**排列图** （N—频数，纵坐标 0~8，I~VII 因素，(%)0~100）	用来分析各种因素对质量的影响程度。横坐标列出影响质量的各个因素，按影响程度大小排列；纵坐标表示质量问题的频数·(如次品件数或次品损失的金额等)和累计频率（%）。按累计频率可将影响因素分类：累计频率 0%~80% 的因素为主要因素；80%~95% 为次要因素；95%~100% 为一般因素。
		直方图 （T，N—频数，R—质量指标，O，R）	用来分析质量的稳定程度。通过抽样检查，对一些计量型质量指标如干容量、抗压强度等，作出频数分布直方图。横坐标为质量指标，纵坐标为频数或相对频数。以质量指标均值 $\bar{x}$、标准差 S 和代表质量稳定程度的离差系数或其他指标作为判据，借以判断生产的稳定程度。例如，若以工程能力指数 C_p 作判据，$C_p=\dfrac{T}{6S}$，其中 T 为质量指标的允许范围。则有： $C_p>1.33$，说明质量充分满足要求，但有超标准浪费； $C_p=1.33$，理想状态，生产稳定； $1<C_p<1.33$，较理想，但应加强控制； $C_p<1$，不稳定，应找原因，采取措施。
	2)	**控制图** （R，U，C，L，O，t）	用以进行适时的生产控制，掌握生产过程的波动状况。控制图的纵坐标是质量指标，有一根中心线 C 代表质量的平均指标，一根上控制线 U 和一根下控制线 L，代表质量控制的允许波动范围。横坐标为质量检查的批次（时间）。将质量检查的结果，按批次（时间）点绘在图上，可以看出生产波动的趋势，以便适时掌握生产动态，采取对策。

阶段	步骤	工具或方法	说　明
P	2)	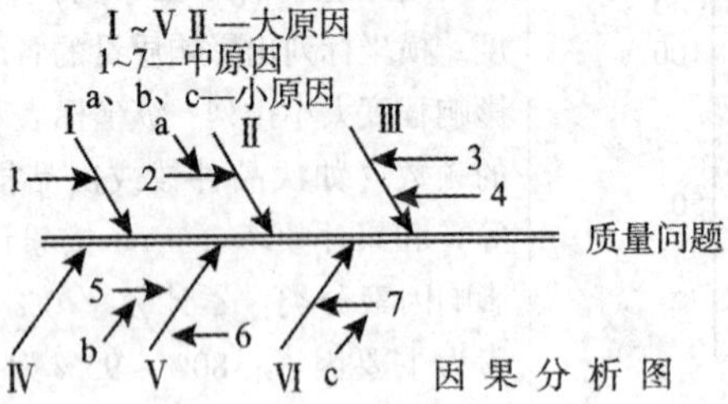 　因果分析图 Ⅰ～Ⅴ Ⅱ—大原因 1～7—中原因 a、b、c—小原因	根据排列图找出主要因素（主要问题），用因果分析图探寻问题产生的原因。这些原因，通常不外乎人、机器、材料、方法、环境等五个方面。在一个大原因中，还有中原因、小原因，应一一列出，如鱼刺状，并给出主要原因（主要原因不一定是大原因）。根据主要原因，制订出相应措施，措施实现后，再通过排列图等，检查其效果。
		排列图	见阶段 P 步骤 1)
	3)	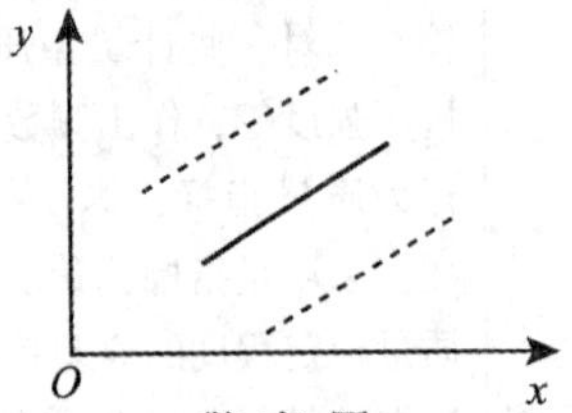 　散　布　图	用来分析影响质量原因之间的相关关系。纵坐标代表某项质量指标，横坐标代表影响质量的某种原因。由于质量指标和原因之间不一定存在确定的关系，故散布图中的点可能比较分散，但可以通过相关分析，确定指标和原因之间的相关关系。
	4)	措施计划表	措施计划表（又称对策计划表），必须明确回答前文步骤 4) 中所提出的问题，即所谓的 5W1H： Why? 为什么？ What? 干什么？ Where? 什么地方？ When? 什么时候？ Who? 谁来执行？ How? 如何执行？
D	5)	实施、执行	严格按计划落实措施，付诸实施。
C	6)	与阶段 P 步骤 1) 相同	
A	7)	标准化、制度化，形成标准、规程或制度	一般认为当 $C_p > 1$ 时，可以形成标准或制度。
	8)	反映到下一个循环步骤 1)	当采取措施后 $C_p < 1$ 或效果不大时，应作为本次循环未解决的问题转入下一个循环。

　　在实施以上所述 PDCA 循环时，工程项目的质量控制要重点做好施工准备、施工验收、服务全过程的质量监督，抓好全过程的质量控制，确保工程质量目标达到预定的要

求，具体措施如下：

1）将质量目标逐层分解到分部工程、分项工程，并落实到部门、班组和个人。以指标控制为目的，以要素控制为手段，以体系活动为基础，以保证在组织上加以全面落实；

2）实行质量责任制。项目经理是工程施工质量的第一责任人，各工程队长是本队施工质量的第一责任人，质量保证工程师和责任工程师是各专业质量责任人，各部门负责人要按分工认真履行质量职责；

3）每周组织一次质量大检查，一切用数据说话，实施质量奖惩，激励施工人员，保证施工质量的自觉性和责任心；

4）每周召开一次质量分析会，通过各部门、各单位反馈输入各种不合格信息，采取纠正和预防措施，排除质量隐患；

5）加大质量权威，质检部门及质检人员根据公司质量管理制度可以行使质量否决权；

6）施工全过程执行业主和有关工程质量管理及质量监督的各种制度和规定，对各部门检查发现的任何质量问题应及时制订整改措施，进行整改，达到合格为止。

2. 三阶段控制原理

工程项目质量控制是一个持续管理的过程。根据工程质量形成的时间阶段，工程项目质量的控制可分为质量的事前控制、事中控制和事后控制等三个阶段。

（1）质量的事前控制。

施工前准备阶段的质量控制，是各工程项目对象正式施工活动开始前对各项准备工作及影响质量的各因素及相关方面进行的质量控制。主要包括：

1）确定质量标准，明确质量要求；

2）建立本项目的质量监督控制体系；

3）项目场地质检验收；

4）建立完善质量保证体系；

5）检查工程使用的原材料、半成品；

6）施工机械的质量控制；

7）审查施工单位提交的施工组织设计或施工方案。

（2）质量的事中控制。

所有与施工过程有关方面的质量控制，包括对其中的产品（如工序产品、流程、工艺或分布、分项工程产品）的质量控制，主要包括：

1）施工工艺过程质量控制：现场检查、旁站、量测、试验；

2）工序交接检查：坚持上道工序不经检查验收不准进行下道工序的原则，检验合格后签署认可才能进行下道工序；

3）隐蔽工程的检查验收；

4）做好设计变更及技术核定的处理工作；

5）工程质量事故处理：分析质量事故的原因、责任；审核、批准处理工程质量事故的技术措施或方案；检查处理措施的效果；

6）进行质量、技术鉴定；

7）建立质量监督日志；

8）组织现场质量协调会。

（3）质量的事后控制。

它是指对施工过程中完成的具有独立功能和使用价值的最终产品（单项工程或整个工程项目）及其相关产品（如质量文件、文档等）的质量进行控制，主要内容包括：

1）组织试车运转；

2）组织单位、单项工程竣工验收；

3）组织对工程项目进行质量评定；

4）审核竣工图及其他技术文件资料；

5）整理工程技术文件资料，建立文件档案。

为了实现工程项目的目标，建成一个高质量的工程，项目必须对整个项目过程实施严格的质量控制，达到微观与宏观的统一，过程和结果的统一。图 10-4 所示为在工程项目质量控制过程，由于项目是一个渐进的过程，在控制过程中，任何一个方面出现问题，必然会影响后期的质量控制，进而影响工程的质量目标。因此，工程项目质量的事前控制是工程项目质量控制的重点，其次是事中控制。

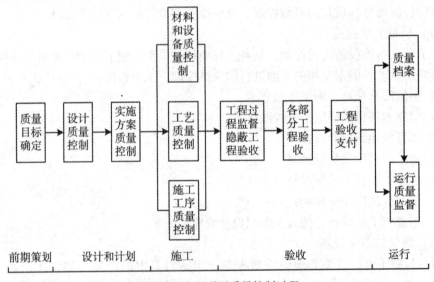

图 10-4 工程项目质量控制过程

3. 三全控制原理

三全控制原理来自于全面质量管理的思想，是指工程项目质量控制应该做到全面、全过程和全员参与。在工程项目质量管理中应用这一原理，对工程项目的质量控制统一具有重要的理论和实践指导意义。

（1）全面质量控制。

工程项目质量的全面控制可以从纵横两个方面来理解。从纵向的组织管理角度来看，质量总目标的实现有赖于项目组织的上层、中层、基层乃至一线员工的通力协作，其中尤以上层管理能否全力支持与参与起着决定性的作用。从项目各部门职能间的横向配合来看，要保证和提高工程项目质量必须使项目组织的所有质量控制活动构成一个有效的整体。

广义地说，横向的协调配合包括业主、勘察设计、施工及分包、材料设备供应、监理等相关方。全面质量控制就是要求项目各相关方都有明确的质量控制活动内容。当然，从纵向看，各层次活动的侧重点不同。上层管理侧重于质量决策，制订出项目整体的质量方针、质量目标、质量政策和质量计划，并统一组织、协调各部门、各环节、各类人员的质量控制活动；中层管理则要贯彻落实领导层的质量决策，运用一定的方法找到各部门的关键、薄弱环节或必须解决的重要事项，确定出本部门的目标和对策，更好地执行各自的质量控制职能；基层管理则要求每个员工都要严格地按标准、按规范进行施工和生产，相互间进行分工合作，互相支持协助，开展群众合理化建议和质量管理小组活动，建立和健全项目的全面质量控制体系。

（2）全过程质量控制。

任何产品或服务的质量，都有一个产生、形成和实现的过程。从全过程的角度来看，工程项目质量的产生、形成和实现的整个过程是由多个相互联系、相互影响的环节组成的，每个环节都或轻或重地影响着最终的质量状况。为了保证和提高质量，就必须把影响质量的所有环节和因素都控制起来。

工程项目的全过程质量控制主要有项目策划与决策过程、勘察设计过程、施工采购过程、施工组织与准备过程、监测设备控制与计量过程、施工生产的检验试验过程、工程质量的评定过程、工程竣工验收与交付过程以及工程回访维修过程等。在全过程质量控制时，必须体现"预防为主、不断改进"的思想，把管理工作的重点从"事后把关"转移到"事前预防"上来。

（3）全员参与质量控制。

全员参与工程项目的质量控制是工程项目各方面、各部门、各环节工作质量的综合反映。其中任何一个环节、任何一个人的工作质量都会不同程度地直接或间接影响着工程项目的形成质量或服务质量。因此，全员参与质量控制，才能实现工程项目的质量控制目标，形成顾客满意的产品，主要的工作包括以下几方面：

1）必须抓好全员的质量教育和培训；

2）要制订各部门、各级、各类人员的质量责任制，明确任务和职权，各司其职，密切配合，以形成一个高效、协调、严密的质量管理工作的系统；

3）要开展多种形式的群众性质量管理活动，充分发挥广大职工的聪明才智、想当家作主的进取精神，采取多种形式激发全员参与的积极性。

三、工程质量控制方法

工程项目质量控制的范围主要包括勘察设计、施工、竣工验收以及运行等阶段的质量控制。在不同的阶段，质量控制的对象和重点不完全相同，需要在实施过程中加以选择和确定。其中，工程项目施工是使工程设计意图最终实现并形成工程实体的阶段，也是最终形成工程产品质量和工程项目使用价值的重要阶段。因此，施工阶段的质量控制是工程项目质量控制的重点。

1. 施工质量控制的依据

施工阶段的质量控制是一个从对投入的资源和条件的质量控制，再到对生产过程及各环节质量进行控制，直到对所完成的工程产出品的质量检验与控制为止的全过程的系统控制过程。在施工过程中，质量控制的依据大体上有以下四类：

（1）工程合同文件。

工程施工承包合同文件和委托监理合同文件中分别规定了参与建设各方在质量控制方面的权利和义务，有关各方必须履行在合同中的承诺。对于监理单位，既要履行委托监理合同的条款，又要督促建设单位、监督承包单位、设计单位履行有关的质量控制条款。

（2）设计文件。

"按图施工"是施工阶段质量控制的一项重要原则。因此，经过批准的设计图纸和技术说明书等设计文件，无疑是质量控制的重要依据。但从严格质量管理和质量控制的角度出发，监理单位在施工前还应参加由建设单位组织的设计单位及承包单位参加的设计交底及图纸会审工作，以达到了解设计意图和质量要求、发现图纸差错和减少质量隐患的目的。

（3）国家及政府有关部门颁布的有关质量管理方面的法律、法规性文件。

国家及建设主管部门所颁发的有关质量管理方面的法规性文件，都是建设行业质量管理方面所应遵循的基本法规文件。此外，其他各行业如交通、能源、水利、冶金、化工等的政府主管部门和省、市、自治区的有关主管部门，也均根据本行业及地方的特点，制定和颁发了有关的法规性文件。

（4）有关质量检验与控制的专门技术法规性文件。

这类文件一般是针对不同行业、不同的质量控制对象而制订的技术法规性文件，包括各种有关的标准、规范、规程或规定。

2. 施工质量控制的手段

施工阶段的质量控制，一般可采用以下几种手段：

（1）旁站监督。

这是驻地质量监督人员经常采用的一种主要的现场检查形式，是质量监督人员现场观察、监督与检查项目施工过程，注意并及时发现质量事故和影响质量的因素、潜在质量隐患以及可能出现的质量问题等，以便及时进行控制。对于隐蔽工程一类的施工，进行旁站监督更为重要。

（2）测量。

这是工程建设对象的几何尺寸、方位等控制的重要手段。施工开工前，质量人员应对施工放线及高程控制进行检查，严格控制，不合格者不得施工；有些在施工过程中也应随时注意控制，发现偏差，及时纠正；中间验收时，对于几何尺寸等不合要求者，应责令施工单位处理。

（3）试验。

试验数据是质量工程师判断和确认各种材料和工程部位内在品质的主要依据。每道工序中诸如材料性能、拌和料配合比、成品的强度等物理力学性能以及打桩的承载能力等，常需通过试验手段取得试验数据来判断质量情况。

（4）指令文件。

所谓指令文件是表达质量工程师对项目提出指示必要的书面文件，用以指出项目中存在的问题，提出要求或指示其做什么或不做什么等。质量工程师的各项指令都应是书面的或有文件记载方为有效，并作为技术文件资料存档。如因时间紧迫，来不及做出正式的书面指令，也可以用口头指令的方式下达，但随即应补充书面文件对口头指令予以确认。

（5）规定的质量监控工作程序。

按规定的程序进行施工，是进行质量监控的必要手段和依据。在工程项目施工过程中，必须对工程建设对象的施工生产进行全过程、全面的质量监督、检查与控制，对生产中各环节，中间产品进行监督，检查与验收。在每项工程开始前，必须做好施工准备工作，对施工计划、工作顺序安排、人员、机械设备配置、材料准备等进行合理安排。在施工过程中，必须加强内部质量管理，每道工序应按规定工艺和技术要求进行施工，并进行自检，自查合格，只有在上一道工序确认质量合格后，才能进行下一道工序施工。通过对单项工程及整个工程项目工序的质量控制，才能实现项目的最终产品质量控制。

3. 施工质量控制的途径

在施工过程中，质量控制主要是通过审核有关文件、报表以及进行现场检查及试验这两方面的途径来实现的。

（1）审核有关技术文件、报告或报表。

这是对工程质量进行全面监督、检查与控制的重要途径。其具体内容包括以下几个方面：

1）审查进入施工现场的分包单位的资质证明文件，控制分包单位的质量；

2）审查开工申请书，检查、核实与控制其施工准备工作质量；

3）审查施工方案、施工组织设计或施工计划，建立施工质量的技术措施保障；

4）审查有关材料、半成品和构配件质量证明文件（如出厂合格证、质量检验或试验报告等）；

5）审核反映工序施工质量的动态统计资料或管理图表；

6）审核有关工序产品质量的证明文件（检验记录及试验报告）、工序交接检查（自检）、隐蔽工程检查、分部分项工程质量检查报告等文件、资料；

7）审查有关设计变更、修改设计图纸等；

8）审核有关应用新技术、新工艺、新材料、新结构等的申请报告；

9）审查有关工程质量缺陷或质量事故的处理报告；

10）审查现场有关质量技术鉴证、文件等。

（2）现场质量监督与检查。

现场质量监督与检验作为质量保证与质量控制的重要途径，它不仅可以提供质量控制所需的技术数据和信息，还可以及时发现质量问题，以期避免工程质量事故的发生。认真进行现场质量监督与检查，必须坚持施工方自检和专项检查、抽检、平行检、巡检、预检的原则，强化施工过程中的隐蔽检查验收工作，通过施工方的自检和专项检查，发现质量问题，及时处理，消除质量隐患。现场质量监督与检查的内容主要包括以下几个方面：

1）开工前的检查。主要是检查开工前准备工作的质量，能否保证正常施工及工程施工质量；

2）工序施工中的跟踪监督、检查与控制。主要是监督、检查在项目施工过程中，人员、施工机械设备、材料、施工方法及工艺或操作以及施工环境条件等是否均处于良好的状态，是否符合保证工程质量的要求，若发现有问题应及时纠偏和加以控制；

3）对工程质量有重大影响的工序，还应在现场进行施工过程的旁站监督与控制，确保使用材料及工艺过程质量；

4）工序的检查、工序交接检查及隐蔽工程检查。在施工单位自检与互检的基础上，隐蔽工程须经监理人员检查确认其质量后，才允许加以覆盖；

5）复工前的检查。当工程因质量问题或其他原因停工后，在复工前应经检查认可，下达复工指令后，方可复工；

6）分项、分部工程完成后，应检查认可后，签署移交证书。

第三节　工程项目施工质量验收

工程项目施工质量验收是对已完工程实体的内在及外观质量，按规定程序检验后，确认其是否符合设计及各项验收标准的要求的过程。它主要涉及工程施工过程控制和竣工验收控制，是工程项目施工质量控制的重要环节。

一、施工质量验收的概念

工程施工质量验收是在施工单位自行质量检查评定的基础上，参与建设活动的有关单位共同对检验批、分项、分部、单位工程的质量进行抽样复检，根据有关标准以书面形式对工程质量达到合格与否做出确认的过程。它是建设成果转入生产使用的标志，也是全面考核建设成果的重要环节，包括工程施工质量的中间验收和工程的竣工验收两个方面。

工程建设中间产出品和最终产品的质量验收，是从过程控制和终端把关两个方面进行工程项目的质量控制，可以确保达到业主所要求的功能和使用价值，实现建设投资的经济效益和社会效益。工程项目的竣工验收，是项目建设程序的最后一个环节，是全面考察项目建设成果、检查设计与施工质量、确认项目可否投入使用的重要步骤。竣工验收的顺利完成，标志着建设阶段的结束和生产使用阶段的开始。尽快完成竣工验收工作，对促进早日投产使用、发挥投资效益，有着非常重要的意义。

二、施工质量验收的基本要求

施工现场质量验收应有相应的施工技术标准、健全的质量管理体系、施工质量检验制度和综合施工质量水平评价考核制度，并做好施工现场质量管理检查记录。工程施工质量应按下列要求进行验收：

（1）工程施工质量应符合《建筑工程施工质量验收统一标准》（GB50300—2013）和相关专业验收规范的规定。

（2）建筑工程施工应符合工程勘察、设计文件的要求。

（3）参加工程施工质量验收的各方人员应具备规定的资格。

（4）工程质量的验收应在施工单位自行检查评定的基础上进行。

（5）隐蔽工程在隐蔽前应由施工单位通知有关方进行验收，并应形成验收文件。

（6）涉及结构安全的试块、试件以及有关资料，应按规定进行见证取样检测。

（7）检验批的质量应按主控项目和一般项目分别进行验收。

（8）对涉及结构安全和使用功能的分部工程应进行抽样检测。

（9）承担见证取样检测及有关结构安全检测的单位应具有相应资质。

（10）工程的观感质量应由验收人员通过现场检查，并应共同确认。

三、施工质量的分类验收

1. 施工质量验收的划分

为了便于施工质量的检验和验收，保证施工质量符合设计、合同和技术标准的规定，同时也更有利于衡量承包单位的施工质量水平，全面评价工程项目的综合施工质量，通常在验收时对施工质量验收层次进行合理划分。一般情况下，施工质量验收按项目构成划分为四种验收单位或层次：单位工程、分部工程、分项工程和检验批。规模较大的工程可划分为若干个子单位工程进行验收。为了更加科学地评价工程质量和验收，在分部工程中，按相近工作内容和系统划分为若干个子分部工程，每个子分部工程中包括若干个分项工程，每个分项工程中包含若干个检验批。

检验批是工程施工质量验收的最小单位，可根据施工及质量控制和专业验收需要，按楼层、施工段、变形缝等进行划分。例如，建筑工程的地基基础分部工程中的分项工程一般划分为一个检验批，有地下层的基础工程可按不同地下层划分检验批，屋面分部工程中的分项工程不同楼层屋面可划分为不同的检验批，单层建筑工程中的分项工程可按变形缝来划分检验批，多层及高层建筑工程中主体分部的分项工程可按楼层或施工段来划分检验批，其他分部工程中的分项工程一般按楼层划分检验批。对于工程量较少的分项工程可统一划为一个检验批。

2. 施工质量的分类验收

（1）检验批的质量验收。

检验批的质量验收主要包括质量资料的检查和主控项目、一般项目的检验两方面的内容。检验批质量合格应该符合的规定：

1）具有完整的施工操作依据、质量检查记录；

2）主控项目的质量经抽样检验均应合格；

3）一般项目的质量经抽样检验合格。

（2）分项工程质量验收。

分项工程的验收在检验批的基础上进行。一般情况下，两者具有相同或相近的性质，只是批量的大小不同而已。分项工程质量验收合格应符合的规定：

1）分项工程所含的检验批均应符合合格质量规定；

2）分项工程所含的检验批的质量验收记录应完整。

（3）分部（子分部）工程质量验收。

分部工程的验收在其所含各分项工程验收的基础上进行。分部（子分部）工程验收合格应该符合的规定：

1）分部（子分部）工程所含分项工程的质量均应验收合格；

2）质量控制资料应该完整；

3）地基与基础、主体结构和设备安装等分部工程有关安全及功能的检验和抽样检测结果应符合有关规定；

4）观感质量验收应符合要求。

（4）单位（子单位）工程质量验收。

单位工程质量验收也称质量竣工验收，是建筑工程投入使用前的最后一次验收，也是最重要的一次验收。单位（子单位）工程质量验收合格应符合下列规定：

1）单位（子单位）工程所含分部（子分部）工程的质量应验收合格；

2）质量控制资料应完整；

3）单位（子单位）工程所含分部工程有关安全和功能的检验资料应完整；

4）主要功能项目的抽查结果应符合相关专业质量验收规范的规定；

5）观感质量验收应符合要求。

四、施工质量验收的组织程序

工程施工质量验收的组织程序首先是验收检验批或者分项工程质量，再验收分部（子分部）工程质量，最后验收单位（子单位）工程的质量。对检验批、分项工程、分部（子分部）工程、单位（子单位）工程的质量验收，都是先由施工单位自我检查评定后，再由监理工程师（建设单位项目技术负责人）进行验收。

1. 检验批及分项工程验收的组织程序

检验批及分项工程应由监理工程师（建设单位项目技术负责人）组织施工单位项目专业质量（技术）负责人等进行验收。

检验批和分项工程是工程施工质量基础，因此，所有检验批和分项工程均应由监理工程师或建设单位项目技术负责人组织验收。验收前，施工单位先填好"检验批和分项工程的验收记录"（有关监理记录和结论不填），并由项目专业质量检验员签字，然后由监理工程师组织，严格按规定程序进行验收。

在对工程进行检查并确认其工程质量符合标准规定后，监理或建设单位人员要签字认可；否则，不得进行下道工序的施工。如果认为有的项目或地方不能满足验收规范的要求，应及时提出，让施工单位进行返修。

2. 分部（子分部）工程验收的组织程序

分部（子分部）工程应由总监理工程师（建设单位项目负责人）组织施工单位项目负责人和技术、质量负责人等进行验收。由于地基基础、主体结构技术性能要求严格，技术性强，关系到整个工程的安全，因此规定与其相关的勘察、设计单位工程项目负责人，施工单位技术、质量部门负责人也应参加相关分部工程验收。

对于一些有特殊要求的建筑设备安装工程，以及一些使用新技术、新结构的项目，应按照设计和主管部门要求组织有关人员进行验收。

3. 单位（子单位）工程验收的组织程序

（1）竣工预验收。

当单位工程达到竣工验收条件后，施工单位应在自查、自评工作完成后，填写工程竣工报验单，并将全部竣工资料报送项目监理机构，申请竣工验收。总监理工程师应组织各专业监理工程师对竣工资料及各专业工程的质量情况进行全面检查，对检查出的问题，应督促施工单位及时整改。对需要进行功能试验的项目（包括单机试车和无负荷试车），监理工程师应督促施工单位及时进行试验，并对重要项目进行监督、检查，必要时请建设单位和设计单位参加。监理工程师应认真审查试验报告单并督促施工单位搞好成品保护和现场清理。

经项目监理机构对竣工资料及实物全面检查、验收合格后，由总监理工程师签署工程竣工报验单，并向建设单位提出质量评估报告。

（2）正式验收。

建设单位收到工程验收报告后，应由建设单位（项目）负责人组织施工（含分包单位）、设计、监理等单位（项目）负责人进行单位（子单位）工程验收。单位工程由分包单位施工时，分包单位对所承包的工程项目应按规定的程序检查评定，总包单位应派人参加。分包工程完成后，应将工程有关资料交总包单位。建设工程经验收合格的，方可交付使用。

建设工程竣工验收应当具备下列条件：

1）完成建设工程设计和合同约定的各项内容；

2）有完整的技术档案和施工管理资料；

3）有工程使用的主要建筑材料、建筑构配件和设备的进场试验报告；

4）有勘察、设计、施工、工程监理等单位分别签署的质量合格文件；

5）有施工单位签署的工程保修书。

在一个单位工程中，对满足生产要求或具备使用条件，施工单位已预验，监理工程师已初验通过的子单位工程，建设单位可组织进行验收。有几个施工单位负责施工的单位工程，当其中某施工单位所负责的子单位工程已按设计完成，并经过自行检验，也可组织正式验收，办理交工手续。在整个单位工程进行全部验收期间，已经验收的子单位工程验收资料应作为单位工程验收的附件。

在竣工验收时，对某些剩余工程和缺陷工程，在不影响交付的前提下，经建设单位、设计单位、施工单位和监理单位协商同意，施工单位可以在竣工验收后的限定时间内完成。

参加验收各方对工程质量验收意见不一致时，可请当地建设行政主管部门或工程质量监督机构协调处理。

4. 单位工程竣工验收备案

单位工程质量验收合格后，建设单位应在规定时间内将工程竣工验收报告和有关文件报建设行政主管部门备案。

（1）凡在中华人民共和国境内新建、扩建、改建各类房屋建筑工程和市政基础设施工程的竣工验收，均应按有关规定进行备案。

（2）国务院建设行政主管部门和有关专业部门负责全国工程竣工验收的监督管理工作，县级以上地方人民政府建设行政主管部门负责本行政区域内工程的竣工验收备案管理工作。

第四节　工程质量事故处理

施工中出现工程质量事故，一般是很难完全避免的。质量事故不仅会影响工程顺利进行，增加工程费用，拖延工期，甚至还会给工程留下隐患或缩短工程使用寿命，危及社会和人民生命财产的安全。因此，如何正确处理工程质量事故，是工程项目质量控制的重要课题。

一、工程质量事故的概念

根据我国国家标准 GB/T1900—2008 的规定，凡工程产品质量未满足某个规定的要求，就称之为质量不合格；而未满足与预期或规定用途有关的要求，称为质量缺陷。凡是工程质量不合格，影响使用功能或工程结构安全，造成永久质量缺陷或存在重大质量隐患，甚至直接导致工程倒塌或人身伤亡，必须进行返修、加固或报废处理，按照由此造成直接经济损失的大小分为质量问题和质量事故。造成直接经济损失低于规定限额的称为质量问题，高于规定限额的称为质量事故。

具体来说，所谓工程质量事故，是由于建设、勘察、设计、施工、监理等单位违反工程质量有关法律法规和工程建设标准，使工程产生结构安全、重要使用功能等方面的质量缺陷，造成人身伤亡或者重大经济损失的事件总称。有不少的质量事故往往开始被误认为是一般的质量缺陷，随着时间的推移，最终可能发展为质量事故，导致处理困难或根本无法补救。

由于工程质量事故具有复杂性、严重性、可变性和多发性的特点，工程质量事故的分类有多种方法，常见的是按照事故造成损失和事故责任划分，如表10-2所示。

表 10-2 工程质量事故的分类

分类依据	类别	含义
按事故造成损失的程度	特别重大事故	指造成 30 人及以上死亡，或者 100 人及以上重伤，或者 1 亿元及以上直接经济损失的事故。
	重大事故	指造成 10 人及以上 30 人以下死亡，或者 50 人及以上 100 人以下重伤，或者 5000 万元及以上 1 亿元以下直接经济损失的事故。
	较大事故	指造成 3 人及以上 10 人以下死亡，或者 10 人及以上 50 人以下重伤，或者 1000 万元及以上 5000 万元以下直接经济损失的事故。
	一般事故	指造成 3 人以下死亡，或者 10 人以下重伤，或者 100 万元以上 1000 万元以下直接经济损失的事故。
按事故责任	指导责任事故	指因工程指导或领导失误而造成的质量事故。如因工程负责人不按规范指导施工，强令他人违章作业，降低施工质量标准等而造成的质量事故。
	操作责任事故	指在施工过程中，因操作中不按规程和标准实施操作而造成的质量事故。如浇筑混凝土时随意加水，或振捣疏漏造成混凝土质量事故等。
	自然灾害事故	指因突发严重自然灾害等不可抗力造成的质量事故，如地震、台风及洪水等造成工程破坏甚至倒塌。这类事故虽不是人为责任直接造成，但事故造成的损害程度也往往与事前是否采取了预防措施有关，相关责任人也可能负有一定责任。

二、工程质量事故的处理程序

工程建设原则上是不允许出现质量事故的，但由于影响工程质量的因素很多，而且影响因素一直处于变化状态，因此工程质量事故是很难完全避免的。通过质量控制系统和质量保证活动，通常可对事故的发生起到防范作用，控制事故后果的进一步恶化，将危害程度减小到最低限度。当出现施工质量缺陷或事故后，应停止有质量缺陷部位和其有关部位及下道工序施工，需要时，还应采取适当的防护措施，并要及时上报主管部门。

施工质量事故处理一般可以按以下程序进行，如图 10-5 所示。

（1）事故调查。

进行质量事故调查，主要目的是要明确事故的范围、缺陷程度、性质、影响和原因，为事故的分析处理提供依据。调查力求全面、准确、客观，其调查结果要整理撰写成事故调查报告，其主要内容包括：工程项目和参建单位概况；事故基本情况；事故发生后所采取的应急防护措施；事故调查中的有关数据、资料；对事故原因和事故性质的初步判断，对事故处理的建议；事故涉及人员与主要责任人的情况等。

（2）事故的原因分析。

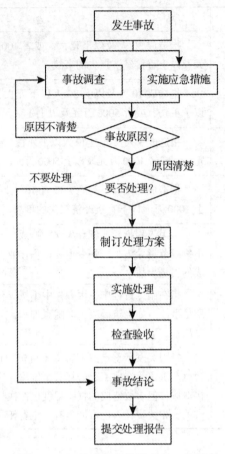

图 10-5 工程质量事故处理的一般程序

在事故调查的基础上进行事故原因分析，正确判断事故原因。特别是对设计勘察、设计、施工、材料和管理等方面的质量事故，事故发生的原因往往错综复杂，应该对调查提供的调查资料和数据进行充分、详细、深入的分析，由表及里，去伪存真，找出造成事故的真正原因。事故原因分析是确定事故处理措施方案的基础。

（3）制订事故处理的方案。

事故处理方案的制订应以事故原因分析为基础，并广泛听取专家及有关方面的意见，经科学论证，决定事故是否进行处理和怎样处理。如果对某些事故一时认识不清，而且事故暂时不致产生严重的恶化，可以继续进行调查、观测，以便掌握更充分的资料数据，做进一步分析，找出其原因，以制订解决方案。在制订事故处理方案时，应做到安全可靠，技术可行，不留隐患，经济合理，具有可操作性，满足结构安全和使用功能要求。

（4）事故处理。

按确定的处理方案对质量事故进行认真处理。处理的内容主要包括：事故的技术处理，以解决施工质量不合格和缺陷问题；事故的责任处理，根据事故的性质、损失大小、情节轻重对事故的责任单位和责任人做出相应的行政处分直至追究刑事责任。

（5）事故处理的鉴定验收。

质量事故的处理是否达到预期的目的，是否依然存在隐患，应当通过检查鉴定和验收做出确认。事故处理的检查鉴定，应严格按施工验收规范和相关的质量标准的规定进行，必要时还应通过实际量测、试验和仪器检测等方法获取必要的数据，以便准确地对事故处理的结果做出鉴定，最终形成结论。

（6）提交处理报告。

事故处理结束后，必须尽快向主管部门和相关单位提交完整的事故处理报告，其内容包括：事故调查的原始资料、测试的数据；事故原因分析、论证；事故处理的依据；事故处理的方案及技术措施；实施质量事故处理中有关的数据、记录、资料；检查验收记录；事故处理的结论等。

三、工程质量事故的原因分析

处理施工质量事故，必须分析原因，做出正确的处理决策。由于影响工程质量的因素众多，引起质量事故的原因也错综复杂，常常一项质量事故是由于多种原因引起的。究竟是由何种原因引起，则应对事故的特征表现以及其在施工中和使用的所处的实际情况和条件进行具体分析。

1. 工程质量事故产生的原因

工程质量事故的表现形式千差万别，类型多种多样，例如结构倒塌、倾斜、错位、不均匀或超量沉陷、变形、开裂、渗漏、破坏、强度不足、尺寸偏差过大，等等，究其原因，归纳起来主要有以下几方面：

（1）违背基本建设法规。

1）违反基本建设程序。

基本建设程序是工程施工建设过程及其客观规律的反映，但有些工程不按基建程序办事，例如未做好调查分析就拍板定案；未搞清地质情况就仓促开工；边设计、边施工；无图施工，不经竣工验收就交付使用等，这些常是导致重大工程质量事故的重要原因。

2）违反有关法规和工程合同的规定。

例如无证设计；无证施工；越级设计；越级施工；工程招、投标中的不公平竞争；超常的低价中标；擅自转包或分包；多次转包；擅自修改设计等。

（2）地质勘察原因。

诸如未认真进行地质勘察或勘探时钻孔深度、间距、范围不符合规定要求，地质勘察报告不详细、不准确、不能全面反映实际的地基情况等，从而对地下情况不清楚，或对基岩起伏、土层分布误判，或未查清地下软土层、墓穴、孔洞等，它们均会导致采用不恰当或错误的基础方案，造成地基不均匀沉降、失稳，使上部结构或墙体开裂、破坏，或引发建筑物倾斜、倒塌等质量事故。

（3）对不均匀地基处理不当。

对软弱土、杂填土、冲填土、大孔性土或湿陷性黄土、膨胀土、红黏土、熔岩、土洞、岩层出露等不均匀地基未进行处理或处理不当也是导致重大事故的原因。必须根据不同地基的特点，从地基处理、结构措施、防水措施、施工措施等方面综合考虑，加以治理。

（4）设计计算问题。

诸如盲目套用图纸，采用不正确的结构方案，计算简图与实际受力情况不符，荷载取值过小，内力分析有误，沉降缝或变形缝设置不当，悬挑结构未进行抗倾覆验算以及计算错误等，都是质量事故的隐患。

（5）建筑材料及制品不合格。

例如骨料中活性氧化硅会导致碱骨料反应使混凝土产生裂缝；水泥安定性不良会造成混凝土爆裂；水泥受潮、过期、结块，砂石含泥量及有害物含量，外加剂掺量等不符合要求时，会影响混凝土强度、和易性、密实性、抗渗性，从而导致混凝土结构强度不足、出现裂缝、渗漏等质量事故。

（6）施工与管理问题。

1）未经设计部门同意，擅自修改设计；或不按图纸施工；

2）图纸未经会审即仓促施工；或不熟图纸，盲目施工；

3）不按有关的施工规范和操作规程施工；

4）管理紊乱，施工方案考虑不周，施工顺序错误，技术交底不清，违章作业，疏于检查、验收等，均可能导致质量事故。

（7）自然条件影响。

空气温度、湿度、暴雨、风、浪、洪水、雷电、日晒等均可能成为质量事故的诱因，施工中应特别注意并采取有效的预防措施。

2. 工程质量事故原因分析方法

当发生工程质量事故时，应该采用科学的方法展开事故致因分析。对工程质量事故原因进行分析可概括为如下的方法和步骤：

（1）对事故情况进行细致的现场调查研究，充分了解与掌握质量事故或缺陷的现象和特征。

（2）收集资料（如施工记录等），调查研究，摸清质量事故对象在整个施工过程中所处的环境及面临的各种情况。诸如：

1）所使用的设计图纸。例如，设计图纸中的结构是否合理；是否设置了必要的沉降缝或伸缩缝；是否完全按图纸施工等；

2）施工情况。例如，当时采用的施工方法或工艺是否合理；

3）使用的材料情况，例如使用的材料与设计图纸是否一致，其性能、规格以及质量是否符合标准；在使用前该批材料的质量是否经过检查与确认，有无合格凭证；现场拌和料配合比有无记录，其配合比与设计要求配比是否一致等；

4）施工期间的环境条件。例如自然条件，施工时的气温、湿度、风力降雨等；施工条件，运输道路条件是否良好，混凝土在浇筑过程中初凝等。

（3）分析造成质量事故的原因。根据对质量事故的现象及特征，结合施工过程中的条件，进行综合分析、比较和判断，找出造成质量事故的主要原因。对于一些特殊、重要的工程质量事故，还可能进行专门的计算、试验验证分析，分析其原因。

对于某些工程质量事故，除要做上述的调查、分析外，还要结合专门的计算进行验证，才能做出综合判断，找出其真正的原因。

四、工程质量事故的处理

1. 工程事故质量处理的基本要求

工程质量事故处理的基本要求是：

（1）质量事故的处理应达到安全可靠、不留隐患、满足生产和使用要求、施工方便、经济合理的目的。

（2）重视消除造成事故的原因，注意综合治理。

（3）正确确定处理的范围和正确选择处理的时间和方法。

（4）加强事故处理的检查验收工作，认真复查事故处理的实际情况。

（5）确保事故处理期间的安全。

2. 工程质量事故处理的依据

工程质量事故处理的主要依据有：

（1）质量事故的实况资料，包括质量事故发生的时间、地点，质量事故状况的描述，质量事故发展变化的情况，有关质量事故的观测记录、事故现场状态的照片或录像，事故调查组调查研究所获得的第一手资料。

（2）有关的合同文件，包括工程承包合同、设计委托合同、设备与器材购销合同、监理合同及分包合同等。

（3）有关的技术文件和档案，主要是有关的设计文件（如施工图纸和技术说明）、与施工有关的技术文件、档案和资料（如施工方案、施工计划、施工记录、施工日志、有关建筑材料的质量证明资料、现场制备材料的质量证明资料、质量事故发生后对事故状况的观测记录、试验记录或试验报告等）。

（4）相关的建设法规，主要包括《中华人民共和国建筑法》《建设工程质量管理条例》等与工程质量及质量事故处理有关的法律法规，勘察、设计、施工、监理等单位资质管理方面的法规，从业者资格管理方面的法规，建筑市场方面的法规，建筑施工方面的法规，以及标准化管理方面的法规等。

3. 工程质量事故处理的方案

质量事故处理方案，应当在正确地分析和判断事故原因的基础上进行。对于工程质量缺陷，通常可以根据质量缺陷的情况，做出以下 3 类不同性质的处理方案。

（1）修补处理。

这是最常采用的一类处理方案。通常当工程的某些部分的质量虽未达到规定的规范、标准或设计要求，存在一定的缺陷，但经过修补后可以达到要求的标准，不影响使用功能或外观要求，在此情况下，可以做出进行修补处理的决定。

（2）返工处理。

在工程质量未达到规定的标准或要求，有明显的严重质量问题，对结构的使用和安全有重大影响，而又无法通过修补的办法纠正所出现缺陷的情况下，可以做出返工处理的决定。例如，某防洪堤坝的填筑压实后，其压实土的干容重未达到规定的要求干容重值，分析对土体的稳定和抗渗的影响，决定返工处理，即挖除不合格土，重新填筑。

（3）不做处理。

某些工程质量缺陷虽然不符合规定的要求或标准，但如果其情况不严重，对工程或结构的使用及安全影响不大，经过分析、论证和慎重考虑后，也可做出不做专门处理的决定。

4. 质量事故处理的鉴定验收

质量事故的处理是否达到了预期目的，是否仍留有隐患，应当通过检查鉴定和验收做出确认。

事故处理的质量检查鉴定，应严格按施工验收规范及有关标准的规定进行，必要时还应通过实际量测、试验和仪表检测等方法获取必要的数据，才能对事故的处理结果做出确切的检查结论和鉴定结论。

鉴定验收结论通常有以下几种：

（1）事故已排除，可以继续施工。

（2）隐患已消除，结构安全有保证。

（3）经修补处理后，完全能够满足使用要求。

（4）基本上满足使用要求，但使用时应有附加限制条件，如限制荷载等。

（5）对耐久性的结论。

（6）对建筑物外观影响的结论。

（7）对短期内难以作出结论的，可提出进一步观测检验意见。对于处理后符合《建筑工程施工质量验收统一标准》规定的，请监理工程师应予以验收确认，并应注明责任方主要承担的经济责任。对经加固补强或返工处理仍不能满足安全使用要求的分部工程、单位（子单）工程，应拒绝验收。

第十一章 工程项目招投标与合同管理

工程招标投标是市场经济条件下的工程承发包行为，引进了竞争机制，有助于提高建设领域的透明度和规范化程度，提高工程项目经营管理水平，增加建设项目投资效益。工程招标投标是确定工程项目承发包关系的一种方式，承发包双方必须遵循有关法律法规签订合同，建立契约法律关系。

第一节 概　　述

一、工程招标投标的内涵

工程项目建设实行招标投标，是将竞争机制引入工程建设领域，将工程项目的发包方、承包方和中介方统一纳入市场，实行交易公开，给市场主体的交易行为赋予了极大的透明度，鼓励竞争，防止和反对垄断，通过平等竞争，优胜劣汰，最大限度地实现投资效益的最优化。通过严格、规范、科学合理的运作程序和监管机制，有力地保证了竞争过程公正和交易安全。

1. 工程招标投标的概念

工程招标投标是一种特殊的市场交易方式，是招标人对工程建设、货物买卖、中介服务等交易业务，事先公布采购条件和要求，吸引愿意承接任务的众多投标人参加竞争，招标人按照规定的程序和办法择优选定中标人的活动。具体来说，它是由招标人或招标人委托的招标代理机构通过媒体公开发布招标公告或投标邀请函，发布招标采购的信息与要求，邀请潜在投标人参加平等竞争，然后按照规定的程序和办法，通过对投标竞争者的报价、质量、工期（交货期）和技术水平等因素，进行科学的比较和综合分析，从中择优选定中标者，并与其签订合同，以实现节约投资、保证质量和优化配置资源的一种特殊交易方式。

在实际的工程招标投标过程中，人们总是把招标和投标分成两个不同内容的过程，即分别对招标和投标做了不同的理解。所谓工程招标，是指招标人就拟建工程发布公告，以法定方式吸引承包单位自愿参加竞争，从中择优选定工程承包方的法律行为。所谓工程投标，是指响应招标、参与投标竞争的法人或者其他组织，按照招标公告或邀请函的要求制作并递送标书，履行相关手续，争取中标的过程。

其实，招标和投标是互相依存的两个最基本的方面，缺一不可。整个招标投标过程，包含招标、投标和定标三个主要阶段。招标是招标人事先公布有关工程、货物和服务等交易业务的采购条件和要求，以吸引他人参加竞争承接。这是招标人为签订合同而进行的准备,在性质上属要约邀请。投标是投标人获悉招标人提出的条件和要求后,以订立合同为目的向招标人做出愿意参加有关任务的承接竞争,在性质上属要约。定标是招标人完全接受众多投标人中提出最优条件的投标人,在性质上属承诺。承诺即意味着合同成立,定标是招标投标活动中的核心环节。招标投标的过程,是当事人就合同条款提出要约邀请、要约、新要约、再新要约……直至承诺的过程。

2. 招标投标的基本原则

(1)合法原则。

合法原则是指建设工程招标投标主体的一切活动,必须符合法律、法规、规章和有关政策的规定。

1)主体资格合法。招标人必须具备一定的条件才能自行组织招标,否则只能委托具有相应资格的招标代理机构组织招标;投标人必须具有与其投标的工程相适应的资格等级,并经招标人资格审查,报建设工程招标投标管理机构进行资格复查;

2)依据合法。招标投标活动应按照相关的法律、法规、规章和政策性文件开展;

3)活动程序合法。建设工程招标投标活动的程序,必须严格按照有关法规规定的要求进行。当事人不能随意增加或减少招标投标过程中某些法定步骤或环节,更不能颠倒次序、超过时限、任意变通;

4)管理和监督合法。建设工程招标投标管理机构必须依法监管、依法办事,不能越权干预招(投)标人的正常行为或对招(投)标人的行为进行包办代替,也不能懈怠职责、玩忽职守。

(2)统一开放原则。

统一原则主要体现在以下三个方面:

1)市场必须统一。任何分割市场的做法都是不符合市场经济规律要求的,也是无法形成公平竞争的市场机制的。

2)管理必须统一。要建立和实行由建设行政主管部门(建设工程招标投标管理机构)统一归口管理的行政管理体制,在一个地区只能有一个主管部门履行政府统一管理的职责。

3)规范必须统一。如市场准入规则的统一,招标文件文本的统一,合同条件的统一,工作程序、办事规则的统一等。只有这样,才能真正发挥市场机制的作用,全面实现建设工程招标投标制度的宗旨。

开放原则主要是指要求根据统一的市场准入规则,打破地区、部门和所有制等方面的限制和束缚,向全社会开放建设工程招标投标市场,破除地区和部门保护主义,反对一切人为的对外封闭市场的行为。

(3)公开公平公正原则。

公开原则是指建设工程招标投标活动应具有较高的透明度。具体有以下几层意思:

1)建设工程招标投标的信息公开。通过建立和完善建设工程项目报建登记制度,及时向社会发布建工程招标投标信息,让有资格的投标者都能享受到同等的信息。

2)建设工程招标投标的条件公开。什么情况下可以组织招标,什么机构有资格组织招标,什么样的单位有资格参加投标等,必须向社会公开,便于社会监督。

3）建设工程招标投标的程序公开。在建设工程招标投标的全过程中，招标单位的主要招标活动程序、投标单位的主要投标活动程序和招标投标管理机构的主要监管程序，必须公开。

4）建设工程招标投标的结果公开。哪些单位参加了投标，最后哪个单位中了标，应当予以公开。

公正原则是指在建设工程招标投标活动中，按照同一标准实事求是地对待所有的投标人，不偏袒任何一方。公平原则是指所有投标人在建设工程招标投标活动中，享有均等的机会，具有同等的权利，履行相应的义务，任何一方都不受歧视。

（4）诚实信用原则。

诚实信用原则是建设工程招标投标活动中的重要道德规范，是指在建设工程招标投标活动中，招投标人应当以诚相待，讲求信义，实事求是，遵守诺言，履行成约，不得见利忘义、投机取巧、弄虚作假、隐瞒欺诈，损害国家、集体和其他人的合法权益。

（5）求效择优原则。

求效择优原则是建设工程招标投标的终极原则。实行建设工程招标投标的目的，就是要追求最佳的投资效益，在众多的竞争者中选出最优秀、最理想的投标人作为中标人。讲求效益和择优定标，是建设工程招标投标活动的主要目标。在建设工程招标投标活动中，除了要坚持合法、公开、公正等前提性、基础性原则外，还必须贯彻求效、择优等目的性原则。贯彻求效、择优原则，最重要的是要有一套科学合理的招标投标程序和评标定标办法。

（6）招标投标权益不受侵犯原则。

招标投标权益是当事人和中介机构进行招标投标活动的前提和基础。因此，保护合法的招标投标权益是维护建设工程招标投标秩序、促进建筑市场健康发展的必要条件。建设工程招标投标活动的当事人和中介机构依法享有的招标投标权益，受国家法律的保护和约束，任何单位和个人不得非法干预招标投标活动的正常进行，不得非法限制或剥夺当事人和中介机构享有的合法权益。

3. 招标投标的主体

通过分析工程招标投标内涵，可以知道工程招标投标的主体包括工程项目招标人、工程项目投标人、工程招标代理机构和工程招标投标行政监管机关。

（1）工程项目招标人。

工程项目招标人是指依法提出招标项目，进行招标的法人或者其他组织，通常为该建设工程的投资人即项目业主或建设单位。招标人在建设工程招标投标活动中起主导作用。在我国，随着投资管理体制的改革，投资主体已由过去单一的政府投资，发展为国家、集体和个人的多元化投资主体。工程项目招标人类型也多种多样，包括各类企业单位、机关、事业单位、社会团体、三资企业与分支机构等。

（2）工程项目投标人。

投标人是建设工程招标投标活动中的另一主体，是指响应招标人招标需求并购买招标文件，参加投标竞争活动的法人或其他组织。但是，招标人的任何不具备独立法人资格的附属机构（单位），或者为招标项目进行准备工作及相关工作的任何法人及其附属机构都不得参加该工程项目的投标。工程项目投标人主要是指勘察单位、设计单位、施工企业、建筑装饰装修企业、工程材料设备供应公司、工程咨询、监理公司等。

（3）工程招标代理机构。

工程招标代理机构是指受招标人的委托代为从事招标组织活动的中介组织。工程招标代理是指建设工程项目招标人将工程招标事务委托给某中介服务机构，由该中介服务机构在招标人委托授权的范围内，以招标人的名义组织进行工程招标投标活动。代替招标人进行工程招标活动的中介服务机构，称为招标代理人。委托他人代替自己进行工程招标活动的招标人，称为被代理人或业主。工程招标代理机构应与招标人签订书面合同，在合同约定的范围内实施代理，并按照国家有关规定收取费用。

（4）工程招标投标行政监管机关。

工程招标投标行政监管机关是指经政府或政府主管部门批准设立的隶属于同级建设行政主管部门的省、市、县（市）级建设工程招标投标办公室。工程招标投标涉及国家利益、社会公共利益和公众安全，因而必须对其实行强有力的政府监督和管理。建设工程招标投标活动及其当事人应当接受依法实施的监督管理。

4. 工程招标投标的作用和意义

建设市场实行招投标制是适应我国社会主义市场经济的需要的，招投标工作的开展促进了社会生产力水平的提高，加快了社会主义市场经济体制在建设市场的建立和完善，促进了建设市场的统一和开放，有利于培育、发展和规范建设市场。工程招标投标自实施以来，取得了明显的社会效益和经济效益，其作用和意义具体表现在以下几个方面：

（1）有利于规范业主行为，督促建设单位重视并做好工程建设的前期工作，从根本上改正了"边勘察、边设计、边施工"的做法，促进了征地、设计、筹资等工作的落实，促进其严格按程序办事。

（2）有利于降低工程造价，提高投资效益。据统计，建设工程实行招投标制，一般可节约投资 10%~15%。

（3）有利于提高工效，缩短工期，保证工程质量。

（4）增强了设计单位的经济责任意识，促使设计人员注意设计方案的经济性。

（5）增强了监理单位的责任感。

（6）有利于减少工程纠纷，保护市场主体的合法权益。

（7）体现公平竞争，提高了建筑市场生产效率。

总之，招标投标对于促进市场竞争机制的形成，使参与投标的承包方获得公平、公正的待遇，以及提高建设领域的透明度和规范化，促进投资节约，项目效益的最大化，以及建设市场的健康发展，都具有重要的意义。

二、工程合同管理的内涵

1. 合同和工程合同的概念

社会学家对人们在社会中的基本社会关系概括为以下三种：

（1）血缘关系。以先天血缘而形成的人与人之间的固有的关系，是人们自身意愿所不能决定的。

（2）道义关系。以所生活的时代与区域的相对道德标准所确立的，后天性、非稳定性的人与人之间的关系。

（3）契约关系。以所生活的时代与区域的法律原则标准所确立的，后天性、稳定性的人与人之间的关系。

对比上述三种社会关系，可以看出，只有契约关系是以法律为基础的社会关系。契约关系的提出，为社会构建了相对稳定的、人们自身又可以选择的社会关系体系。尤其在社会进入较为发达的市场经济以后，契约关系逐步成为人们的主要社会关系。这里的契约就是合同，是一种协议，是当事人意思表示一致的结果。《中华人民共和国合同法》（以下简称《合同法》）规定："本法所称合同是平等主体的自然人、法人、其他组织之间设立、变更、终止民事权利义务关系的协议。"

《中华人民共和国合同法》规定，工程项目合同（也称建设工程合同）是承包人进行工程建设，发包人支付相应价款的合同，它是指平等主体之间围绕工程项目建设与运行，设立、变更、终止权利义务关系的协议。工程建设是由多个不同利益主体参与的活动，这些主体相互之间是由合同构建起来的法律关系。参建各方由各种合同组合在工程项目上，按照合同约定的目标，行使权力、应尽义务和责任，完成工程任务。因此，工程项目完成的过程也就是一系列工程合同的订立和履行的过程。

建设工程合同种类繁多，其中工程施工合同是最有代表性、最普遍，也是最复杂的合同类型。除了施工合同之外，建设工程主要的合同还有勘察设计合同、委托监理合同、物资采购合同、租赁合同、劳务合同等。

2. 合同签订的过程和原则

工程承包经过招标、投标、授标的一系列交易过程之后，根据《合同法》规定，发包人和承包人的合同法律关系就已经建立。其中，合同的签订过程也就是合同的协商、形成过程。订立合同必然经过两个步骤，即要约和承诺。

（1）要约。

要约是当事人一方向另一方提出订立合同的愿望。提出订立合同建议的当事人被称为"要约人"，接受要约的一方被称为"受要约人"。

要约人提出要约是一种法律行为，要约的内容必须具体明确。有时当事人一方希望他人向自己发出要约，称为要约邀请。在工程招标投标中，招标人的招标文件是要约邀请，承包方的投标书是要约。

（2）承诺。

承诺即接受要约，是受要约人同意要约的意思表示。承诺也是一种法律行为，"要约"一经"承诺"，就被认为当事人双方已协商一致，达成协议，合同即告成立。如果受要约人要求对要约的内容做出实质性变更，或超过规定的承诺期限才做出承诺，都不能视为对原要约的承诺，而只能作为受要约人提出的"新要约"。

在合同的酝酿过程中，当事人双方对合同条款通常要反复磋商，经多轮会谈，会存在许多次"新要约"，最终才达成一致，签订合同。在工程招标投标中，招标人发出的中标通知书是承诺。

双方对新形成的合同条款一致同意并形成合同草案后，即进入合同签订阶段。在工程合同签订的整个过程中，发承包双方必须按照《合同法》《招标投标法》等相关法律法规的要求进行，并且应当遵守以下几个主要原则：

（1）平等原则。

平等原则是指地位平等的合同当事人，在权利和义务对等的基础上，经充分协商达成一致，以实现互利互惠的经济利益目的的原则。在法律上，合同当事人是平等主体，没有高低、主从之分，其地位都是平等的，任何一方都不得把自己的意志强加给另一方，更不得强迫对方和自己签订合同。这是建设工程合同成立及顺利履行的基础。

（2）自愿原则。

自愿原则是指合同的订立要充分尊重当事人的意愿，任何单位和个人都不得非法干预，合同当事人通过协商，自愿决定和调整相互权利和义务关系。自愿原则体现了民事活动的基本特征，是民事关系区别于行政法律关系、刑事法律关系的特有原则，这一原则贯穿合同活动的全过程。

（3）公平原则。

公平原则要求合同双方当事人之间的权利和义务要公平合理，要大体上平衡，强调一方给付与对方给付之间的等值性，还有合同上的负担和风险的合理分配。同时，根据公平原则，民事主体必须按照公平的原则设立、变更或者消灭民事法律关系。

（4）诚实信用原则。

诚实信用原则要求当事人要时时做到诚实，讲信用，相互协作。在订立合同过程中，不得有隐瞒、欺诈的成分，要充分表达自己的真实意愿，向对方实事求是地介绍自己签订合同的条件、要求和履约能力；在履行合同义务时，当事人应做到及时通知、协助、提供必要的条件、防止损失扩大、保密等义务；合同终止后，当事人应做到及时通知、协助、保密等义务。

3. 工程合同管理的概念

工程项目合同各参与方的目的是在与业主商定的时间内，以最低的费用令人满意地完成任务，同时确保总承包者以及其他专业承包者能够获得合理利润。无论合同文件编制得多好，从工程开工直到竣工期间，也会经常出现分歧、争议以及延误等问题，这些往往会破坏各参与方最初的良好愿望。分歧和类似的事件往往可以通过讨论和谈判的方式得以解决。而这一切都离不开合同，离不开对合同的有效管理。

合同管理是指对合同的订立、履行、变更、终止、违约、索赔、争议处理等进行的管理。合同管理是工程项目管理的核心，也是工程项目管理中其他活动的基础和前提。合同确定工程的价格（成本）、工期（时间）和质量（功能）等目标，规定着合同双方责、权、利的关系，工程的全部工作都可以纳入合同管理的范围。

工程项目合同管理是一个动态的过程，贯穿于工程实施的全过程和工程实施的各个方面，对整个工程的实施起到控制和保证的作用。合同管理一般以合同签订为界，将合同管理过程划分为合同制定管理和合同履行管理。合同制定管理是指对合同谈判、签订过程中，有关程序、内容、行为及文件的管理；合同履行管理是指合同签订以后对合同执行情况进行管理，包括双方对合同的变更、索赔的管理，直到合同履行完毕。工程项目采用的承发包方式不同，相应的工程合同体系不同，采用的工程主合同在合同的标的物性质、内容、形式上也会有很大差别。

合同管理是工程项目管理的重要内容，已成为与进度管理、成本管理、质量管理等并列的一大管理职能。它与其他管理职能密切结合，共同构成了工程项目管理系统。

第二节　工程项目招标

招标投标是由招标人和投标人经过要约、承诺，择优选定，最终形成协议和合同关系的平等主体之间的一种交易方式，是"法人"之间达成有偿、具有约束力的契约关系的法律行为。其中，工程项目招标是指招标人就拟建工程发布公告，以法定方式吸引承包单位自愿参加竞争，从中择优选定工程承包方的法律行为。

一、工程项目招标范围和条件

我国《招标投标法》指出，凡在中华人民共和国境内进行下列工程项目，包括项目的勘察、设计、施工、监理以及与工程建设有关的重要设备、材料等的采购，必须进行招标。一般包括：

（1）大型基础设施、公用事业等关系社会公共利益、公共安全的项目。

（2）全部或者部分使用国有资金投资或国家融资的项目。

（3）使用国际组织或者外国政府贷款、援助资金的项目。

此外，我国建设工程实行项目招标，还应具备一定条件，通常要求有以下几个方面：

（1）建设工程项目已经由有关部门批准，并列入年度基本建设投资计划。

（2）已经批准的设计文件和概（预）算。

（3）征地、拆迁、水、电、道路、通讯等现场条件已经基本就绪，并已获开工许可。

（4）建设资金、主要材料和设备加工订货已经落实。

项目招标的范围，可以是一个工程项目的全部工程，也可以是单项工程、专项工程乃至分部分项工程；可以是包工包料，也可以是包工、部分包料或包工不包料。

二、工程项目招标的组织形式

招标组织形式包括自行招标和委托招标。

1. 自行招标

自行招标是指招标人自身具有编制招标文件和组织评标能力，依法可以自行办理招标。根据规定，招标人依法可以自行招标的，任何单位和个人不得强制其委托招标代理机构办理招标事宜。依法必须进行招标的项目，招标人自行招标的，项目法人或者组建中的项目法人应当在国家发改委上报项目可行性研究报告或者资金申请报告、项目申请报告时，一并报送符合自行招标规定的书面材料，并应当将自行办理招标事宜向有关行政监督部门备案。

《招标投标法》规定招标人自行办理招标事宜，应当具有编制招标文件和组织评标的能力，还具体包括如下条件：

（1）具有项目法人资格（或者法人资格）。

（2）具有与招标项目规模和复杂程度相适应的工程技术、概预算、财务和工程管理等方面专业技术力量。

（3）有从事同类工程建设项目招标的经验。

（4）设有专门的招标机构或者拥有3名以上专职招标业务人员。

（5）熟悉和掌握《招标投标法》及有关法规规章。

2. 委托招标

委托招标是指招标人委托招标代理机构办理招标事宜。如招标人不具备自行招标能力，或者不愿意自行招标的，应当委托具有相应资格条件的专业招标代理机构，由其代理招标人进行招标。招标人委托招标的，招标人有权自行选择招标代理机构，任何单位和个人不得以任何方式为招标人指定招标代理机构。

根据《招标投标法》规定，招标代理机构应是依法设立、从事招标代理业务并提供相关服务的社会中介组织。招标代理机构与行政机关和其他国家机关不得存在隶属关系或者其他利益关系，也不得无权代理、越权代理，不得明知委托事项违法而进行代理。招标代理机构不得接受同一招标项目的投标代理和投标咨询业务，未经招标人同意，不得转让招标代理业务。招标代理机构与招标人之间，是代理人和被代理人的关系，因此应当遵守有关代理的法律规定。

《招标投标法》规定从事工程建设项目招标代理业务的招标代理机构应当具备经国家建设行政主管部门认定的资格条件，具体包括：

（1）有从事招标代理业务的营业场所和相应资金。

（2）有能够编制招标文件和组织评标的相应专业力量。

（3）有符合规定条件、可以作为评标委员会成员人选的技术、经济等方面的专家库。

招标人应当与被委托的招标代理机构签订书面委托合同，合同约定的收费标准应当符合国家有关规定。招标代理机构应当在招标人委托的范围内承担招标事宜。招标代理机构可以在其资格等级范围内承担下列招标事宜：①拟订招标方案，编制和出售招标文件、资格预审文件；②审查投标人资格；③编制标底；④组织投标人踏勘现场；⑤组织开标、评标，协助招标人定标；⑥草拟合同；⑦招标人委托的其他事项。

三、工程项目招标的方式

工程项目招标的方式在国际上通行的有公开招标、邀请招标和议标，但《中华人民共和国招投标法》未将议标作为法定的招标方式，即法律所规定的强制招标项目不允许采用议标方式，主要因为我国国情与建筑市场的现状条件，不宜采用议标方式，但法律并不排除议标方式。

（1）公开招标。

公开招标又称为无限竞争招标，是由招标单位通过报刊、广播、电视等方式发布招标广告，有投标意向的承包方均可参加投标资格审查，审查合格的承包方可购买或领取招标文件，参加投标的招标方式。

（2）邀请招标。

邀请招标又称为有限竞争性招标。这种方式不发布广告，业主根据自己的经验和所掌握的各种信息资料，向有承担该项工程施工能力的三个以上（含三个）承包方发出投标邀请书，收到邀请书的单位有权选择是否参加投标。邀请招标与公开招标一样都必须按规定的招标程序进行，要制订统一的招标文件，投标人都必须按招标文件的规定进行投标。

（3）议标。

议标又称协议招标、协商议标，是一种以议标文件或拟议的合同草案为基础的，直接通过谈判方式，分别与若干家承包方进行协商，选择自己满意的一家，签订承包合同的招标方式。议标通常实用于涉及国家安全的工程或军事保密的工程，或紧急抢险救灾工程及小型工程。

四、工程项目招标的过程

工程项目招标过程如图 11-1 所示，一般分为招标准备、招标和开标决标三个阶段。

1. 招标准备阶段

招标准备即从办理招标申请开始到发出招标公告或投标邀请函之前为止的时间段。在招标准备阶段，招标人的主要工作有成立招标组织、办理工程报建手续、选择招标方式、编制招标有关文件（招标文件、招标方案、招标实施计划和标底或招标控制价等）、办理招标备案手续等。其中，招标文件和标底或招标控制价的编制是工程招标中重要的环节之一，是评标、定标的重要依据。

（1）招标文件编制。

《招标投标法》规定，招标人应当根据招标项目的特点和需要编制招标文件。招标文件是发包单位为了选择承包单位对标的所作的说明，是承发包双方建立合同协议的基础。

具备施工条件的工程项目，由建设单位向有关部门提出招标申请，经批准后，就可着手招标文件的准备。建设单位可以自行准备，也可以委托咨询机构或其他单位代办。其主要内容有：

1）工程综合说明。介绍工程概况，包括工程名称、规模、地址、工程内容、建设工期和现有的基本条件，如场地、交通、水电供应、通讯设施等，使投标单位对拟建项目有基本的了解；

2）工程设计和技术说明。用图纸和文字说明，介绍工程项目的具体内容和它们的技术质量要求，明确工程适用的规程规范，以便投标单位以此拟订工程项目方案和项目进度等技术组织措施；

3）工程量清单和单价表。工程量清单和单价表是投标单位计算标价、确定报价和招标单位评定标书的重要依据，必须明确列清。通常以单项工程或单位工程为对象，按分部分项列出实物工程量，简要说明其计算方法、技术要点和单价组成。工程量清单由

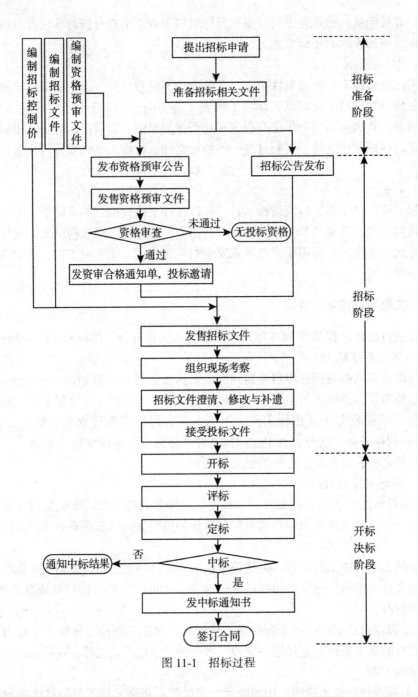

图 11-1 招标过程

招标单位提出，单价则由投标单位填列；

 4）材料供应方式。明确工程所需各类建筑材料由谁负责供应，如何组织供应，如何计价、调价等问题；

 5）工程价款支付方式。说明工程价款估算程序和支付方式；

 6）投标须知。为了避免由于投标手续不完备而造成废标，招标单位通常在投标须知中告诉投标单位在填写标书和投送标书时应注意的事项，如废标条件、决标优惠条件、现场勘察和解答问题的安排，投标截止日期及开标时间、地点等；

7）合同主要条件。为了使投标单位明确承包工程以后应承担的义务和责任及应享有的权利，并为合同谈判提供基础，招标文件应列出合同条件，主要项目有：①合同依据的法律、法规；②合同项目及工作内容；③承包方式；④开工、竣工日期；⑤技术资料供应内容和时间；⑥项目准备工作；⑦材料供应和价款结算办法；⑧工程价款结算办法；⑨工程质量和验收标准；⑩工程变更程序和责任；⑪停工、窝工损失和处理办法；⑫提前竣工和拖延工期的奖罚；⑬竣工验收和最终结算；⑭保修的责任和费用；⑮工程分包等。

（2）标底或招标控制价编制。

标底是指招标人根据招标项目的具体情况，编制的完成招标项目所需的全部费用，是根据国家规定的计价依据和计价方法计算出来的工程造价，是招标工程的预期价格。它是上级主管部门核实建设规模、建设单位预计工程造价和衡量投标单位标价的依据。制订标底是一项重要的招标准备工作，编制工作必须严肃认真、科学合理。《招标投标法》规定："工程项目招标的标底，在批准的概算或修正概算以内。由招标单位确定。"招标单位可以自行组织力量编制，也可以委托咨询机构或设计机构编制。制订好的标底，经核实后，应报有关部门备案，在开标以前，要严格保密。泄漏标底者，应严肃处理，直至追究法律责任。

为了与国际惯例接轨，《招标投标法》对标底的设置做了淡化处理，标底不再是招标投标的必要条件，越来越多的工程招标中提出"招标控制价"。招标控制价是《建设工程工程量清单计价规范》（GB50500—2013）的专业术语，它是对建设市场发展过程中传统标底的重新界定。

招标控制价是招标人根据国家或省级、行业建设主管部门颁发的有关计价依据和办法，以及拟订的招标文件和招标工程量清单，结合工程具体情况编制的招标工程的最高投标限价，有时也称最高招标价、拦标价、最高限价等。国有资金投资的建设工程招标时，招标人必须编制招标控制价。招标控制价应由招标人负责编制，可以由具有编制能力的招标人自己编制，或由受其委托且具有相应资质的工程造价咨询人编制。同时，招标人应将招标控制价报工程所在地或有该工程管辖权的行业管理部门的工程造价管理机构备查。

体现招标的公平、公正，防止招标人有意抬高或压低工程造价，招标人应在招标文件中如实公布招标控制价，无须保密。当投标人的投标报价高于招标控制价的，其投标应予以拒绝。这是因为国有资金投资的工程，招标人编制并公布的招标控制价相当于招标人的采购预算，同时要求其不能超过批准的概算，因此，招标控制价是招标人在工程招标时能接受投标人报价的最高限价。

2. 招标阶段

招标阶段，也可以理解为投标单位的投标阶段，是从发布招标公告或发出投标邀请函之日到投标截止之日的时间段。招标阶段招标人的主要工作为发布招标公告或发出投标邀请书、发放招标文件、组织现场踏勘、组织标前会议和接收投标文件等，需进行资格预审的，还应在招标公告发出之后进行资格预审。

（1）招标公告或投标邀请书发布。

《招标投标法》规定，招标人采用公开招标方式的，应当发布招标公告。招标公告应当载明招标人的名称和地址、招标项目的性质、数量、实施地点和时间以及获取招标文件的办法等事项。根据《标准施工招标文件》的规定，若在公开招标过程中采用资格预审程序，可用资格预审公告代替招标公告，资格预审后不再单独发布招标公告。

依法必须进行招标的项目的资格预审公告或招标公告，应当在国务院发展改革部门依法指定的媒介发布，在不同媒介发布的同一招标项目的资格预审公告或者招标公告的内容应当一致。

招标人采用邀请招标方式的，应当向三个及以上具备承担招标项目的能力、资信良好的特定的法人或者其他组织发出投标邀请书。投标邀请书也应当载明招标人的名称和地址、招标项目的性质、数量、实施地点和时间以及获取招标文件的办法等事项。

招标人可以根据招标项目本身的要求，在招标公告或者投标邀请书中，要求潜在投标人提供有关资质证明文件和业绩情况，并对潜在投标人进行资格审查。招标人不得以不合理的条件限制或者排斥潜在投标人，不得对潜在投标人实行歧视待遇。

（2）资格审查。

资格审查就是招标人审查投标人是否具备投标的资格，其目的是防止一些不符合条件的单位参加投标。招标人可以根据招标项目本身的特点和要求，在招标公告或者招标邀请书中要求投标申请人提供有关资质、业绩和能力等的证明，并对投标申请人进行资格审查。资格审查的主要内容有：①投标单位的注册证明和技术等级；②主要施工经历；③技术力量；④设备能力；⑤正在施工的承建项目；⑥资金财务状况。

根据《工程建设项目施工招标投标办法》的有关规定，资格审查分为资格预审和资格后审。资格预审是指在投标前对潜在投标人进行的资格审查。资格后审是指在开标后对投标人进行的资格审查。对于邀请投标的单位，一般不进行资格预审，而是在评标时一并审查，但招标文件另有规定的除外。

1）资格预审。

资格预审是指在招标开始之前或者开始初期，由招标人对申请参加投标的潜在投标人在资格条件、业绩、信誉、技术、资金等多方面的情况进行资格审查。经认定合格的潜在投标人，才可以参加投标。资格预审可以使招标人了解潜在投标人的资信情况，也可以有效地控制投标人的数量，减少多余的投标，从而降低招标和投标的无效成本，还可以让招标人了解潜在投标人对项目投标的兴趣。如果潜在投标人的兴趣大大低于招标人的预料，招标人可以修改招标条款，以吸引更多的投标人参加竞争。

目前，在招标实践中，招标人经常采用的是资格预审程序，即发布资格预审通告；发售资格预审文件；资格预审资料分析并发出资格预审合格通知书。资格预审应主要审查潜在投标人或者投标人是否符合招标项目的条件。资格预审时，招标人不得以不合理的条件限制、排斥潜在的投标人或者投标人，不得对潜在投标人或者投标人实行歧视待遇。任何单位和个人不得以行政手段或者其他不合理的方式限制投标人的数量。

2）资格后审。

资格后审是指在开标之后，由评标委员会对投标人的资格条件进行的审查。相对于资格预审而言，采用资格后审方式，招标人可以省去组织资格预审和潜在投标人进行资格预审申请的工作环节，从而节约相关费用，缩短招标投标过程，有利于增加投标人数量，加大串标围标的难度，但会降低投标人投标的针对性和积极性，在投标人数过多时会增加社会成本和评标工作量。资格后审方法比较适合于潜在投标人数量不多的通用性、标准化招标项目。

采用资格后审方式时，招标人应在招标文件中事先规定投标人的资格条件。所有认为自己符合招标项目要求的资格条件的潜在投标人，均可以响应招标文件的要求编制投标文件参与投标竞争。投标人在编制资格后审项目的投标文件时，应当严格按照招标文件的要求，专门编制意在表明自己有能力承接该招标项目的资格申请标书。

（3）现场踏勘与答疑。

招标单位发出招标文件以后，若有必要，应根据招标文件规定的时间邀集投标单位到现场进行实地踏勘。一般情况下，招标人要向投标人对工程项目做必要的介绍，主要包括：

1）现场的地理位置和地形、地貌；

2）现场的地质、土质、地下水位、水文等情况；

3）现场的气温、湿度、风力、年雨雪量等气候情况；

4）现场的交通、饮水、污水排放、生活用电、通信等环境情况；

5）临时用地、临时设施搭建等。

同时，招标人还应在招标文件规定的时间组织召开招标文件答疑会，统一进行工程交底。说明工程的技术质量要求、验收标准、工期要求、供料情况、材料款和工程款结算支付办法以及投标注意事项等。此时，投标单位如有疑问可以用书面或口头方式在交底时提出，招标单位应公开做出答复，并以书面记录印发各投标单位，作为招标文件的补充。为了公平竞争，在开标以前，招标单位与投标单位不应单独接触解答任何问题。

（4）投标文件接收。

投标文件应在招标文件规定的投标截止日期以前递交。为保护投标人的合法权益，招标人收到投标文件后，必须履行完备的签收、登记手续，应当向投标人出具标明签收人和签收时间的凭证。招标人须如实记载投标文件的送达时间、地点和密封情况，应将所有递交的投标文件放置在保密安全的地方，并存档备查。在开标前，任何单位和个人均不得开启投标文件。在开标环节，投标人有权对招标人是否尽到了善意保管投标文件的义务进行核查。

《招标投标法实施条例》规定，当出现以下三种情形时，投标文件应不予接收。

1）未通过资格预审的申请人提交的投标文件；

2）逾期送达的投标文件；

3）未按招标文件要求密封的投标文件。

以上情形拒收投标文件，一方面可提高工作效率，避免不合格的投标进入评标环节，另一方面可确保进入评标的投标文件符合一定要求，保证竞争性。为避免引起争议，防止滥用拒收权，招标人不得随意扩大拒绝接收投标文件的情形。需要说明的是，电子投标文件的加密、送达时间、送达地点等将根据有关法律法规和《电子签名法》在招标文件中具体规定。

3. 开标决标阶段

开标决标阶段即从开标之日起到与中标人签订合同为止的时间段。在此阶段，招标人的主要工作是开标、评标、定标和签订合同，并将结果通知未中标者以及退还投标保函。

（1）开标。

招标单位接到投标单位送来的标书，应密封保管，在投标截止后，按规定时间开标。

开标由招标单位主持，邀请投标单位、当地公证机关和有关部门代表参加。

经公证人确认标书密封完好，封套书写符合规定，由工作人员当众一一拆封，宣读标书要点，如标价、工期、质量保证、安全措施等，逐项登记，造表成册，经读标人、登记人、公证人签名，作为开标正式记录，由招标单位保存。

逾期送达以及虽已送出但开标时尚未收到的标书，应列开清单，作为开标记录的附件。

投开标以后，如果全部投标单位的报价超出标底或招标控制价过多，招标单位可以宣布本次投标无效，另行组织招标或邀请少数投标单位协商议标。

（2）评标决标。

开标以后，首先从投标手续、投标资格等方面排除无效标书，并经公证人员确认，然后由评标小组就标价、工期、质量保证、技术方案、信誉、财务保证等方面进行审查评议。

为了保护竞争，应公布评审原则和标准，对所有有效标书应一视同仁。若有优惠政策，如对当地施工单位的照顾，应在招标通告或投标须知中事先说明。

评标以后，通常按标价由低到高列出名单，并写出评价报告，推荐前几名做候选中标单位，供招标单位抉择。

对于不太复杂的工程，可在开标以后当场评标、决标，并同时公布标底。若工程规模较大，技术比较复杂，评出的候选中标单位又各有千秋，则需要进一步调查磋商，综合权衡，择优决标。

决标以后，应立即向中标单位发出中标通知，并通知未中标单位领回标书、投标保函。

中标通知发出以后，承发包双方应约定时间就项目合同进行磋商，达成协议后，正式签订合同，招标工作即告结束。

第三节　工程项目投标

工程项目投标是指响应招标、参与投标竞争的法人或者其他组织，按照招标公告或邀请函的要求制作并递送标书，履行相关手续，争取中标的过程。因此，投标单位在获知招标信息或得到招标邀请以后，应根据工程的建设条件、工程质量和自身的承包能力等主客观因素，首先要决定是否参加投标，这是把握投标机会、制订投标策略的重要一步。

在决定参加投标以后，为了在竞争的投标环境中取得较好的结果，必须认真做好各项投标工作，主要有设立投标工作机构；按要求办理投标资格审查；取得招标文件；仔细研究招标文件；弄清投标环境，制订投标策略；编制投标文件；按时报送投标文件；参加开标、决标过程中的有关活动。具体的投标工作过程如图 11-2 所示。

一、参加资格预审

当决定对某项目进行投标后，投标人一般要通过直接报送或采用信函、电报、电传或传真等方式向招标单位申请投标。申请投标和争取获得投标资格的关键是通过资格审查。因此，对投标人来说，填好资格预审文件、参加资格预审是购买招标文件和进行投标的第一步。

投标人应严格按照招标文件的要求逐项填写，不能漏项，每项内容都要填写清楚。投标人应针对性地多报送资料，并强调本公司的财务、人员、施工设备、施工经验等方面的优势。投标人应充分理解拟投标项目的技术经济特点和业主对项目的要求，除了提供规定的资料外，应有针对性地提交在该项目上反映企业特长和优势的材料，以在资格预审时就引起业主注意，留下好印象，为下一步竞标打好基础。

二、设立投标工作机构

投标人通过资格预审后，就表明已具备并获得了参加该项目投标的资格。为了适应招标投标工作的需要，施工企业应设立投标工作机构，平时掌握建筑市场动态，积累有关资料；遇有招标项目，可迅速组成投标小组，开展投标活动。其成员应由企业领导以及熟悉招投标业务的技术、计划、合同、预算和供应等方面的专业人员组成。参加投标的人员应对投标业务比较熟悉，掌握市场和本单位有关投标的资料和情况，可以根据拟投标项目的具体情况，迅速提供有关资料或编制投标文件。

投标工作班子的成员不宜过多，最终决策的核心人员宜限制在企业经理、总工程师和合同预算部门负责人范围之内，以利于投标报价的保密。投标人在投标时如果认为必要，也可以请某些具有资质的投标代理机构代理投标或策划，以提高中标的概率。

三、研究招标文件

如果决定参加投标，投标人应按招标人规定的日期和地点，凭邀请书或通知书及有关证件购买招标文件。招标文件是投标和报价的主要依据，也是承包方正确分析判断是否进行投标和如何获取成功的重要依据，因此应组织得力的设计、施工、估价等人员对招标文件认真研究。

仔细研究招标文件，弄清其内容和要求，以便全面部署投标工作。研究的重点通常放在以下几个方面。

（1）研究工程综合说明，了解工程轮廓全貌。

（2）详细研究设计图纸和技术说明，如工程布置、各建筑物和各部件的尺寸以及

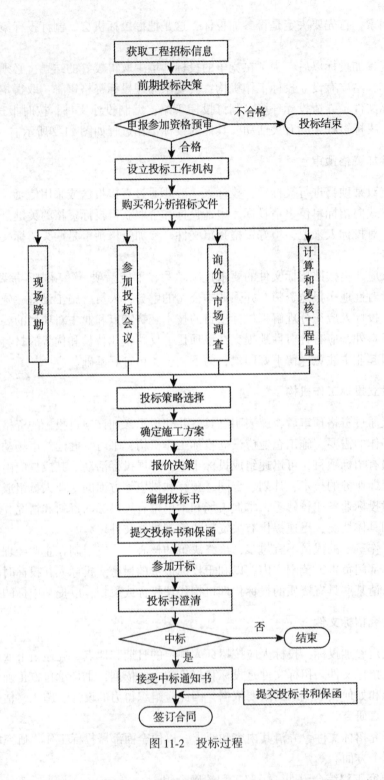

图 11-2 投标过程

对材料品种规格的要求、各种图纸之间的关系和技术要求的说明等。弄清这些问题，有助于合理选择项目方案，正确拟订投标报价。

（3）研究合同条件，明确中标后合同双方的责权利。

（4）熟悉投标须知，明确投标手续和进程，避免造成废标。

（5）分析疑点，提出需要招标单位澄清的问题。

四、分析投标环境

商场如战场，投标人只有认真分析投标环境，方能百战不殆。投标环境主要是指投标工程的自然、经济、社会条件以及投标合作伙伴、竞争对手和谈判对手的状况。弄清这些情况，对于正确估计工程成本和利润，权衡投标利弊和风险，制订正确的投标策略，都有极其重要的作用。

投标单位除了通过招标文件弄清其中一部分情况外，还应有准备、有目的地参加由招标单位组织的现场踏勘和工程交底活动，切实掌握项目的现场及其周围环境。此外，还可通过平时收集的情报资料，对可能的合作伙伴、竞争对手和谈判对手，做出透彻的分析。

五、制订投标报价方法与策略

施投标人为了在竞争的投标活动中取得满意的结果，必须在弄清内外环境的基础上，根据工程对象的具体情况，确定相应的投标策略和采用适当报价技巧，借以指导投标过程中的重要活动。

根据招标项目和投标人自身的实力不同，投标人对不同的投标有不同的定位，投标也分为不同的类型。通常情况下，按照性质，投标可以分为保险标和风险标；按照效益，投标可以分为盈利标、保本标和亏损标。投标人选择哪一种标，如何在投标的各个环节（如报价、谈判等）中巧用策略，争取以长制短、以优胜劣，是投标人能否中标并取得期望收益的关键。但是，投标人故意以低于成本的报价去不正当竞争是违法的。

工程投标报价方法与策略主要有以下几种：

1. 不平衡报价法

此方法是指在工程项目预算基本确定后，通过调整内部各个子目报价，以期既不提高总报价影响投标，又能在结算时得到更理想的经济效益。采用不平衡报价策略时，应对预计今后工程量会增加的项目适当提高单价，这样在最终结算时可多盈利；将工程量可能减少的项目单价降低，工程结算时损失不大。

不平衡报价一定要建立在对工程量清单中工程量仔细核对风险的基础上，特别是对于报低单价的项目，如工程量一旦增加将造成企业的重大损失，同时一定要控制在合理幅度内，以免引起业主反对，甚至导致废标。如果不注意这一点，有时业主会选出报价过高的项目，要求投标者进行单价分析，而围绕单价分析中过高的内容压价，以致企业得不偿失。

2. 增加建议方案报价法

招标文件中允许投标人另行提出自己的建议，投标人应抓住机会，对原招标文件的设计和施工方案仔细研究，提出更为合理的方案以吸引业主，促成自己的方案中标。建议方案不宜写得太具体、详细，要保留方案的技术关键，防止业主将此方案交给其他承包方。同时要强调的是，建议方案一定要比较成熟，有很好的可操作性。

3. 正确套用单价

为正确套用单价，就要掌握定额的每一个子目的工作内容及适用范围，掌握定额需要明确的项目界限，编制标书的人除了掌握定额外，还应对施工组织设计或施工方案有较深的了解，同时，还要熟悉本企业主要项目施工工艺的一般做法。

4. 多方案报价策略

如果招标文件、工程说明书或合同条款不够明确、条款不很清楚或公正，承包方往往可能会承担较大的风险。为了减少风险就须提高单价，增加不可预见费，但这样做又会因报价过高而增加投标失败的可能性。运用多方案报价法就是在充分估计投标风险的基础上，按多个投标方案进行报价。这样可使报价降低，吸引招标人。此外，如对工程中部分没有把握的工作，可注明采用成本酬金方式进行结算的方法。

5. 突然降价法

突然降价法是用降低系数调整报价，降价系数是指投标人在投标报价时，预先考虑的一个未来可能降低报价比率，如果考虑在报价方面增加竞争能力是必要时，则应在投标截止日期以前，在投递的投标补充文件内写明降低报价的最终决定。

采用这种报价的好处是：一是可以根据最后的信息，在递交投标文件的最后时刻，提出自己的竞争价格，给竞争对手以措手不及。二是在最后审查已编制好的投标文件时，如发现某些个别失误或计算错误，可以采用调整系数来进行弥补，而不必全部重新计算或修改，以免贻误投标时间。三是由于最终的降低价格是由少数人在最终时刻决定的，可以避免自己真实的报价泄露，而导致投标竞争失利。

六、编制投标文件

编制投标文件是投标过程中一项很重要的工作，时间紧，工作量大，要求高，它是能否中标的关键，必须组织精干力量，加强领导，认真编制。若能利用计算机辅助编制投标文件，常可收到事半功倍的效果。

参加文件编制的人员必须明确企业的投标宗旨，掌握工程的技术要求和报价原则，熟悉计费标准，了解本单位的竞争能力和对手的竞争水平，并能做好保密工作。

投标文件的主要内容应包括：项目组织设计纲要，工程报价计算，投标文件说明和附表等部分。

在项目组织设计纲要中，要提出切实可行的施工方案、先进合理的施工进度、紧凑协调的施工布置，以期在施工方法、质量安全、工期进度乃至文明施工等方面，对招标单位具有吸引力。如果在提前竣工、节省投资等方面，准备提出一些夺标的优惠条件，也可在纲要中反映，当然，这些优惠条件也可作为投标策略，在适当时机提出。

在报价计算中，要提出拟向招标单位报送的标价及其计算明细表。报价的高低对于能否中标和企业盈亏，有决定性影响。

报价计算的内容和方法视投标项目的内容范围和承发包方式而定。

招标文件编好以后，经过审核，接下来就是按照招标单位规定的期限和要求报送投标文件，做好答辩和谈判的准备，参加开标决标过程中的一系列活动。如果中标，还要参加合同谈判，直至签订合同，一个项目的投标工作才算告一段落。

第四节 工程项目合同管理

项目合同是建设单位（发包方）和施工单位（承包方）为完成商定的建设工程，明确相互之间权利、义务关系的合同。

项目合同的管理，是指各级工商行政管理机关、建设行政主管机关和金融机构，以及工程发包单位、社会监理单位、承包企业依照法律和行政法规、规章制度，采取法律的、行政的手段，对项目合同关系进行组织、指导、协调及监督，保护项目合同当事人的合法权益，处理项目合同纠纷，防止和制裁违法行为，保证项目合同法规的贯彻实施等一系列活动。

一、工程项目合同的特点

工程项目合同属于承揽合同，是承包人进行工程建设，发包人支付相应价款的合同。它与一般承揽合同有明显区别，在《合同法》中作为一种特殊的合同类型来规定，其主要特征有以下几个。

1. 标的具有特殊性

工程项目合同的标的主要有土木工程、线路管道和设备安装工程及装修工程等基本建设工程，正是因为基本建设工程对国家和社会有特殊的意义，其工程建设对合同双方当事人有特殊的要求，这才使工程项目合同成为与一般承揽合同不同的一类合同。

2. 管理具有较强的国家性

由于建设工程的标的物为不动产，工程建设对国家和社会生活的方方面面影响较大。在建设工程合同的订立和履行过程中，国家会通过一整套的管理、制约手段对工程项目合同实施干预。

3. 形式具有要式性

当事人签订合同，有书面形式、口头形式和其他形式。对一些比较重要的合同，为了保护交易安全，法律和行政法规一般都规定应当采用书面形式，工程项目合同即属于这种情形。由于工程项目合同的工程量较大，当事人的权利、义务关系复杂，《合同法》明确规定，工程项目合同应当采用书面形式。

二、工程项目合同的组成

工程项目合同由协议书、通用条款、专用条款和附件组成。

（1）协议书。

协议书是施工合同的总纲性文件，其文字量不大．但它根据工程特点规定了合同当事人双方最主要的权利和义务，规定了组成合同的文件及合同当事人对履行合同义务的承诺。经双方当事人签字盖章后合同成立。其内容包括工程概况、工程承包范围、合同工期、质量标准、合同价款、合同文件的组成等。

（2）通用条款。

通用条款是根据有关法规对承发包双方的权利与义务做出的规定，所列条款的约定不区分具体工程的行业、地域、规模等特点，只要属于建设工程均通用。它是将共性的一些东西抽象出来编写的一份完整的合同文件。

（3）专用条款。

具体工程项目的工作内容各不相同，承发包人各自的能力、施工现场和外部环境条件各异，因此还必须有反映工程具体特点和要求的专用条款的约定。专用条款的条款号与通用条款相一致，专用条款部分只为当事人提供了编制具体合同时应包含内容的指南，具体内容由当事人根据实际情况，予以明确、细化或对通用条款进行修改。相同序号的通用条款和专用条款共同对某一方面问题进行说明。

（4）附件。

附件是对合同当事人的进一步明确，并且使得当事人的有关工作一目了然，便于执行和管理。其包括"承包人承揽工程一览表""发包人供应材料设备一览表""房屋建筑工程质量保修书"三个标准化附件。

工程项目合同的合同文件主要有：①合同协议书；②中标通知书；③投标书及其附件；④合同专用条款；⑤合同通用条款；⑥标准、规范及有关技术文件；⑦图纸；⑧已标价的工程量清单或预算书；⑨其他合同文件。这些合同文件应能互相解释，互为说明，保持一致。当事人对合同条款的理解有争议时，应按照合同所使用的词句、合同的有关条款、合同的目的、交易习惯以及诚实信用原则，确定该条款的真实意思。

在工程实践中，当发现合同文件出现含糊不清或不相一致的时候，除双方另有约定的外，应按照《建设工程施工合同（示范文本）》（GF—2013—0201）规定的施工合同文件的组成及优先顺序进行解释，通常应以最新签署的为准。

特别值得注意的是，在合同履行过程中，双方有关工程的洽商、变更等书面协议或文件都被视为合同文件，并和协议书具体同等的法律效力。

三、合同签订前的管理

合同签订前的管理也称为合同总体规划。合同签订意味着合同生效和全面履行，所以必须采取谨慎、严肃、认真的态度，做好签订前的准备工作。

作为发包方，主要应通过合同总体策划对以下几方面内容做出决策：与发包方签约的承包方的数量、招标方式的确定、合同种类的选择、合同条件的选择、重要合同条款的确定以及其他战略性问题（诸如发包方的相关合同关系的协调等）。

作为承包方，应对发包方和工程项目进行了解和分析，包括工程项目是否符合国家经济建设的有关要求及工程建设的审查（或备案）、项目所需资金等是否落实、施工条件是否已经具备等，以免遭受重大损失。同时，承包方应与发包方进行谈判，以使其承包合同策划更服从于其基本目标（取得利润）和企业经营战略。具体内容包括投标方向的选择、合同风险的总评价、合作方式的选择等。

四、合同签订时的管理

合同签订阶段，意味着当事人双方经过工程招标投标活动，充分酝酿、协商一致，从而建立起建设工程合同法律关系。签订合同是一种法律行为，双方应当认真、严肃拟订合同条款，并做到遵守以下原则：

（1）遵守国家的法律法规。

签订合同时，必须遵守《合同法》《招标投标法》等有关法律法规，按照《建设工程施工合同（示范文本）》（GF—2013—0201）中的"合同条件"，明确规定合同双方的权利和义务，同时遵循合法的合同签订程序。当事人应当遵守法律、行政法规和社会公德，不得扰乱社会经济秩序，不得损害社会公共利益；并且结合合同实施中可能发生的各种情况，进行周密、充分的准备，按照"缔约过失责任原则"保护企业的合法权益。

（2）平等互利、协商一致的原则。

签订项目合同的当事人双方，都具有平等的法律地位，任何一方都不得强迫对方接受不平等的合同条件。合同的内容应当是互利的，不能单纯损害一方的利益。协商一致则要求项目合同必须是双方协商一致达成的协议，并且应当是当事人双方真实意思的表示。

五、合同履行中的管理

项目合同的履行，是指项目合同当事人双方，根据合同规定的各项条款，实现各自的权利，履行各自义务的行为。项目合同一旦生效，对双方当事人均有法律约束力，双方当事人应当严格履行。严格履行工程项目合同，对促进国民经济的发展，改善人们的生产、生活条件有着重要的意义。

1. 项目合同履行的义务

项目合同的全面履行要求合同当事人双方必须按照项目合同规定的全部条款履行。包括履行的方式、地点、期限，合同的价款，工程建设的数量和质量，都应完全按照项目合同的规定履行。

项目合同的实际履行则要求合同当事人双方必须依据项目合同规定的标的履行。由于工程建设具有不可替代性、较强的计划性、建设标准的强制性，这一原则在工程建设中显得尤为重要。合同当事人不能以支付违约金来替代合同的履行。例如：工程项目不符合国家强制性标准的规定，施工企业不能以支付违约金了事，必须对工程进行返工或修理，使其达到国家强制性标准的规定。

2. 项目合同履行的步骤

项目合同的工程竣工、验收和竣工结算是项目合同履行的三项基本步骤。

工程竣工必须在与项目合同约定的期限条款、数量条款和质量条款相互结合的前提下进行。因此，承包方必须同时严格遵守合同约定的时间、数量、质量等条款。只有同时符合以上条款的要求，才能视为承包方已履行项目合同的规定。

工程竣工后，则应组织竣工工程验收。竣工工程应当根据项目合同规定的施工及验收规范和质量评定标准，由发包方组织验收。验收合格后由当事人双方签署工程验收证明。验收不合格，在双方当事人协商期限内，由承包方负责返工修理，直至合格为止。但承包方只承担由于本身原因造成的返工修理费用。

竣工结算应根据项目合同规定在工程竣工验收后一定期限内按照经办银行的结算办法进行。在工程价款未全部结算并拨付前承包方不能交付工程，即可对工程实施留置。在全部结算并拨付完工程款后根据合同规定的期限内承包方向发包方交付工程，以完成项目合同履行的最后步骤。

3. 合同变更、解除和终止

项目合同履行过程中，可能会出现合同变更、解除和终止的情况。项目合同的变更通常是指由于一定的法律事实而改变合同的内容和标的的法律行为。它的特征一是合同当事人必须协商一致；二是改变合同的内容和标的，一般是修改合同的条款；三是其法律后果应是产生新的债权和债务关系。

项目合同的解除是指消灭既存的合同效力的法律行为。主要特征一是合同当事人必须协商一致；二是合同当事人应负恢复原状之义务；三是其法律后果是消灭原合同的效力。

（1）合同变更或解除的条件。

根据我国现行法律、有关的合同法规以及经济生活与司法实践来看，凡发生下列情况之一者，允许变更和解除项目合同：

1）当事人双方经协商同意，并且不因此损害国家利益和社会公共利益；

2）由于不可抗力致使项目合同的全部义务不能履行；

3）由于另一方在合同约定的期限内没有履行合同，且在被允许推迟履行的合理期限内仍未履行；

4）由于一方违反合同，以致严重影响订立项目合同时所期望实现的目的或致使项目合同的履行成为不必要；

5）项目合同约定的解除合同的条件已经出现。

当事人一方要求变更、解除项目合同时，应及时通知对方。因变更或解除项目合同使一方遭受损失的，除依法可以免除责任之外，应由责任方负责赔偿。

（2）合同变更或解除的程序。

项目合同变更和解除的程序，按照我国目前的有关法规和司法实践，一般是：

1）属于符合项目合同变更或解除条件2）、3）、4）项规定情况的，当事人一方有权通知另一方解除项目合同；

2）变更或解除项目合同的通知或协议，应当采取书面形式（包括文书、电报等）。除由于不可抗力致使项目合同的全部义务不能履行或者由于另一方违反合同以致严重影响订立合同所期望实现的目的这种情况以外，协议未达成之前，原项目合同仍然有效。

（3）合同的终止。

当事人双方依照项目合同的规定，履行其全部义务后，合同即行终止。合同签订以后，因一方法律事实的出现而终止合同关系，为合同的终止。合同签订以后，是不允许随意终止的。根据我国现行法律和有关司法实践，合同的法律关系可由下列原因而终止。

1）合同因履行而终止。合同的履行，就意味着合同规定的义务已经完成，权利已经实现，因而合同的法律关系自行消灭。所以，履行是实现合同、终止合同的法律关系的最基本的方法，也是合同终止的最通常原因；

2）当事人双方混同为一人而终止。法律上对权利人和义务人合为一人的现象，称为混同。既然发生合同当事人合并为一人的情况，那么原有的合同已无履行的必要，因而自行终止；

3）合同因不可抗力的原因而终止。合同不是由于当事人的过错而是由于不可抗力的原因致使合同义务不能履行的，应当终止合同；

4）合同因当事人协商同意而终止。当事人双方通过协议而解除或者免除义务人的义务，也是合同终止的方法之一；

5）仲裁机构裁决或者法院判决终止合同。

六、合同纠纷时的管理

在合同履行中，当事人之间有可能发生争议或纠纷。当争议或纠纷出现时，有关双方首先应从整体、全局利益出发，做好相关的合同管理及索赔工作。关于索赔的工作将在下一节详细讲解。

1. 处置合同纠纷的主要方式

基于工程项目合同的特有属性，发生合同纠纷是比较正常和常见的。如何处置合同纠纷对双方当事人都极为重要，处置合同纠纷的主要方式有：协商、调解、仲裁和诉讼。

（1）协商。

双方当事人进行磋商，为了促进双方的关系与相互谅解，为了今后双方经济往来的继续与发展，相互都怀有诚意地做出一些有利于纠纷实际解决的让步，并在彼此都认为可以接受、继续合作的基础上达成和解协议。

（2）调解。

由第三者从中调停，促使双方当事人和解。调解可以在交付仲裁和诉讼前进行，也可以在仲裁和诉讼过程中进行。通过调解达成和解后，即可不再求助于仲裁或诉讼。

（3）仲裁。

双方当事人根据双方达成的书面协议自愿把争议提交双方同意的第三者进行裁决，由其依据一定的程序做出裁决。裁决对双方都有约束力。

仲裁作出裁决后，由仲裁机构制作仲裁裁决书。对仲裁机构的仲裁裁决，当事人应当履行。当事人一方在规定的期限内不履行仲裁机构的仲裁裁决，另一方可以申请法院强制执行。

（4）诉讼。

诉讼是指司法机关和案件当事人在其他诉讼参与人的配合下为解决案件依法定诉讼程序所进行的全部活动。基于所要解决的案件的不同性质，可以分为民事诉讼、刑事诉讼和行政诉讼。而在项目合同中一般只包括广义上的民事诉讼（即民事诉讼和经济诉讼）。

项目合同当事人因合同纠纷而提起的诉讼一般由各级法院的经济审判庭受理并判决。根据某些合同的特殊情况，还必须由专业法院进行审理，如铁路运输法院、森林法院以及海事法院等。

当事人在提起诉讼前应注意诉讼管辖地和诉讼时效问题。

2. 处置延误工期的主要方式

根据国家有关法律、行政法规和行业惯例，处置延误工期的主要方式有：

（1）工程不能按合同规定的工期交付使用的，承包方（乙方）向发包方（甲方）按合同中有关协议条款约定支付违约金，承包方并仍应继续履行合同。

（2）工程不能按合同规定的工期交付使用的，承包方向发包方按合同中有关协议条款约定支付违约金，发包方由于承包方严重违约致使双方合作已无可能而不得不终止合同而又同第三方订立合同完成余下的工程，由此造成的损失由承包方承担。

（3）工程不能按合同规定的工期交付使用时如工程采用招标方式的，发包方可直接扣除承包方中标后所交的保证金，金额不足违约金的可继续向承包方索赔。

（4）如遇下列情况，经发包方代表确认，工期相应顺延。

1）工程量变化和设计变更；

2）一周内，非承包方原因，停水、停电、停气造成停工累计超过 8 小时；

3）不可抗力因素；

4）合同中约定或发包方代表同意给予顺延的其他情况。

承包方在以上情况发生 5 天内，就延误的内容和因此发生的经济支出向发包方代表提出报告。发包方代表在收到报告后 5 天内给予确认、答复，逾期不予答复，即可视为延期要求已被确认。

第五节 工程项目索赔管理

一、工程项目索赔的概念

索赔是当事人在合同实施过程中，根据法律、合同规定及惯例，对并非由于自己的过错，而是属于应由合同对方承担责任的情况造成，且实际已造成了损失，向对方提出给予补偿或赔偿的权利要求。

在工程建设的各个阶段，都有可能发生索赔。但发生索赔最集中、处理难度最复杂的情况发生在施工阶段，因此，我们常说的工程建设索赔主要是指工程施工的索赔。

项施工索赔是法律和合同赋予当事人的正当权利。承包方应当树立起索赔意识，重视索赔、善于索赔。索赔的含义一般包括以下三个方面：

（1）一方违约使另一方蒙受损失，受损方向对方提出赔偿损失的要求。

（2）发生了应由发包方承担责任的特殊风险事件或遇到了不利的自然条件等情况，使承包方蒙受了较大损失而向发包方提出补偿损失的要求。

（3）承包方本来应当获得的正当利益，由于没能及时得到监理方的确认，发包方应给予的支付，而以正式函件的方式向发包方索要。

索赔的性质属于经济补偿行为，而不是惩罚。索赔的损失结果与被索赔人的行为并不一定存在法律上的因果关系。索赔工作是承发包双方之间经常发生的管理业务，是双方合作的方式，而不是对立。

二、索赔与变更的关系

有时，变更（设计等的变更）会发生索赔，但变更并不必然带来索赔。索赔与变更是既有相同点也有不同点的两个概念。

1. 索赔与变更的相同点

对索赔和变更的处理都是由于承包方完成了工程量表中没有规定的工作，或者在施工过程中发生了意外事件，由发包方（甲主代表）或者监理方按照合同的有关规定给予承包方一定的费用补偿或者批准顺延工期。

2. 索赔与变更的不同点

变更是发包方或者监理方提出变更要求（指令）后，主动与承包方协商确定一个补偿额付给承包方；而索赔则是承包方根据法律和合同的规定，对认为他有权得到的权益主动向发包方提出要求。

三、索赔的作用

工程索赔对于培育和发展建筑市场，促进建筑业的发展，提高工程建设的效益，都发挥非常重要的作用。

1. 索赔可以促进双方内部管理，保证合同的正确、完全履行

索赔的权利是项目合同法律效力的具体体现，索赔的权利可以对项目合同的违约行为起到制约作用。索赔有利于促进双方加强内部管理，严格履行合同，有助于双方提高管理素质，加强合同管理，维护市场的正常秩序。

2. 索赔有助于对外承包的开展

工程索赔能促使双方迅速掌握索赔和处理索赔的方法和技巧，有利于他们熟悉国际惯例，有助于对外开放，有助于对外承包的开展。

3. 有助于政府转变职能

工程索赔可使双方依据合同和实际情况实事求是地协商调整工程造价和工期，有助于政府转变职能，并使其从繁琐的调整概算和协调双方关系等微观管理工作中解脱出来。

4. 使工程造价更加合理

工程索赔把原来打入工程报价的一些不可预见费用，改为按实际发生的损失支付，有助于降低工程报价，使工程造价更加合理。

四、项目索赔的起因

在工程的实施过程中，常常会由于以下原因发生索赔：

1. 发包方违约

（1）发包方未按合同规定交付施工场地。

（2）发包方交付的施工场地没有完全具备施工条件。

（3）发包方未保证施工所用水电及通信的需要。

（4）发包方未保证施工期间运输的畅通。

（5）发包方未及时办理施工所需各种证件。

（6）发包方未及时交付水准点与坐标控制点。

（7）发包方未及时进行图纸会审及设计交底。

（8）发包方没有协调好工地周围建筑物等的保护。

（9）发包方没有及时提供应供的材料设备。

（10）发包方拖延合同规定的责任。

（11）发包方未按合同规定支付工程款。

（12）发包方要求赶工等。

2. 甲方代表（监理方）的不当行为

（1）甲方代表（监理方）委派人员未提前通知承包方。

（2）甲方代表（监理方）发出的指令、通知有误。

（3）甲方代表（监理方）未及时提供指令批准的图纸等。

（4）甲方代表（监理方）对承包方的项目组织进行不合理的干预等。

3. 合同文件的缺陷

合同在实施过程中，经常发现会有如下问题：

（1）合同条款规定用语含糊，不够准确，难以分清双方的责任和权益。

（2）合同条款中存在着漏洞，对实际各种可能发生的情况未做预测和规定，缺少某些必不可少的条款。

（3）合同条款之间互为矛盾。即在不同的条款和条文中，对同一问题的规定和解释要求不一致。

（4）合同的某些条款中隐含着较大的风险。即对承包方方面要求过于苛刻，约束条款不对等，不平衡，有时发现某些条款是一种故意设置的圈套。

按照我国签订工程承包合同所应遵守的合法公正、诚实信用、平等互利、等价有偿的原则，以法律推定，合同当事人在签订合同之前都必须认真阅读和理解合同文件，理解合同的每一具体内容都是自己的真实意愿的表达，都是为以后进行善意的合作有意写进去的。不存在一方对另一方的强制、欺骗等不公平行为。因此，签订合同所发现的合同本身存在的问题应该按照合同缺陷进行处理。

4. 合同变更

合同变更是在实施施工合同所确定的目标过程中，对合同范围内的内容进行修改或补充，合同变更的实质是对其修改的内容进行新的要约和承诺。在工程项目中，对于一个复杂的投资项目，出现合同变更是十分自然和普遍的事情。大量的合同变更正是承包方寻找施工索赔的机会，每一修改事项都有可能成为施工索赔的依据。合同变更的过程一般是由合同双方经过会谈，协商对变更的内容达成一致意见后，以签署会议纪要、会谈备忘录、变更记录、补充协议等形式予以确认。合同变更的表现形式非常多，如设计变更、施工组织设计变更、业主代表及其委派的指令、合同规定的其他变更等。

5. 合同中断及解除

（1）国家政策的变化、不可抗力和双方之外的原因导致工程停建或缓建造成合同中断。

（2）合同履行中，双方在组织管理中不协调，不配合以至于矛盾激化，使合同不能再继续履行下去，或业主严重违约，承包方行使合同解除权，或承包方严重违约，业主行使驱除权解除合同等。

6. 政策、法规的变化

（1）建筑工程材料价格上涨，人工工资标准的提高。

（2）银行贷款利率调整，以及货币贬值给承包方带来的汇率损失。

（3）国家有关部门在工程中推广、使用某些新设备、施工新技术的特殊规定。

（4）国家对某种设备建筑材料限制进口、提高关税的规定等。

7. 不可预见因素

（1）不可预见障碍。不可预见障碍是承包方在开工前，根据发包方所提供的工程地质勘探报告及现场资料，并经过现场调查，都难以发现的地下或人为障碍。比如：古井、墓坑、断层、溶洞及其他人工构筑障碍物等。

（2）不可抗力因素。如异常的气候条件、高温、台风、地震、洪水、战争等。

（3）其他第三方原因。与工程相关的其他第三方所发生的问题对本工程项目的影响。表现的情况是复杂多样的，难以划定范围。如：合同供应材料单位倒闭，正在使用的材料供应突然中断，铁路运输正值春运高峰，正常物资运输压站，使安装设备进场迟于计划日期等。诸如此类问题的发生，客观上给承包方造成施工停顿、等候、多支付费用等情况。因此其他第三方原因造成索赔事件也就不难理解了。但是，如果第三方只是单独与承包方发生合同关系时，发包方就完全有理由拒绝承包方的施工索赔要求。

五、施工索赔的种类

索赔发生在实施承包合同的过程中。如果根据它发生的原因划分，则索赔的名称甚多，如：工程量变化索赔、施工条件变化索赔、设备窝工索赔、设计变更索赔等。在工程项目实施中，一般按索赔的目的将索赔分成两类：

1. 工期索赔

工期索赔是指合同的一方根据工程项目合同的规定，在工期超出合同规定的条件下，提出的工期补偿要求，以弥补本身遭受的损失的行为。

在一般的合同条款中都列有延长工期的条款，并具体指出在哪些情况下承包方有权要求延长工期。这不仅对承包方是必要的，对发包方也是有利的。否则，如果由于发包方或监理方的任何疏忽，如晚交施工图纸、没有及时提出施工指令等，都会被承包方用以作为无限拖延工期的借口，会使合同规定的竣工日期一拖再拖。

在工程项目实践中，根据具体情况，可将工期拖延分为可原谅的和不可原谅的两大类，作为是否应给承包方延长工期的前提；进一步地，将可原谅的拖期分成两种：可原谅并应补偿的拖期，可原谅但不应补偿的拖期，现分别简述如下。

（1）可原谅的拖期。

凡不是由于承包方一方的原因而引起的工程拖期，都属于可原谅的拖期。因此，发包方及监理方应该给承包方延长施工时间，即满足其工期索赔的要求。

可原谅拖期的原因很多，如：异常的天气、罢工、人力不可抗拒的天灾、发包方改变设计、发包方未及时提供施工进场道路、地质条件恶劣、施工顺序改变等。

确定某项拖期是否属于可原谅的拖期，还有一个条件，就是该项工作是否在施工进度的关键路线下。因为只有处于关键路线上的关键施工项目的拖期，才能直接导致原定的竣工日期拖后。如果拖后的工作项目不在关键路线上，则不会影响竣工日期，即不给予工期索赔。但是，往往有这样的情况，某项工作开始时不在关键路线上，但由于它的一再拖期后，会影响到其他工作项目的进度，而使这项工作处于关键性的部位了。因此，对每项承包工程的施工，尤其是工种繁多的大型工程，都应制订施工进度表，并用横道图、关键路线网络或其他醒目的进度图表显示，以便于经常跟踪关键路线。

1）可原谅并应给予补偿的拖期。

这种拖期的原因纯属发包方造成。如发包方没有按时提供施工进场道路、场地、测量网点，或应由发包方提供的设备和材料到货晚了等。在这些情况下，发包方不仅应满足承包方的工期索赔要求，而且应支付承包方合理的经济索赔要求。

2）可原谅但不给予补偿的拖期。

这种拖期的原因责任不在承包合同的任何一方，纯属自然灾难，如：人力不可抗拒的天灾、流行性传染病等。一般规定，对这种拖期，发包方只给承包方延长工期，不予以经济赔偿。但在有的合同中，将这类拖期原因命名为"特别风险"，并规定对这种风险造成的损失，发包方应给承包方补偿。

（2）不可原谅的拖期。

这是指由于承包方的原因而引起的工期延误，如施工组织协调不好、人力不足、设备晚进场（指规定由承包方提供的设备）、劳动生产率低、工程量不符合施工规程的要求而造成返工等。

出现不可原谅的拖期时，承包方非但不能有工期索赔和经济索赔的权利，反而要向发包方赔偿"违约罚款"（有时称拖期罚款，即因竣工日期拖后的罚款）。有时，当发包方发现不可原谅的拖期时，或向承包方下达加快施工的命令，或干脆决定终止合同。这时，加快施工或终止合同所造成的一切经济损失均应由承包方负担。

2. 经济索赔

要求发包方付给增加的开支或亏损，弥补承包方的经济损失，这种要求简称为"经济索赔"。

但在具体实践中，大多数情况是承包方既要求工期索赔，又要求经济索赔。在这种情况下，两种索赔要独立地提出，要报送两份各自独立的索赔报告文件；切忌在一个索赔报告中既要求延长工期，又要求支付附加费用，这样的索赔报告是不符合承包索赔惯例的，会被监理方和发包方置之高阁，不予理睬。

经济索赔是承包方由于施工客观条件改变而增加了自己开支时，向发包方和监理方要求补偿自己的额外开支。

经济索赔可进一步分为三类：

（1）合同规定的索赔。

凡是在合同条文中有明文规定的索赔项目，如工程量增加，承包方因发包方的原因造成开支亏损等，都属于这一类。因此，对于不会有太大争议的经济索赔项目，一般由监理方按合同的规定可评出应索赔的金额。

（2）非合同规定索赔。

这类索赔项目一般在合同条文上没有明文规定，但从合同含义中可以找出索赔的根据。如发包方或监理方违反合同时，承包方有权提出经济索赔。

（3）道义索赔。

道义索赔是指承包方在合同内或合同外都找不到可以索赔的合同依据或法律依据，因而没有提出索赔的条件和理由，但承包方认为自己有要求补偿的道义基础，而对其遭受的损失提出具有优惠性质的补偿要求，即道义索赔，或称"通融的"索赔。

上述非合同规定索赔及道义索赔等两类经济索赔，一般均由发包方决定，监理方无权决定。

六、索赔所必需的证据

承包人提出索赔要求时，无论是工期索赔或经济索赔，必须同时提供有关索赔事项的证明资料作为要求索赔的证据，来论证自己提出索赔的原因。

证据对索赔工作具有决定性的作用。单纯的一个文字叙述报告和亏损表，没有必需的证据，是肯定无效的。在施工过程中应始终做好资料积累工作，建立完善的资料记录制度，认真系统地积累施工进度、质量及财务收支资料。对于要发生索赔的一些工作项目，从开始施工时正式发函提出索赔要求起，就要有目的地搜集证据资料，系统拍照工地现场，妥善保管开支收据，有意识地为索赔文件积累所需的证据。

在工程索赔工作中，一般需要以下几个方面的资料。

（1）招标文件。

招标文件是承包方投标报价的依据，是工程项目合同文件的基础。招标文件中的通用条件、专用条件、施工技术规程、工程量表、工程范围说明、现场水文地质资料等文件，都是工程成本的基础资料。

（2）投标书。

它是承包方依据招标文件进行工地现场勘察后编制的报价文件，是通过竞争中标的依据。在投标报价文件中，承包方对主要工种的施工单价进行分析计算，对主要工程量的工效和施工强度进行了分析，对施工所需的设备和材料提供了数量和价值，对施工过程中各阶段所需的资金提出要求等。这些文件在中标及施工协议书签订后，成为正式合同文件的组成部分。

（3）施工协议书及其附属文件。

施工协议书是合同双方正式进入合同关系的标志。在签订合同协议书之前，合同双方对于中标价格、施工计划、合同条件等问题的讨论纪要文件，也是工程项目合同文件的重要组成部分。如果会议纪要文件中，对招投标文件的某些合同条款做出了修改或解释，则修改纪要是索赔报价的依据。

（4）来往信件。

在合同实施期间，合同双方有大量的往来信件。这些信件都具有与合同文件同等的效力，是结算和索赔的依据，为工程师的工程变更指令，口头变更确认书等。

（5）会议记录。

在工程项目从招标到建成移交整个期间，合同双方要通过很多会议，讨论解决合同实施中的问题。施工和索赔中的许多重大问题，都是通过会议反复协商讨论后决定的。

（6）施工记录。

施工记录方面的证据包括：施工日志，施工检查员的报告，逐月分项施工纪要，施工工长的日报，每日工时记录，同监理方的往来通信及文件，施工进度及特殊问题的照片，会议记录，施工图纸，同监理方或发包方的电话记录，投标时的施工进度计划，修正后的施工进度计划，施工质量检查记录，施工设备使用记录，施工材料使用记录等。

（7）财务记录。

财务记录方面的证据包括：施工进度款支付申请表，工人劳动计时卡，工人分布记录，工人工资单，材料、设备、配件等的采购单，付款收据，收款单据，标书中财务部分的章节，工地的施工预算，工地开支报告，会计日报表，会计总账，批准的财务报告，会计来往信件及文件，通用货币汇率变化表等。

（8）现场气象记录。

水文气象条件对土建工程施工的影响很大，它经常引起工程施工的中断或工效降低，有时甚至造成施工项目的损失。许多工期拖延索赔与气象条件有关。施工现场应注意记录气象状况。

（9）市场信息资料。

大中型土建工程施工期较长，对市场变动等报道资料应系统收集整理。这些资料对工程报价的调价计算和索赔必不可少。

（10）政策法令文件。

工程合同条件是以国家法律为前提的。国家的法令对工程结算和索赔具有决定性的意义。

所有的索赔证据资料，按一般程序应该作为索赔报告的附件，一并报送给监理方。在具体的施工过程中，往往由于测算、整理、印刷照片、等待证据资料而超过报出索赔报告的规定期限。因为按一般合同条款的规定，索赔报告应在发生索赔事项后 28 天以内报出；否则，承包方将失去索赔的权利。因此，承包方应按规定在每月报送工程结算款的同时，向监理方报送额外工程或其他任何超出标书范围的工程开支的索赔报告，如果来不及同时报出全部所需的证据资料时，可以向监理方申明将尽快报出。这样就可保留自己要求索赔的权利，并在监理方同意的期限内再补充报上全部的索赔证据资料，把应该履行的手续办理齐全。

七、反索赔

承包人在工程承包实践中要求索赔是经常发生的事，而合同的另一方——发包方亦经常用反索赔的措施维护自己的利益。发包方往往要针对承包方在实施合同过程的缺陷，向承包方提出反索赔，即发包方对承包方的索赔要求。其目的是：一方面，以反索赔来制约承包方提出的索赔；另一方面，抓住承包方在施工过程中的缺陷，尤其是不符合合同要求的地方，向承包方提出索赔，以减少向承包方支付索赔的款项。

反索赔即发包方向承包方提出索赔，一般分为两类：

1. 工程拖期索赔

如果工程拖期的责任在承包方一方，例如开工拖后，设备材料晚进场，人力不足，施工组织不善等，则发包方有权向承包方提出索赔。

在一般合同文件中，列有拖期罚款的条款，并明确规定拖期1天的罚款额。这种罚款额都相当大，很可能大于发包方受到的实际损失。发包方正是利用这一条款，使承包方按期建成工程，以满足按计划投入使用的目的。

2. 施工缺陷索赔

这主要针对承包方在施工中的缺陷，如工程质量不符合施工技术规程的规定，从而导致发包方承受经济损失，因此向承包方提出索赔。

发包方对工程缺陷提出经济索赔要求时，往往不仅是提出由于工程缺陷所产生的直接损失，也同时提出由此而带来的其他间接的经济损失。例如，由于承包方在施工时偷工减料，未按技术规程施工，使屋顶漏水。发包方可以提出修复屋顶所发生的直接费用，即间接损失费，如被淋坏的家具修理费、推迟出租损失等。这些也是承包方应该予以补偿的。

发包方对承包方的反索赔款，无论是由于工程期罚款（即违约罚款）还是由于工程缺陷所引起的经济损失款，均从承包方提供的"履约保函"款额中扣除。如果反索赔的总款额大于履约保函款额时，则从工程进度款中扣除，或从发包方应付给承包方的其他款额中扣除。

八、项目索赔的程序

1. 有正当的索赔理由

发生了上述索赔起因，都有可能成为正当的索赔理由。从工程项目索赔管理的角度看，应当积极地寻找索赔机会。所谓有正当的索赔理由，必须具有索赔发生时的有关证据，因为索赔的进行主要是靠证据说话的。因此，对索赔的管理必须从宏观的角度上与工程建设管理有机地结合起来。

2. 发出索赔通知

索赔事件发生后规定的时间范围内，承包方应向发包方发出索赔的通知。

因此，承包方在索赔事件发生后，应立即着手准备索赔通知。索赔通知是合同管理人员在其他管理职能人员配合和协助下起草的。索赔通知应当包括承包方的索赔要求和支持这个要求的有关证据，并且证据应当详细和全面。但不能因为证据的搜集而影响索赔通知的按时发出，因为通知发出后，承包方还有补充证据的机会。

3. 索赔的批准

发包方在接到索赔通知后在规定的时间范围内给予批准，或要求承包方进一步补充索赔理由和证据，发包方在规定的时间范围内未予答复，应视为该项索赔已经批准。

在这一步骤中，发包方或者监理方应抓紧时间对索赔通知（特别是有关证据）进行分析，并提出处理意见。特别需要注意的是，应当在合同规定的期限内对索赔给予答复。

第十二章　工程项目风险管理

第一节　概　述

一、风险的概念

风险的基本含义是损失的不确定性。如果损失的概率是 0 或者 1，就不存在不确定性，也就没有风险。风险的含义也非常接近于损失的可能性或者事件出现的概率，也就是根据基本条件不变和进行无限次观察假设所得出的一种事件长期出现的相对频率。

日常生活中，人们每天都会面临或者遇到许许多多的具有不确定性的事件，这些不确定事件往往会给人们的日常生活造成许多难以预测的损失或者破坏，而损失或者破坏的程度不尽相同。这些损失或者破坏可能会打破人们原本平静的生活状态或者规律，危及人们正常的生产生活秩序，增加社会的不和谐、不稳定因素。通常情况下，我们把这些带有不确定性的损失或者破坏的事件统称为风险。

风险无处不在、无时不有，然而对风险下一个确切的定义并非易事。目前，学术界对风险的内涵还没有一个统一的定义，从风险研究的基点来看，风险大致有两种定义：

（1）风险为事件结果的不确定性。C. A. Williams 将风险定义为在给定的条件和某一特定的时期，未来结果的变动；March 和 Shapira 等认为风险是事物可能结果的不确定性，可由收益分布的方差测度。说明风险产生的结果可能带来损失、获利或是无损失也无获利，属于广义风险。

（2）风险为损失发生的不确定性。J. S. Rosenb 将风险定义为损失的不确定性；F. G. Crane 认为风险意味着未来损失的不确定性；Biokett、Charnes、Cooper 等则用概率对风险进行描述。说明风险只能表现出损失，没有从风险中获利的可能性，属于狭义风险。

无论如何定义风险，但其基本的核心含义是"对要完成某项工作预期目标的主体，发生不希望结果的概率，或是指损失发生的不确定性"。假设定义不利事件发生的可能性或概率为 P，其产生的后果为 C，由概率分布描述随机变量，则风险 R 可表示为 P 和 C 的函数：

$$R = F（P，C）\tag{12-1}$$

风险因素、风险事故和风险损失是风险的基本构成要素，风险因素增加或产生风险事故，风险事故引起风险损失，三者的串联构成了风险形成机制。其中，风险因素是风险形成的必要条件，是风险产生和存在的前提。风险事故是风险存在的充分条件，是风险由可能性转化为现实性的媒介，是连接风险因素与风险损失的桥梁，在整个风险形成机制中占据核心地位。

（1）风险因素：指促使风险事件发生的事件，以及风险事件发生时导致损失增加、扩大的条件。风险因素是风险事件发生的潜在原因，是造成损失的间接和内在原因。

（2）风险事故：指造成损失的事件，是使风险造成损失的可能性转化为现实性的媒介，是引起损失的直接或外在原因。也就是说，风险是通过风险事件的发生来导致的。

（3）风险损失：指非故意、非计划、非预期的经济价值减少的事实。损失可以分为直接损失和间接损失两种。直接损失是指风险事件对于目标本身所造成的破坏事实；间接损失是指由于直接损失所引起的破坏事实。

二、工程项目风险的内涵

工程项目风险是指在决策和实施过程中，造成实际结果与预期目标的差异性及其发生的概率。项目风险的差异性包括损失的不确定性和收益的不确定性。这里的工程项目风险是指损失的不确定性。具体来说，工程项目风险是指在工程建设项目实施的过程中，由于项目中存在的不确定因素的影响，导致可能出现的实际结果与预期结果间存在差异而造成的损失。项目管理人员必须充分重视工程项目的风险管理，将其纳入到工程项目管理中。工程项目中存在大量风险的主要原因有：

（1）工程项目所具有的一次性、单件性等特点，使得从项目研究到竣工运营等各个阶段都存在着大量的不确定性因素，并且人们对此的认识是有限的。

（2）工程建设项目由于自然、设备、环境等方面的原因存在着许多不可预见的干扰和障碍。如三峡工程由于气象、水文、地质、工程技术及社会环境等因素而存在着诸多风险。

（3）由于工程周期长，涉及范围广，项目干系人多，受各种不确定因素影响的可能性大。

工程项目的风险因素有很多，可以从不同的角度进行分类，常用的有以下几种：

（1）按风险来源划分。

风险根据其产生的根源可分为自然风险和人为风险。自然风险是指因自然环境如气候、地理位置等构成的障碍或不利条件作用造成损失或人员伤亡的风险。人为风险指由于人的活动而带来的风险，具体又可分为政治风险、经济风险、金融风险、管理风险和社会风险等。政治风险是指因政治方面的各种事件和原因而导致项目蒙受意外损失；经济风险是指在经济领域潜在或出现的各种可导致项目的经营损失的事件；金融风险是指在财政金融方面内在的或因主客观因素而导致的各种风险；管理风险通常指人们在经营过程中，因不能适应客观形势的变化或因主观判断失误或对已发生的事件处理欠妥而构成的威胁；社会风险包括企业所处的社会背景、秩序、宗教信仰、风俗习惯及人际关系等形成的影响企业经营的各种束缚或不便。

（2）按风险的可控性划分。

风险根据其是否可控分为可控风险和不可控风险。可控的风险是指可以预测，并可采取措施进行控制的风险；反之，则为不可控的风险。风险是否可控，取决于能否消除风险的不确定性以及提高活动主体的管理水平。要消除风险的不确定性，就必须掌握有关的数据、资料等信息。随着技术科学发展与信息的不断增加以及管理水平的提高，有些不可控的风险可以变成可控的风险。

（3）按风险影响范围划分。

风险根据影响范围可分为局部风险和总体风险。局部风险影响小，总体风险影响大，但两者之间也具有紧密联系。项目管理要特别注意总体风险。项目所有的活动都有拖延风险，处在关键线路上的单项目活动具有局部风险，一旦延误，也会推迟整个项目的完成时间，形成总体风险。

（4）按风险后果的承担者划分。

项目风险，若按其后果的承担者来划分，则有项目业主风险、政府风险、承包商风险、投资方风险、设计单位风险、监理单位风险、供应商风险、担保方风险和保险公司风险等。这样划分有助于合理分配风险，提高项目承受风险的能力。

（5）按风险的可预测性划分。

按照风险的预测性，风险可以分为已知风险、可预测风险和不可预测风险。已知风险是指在认真、严格地分析项目及其计划之后就能够明确哪些是经常发生的、而且其后果亦可预见的风险。可预测风险就是根据经验，可以预见其发生，但不可预见其后果的风险。不可预测风险是指有可能发生，但其发生的可能性根据经验亦不能预见的风险。

三、项目风险管理的过程与重要性

由于风险具有普遍性、客观性、损失性、不确定性和社会性的特征，风险管理必不可少。所谓风险管理，就是在降低风险的收益与成本之间进行权衡并决定采取何种措施的过程。

风险管理就是通过风险识别、风险估计和风险评价，并以此为基础合理地使用多种管理方法、技术和手段对项目活动涉及的风险实行有效的控制。采取主动行动，创造条件，尽量扩大风险事件的有利结果，妥善地处理风险事件造成的不利后果，以最少的成本保证安全，实现项目的总目标。项目风险管理过程如图 12-1 所示。

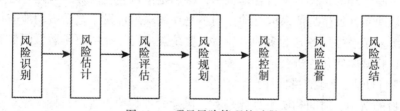

图 12-1　项目风险管理的过程

随着社会的不断发展，行业间相互依赖日趋紧密，竞争激烈而变化无常。为了更好地生存，企业必须更加强调对项目目标的主动控制，对项目实现过程中遭遇的风险和干扰因素可以做到防患于未然，以避免和减少损失。因此，风险管理已成为项目管理过程中的重要工作，具体表现在以下几方面：

（1）风险管理直接影响项目的经济效益。做好风险管理工作，可避免许多不必要的损失，从而降低成本。通过对风险进行恰当的分析，做出正确的预测，可采取断然措施避免损失。例如，当承包商不得不考虑其工程用材料可能涨价，囤积必要的、足够的材料，从而占用大量资金。如果同业主签署的合同中，明确对通货膨胀的补救措施，如对材料按实际价格计算或根据价格调值公式对材料差价给予补偿，则该承包商就不必为此担忧。

（2）风险管理有助于提高重大决策的质量。例如，承包商考虑按租赁办法解决施工所需机具问题，但如果忽视了租赁办法可能带来的除租金以外的麻烦问题，如损坏赔偿，很可能做出错误的决定。

（3）风险管理能减弱项目的年利润和现金流量的波动。如果项目管理人员能把这种波动控制在一定的幅度内，其制订的计划将会更加周密完善、实用可行。

（4）风险管理能帮助项目经理提高风险意识，即使项目实施过程中遭到一定的损失，也会临危不乱，采取有效的补救措施。

（5）风险管理有助于确立企业的良好信誉，从而为企业广泛开拓业务打下良好的基础。

（6）风险管理还有助于加强企业的社会地位，有助于其履行社会责任，自然也有助于企业发展与其他合作者的友好协作关系。

四、工程项目风险管理的特点

（1）项目风险管理的综合性。

项目的风险来源、风险的形成过程、风险潜在的破坏机制、风险的影响范围及其破坏力错综复杂，单一的管理技术或单一的工程、技术、财务、组织、教育或程序措施都有局限性。因此，项目风险管理是一种综合性的管理活动，涉及自然科学、社会科学、工程技术、系统科学、管理科学等多种学科。必须综合运用多种方法和措施，用最少的成本将各种不利后果有效化解或减少到最低程度。

（2）项目风险管理的主动性。

项目风险管理的主体是项目管理班子，特别是项目经理。好的风险管理要求项目管理班子在风险事件发生之前采取行动，而不是在风险事件发生之后被动地应付。在认识和处理错综复杂、性质各异的多种风险时，要统观全局，抓主要矛盾，因势利导，变不利为有利，将威胁转化为机会。

（3）项目风险管理的目标性。

从项目的费用、时间和质量目标来看，风险管理与项目管理目标一致。通过风险管理降低项目的风险成本（风险事故造成的损失或减少的收益以及防止发生风险事故采取预防措施而支付的费用），降低项目的总费用。项目风险管理的目的是将风险导致的各种不利后果减少到最低程度，实现项目在时间和质量方面的预期目标。

在工程项目中大多数风险是不可能完全避免或消除的，而是有准备、理性地进行项目实施，减少风险的损失。

（4）项目风险管理的分析性。

风险管理需要大量地占用信息、了解情况，对项目系统以及系统的环境进行深入的研究与预测。在调查研究的基础上，包括调查和收集资料，必要时还要进行试验和模拟，研究项目本身和环境以及两者之间的关系、相互影响和相互作用，识别项目面临的风险。风险识别、风险估计和风险评价是风险分析的重要内容，它为风险规划、风险控制和风险监督提供科学而可靠的依据。

（5）项目风险管理的特殊性。

工程项目风险管理尽管有一些通用的方法，如概率分析方法、模拟方法、专家咨询法等。但对于一个具体工程项目进行风险分析时，必须考虑该项目的自身特点以及风险形成机制等，例如：

1）项目的复杂性、系统性、规模、新颖性、工艺的成熟程度；

2）项目的类型，项目所在的领域。不同领域的项目有不同的风险，有不同风险的规律性、行业性特点。例如水利水电工程开发项目与土木建筑工程项目就有不同的风险；

3）项目的背景，如国家、宗教、经济发展状况、环境条件等。

第二节　工程项目风险分析

一、风险分析的内涵

一般来说，风险并非是显而易见的，也不容易辨识和预测，至少不容易准确地预测。据统计，在我国的工程项目建设中，由风险造成的损失是触目惊心的，许多工程案例说明了这个问题。特别在国际工程承包领域，人们更将风险作为项目失败的主要原因之一。因此，认真做好风险分析，对实现风险管控来说是至关重要的。

风险分析是对风险的辨识、估计和评价做出全面的、综合的分析，其主要分析内容有：

1. 风险辨识

风险辨识要回答如下问题：哪些风险应当考虑？引起风险的主要因素是什么？风险引起的后果的严重程度如何？

进行水电项目投资时，能引起风险的因素很多，造成后果的严重程度各异，完全不考虑这些因素和遗漏了主要因素是不对的，但每个因素都考虑也会使问题复杂化。因此，风险的辨识就是要合理地缩小这种不确定性，在风险辨识阶段主要是进行定性的分析。

2. 风险估计

风险估计就是对风险进行量测，给定某一风险发生的概率。主要回答的问题是：风险有多大？通过什么手段和方法给出某一危险发生的概率以及其后果的性质大小？

3. 风险评价

风险评价要解决：项目风险的社会与经济意义是什么？它的影响是什么？应当怎样

对待？处理的对策是什么？这些问题涉及范围较广，与决策问题紧密相连，主观因素影响更大，因而其方法与结果具有相对性。

二、项目的常见风险因素

针对以上介绍的风险因素分析，下面具体介绍在水电项目投资过程中，通常遇到的风险因素。

1. 人为风险

人为风险是指因为人的主观因素导致的各种风险。这些风险虽然表现形式和影响的范围各不相同，但都与人的思想和行为密切相关。通常，人为风险主要表现为：

（1）政府和主管部门的行为。国家政府和行业的主管部门常常因为全局利益而采取一些带有全局性的决策。从全局考虑，这些决策正确和可行，但对于一个具体工程项目的建设，可能因为全局决策而导致对工程的不利。许多工程投资人因此不得不改变或调整投资决策，不可避免地要遭受损失。

（2）体制法规不合理。由于国家实行的体制不健全，实行的法规不尽合理，阻碍当前的经济发展，从而不利于投资人获取项目建设利益。

（3）金融机构的支持力度。实施工程的前提条件是资金有保证。任何企业都离不开融资，靠自己的本金兴建工程是极其有限的。如果得不到金融机构的支持，投资人的资金筹措困难或资金成本过高都会给投资人带来不利影响。

（4）合同条款不严谨。通常情况下，工程合同由咨询工程师起草，或由业主根据政府规定的格式拟订。如果合同条款不严谨，实施过程中常常会出现不可预见的情况，承包商利用合同不严谨之处提出索赔，使投资人蒙受损失。

（5）道德风险。道德风险是指工程项目实施过程中执行人员的道德发生背离，失去应有的责任感，致使投资人的财产遭受损失，或工程质量缺乏监督保证。

（6）群体行为越轨。这种风险可分为两种形式：一种是来自社会性的越轨行为，如社会性的骚乱甚至暴乱；另一种是因为承包商克扣和拖欠工人的工资或处事不公引起公愤，虽然业主可以通过罚款以减少工程开支，但对工期、质量的损失无法弥补。

（7）承包商履约不力。在激烈的市场竞争环境下，某些承包商先以低价中标，签订合同后，由于工程的实际价格远远超过投资估算，从而加大了投资人的风险。或者虽然工程承包合同对承包商规定了种种义务和惩罚措施，但在实际操作时常有很多情况使得合同不能得到圆满履行，使业主和投资人蒙受损失。

（8）工期拖延。虽然合同中明确规定了合同工期和误期罚款，使罚款总额通常不超过合同的10%。如果工程严重拖期，则会使工程开支急剧扩大，预期效益不能实现，使得投资人要承担直接损失风险和间接损失风险。

（9）设计失误。在工程项目实施过程中，设计方案都要交付业主审核批准。但是在许多情况下，业主不具备审核能力。如果出现失误，轻则返工修复，重则可能导致工程毁损，使业主遭受损失。

（10）其他可能风险。如材料供应商履约不力和失误，指定分包商履约不力以及监理工程师失职等。

2. 经济风险

在社会经济活动中，经济风险是在所难免的。对于工程项目，特别是大型工程项目投资，经济风险更是难以避免。通常，项目投资或建设过程中所遇到的经济风险主要有：

（1）宏观形势不利。宏观经济形势不利对各个行业都会有巨大影响，水电项目投资也不例外。

（2）投资环境恶劣。投资环境是投资能否取得成功的关键因素，水电项目投资人的收益与该行业及区域的软硬环境密切相关。

（3）市场物价的波动。从总投资额的构成可以看出，物价指数是否平稳关系到价差预备费的估算准确与否。如果经济形势波动很大，物价飞涨，投资人很难对总投资额做出准确估算，其结果必然给投资人带来巨大的风险。

（4）投资回收期。水电项目投资规模大，回收期长。由于项目实施时间长，出现各种不测事件的可能性大大增加，从而导致预期收益不能实现。

（5）基础设施落后。基础设施对于工程建设项目的投资具有重要影响。外部的客观环境，尤其是公共基础设施的好坏对工程影响极大。交通落后，能源不足，必然严重制约工程的正常进行，从而加大工程项目的建设费用和运行成本。

（6）资金筹措困难。水电项目往往投资额巨大。资金筹措困难是投资人经常遇到的最大风险之一。因此，在可行性研究阶段对资金筹措的问题应给予高度重视。

3. 自然风险

自然风险是指工程项目所在地区客观存在的自然条件。工程施工期间，可能碰上恶劣气候等因素，从而对工程施工构成威胁。自然风险通常有以下因素：

（1）恶劣的自然条件。

（2）恶劣的气候和环境。

（3）恶劣的现场条件。

（4）地理环境不利。

此外，在 FIDIC 条款中规定了由业主承担的风险，一般称为特殊风险。这些风险包括战争、叛乱、核爆炸等。这些特殊风险事件，承包商对其后果不承担责任，风险损失由投资人承担。

由于影响水电项目投资的风险因素非常多，应用风险分析方法系统全面地进行水电投资项目的风险辨识。分析风险引起的后果的严重程度，或应用专家调查方法进行分析，找出对投资影响大的风险因素，并重点分析。

4. 融资风险

项目融资主要不是以项目业主的信用和自有资金担保来获得贷款，而是依赖于项目自身的经营状况以及建成后的收益现金流作为偿还债务的资金来源，一般仅以项目自身的资产，而非业主资产作为借入资金的抵押。由于金融机构以项目融资方式提供的贷款通常无追索权或者只有有限追索权，而一般基建项目融资金额又十分巨大，故对金融机构来说其风险也较其他融资方式大得多。例如在国际水电项目融资过程中，参与提供资金的往往是多家乃至多国金融机构，而项目各参与方也要按其所能承担一部分风险。因此，项目融资过程中的担保手续和法律文件往往较多，这也造成了项目融资的特殊性和复杂性。

项目融资风险表现类型主要有以下几种：

（1）信用风险。项目融资所面临的信用风险是指项目有关参与方不能履行协定责任和义务而出现的风险。

（2）完工风险。完工风险是指项目无法完工、延期完工或者完工后无法达到预期运行标准而带来的风险。项目的完工风险存在于项目建设阶段和试生产阶段，它是项目融资的主要核心风险之一。完工风险对项目公司而言意味着利息支出的增加、贷款偿还期限的延长和市场机会的错过。

（3）生产风险。生产风险是指在项目试生产阶段和生产运营阶段中存在的技术、资源储量、能源和原材料供应、生产经营、劳动力状况等风险因素的总称。它是项目融资的另一个主要核心风险。生产风险主要表现在：技术风险、资源风险、能源和原材料供应风险、经营管理风险。

（4）市场风险。市场风险是指在一定的成本水平下能否按计划维持产品质量与产量，以及产品市场需求量与市场价格波动所带来的风险。市场风险主要有价格风险、竞争风险和需求风险，这三种风险之间相互联系，相互影响。

（5）金融风险。项目的金融风险主要表现在项目融资中利率风险和汇率风险两个方面。项目发起人与贷款人必须对自身难以控制的金融市场上可能出现的变化加以认真分析和预测，如汇率波动、利率上涨、通货膨胀等，这些因素会引发项目的金融风险。

（6）政治风险。项目的政治风险可以分为两大类：一类是国家风险，如借款人所在国现存政治体制的崩溃，对项目产品实行禁运、联合抵制、终止债务的偿还等；另一类是国家政治、经济政策稳定性风险，如税收制度的变更，关税及非关税贸易壁垒的调整，外汇管理法规的变化等。在任何国际融资中，借款人和贷款人都承担政治风险，项目的政治风险可以涉及项目的各个方面和各个阶段。

（7）环境保护风险。环境保护风险是指由于满足环保法规要求而增加的新资产投入或迫使项目停产等风险。随着公众越来越关注工业化进程对自然环境的影响，许多国家颁布了日益严厉的法令来控制辐射、废弃物、有害物质的运输及低效使用能源和不可再生资源。"污染者承担环境债务"的原则已被广泛接受。因此，也应该重视项目融资期内有可能出现的任何环境保护方面的风险。

三、项目风险辨识

管理风险首先必须识别风险，即对风险的严重程度及可能造成的损失准确全面地估计。然而，风险并不是显露于外表，常常是隐蔽于各个环节，难以发现，甚至存在于种种假象之中，具有迷惑性。因此，辨识风险是一项复杂而细致的工作，要按照一定的程序、步骤，采用切实可行的方法逐阶段、逐层次分析，实事求是地做出估计。

辨识风险的过程包括对可能的风险事件来源和结果进行全面、实事求是地调查，系统分类并恰如其分地评价其后果。其辨识过程通常分为6个步骤，如图12-2所示。

风险辨识的主要方法有分析方法、专家调查方法和情景分析方法。

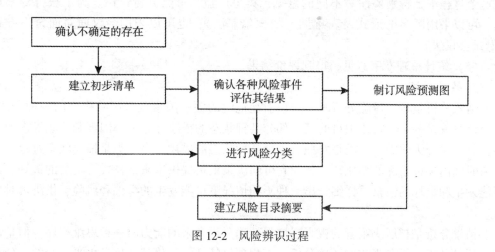

图 12-2　风险辨识过程

1. 分析方法

分析方法主要是利用分解原则，将复杂的事件分解为比较简单的容易被认识的事件。在进行工程项目建设时，分析人员首先根据项目自身的建设规律和分析人员的知识将项目可能的风险进行分解，然后对每种单项风险再进一步分解。在进行项目投资风险分析时，近年来广泛采用合理预测技术，其主要思想是在预测中引入反馈信息，使分析结果更加符合实际情况。

故障树是风险分析的有效方法之一。它是利用图解法的形式将大的故障风险分解为各种小的故障，或者对各种引起故障的原因进行分解，图的形式像树一样，越分越细。具体原理可参考专门的著作。

2. 专家调查方法

在风险辨识阶段的主要任务是找出各种潜在的危险，做出对其后果的定性估计，不要求做出定量的估计。由于多数项目的潜在危险很难在短时间内用统计的方法、实验分析的方法和因果关系论证得到证实，专家调查方法具有显著的优越性。专家调查方法是一种利用专家的知识和经验来进行风险辨识的方法，应用广泛。对风险辨识特别有效的方法主要有头脑风暴法和德尔菲法两种。用于对风险影响和发生可能性的分析，一般不要采用提问表的形式，而采用专家会议的方法。

（1）组建专家小组，一般 4~8 人最好，专家应有实践经验和代表性。

（2）通过专家会议，对风险进行定界、量化。召集人尽可能使专家了解项目目标、项目结构、环境及工程状况，详细地调查并提供信息，有条件时，专家可以实地考察。对项目的实施、措施的构想做出说明，对项目有一个共识，否则容易增加评价的离散程度。

（3）召集人有目的地与专家合作，定义风险因素及结构、可能的成本范围：①分析各个风险的原因；②风险对实施过程的影响；③风险的影响范围，如技术、工期、费用等；④将影响统一到对成本的影响上，估计影响量。

（4）风险评价。专家对风险的程度（影响量）和出现的可能性，给出评价意见。

在这个过程中，特别要注意不同的意见，集思广益，重点分析讨论。为了获得专家意见，可以采用匿名的形式发表意见（如德尔菲法），也可以采用会议面对面讨论方式（专录会议法）。

（5）统计整理专家意见，得到评价结果。

3. 情景分析方法

情景分析是进行风险分析时，辨识引起危险的关键因素及其影响程度的一种方法。一个情景就是一个项目或项目的某一部分某种状态的描绘。它可用因素和曲线等进行描述，其结果分为两类：一类是对项目未来某种状态的描述；另一类是描述状态过程，即未来时间内某种情况的变化链。例如它可向决策人员提供未来某种投资机会的最好、最可能发生和最坏的情景，详细给出三种不同情况下可能发生的事件和风险，供决策时参考。

情景分析是扩展决策者的视野，增强精确分析未来的能力的一种思维程序。但是情景分析是基于分析者当前的环境分析、工程项目特征、价值观和信息水平进行的，分析未来的结果就可能产生偏差。因此，分析者和决策者为了准确可靠地把握项目建设的未来风险，必要时可与其他方法结合使用。

风险辨识的理论实质上是有关推断和搜索的理论。从某种程度来说，是一种分类过程。风险辨识时存在的问题主要有：

（1）可靠性问题，即是否有严重的危险未被发现。

（2）成本问题，即为了风险辨识而进行的数据采集，调查研究或科学试验所消耗的费用，尽量用较少的数据说明尽可能多的问题。

（3）偏差问题，如分析者或决策者的主观意见可能会引起调查结果的偏差等。

四、项目风险估计

辨识项目建设过程中面临的各种风险后，要分别对风险进行衡量和比较分析，以确定各种风险的相对重要性。风险估计是对各类风险因素进行定量的分析，目前采用的风险估计方法主要有以下几种：

（1）客观估计与主观估计。

客观估计是利用客观概率对各种风险进行估计。客观概率的计算方法有两种：一是根据大量的试验，用统计的方法进行计算；另一种是根据概率的古典定义，将事件集分解成基本事件，用分析的方法进行计算。用这两种方法所得的数据都是客观存在的，不随计算者和分析者的意志而转移，因而称之为客观概率。

主观估计是采用主观概率对各种风险进行估计。在实际工作中，我们常常不可能获得足够多的信息来计算客观概率。特别是在进行风险分析时，所遇到的事件常不可能做大量试验，甚至一次试验也不可能做，事件是将来才发生的，很难计算出客观概率。只好通过决策者或专家的工程经验和个人判断对事件发生的可能性进行估计，这就是主观概率。主观估计的一种方法是直觉判断。它常表现为某些个人对风险发生的概率及其后果做出迅速的判断。决策者根据当时能收集到的信息及过去长期的经验进行估计，做出合理的判断。主观概率在风险估计中的应用近年来日益引起人们的重视，其估计方法使主观估计准确而客观。

介于主观估计和客观估计之间的风险估计的第三种估计，称作"合成估计"。关于事件发生的概率的第三种估计既不是直接由大量试验和分析得来的，也不是完全由某个人主观确定的，而是两者的合成，称作"合成概率"。关于事件后果的估计，在主观估计和客观估计之间的估计称为"行为结果估计"，它反映了估计者本人价值观和行为对估计的影响。

在进行风险估计时，常根据已获得的信息和经验估计事件的概率分布。在风险估计中常用的概率分布有离散分布、等概率分布、阶梯长方形分布、梯形分布、三角形分布、二项分布、正态分布和对数正态分布等。在风险分析时，概率分布的采用要根据所描述的对象及信息情况而定。

（2）外推方法。

外推方法是行为风险估计的一种主要方法，分为前推、后推和旁推三种。由于后推和旁推的预测效果较差，因此项目中一般采用前推法。前推法是利用取得的按时间顺序排列的历史数据推断未来事件发生的概率和后果。前推法运用的前提是拥有足够的历史资料，方法简单易行；但缺点是历史资料不一定完全适用于现在，且没有考虑事件的因果关系。

（3）蒙特卡洛方法。

蒙特卡洛方法是一种以数理统计理论为指导的模拟技术，是对实际可能发生情况的模拟试验，又称为随机模拟法或统计试验法。蒙特卡洛方法是利用服从一定的概率分布的随机变量产生随机数的方法来模拟现实系统可能出现的随机现象，通过计算机进行大量的模拟试验得到有价值的分析结果。未来的情况不能确定，只知各输入变量按一定概率分布取值，用一个随机数发生器来产生具有相同概率分布的数值，赋值给各个变量，再计算出各输出变量，产生对应于实际上可能发生的一种情况，是一个试验，或者说是一个情景。如此反复试验 N 次，便可得到 N 个情景。由这 N 组数据便可求出各输出量的概率分布，输出量概率分布函数是随着 N 的大小而变化的。N 愈大，则此分布愈接近于真实的分布。在求得输出量的概率分布后，即获得了进行风险估计的全部信息。

蒙特卡洛模拟的主要步骤如下：

1）分析主要影响因素（自变量），确定自变量的概率分布；

2）随机抽样；

3）通过统计模型计算评价指标的期望值、方差及概率分布图，分析评价指标的置信区域和项目的风险程度。

五、项目风险评价

工程项目风险评价是指在工程项目风险识别和风险估计的基础上，根据规定的或公认的安全指标，综合考虑工程项目风险发生频率的高低和损失程度的大小，通过定量和定性分析，以确定是否要采取风险控制措施以及采取控制措施的力度的过程。工程项目风险评价主要有定性和定量两大类。

1. 工程定性风险评价

定性风险评价是指通过观察和分析，借助于经验和判断能力进行评价的一种方法。对于定性评价来说，由于它仅是对风险的因素或后果做大小、优劣的评价，同时不需要运用大量的统计资料进行复杂的运算，因而使用起来比较简单易行。

在缺乏历史数据或风险事件难以量化的情况下，可以采用定性风险评价方法。定性风险评价方法主要有德尔菲法、头脑风暴法、分解分析法等。

（1）头脑风暴法。

头脑风暴法是借助于专家的经验，通过会议的方式就项目的风险进行现场交流，使每位与会成员畅所欲言，鼓励大家大胆提出新思想、新观点、新方法，促使大家讨论和交流，以便相互启发，与会成员之间会产生更多更好的主意和想法。这种方法的实质就是通过相互讨论，产生思维共振，激发与会成员的灵感，激发大家的创见性，以获得有价值的具有新意的观点、思想和创意。

（2）德尔菲法。

德尔菲法是指根据具有专门知识的人的直接经验对研究问题进行判断预测的方法，也称专家调查法。德尔菲法实质上是一种专家预测意见分析法，该方法首先由项目风险管理人员选定和该项目有关领域的专家，同时与之建立直接的函询联系，通过函询收集建议并加以综合整理，然后将整理的意见以匿名的方式返回专家再次征求意见，如此反复多次，其专家意见最终会趋于一致。

这种方法简单直观，操作容易，避免了群体讨论中面对面的争论，参与者可畅所欲言，不受其他专家学术观点、地位的影响。但是，该方法受项目风险管理者主观影响较大，有取得小组一致意见的趋势但又无法说明为什么该意见是正确的，比较保守，不利于新思想产生。

（3）分解分析法。

分解分析法是指将一个复杂的事物分解为多个比较简单的事物，将大系统分解为具体的组成要素，从中分析可能存在的风险及潜在损失的威胁的方法。在工程实践中，项目管理者就是根据项目风险的相互关系将项目风险分解成一个层次化的风险因素系统，从而保证风险识别的准确性、完整性和系统性。分解分析法可以有一些不同的具体做法：

1）失误树分析法。它是以图解表示的方法来调查损失发生前的各种失误事件情况，或对各种引起事故的原因进行分解分析，具体判断哪些失误最可能导致损失风险发生；

2）流程图法。它强调根据不同的流程，对每一阶段和环节，逐个进行调查分析，找出风险存在的原因；

3）风险清单列举法。它是把识别出来的风险按风险类别、风险描述、风险因素、管理部门、业务流程等列示出来，即逐项列出企业或投资项目所有类型的可能风险。风险清单的缺点之一是不可能包罗万象，而使用者所考虑的范围却被限制在风险清单所列范畴之内。

（4）模糊数学法。

在风险评价过程中，有很多影响因素的性质和活动无法用数字来定量地描述，它们的结果也是含糊不定的，无法用单一的准则来判断。对于复杂事物来说，边界往往具有很大的模糊性，难以用严格的数学方法处理模糊现象。模糊数学为我们提供了描述和处理模糊性问题的理论和科学方法。

工程项目中各种风险因素很大一部分难以用数字来准确地加以定量描述，但可以利用工程经验或专家知识，用语言描述出它们的性质及其可能的影响结果。现有的绝大多数风险分析模型都是需要数学的定量技术，而分析时的相关信息却是很难用准确的数量表示，因此，可采用模糊数学模型来解决问题。

2. 工程定量风险评价

定量风险评价是指以定量的方式进行风险评价的一种方法，它得到的风险估计是以概率或频率大小定量表示。在定量风险评价过程中，应当统一制订各风险的度量单位和风险度量模型，确保评估的假设前提、参数、数据来源和评估程序的合理性和准确性。工程定量风险评价方法主要有以下几种：

（1）敏感性分析。

敏感性分析是在预测的一个或几个主要因素发生变化的前提下，分析研究项目对这些因素变化的反应程度，即测试项目对各个变化因素的敏感度。敏感性分析方法只考虑影响工程目标成本的几个主要因素的变化，如利率、投资额、运行成本等，而不是采用工作分解结构把总成本按工作性质，细分为各子项目成本，从子项目成本角度考虑风险因素的影响，再综合成整个项目风险。此方法可以为决策者提供：工程目标成本对哪个成本单项因素的变化最为敏感，哪个其次，并排出相应对成本单项的敏感性顺序。使用敏感性分析方法分析工程风险不可能得出具体的风险影响程度值，只能说明一种影响程度，向决策者提供可能影响项目成本变化的因素及其影响的重要程度，使决策者在做决策时考虑这些因素及最敏感因素对成本的影响。因此，敏感性分析方法还被认为是一个有用的决策工具。

敏感性分析的一般步骤为：

1）选择因素。选取那些对经济评价指标影响较大的主要因素；

2）确定各因素的变化范围及其增量；

3）选定评价方法；

4）根据所选定的评价方法，计算出基本情况下的评价指标。在选定的因素变化范围内，根据所选因素变化增量，计算出相应的评价指标，必要时可绘制成图表；

5）根据计算结果（或图表），对各因素的敏感性进行分析，提出结论，供决策者使用。

（2）概率分析法。

概率分析法是指运用概率论与数理统计方法来预测和研究各种风险因素对建设项目影响的一种定量分析方法。它通过概率分析对建设项目的风险情况做出比较准确的判断。

（3）网络模型法。

时间进度和成本费用都是项目管理的重点，越来越广泛地使用网络模型。网络模型有关键线路法、计划评审技术和图形评审技术。使用网络模型进行风险评价，主要是揭示项目在费用和时间进度方面的风险。

(4) 动态决策树法。

动态决策树方法是进行风险决策的有效方法。它把有关决策的相关因素分解开，逐项计算其概率和期望值，并进行方案的比较和选择。决策树方法不仅可以用来解决单阶段的决策问题，还可以用来解决多阶段的决策问题，它具有层次清晰、不遗漏、不易错的优点。

上面从理论和技术上讨论了一系列风险评价方法。在风险评价中我们必须灵活运用以上各种评价方法，从工程项目的不同角度出发进行评价，对用不同评价方法评价出来的结果进行综合分析，最后得到工程项目某一风险的发生概率和损失大小，这样才能为后阶段的风险防范制订可行的、合理的对策。

第三节　工程项目风险防范与对策

风险是客观存在的，并不是不可防范，关键是人们是否意识到客观存在的具体情况，如何采取对应策略，从而适应或改变它。由于风险结果的客观性，人们可以通过主观努力，尽可能适应客观变化，缩小可能结果间的差异，从而使风险最小化。所谓风险对策，是为达到风险最小化为目的而采取的对应策略。

一、风险防范的可能性

风险是基于客观存在的可能性，防范则是基于主观的判断。如果主客观一致，就可判定预测风险，从而可以有效地防范。风险是在给定情况下，可能事件发生的不确定性，人们可以凭经验推断出其发生的规律和概率，通过一定时期内的观察，可判断出运行的规律，主观能动地采取一些预防手段加以防范。

风险具有以下特征，这些特征决定了风险的可防范性，风险损失也是可以控制的。

1. 风险具有特定的根源

风险并不是密不可测，它有其特定的根源，有发生的迹象、特定的征候和一定的表现形式。例如洪水风险可以通过洪水成因、流域特征以及气象等因素来分析反映出来。人们通过细心观察、深入分析研究、科学地推测，寻根溯源，能预测风险发生的可能性、发生的概率及其严重程度。

2. 风险的普遍性

由于风险无时不存，无处不在，且时有重复。人们采取任何举措之前，会本能地积极或消极地采取各种预防措施。

3. 风险概率的互斥性

一个事件的演变具有多种可能，而这些可能性具有互斥性。例如投资一个项目至少有两种可能的结果：盈利或亏本。盈利的可能性加大，亏本的可能性就减小，两种可能性不会同时加大或同时减小。

4. 风险损失的可测性

一项承包工程可能有多种风险，但各种风险发生的概率并不都一样。通过概率计算即可预测风险将可能造成的损失程度。例如某承包商对一项工程的报价为10000万元，假定其他因素不变，某一特定风险如自然灾害可能会导致承包该工程亏损2%，但这种自然灾害的发生概率可能为10%，因此，该承包商因自然灾害可能蒙受的损失将是10000万×0.02×0.10＝20万。

5. 风险的可转移性

不同的人对同样的风险可能会产生不同的反应。每个人对风险所具有的承受能力不一样。例如，一项工程包括多项子工程，总承包商可以承担总包风险，而将其中的一些自己不具优势的子项工程转包给专业承包商，从而将该子项工程中潜伏的风险也转移出去。对于该专业承包商来说，这些潜伏的风险则不一定会真正成为风险。

6. 风险的分解性

风险是由各种因素构成的。若干风险因素集中在一起，风险的因素将会很大；但如果将这些因素分解处理，尽管每个因素都有可能诱发风险，但其概率将大大降低。工程项目管理是一种多程序、多方位、内容错综复杂的经营活动。投资人可以只考虑其资金筹措中的各种风险，将工程的设计、实施、管理及运营交给业主。而业主又可以通过发包工程而把工程的实施任务委托给承包商，将技术把关任务委托给监理工程师；承包商又可以通过分包将工程各子项中潜伏的风险分散转移至各分包商。通过一层层分解、分散与转移，调动各方面的积极因素，克服消极因素，大家共同承担风险。

二、风险管理方法与技术

随着社会的发展和科技的进步，现实生活中的风险因素越来越多，无论企业还是家庭，都日益认识到进行风险管理的必要性和迫切性。人们想出种种办法来对付风险，但无论采用何种方法，风险管理的一条基本原则是：以最小的成本获得最大的保障。风险管理方法主要有控制型风险管理和财务型风险管理两种技术。

1. 控制型风险管理技术

即采取控制技术，达到避免和消除风险，或减少风险因素危害的目的的方法。控制型风险管理技术可以适用于灾前灾后。事故发生前，降低事故发生频率；事故发生后，降低损失程度。主要包括避免风险、预防风险、抑制风险、后备措施四种风险管理方法。

（1）避免风险。

避免风险是指设法回避损失发生的可能性，即为从根本上消除特定的风险单位和中途放弃某些既存的风险单位，采取主动放弃或改变该项活动的方式。

避免风险的风险管理方法一般在某特定风险所致损失频率和损失幅度相当高或处理风险的成本大于其产生的效益时采用，它是一种最彻底、最简单的方法，但却也是消极的风险管理方法。在采取避免风险策略之前，必须对风险有充分认识，对威胁出现的可能性和后果的严重性有足够的把握。采取避免风险策略，最好在项目活动尚未实施时。放弃或改变正在进行的项目，一般都要付出高昂的代价。

（2）预防风险。

预防风险是指在风险事故发生前为了消除或减少可能引起损失的各种因素而采取的处理风险的具体措施，其目的在于通过消除或减少风险因素而降低损失发生频率。

按照所采取措施的性质分，即依控制措施侧重点不同，可分为工程法和行为法两种。前者以风险单位的物理性质为控制着眼点，如防止或减少风险因素，将风险因素同人、财、物在时间和空间上隔离等；后者则以人们的行为为控制着眼点，如教育法。

（3）抑制风险。

抑制风险是指在损失发生时或损失发生之后为减小损失程度而采取的各项风险管理措施。它是处理风险的有效技术，如安装自动喷淋设备，堵修决口的堤坝等。

在实施抑制风险策略时，最好将项目每个具体"风险"都减轻到可接受的水平。否则，根据二八原理，集中力量专攻威胁最大的那几个风险。

区分预防风险和抑制风险是很有必要的，预防风险的目的在于减少损失发生的可能性，抑制风险损失的目的在于减少损失程度。在更多的情况下，二者在风险管理过程中往往同时使用。

（4）后备措施。

有些风险要求制订后备措施，一旦项目实际进展与计划不同，就动用后备措施，主要有费用后备措施、进度后备措施和技术后备措施等。

1）费用后备措施。指在工程项目建议书、可行性研究等阶段，事先准备好的一笔资金，用于补偿工作差错、疏漏及其他不确定因素对项目投资的影响；

2）进度后备措施。从网络计划的观点来看，进度后备措施就是在关键线路上设置一段时差和浮动时间，这是应对项目工期风险的基本手段；

3）技术后备措施。技术后备措施专门用于应付项目的技术风险，它是一份预先准备的技术备用方案或备用设备，当预想情况未出现，需要采取补救行动时才动用。

2. 财务型风险管理技术

财务型风险管理技术以提供基金的方式，减小成本损失，主要包括自留风险和转移风险两种方法。自留风险有主动自留和被动自留之分。转移风险有非保险转移和保险转移两种方法。

（1）自留风险。

自留风险是指将项目风险保留在风险管理主体内部，通过采取内部控制措施等来化解风险或者对这些保留下来的项目风险不采取任何措施。自留风险有主动自留和被动自留之分。

自留风险是一种非常重要的财务型风险管理技术，与其他风险对策的根本区别在于：它不改变项目风险的客观性质，即既不改变项目风险的发生概率，也不改变项目风险潜在损失的严重性。通常在风险所致损失频率和幅度低、损失在短期内可以预测以及最大损失不影响企业或单位财务稳定时采用自留风险管理的方法。

（2）转移风险。

转移风险是指一些单位或个人为避免承担风险损失，而有意识地将损失或与损失有关的财务后果转嫁给另一些单位或个人去承担的一种风险管理方式。转移又有非保险转移和保险转移两种方法。

1）合同风险转移。

合同风险转移是指单位或个人通过订立经济合同，将损失或与损失有关的财务后果，转移给另一些单位或个人去承担，如保证互助、基金制度等。又或是人们可以利用合同的方式，将可能发生的指明的不定事件的任何损失责任，从合同一方当事人转移给另一方，如销售、建筑、运输合同和其他类似合同的除外责任和赔偿条款等。

2）工程项目资金证券化。

工程项目资金证券化是指工程项目直接投资资金转化为有价证券的形态，使投资者与标的物之间由直接的物权关系转变为以有价证券为承担形式的债权债务关系。工程项目资金证券化能较好地转移风险。在工程实践中，通过发行股票、债券等有价证券筹集建筑项目资金较为常见。通过发行股票，每一个持票人都是该项目的股东，股东在分享权益的同时，也承担建筑项目的投资风险，从而把项目一定比例的风险转移给了其他股东。通过发行债券，虽然到期可以兑换，但把在持有期内因利率变动所引起的融资成本加大的风险化解出去了。尤其是股票可以转让，增加了不动产的流动性，发行股票的筹资者在自己认为必要时随时可抛售自己所占的股票份额来转移投资风险。

3）保险转移。

保险转移是指单位或个人通过订立保险合同，将其面临的财产风险、人身风险和责任风险等转嫁给保险人的一种风险管理技术。投保人缴纳保费，将风险转嫁给保险公司，保险公司则在合同规定的责任范围内承担补偿或给付责任。

由于保险是一种及时、有效、合理的分摊经济损失和获得经济补偿的方式，通过保险来转移风险是最常见的风险管理方式，但是这并不意味着应购买保险公司的所有保险。风险管理的目标是以最小的成本获得最大的安全保障，如果投保险种过多，必将增加投资人成本开支，加重负担，得不到应有的安全保障。

三、风险管理方案及应对措施

在全面分析评估风险因素的基础上，制订有效的管理方案是风险管理工作的成败关键，它直接决定管理的效率和效果。因此，翔实、全面、有效成为方案的基本要求。

1. 风险管理方案的制订原则

（1）可行、适用、有效性原则。

风险管理方案首先应针对已识别的风险源，制订具有可操作的管理措施，适用有效的管理措施能大大提高管理的效率和效果。

（2）经济、合理、先进性原则。

风险管理方案涉及的多项工作和措施应力求管理成本的节约，管理信息流畅、方式简捷、手段先进才能显示出高超的风险管理水平。

（3）主动、及时、全过程原则。

对于风险管理，仍应遵循主动控制、事先控制的管理思想，根据不断发展变化的环境条件和不断出现的新情况、新问题，及时采取应对措施，调整管理方案，并将这一原则贯彻项目全过程，才能充分体现风险管理的特点和优势。

（4）综合、系统、全方位原则。

风险管理是一项系统性、综合性极强的工作，不仅其产生的原因复杂，而且后果影响面广，所需处理措施综合性强，如项目的多目标特征（投资、进度、质量、安全、合同变更和索赔、生产成本、利税等目标）。因此，要全面彻底地降低乃至消除风险因素的影响，必须采取综合治理原则，动员各方力量，科学分配风险责任，建立风险利益的共同体和项目全方位风险管理体系，才能将风险管理的工作落到实处。

2. 风险管理的综合性措施

（1）经济性措施。

主要措施有合同方案设计（风险分配方案、合同结构设计、合同条款设计）；保险方案设计（引入保险机制、保险清单分析、保险合同谈判）；管理成本核算。

（2）技术性措施。

技术性措施应体现可行、适用、有效性原则，主要有预测技术措施（模型选择、误差分析、可靠性评估）；决策技术措施（模型比选、决策程序和决策准则制订、决策可靠性预评估和效果后评估）；技术可靠性分析（建设技术、生产工艺方案、维护保障技术）。

（3）组织管理性措施。

主要是贯彻综合、系统、全方位原则和经济、合理、先进性原则，包括设计管理流程、确定组织结构、制订管理制度和标准、选配人员、分工岗位职责，落实风险管理的责任等，还应提倡推广使用风险管理信息系统等现代管理手段和方法。

四、合同风险的防范措施

在工程项目管理过程中，对自己应承担的风险（明确规定的和隐含的）应有准备和对策，并且作为项目计划的一部分。不同的人对风险有不同的态度，有不同的对策。例如大型水电工程项目中，投资者主要承担金融风险、合作伙伴资信风险、工程技术和运营风险、销售市场风险等；而承包商有报价风险、实施方案风险、物价风险、合同风险等，合同风险涉及签约的双方。下面重点分析承包商在减少合同风险方面可以采用的防范措施。

1. 在投标之前认真分析招标文件

每项承包工程的招标文件，尤其是"合同条款"，它是工程项目的"法律"准则，决定着工程合同执行过程中解决一切纠纷的标准。因此，在投标之前一定要仔细研究，反复推敲。对一些关键条款要彻底搞清，是否值得投这个标。有的合同条文有意地把施工中可能遇到的风险一律转嫁到承包商身上，条件苛刻。

2. 认真进行现场调查

在开标以前，业主要组织所有投标人勘察现场，并规定凡是不勘察现场而投标的人风险自负。承包商要全面深入地了解现场情况，除了业主组织现场勘察之外，还应自己再到现场做全面而详细的调查研究，核对业主所提供的资料，搞清疑难问题，对现场布置、施工规划等重大措施心中有数，防范风险发生。

3. 签订合同之前澄清疑难问题

在合同条文中，存在的含糊不清、模棱两可的措辞往往是合同纠纷的根源。在标前会议上应向业主和招标代理正式提出，要求书面答复澄清，并作为合同的依据。承包商在接到中标通知书后，在正式签订施工协议书以前，对澄清合同措辞中含糊的，或对合同条文中明显不合理的地方提出意见，通过谈判、协商后正式签署协议书，接受合同文件。

4. 在执行合同过程中做好索赔工作

索赔是承包商维护自己的合法利益、挽回合同风险引起的损失的有效方法和合理途径。发包方也可以运用索赔条款来维护自身的合法权益。在国际通用 FIDIC 条款中专门的"索赔"条款以及"不利的自然条件"的条款，承包商根据施工过程的相关问题和合同文件条款，向监理工程师和业主提出索赔要求，以取得应有的补偿。索赔工作是一种细致入微而持续的工作，要求详细地记录认证资料，并且履行索赔条款的程序和规则。

风险防范措施的有效工具是做好施工保险工作，这在国际上是普遍采用的，特别是在经济发达的国家中。一般是由国家或财团成立各种类型的保险公司，譬如对货币汇率、业主夭折等巨大风险均可申办保险，使承包商免受意外损失。我国市场逐渐开放，保险事业快速发展，国际承包、发包行业不断扩大。

五、工程项目保险

工程项目在施工过程中经常发生事故，有时造成相当大的损失，如设备事故、工伤、火灾、水淹、车祸、被盗等。因此，业主或承包商必须在施工开始前向保险公司申请施工保险，以避免因重大事故承担的经济损失。项目参与者付出少量保险费，换得遭受大量损失时得到补偿的保障，从而增强抵御风险的能力。工程保险对于风险后果的补偿是整个工程项目损失的一部分，但在特定情况下却能保证承包商不致破产而获得生机。

1. 工程项目保险的种类

一般的土建工程承包合同，规定承包商必须办理一系列的保险，如财产损失保险、人身安全保险、偶然事故责任保险等；还要求承包商向业主及咨询工程师报送这些保险费的单据附件，以证明承包商按合同规定履行了保险手续。承包商可根据施工项目的特点及投保的可能性和必要性具体选定。

（1）工程项目的财产保险。

1）建筑风险全面保险。这种保险保证该工程项目的财产（包括工地现场的一切设备和材料）在受外力的直接损害时的赔偿，个别注明不包括在保险内容者除外；

2）建筑火灾风险保险。保证工程项目在受火灾或雷电的损失时的风险。有时还可包括双方议定的另外一些保险事项，例如：爆破、风暴等财产保险；人为破坏保险；水浸损失保险等；

3）地震保险。保险公司承担地震引起的工程损失的赔偿；

4）设备总保险。工程项目所需的设备（如施工机械、试验设备、永久设备等）从装船开始，安全准时地运到工地，直到安装就位，正式交接为止全过程中发生损失的赔偿；

5）桥梁保险。对施工运输通过的重要桥梁进行安全保险，赔偿因洪水、雷电、火灾、爆破或人为破坏发生的损失。

（2）承包商的财产保险。

1）承包商建筑物防火保险。包括办公室、车间、库房及储藏财物的火灾损失保险，有时包括人为破坏保险；

2）施工设备总保险。包括承包商所有的散放在工地的施工设备；

3）工地车辆保险。包括行车事故损失，通信车载的材料或设备的损失；

4）运输总保险。保险人（保险公司）承担工程项目所需的材料和设备从发运地直到工地运输过程中发生损失的赔偿；

5）防盗窃抢劫保险等。

（3）责任保险。

1）业主责任保险。有时还可包括工人报酬保险，它亦为承包商提供了雇员伤亡保险；

2）承包商公共责任及财产损失保险。保证承包商在施工过程中引起的第三者人身及财产损失的赔偿责任，又称第三者险；

3）合同责任保险。根据施工承包合同条款的规定，合同的一方向另一方承担一定的法律责任，这种保险保证了合同条款的实施；

4）业主的预防责任保险。这种保险保护业主不受偶然事故责任的风险，免于由于施工引起的偶然事故而损失的索赔；

5）承包商的预防责任保险。保护承包商不受由于他的分包商疏忽行为所引起的责任保险；

6）建成运行责任保险。在工程建成并向业主移交以后，如果工程出现问题，这种保险可以保护承包人免受索赔的损失。

（4）对雇员的保险。

1）工人赔偿保险。保证受雇人员在雇佣期间死伤时的损失补偿；

2）残废保险。保证雇员非因公（或因病）致残时的福利。

（5）事故及生命保险。

1）核心人物的事故及生命保险。保证核心人物因意外事故或正常死亡时对企业及家属造成的经济损失的补偿；

2）分组生命保险。承包商对其雇员成批地进行生命保险。这种保险的费用较低，其保险赔偿额也较低。保险费的全部或大部分由承包人支付。其余部分由受保险的职工本人承担。

（6）车辆保险。

根据车辆的不同，又可分为载货车和载人车的保险。这种保险可以保证承包商在车辆（自己所有的及租用的）发生事故时免受第三者的索赔要求。这种车辆保险也可包括车辆发生碰撞、失火或盗窃时，使车主免受这些事故的损失，与一般常规的车辆保险相同。

目前，中国的保险市场逐步放开，各保险公司不断开放新险种，主要有：海洋运输货物保险、远洋船舶保险、中国民航国际航班飞机保险、海上石油勘探与开发保险、核电站保险、卫星发射保险、建筑工程保险、安装工程保险、客户综合保险、利润损失保险、机器损坏保险、雇主责任保险、雇员忠诚保险、履约保证保险及投资（政治风险）保险等。

对外承包工程的施工保险的险种，主要有建筑工程一切险、建筑工程第三者责任险、安装工程一切险、安装工程第三者责任险、工程材料设备运输险、施工机械设备险、工程保证期责任险、人身保险、利润损失保险等。有关各险别的具体内容与规定，可查阅有关保险文件和相关著作。

2. 办理保险合同

在保险合同的办理过程中，应认真做好以下几方面的工作：

（1）如实填报保险公司的调查报表。

在办理保险手续时，保险公司为确定风险大小，要求承包商填报工程情况。这是一件严肃认真的事情，绝不能为了争取降低保险金费率而隐瞒真实情况。例如，调查表中有一栏为"工程是否使用爆炸方法""工地是否储存易燃化学物品"，等等，应当如实填报。否则，一旦发生这类事故，保险公司将全部或部分推卸其赔偿责任。

（2）分析研究保险合同条款。

一般保险公司出具的保险单都会有保险条款，规定了保险范围、除外的责任、保险期、保险金额、免赔额、赔偿限额、保险费、被保险人义务、索赔、赔款、争议和仲裁等。这些条款是保险公司与承包人之间的保险合同，双方都要签字认可才正式生效。在合同条款方面的任何争议必须在签约之前澄清，逐条修改或补充，取得共同一致的意见。值得注意的是：

1）审定的保险范围和保险金额是否与工程承包合同一致。任何不一致的保险单可能被业主拒绝而要求重新投保。特别是永久性工程和工程设备应与合同价格一致，至于临时工程和施工机械设备的价格，承包商可自行确定；

2）对于除外的责任应当逐条协商和确认。如果承包商要求增大保险公司的责任而取消某些"除外的责任"，承担保险费可能要相应增大，承包商可以根据自己的意愿与保险公司商量；

3）保险期应当略大于施工期。如果业主要求缺陷责任期也应当保险，则应在保险条款中列明缺陷责任期内的保险范围和责任；

4）免赔额和赔偿限额的确定。如果免赔额定得高一些，保险费率可能会降低一些。但实际发生事故赔偿时，承包商获得的赔偿额将会相应减少。对于业主的财产损失来说，他将按合同赔偿差额。另外，当合同条件规定保险是以承包商和业主共同受益名义投保的，免赔额过高时，保险单可能会遭到业主的拒绝；

5）保险金的费率一般都是可以协商的。它同工程的性质、危险程度、工程实施方案、工程地理环境、工期、免赔额高低和保险市场竞争环境等有关；

6）保险金的支付方式。支付可以采用分期支付，以节省工程初期的开支，降低周转资金的需要量。

除了保险金外，可能还有一些其他费用发生，例如保险登记费、印花税等。如果是联合保险，为主的保险公司可能要收取一定的安排费用和服务费用。这些往往是一次性支付。所有发生的费用均应事先向保险公司了解清楚并商定收取方式。

（3）重视保险内容的变化和改变手续。

任何保险内容的变化应当及时通知保险公司。如果认为必要，应办保险变更手续签署补充文件，或由保险公司对变更内容予以书面确认。

第四节　工程项目风险分析案例

一、郭记建筑公司

郭记建筑公司是香港的一家专业建筑承包商，它想要对在不稳定的市场条件下采取的不同策略所承担的风险进行评估。该公司是专门从事混凝土工程的，在进行风险分析的时候，公司承接的工程量已经接近承受能力的极限了。公司的市场部经理预计在未来的 12 个月里，混凝土市场将会上升 15%。董事会必须针对这一变化做出反应。董事会考虑了三种策略：

S_1：购买新设备；

S_2：加班工作；

S_3：继续满负荷工作，让竞争对手或者新的公司来满足新增的市场需求。

每一种策略在未来 12 个月里所带来的利润预计如下：

（1）购买新设备会增加 2000000 港元利润；

（2）加班工作会增加 1200000 港元利润；

（3）继续满负荷工作会获得 800000 港元利润。

这些数值都是在假设市场增长 15% 的前提下进行估算得到的。但是，市场部承认有可能发生另外两个结果：①如果钢结构的使用增加，那么混凝土工程的需求会减少；②市场需求可能保持不变。决策矩阵如表 12-1 所示。表中的行表示策略选择，列表示市场状态和影响因素。

表 12-1　　　　　　　　　　**郭记建筑公司：决策矩阵**　　　　　　　　单位：港元

		影响因素		
		上升 15%	稳定	下降 15%
选择	S1	2000000	400000	0
	S2	1200000	600000	200000
	S3	800000	600000	200000
	结果			

董事会应该采取什么策略呢？如果我们给不同的结果指定一个概率，那么我们可以计算出期望值。对于郭记建筑公司，我们需要与市场需求有关的概率（表 12-2）。它给了我们计算期望值所需要的信息。把所有利润与其概率相乘再求和就得到期望值了。因此，对于策略 S_1，即购买新设备，期望值的计算见表 12-3。对于策略 S_2 和 S_3 可以采用同样的计算方法。最后得到三个策略各自的期望值。结果表明策略 S_1 最好，因为它具有最高的期望值（表 12-4）。但是，我们可以利用更多的信息来进一步分析这些策略。

回报率的变化也是很重要的，可以用来度量风险水平。风险水平的具体度量可以用标准差，标准差即方差的平方根。统计学上的方差的计算方法就是用受益值减去期望值，平方以后乘以这一结果发生的概率，最后求和。策略 S_1 的标准差如表 12-5 所示。

表 12-2　　　　　　　　　郭记建筑公司：市场变化结果及其概率

市场变化结果	概率
上升 15%	0.6
稳定	0.3
下降 10%	0.1

表 12-3　　　　　　　　　郭记建筑公司：策略 S1 的收益状况

影响因素	收益	概率	期望值
上升 15%	2	0.6	1.2
稳定	0.4	0.3	0.12
下降 15%	0	0.1	0
总计			1.32

表 12-4　　　　　　　　　郭记建筑公司的策略　　　　　　　　　单位：港元

策略	期望值
S_1 购买新设备	1320000
S_2 加班工作	920000
S_3 保持现有水平	680000

表 12-5　　　　　　　　　郭记建筑公司：S1 策略的标准差和方差

结果	期望值	偏差（D）	$D^2 \times$ 概率	总和
2	1.32	0.68	0.4642×0.6	0.27744
0.4	1.32	−0.92	0.8464×0.3	0.25392
0	1.32	−1.32	1.7424×0.1	0.17424

续表

结果	期望值	偏差（D）	$D^2 \times$ 概率	总和
差				0.7056
标准差				0.84

现在拥有两条信息。因为期望值较高的策略具有较高的标准差，所以我们使用变异系数，它表明了偏差的比例，也就是风险水平，如表 12-6 所示。

表 12-6 郭记建筑公司：策略的变异系数

策略	期望值（港元）	变异系数
S1	1320000	0.64
S2	920000	0.39
S3	680000	0.27

表 12-6 表明 S_1 是风险性最高的策略，但是具有最高的期望值。这时候的任何决策都取决于决策者的风险偏好。

二、填海造地工程

深圳是广东省的一个经济特区。由于经济高速增长，要想在海边获得土地越来越困难了。现在提出一个填海造地计划，建造一个集装箱码头及其附属设施。

（1）项目规模。这个项目可造土地 250 公顷，同时建造防浪堤，延长现有的下水道系统，重新安置现在的轮渡码头。

（2）最低的投标报价见表 12-7。

表 12-7 填海造地工程：最低投标报价汇总表

分类	人民币（百万元）
账目 1——准备工作	56.00
账目 2——现场清理	0.30
账目 3——公路清理	22.00
账目 4——土地填埋和防波堤	343.00
账目 5——码头	152.00
账目 6——泵站和抽水干管	64.00
账目 7——排水涵洞	37.00
账目 8——取土区	52.00

续表

分类	人民币（百万元）
账目9——非计划工程补偿和日工费用	30.00
账目1到9小计	756.30
承包价格上涨准备金	50.00
不可预测费用	73.00
总计	879.30

业主委员会和投标者开了一次会议后，确定了账目4（表12-8）和账目5（表12-9）以及不可预测费用（表12-10），一致认为这三部分风险性很高，需要经常监控，对它们进行了敏感性分析。

表12-8　　　　　　　　　填海造地工程：土地填埋和防浪堤

变化量	小时/百万元	项目总计/百万元
+50%	514.50	1050.80
+40%	480.20	1016.50
+30%	445.90	982.20
+20%	411.60	947.90
+10%	377.30	913.60
0	343.00	879.30
−10%	308.70	845.00
−20%	274.40	810.70
−30%	240.10	776.40
−40%	205.80	742.10
−50%	171.50	707.80

表12-9　　　　　　　　　　　填海造地工程：码头

变化量	小时/百万元	项目总计/百万元
+50%	228.00	955.30
+40%	212.80	940.10
+30%	197.60	924.90
+20%	182.40	909.70
+10%	167.20	894.50

续表

变化量	小时/百万元	项目总计/百万元
0	152.00	879.30
−10%	136.80	864.10
−20%	121.60	848.90
−30%	106.40	833.70
−40%	91.20	818.50
−50%	76.00	803.30

表 12-10　　　　　　　　　　　　填海造地工程：不可预测费用

变化量	小时/百万元	项目总计/百万元
+50%	109.50	915.80
+40%	102.20	908.50
+30%	94.90	901.20
+20%	87.60	893.90
+10%	80.30	886.60
0	73.00	879.30
−10%	65.70	872.00
−20%	58.40	864.70
−30%	51.10	857.40
−40%	43.80	850.10
−50%	36.50	842.80

　　通过对最有吸引力的投标报价进行灵敏度分析，我们希望确定应该在哪些方面做出努力以使项目承担的风险最小。在这个例子中，很明显，对于项目而言最重要的部分是"土地填埋和防浪堤"子项目。

　　用图 12-3 来说明项目的每一部分单独变化所引起的项目成本变化的百分比。图 12-3 中的每一条线都表示一个我们确认其估算值存在风险的独立变量按比例变化对总成本的影响。直线越平，总成本就对这个变量的变化越敏感。例如，从图中可以看出，对于同样的变化，"土地填埋和防浪堤"子项目对总成本的影响要比"码头"和"不可预测费用"的影响大得多。

三、决策树法及贝叶斯决策

　　风险决策时决策者要估计各状态发生的概率。如果决策者在决策时只是根据有限的先验资料和信息，通过自己的判断和估计，来确定状态发生的概率，称为主观概率。显

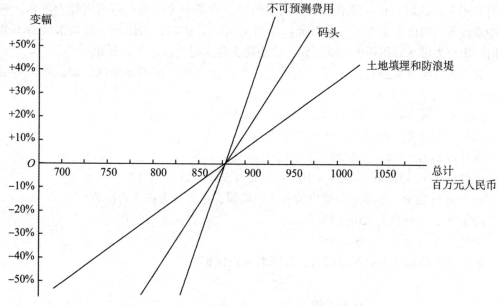

图 12-3 填海造地工程：敏感性分析

然，如果决策者事先能做更多的调查、试验和观察，就能使确定的概率更符合客观情况。但是，由于受到经济、时间及其他条件的限制，有时也就只能根据有限的资料和本人的经验来估计自然状态发生的概率。确定主观概率一般采用专家估计法。

1. 决策树法

决策树是一种树状图，它是决策分析最常使用的方法之一。决策树一般由三种要素构成：

（1）决策节点。在决策树中用□代表，表示决策者需在此处进行决策。从它引出的每一分枝，都代表决策者可能选取的一个方案（称为方案枝）。

（2）事件节点。在决策树中用○表示。从它引出的分枝代表其后继状态，分枝上括号内的数字表明该状态发生的概率，常称这种分枝为概率枝。

（3）结束节点。在决策树中用△表示，它代表决策问题在某种可能状态下的结果，它旁边注的数字，为这种状态下的益损值。

下面通过举例说明决策树的应用。

某水利工程施工在河滩中进行，有些大型施工设备考虑雨季到来时设备的处理方案问题。已知资料如下：

（1）洪水水情及根据过去资料的概率估计：s_1 为一般洪水，其发生概率 $P(s_1) = 0.73$；s_2 为大洪水，发生概率 $P(s_2) = 0.25$；s_3 为特大洪水，发生概率 $P(s_3) = 0.02$。

（2）对设备的可能处理方案有：d_1——运走，需支付运费 20 万元；d_2——就地放置，并筑围堰保护，需支付费用 5 万元；d_3——就地放置，不作任何保护，无需支出。

（3）设备损失费用：①当采用方案 d_1 时，不管洪水大小，都不会使设备受损；②当采用方案 d_2 时，在一般洪水和大洪水情况下设备不会受损；若出现特大洪水，则会冲走设备，造成设备损失 500 万元；③当采用方案 d_3 时，如出现一般洪水设备不会受损；出现大洪水时将损失 100 万元；出现特大洪水时将损失 500 万元。

对三种可能方案进行选择（运走设备；不运走设备，筑围堰加以保护；不运走设备不加保护）：

（1）构建决策树，见图 12-4。

（2）计算决策树中各点的期望费用值。

事件点 8：$0.73 \times 5 + 0.25 \times 5 + 0.02 \times 505 = 15$

事件点 9：$0.73 \times 0 + 0.25 \times 100 + 0.02 \times 500 = 35$

（3）进行决策。根据上面算出的各点期望值，至各决策点进行决策。

决策点 2：$\min\{15, 20\} = 15$

决策点 4：$\min\{15, 35\} = 15$

最后选择的决策为：不运设备，筑围堰加以保护。

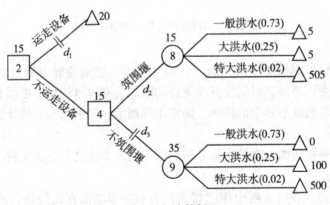

图 12-4 决策树

2. 贝叶斯决策

在决策分析中，有时对决策结果不太满意或其他原因，有必要获取新的情报或信息（附加信息），用于修正和改正原来的概率估计，使之更加切合实际。通常将修正前的概率估计称为先验概率，而修正后的概率称为后验概率，它通常要比原来的先验概率准确可靠，可作为决策分析的依据。

这种概率修正是依据贝叶斯定理，故常称这种决策为贝叶斯决策。贝叶斯公式是：

$$P(s_i | s') = \frac{P(s_i) P(s' | s_i)}{\sum_{i=1}^{n} P(s_i) P(s' | s_i)} \tag{12-2}$$

式中，$s_1, s_2, s_3, \cdots, s_n$ 为一完备事件组。根据全概率公式

$$P(s') = \sum_{i=1}^{n} P(s_i) P(s' | s_i) \tag{12-3}$$

下面通过例子说明这种决策分析方法。

在上例中，可专门委托当地气象部门作洪水预报，其预报的可靠性，根据以往经验示于表 12-11 中。气象部门要求支付洪水预报费 3 万元。

表 12-11　　　　　　　　　　　　洪水预报可靠性表

		洪水预报情况		
		一般洪水（s'_1）	大洪水（s'_2）	特大洪水（s'_3）
实际情况	一般洪水（s_1）	0.70	0.20	0.10
	大洪水（s_2）	0.15	0.70	0.15
	特大洪水（s_3）	0.10	0.20	0.70

表中数据的含义为：实际为一般洪水时，预报成一般的洪水条件概率为 $P(s'_1 | s_1) = 0.70$，预报成大洪水的条件概率为 $P(s'_2 | s_1) = 0.20$，预报成特大洪水的条件概率为 $P(s'_3 | s_1) = 0.10$，其余类推。

根据上述条件，要求选出最优决策方案。考虑气象部门的洪水预报，计算后验概率，并进行后验决策分析。其步骤是：

（1）构建其后验决策树（图 12-5）。

（2）根据已知概率，先验概率 $P(s_i)$，$i = 1，2，3$；气象预报部门进行洪水预报的可靠程度，即条件概率 $P(s'_j | s_i)$，$i, j = 1，2，3$；利用贝叶斯公式（12-2），求出在预报洪水为 s'_j 的条件下，出现某一状态 s_i 的条件概率 $P(s_i | s'_j)$（即后验概率）。

同样方法可求得其他计算值。其计算过程列入表 12-12 中，计算的数据就填在图 12-5 决策树的相应位置上。

表 12-12　　　　　　　用贝叶斯公式计算各种洪水水情时概率表

序号	项　　目	预报的洪水水情 s'_j		
		s'_1	s'_2	s'_3
（1）	$P(s_1 \| s'_j) = P(s_1)P(s'_j \| s_1)$	0.5110	0.1460	0.0730
（2）	$P(s_2 \| s'_j) = P(s_2)P(s'_j \| s_2)$	0.0375	0.1750	0.0375
（3）	$P(s_3 \| s'_j) = P(s_3)P(s'_j \| s_3)$	0.0020	0.0040	0.0140
（4）	全概率 $P(s'_j) = （1）+（2）+（3）$	0.5505	0.3250	0.1245
（5）	$P(s_1 \| s'_j) = \dfrac{P(s_1)P(s'_j \| s_1)}{P(s'_j)} = \dfrac{（1）}{（4）}$	0.9283	0.4492	0.5863
（6）	$P(s_2 \| s'_j) = \dfrac{P(s_2)P(s'_j \| s_2)}{P(s'_j)} = \dfrac{（2）}{（4）}$	0.0681	0.5385	0.3012

续表

序号	项目	预报的洪水水情 s_j'		
		s_1'	s_2'	s_3'
(7)	$P(s_3 \mid s_j') = \dfrac{P(s_3)P(s_j' \mid s_3)}{P(s_j')} = \dfrac{(3)}{(4)}$	0.0036	0.0123	0.1125
(8)	校核 $\displaystyle\sum_{i=1}^{3} P(s_i \mid s_j') = (5) + (6) + (7)$	1.0000	1.0000	1.0000

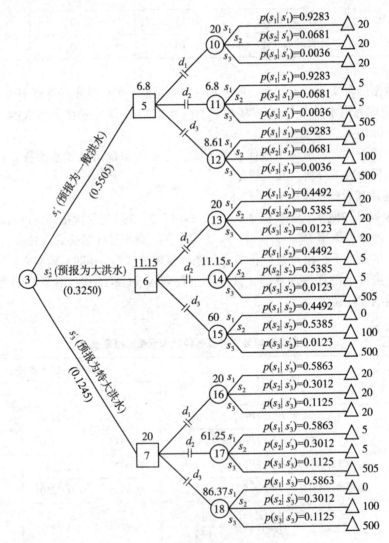

图 12-5 由预报得到贝叶斯决策树

（3）计算决策树中各点的期望费用值：

点 10：20（万元）

点 11：0.9283×5+0.0681×5+0.0036×505=6.8（万元）

点 12：0.0681×100+0.0036×500=8.61（万元）

点 13：20（万元）

点 14：0.4492×5+0.5385×5+0.0123×505=11.15（万元）

点 15：0.5385×100+0.0123×500=60（万元）

点 16：20（万元）

点 17：0.5863×5+0.3012×5+0.1125×505=61.25（万元）

点 18：0.3012×100+0.1125×500=86.37（万元）

（4）进行决策。根据上面算出的各点的期望费用值，在各决策点的决策进行如下：

决策点 5（当预报为一般洪水时）

$$\min\{20,\ 6.8,\ 8.61\}=6.8（万元）$$

采用方案 d_2，即就地放置，筑围堰保护，其期望费用等于 6.8 万元。

决策点 6（当预报为大洪水时）

$$\min\{20,\ 11.15,\ 60\}=11.15（万元）$$

也采用方案 d_2，其期望费用为 11.15 万元。

决策点 7（当预报为特大洪水时）

$$\min\{20,\ 61.25,\ 86.37\}=20（万元）$$

采用方案 d_1，即将设备运走，其期望费用为 20 万元。

（5）决定是否需要委托气象部门进行洪水预报。决策树如图 12-6 所示。当有气象部门进行洪水预报时，期望费用为 6.8×0.5505+11.15×0.3250+20×0.1245+3=12.86 万元，其中有 3 万元是委托洪水预报的附加费。

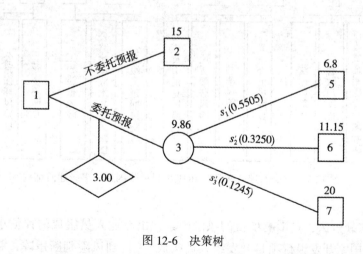

图 12-6　决策树

根据上例计算得到无洪水预报时的期望费用为 15 万元，所以应委托气象部门进行洪水预报。

四、融资风险案例分析

重庆至遂宁高速公路重庆段（简称渝遂高速公路）起点位于重庆市沙坪坝区，终点到渝川交界处遂宁，是国家重点干线公路宁波至樟木、重庆至绵阳支线中的一段。工程线路全长 111.832 千米，双向四车道。

项目采用典型的 BOT 融资模式，由重庆高速公路发展有限公司与中国铁道建筑总公司共同出资人民币 2 亿元在重庆市注册成立重庆渝遂高速公路有限责任公司，负责渝遂高速公路及其附属设施的建设、经营和管理，其中，重庆高速公路发展有限公司出资 0.4 亿元，占注册资本的 20%；中国铁道建筑总公司出资 1.6 亿元，占注册资金的 80%。经重庆市政府同意，重庆渝遂高速公路有限责任公司对渝遂高速公路项目的建设经营期限为 30 年，从该项目开工之日起计算。项目风险因素结构如图 12-7 所示。

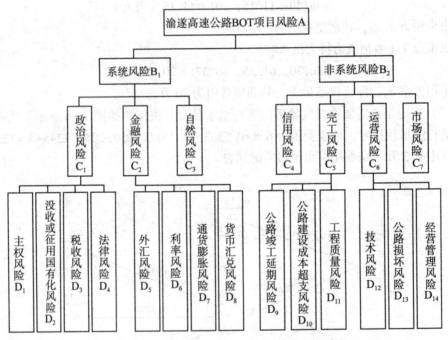

图 12-7　重庆渝遂高速公路 BOT 项目风险因素的多级递阶结构

按照层次分析法，对影响项目的风险因素，由专业人员组成的评估小组进行打分（专业人员由国家开发银行项目开发组人员构成），得到风险判断矩阵，并求得各个判断矩阵的归一化相对重要性排序权值 ω，见表 12-13 ~ 表 12-19 所示。

表 12-13   层次分析法判断矩阵 1

A	B_1	B_2	ω
B_1	1	1/3	0.25
B_2	1/3	1	0.75

由上表可以计算出最大特征值 $\lambda_{max}=2$，以及一致性指标 $C.I.=0.00<0.10$。

表 12-14   层次分析法判断矩阵 2

B_1	C_1	C_2	C_3	ω
C_1	1	1/9	1/5	0.07
C_2	9	1	2	0.61
C_3	5	1/2	1	0.32

由上表可以计算出最大特征值 $\lambda_{max}=3$，以及一致性指标 $C.I.=0.00<0.10$。

表 12-15   层次分析法判断矩阵 3

B_2	C_4	C_5	C_6	C_7	ω
C_4	1	7	1/5	1/3	0.06
C_5	7	1	3	5	0.56
C_6	5	1/3	1	3	0.26
C_7	3	1/5	1/3	1	0.12

由上表可以计算出最大特征值 $\lambda_{max}=4.13$，以及一致性指标 $C.I.=0.04<0.10$。

表 12-16   层次分析法判断矩阵 4

C_1	D_1	D_2	D_3	D_4	ω
D_1	1	1/2	1/5	1/3	0.08
D_2	2	1	1/4	1/3	0.12

续表

C_1	D_1	D_2	D_3	D_4	ω
D_3	5	4	1	3	0.54
D_4	3	3	1/3	1	0.26

由上表可以计算出最大特征值 $\lambda_{max}=4.14$，以及一致性指标 $C.I.=0.05<0.10$。

表 12-17 　　　　　　　　　　　　　**层次分析法判断矩阵 5**

C_2	D_5	D_6	D_7	D_8	ω
D_5	1	2	5	4	0.50
D_6	1/2	1	3	2	0.26
D_7	1/5	1/3	1	1/3	0.08
D_8	1/4	1/2	3	1	0.16

由上表可以计算出最大特征值 $\lambda_{max}=4.12$，以及一致性指标 $C.I.=0.04<0.10$。

表 12-18 　　　　　　　　　　　　　**层次分析法判断矩阵 6**

C_5	D_9	D_{10}	D_{11}	ω
D_9	1	2	3	0.54
D_{10}	1/2	1	2	0.30
D_{11}	1/3	1/2	1	0.16

由上表可以计算出最大特征值 $\lambda_{max}=3.01$，以及一致性指标 $C.I.=0.005<0.10$。

表 12-19 　　　　　　　　　　　　　**层次分析法判断矩阵 7**

C_6	D_{12}	D_{13}	D_{14}	ω
D_{12}	1	3	1/3	0.26
D_{13}	1/3	1	1/5	0.10
D_{14}	3	5	1	0.64

由上表可以计算出最大特征值 $\lambda_{max} = 3.04$，以及一致性指标 $C.I. = 0.02 < 0.10$。

每一层判断矩阵都通过了一致性条件，利用上面每一层判断矩阵的相对重要度数值，计算项目风险的综合重要度情况，详见表 12-20。

表 12-20 风险因素综合重要度一览表

风险类型				综合重要程度		
系统风险	政治风险	主权风险	0.0014	0.0165		0.25
		没收或征用国有化风险	0.0020			
		税收风险	0.0089			
		法律风险	0.0042			
	金融风险	外汇风险	0.0774	0.1538		
		利率风险	0.0405			
		通货膨胀风险	0.0119			
		货币汇兑风险	0.0241			
	自然风险		0.0797	0.0797		
非系统性风险	信用风险		0.0413	0.0413		0.75
	市场风险		0.0884	0.0884		
	完工风险	公路竣工延期风险	0.2284	0.4229		
		公路建设成本超支风险	0.1269			
		工程质量风险	0.0677			
	运营风险	技术风险	0.0510	0.1976		
		公路损坏风险	0.0207			
		经营管理风险	0.1259			

分析表 12-20 可知，通过以上分析，重庆渝遂高速公路有限责任公司的完工风险、运营风险和金融风险比较重要。因此，在对该项目进行风险管理时，项目公司应重点关注以上三种风险，可以忽略政治风险对该项目的影响。

参 考 文 献

1. 冯辉红．工程项目管理．北京：中国水利水电出版社，2016.

2. 郭晓平．项目可行性研究与投资估算概算．北京：中国电力出版社，2016.

3. 孙玉梅．工程项目融资．成都：西南交通大学出版社，2016.

4. ［美］哈罗德·科兹纳．项目管理最佳实践方法——达成全球卓越表现（第3版）．栾大龙，杜颖慧，刘静，译．北京：电子工业出版社，2016.

5. 王江容．工程项目的委托管理．南京：东南大学出版社，2016.

6. 谢亚伟，金德民．工程项目风险管理与保险（第2版）．北京：清华大学出版社，2016.

7. 杨平．工程招投标与合同管理．北京：清华大学出版社，2015.

8. 王华．工程项目管理．北京：北京大学出版社，2014.

9. 王祖和．现代工程项目管理．北京：电子工业出版社，2013.

10. 中国工程咨询协会．工程项目管理指南．天津：天津大学出版社，2013.

11. 曲娜，陈顺良．工程项目投资控制．北京：北京大学出版社，2013.

12. 仲景冰，王红兵．工程项目管理（第2版）．北京：北京大学出版社，2012.

13. 邓铁军，杨亚频．工程项目管理．北京：北京大学出版社，2012.

14. 冯彬．工程项目投资评价．北京：中国电力出版社，2011.

15. 王雪青，杨秋波．工程项目管理．北京：高等教育出版社，2011.

16. 赵庆华．工程项目管理．南京：东南大学出版社，2011.

17. ［美］哈罗德·科兹纳．项目管理：计划、进度和控制的系统方法．杨爱华，译．北京：电子工业出版社，2010.

18. ［美］蒂莫西·J.克罗彭伯格．现代项目管理．戚安邦，译．北京：机械工业出版社，2010.

19. 吴丽萍，李秀平．建设工程全过程项目管理：实用合同范本及要点评析．北京：机械工业出版社，2010.

20. 陆惠民，苏振民，王延树．工程项目管理．南京：东南大学出版社，2010.

21. 陈新元．工程项目管理：FIDIC施工合同条件与应用案例．北京：中国水利水电出版社，2009.

22. 王卓甫，杨高升．工程项目管理：原理与案例．北京：中国水利水电出版社，2009.

23. 国务院法制办公室．中华人民共和国招标投标法实施条例．2009.

24. 张基尧．水利水电工程项目管理理论与实践．北京：中国电力出版社，2008.

25. 戚安邦，张连营．项目管理概论．北京：清华大学出版社，2008.

26. 焦红．现代建筑施工技术与项目管理．上海：同济大学出版社，2007.

27.［美］加罗德·D. 奥伯兰德．工程设计与施工项目管理．毕星，译．北京：清华大学出版社，2006.

28. 简迎辉，杨建基．工程项目管理：融资理论与方法．北京：中国水利水电出版社，2006.

29. 成虎．工程项目管理．北京：高等教育出版社，2004.

30.［美］约翰·拉夫特里．项目管理风险分析．李清立，译．北京：机械工业出版社，2003.

31. 中国建筑业协会工程项目管理专业委员会．建设工程项目管理规范 GB/T50326-2001．北京：中国建筑工业出版社，2002.

32. 中国（首届）项目管理国际研讨会学术委员会．中国项目管理知识体系纲要．北京：电子工业出版社，2002.

33. 李忠勇．施工现场安全标准化管理．上海：同济大学出版社，2001.

34. 魏璇．水利水电工程施工组织设计手册（上、下）．北京：中国水利水电出版社，2000.

35. 中国建筑学会建筑统筹管理分会．工程网络进度计划技术规程教程．北京：中国建筑工业出版社，2000.

36. 水利部，国家电力公司，国家工商行政管理局．水利水电工程施工合同和招标文件示范文本（上、下册）．北京：中国水利水电出版社，中国电力出版社，2000.

37. 中华人民共和国招标投标法．北京：法律出版社，1999.

38. 糜莺英．水利水电工程系统分析与决策．北京：中国电力出版社，1999.

39. 周克己．水利水电工程施工组织与管理．北京：中国水利水电出版社，1998.

40. 胡志根，等．工程项目投资方案多目标模糊优选模型研究．武汉水利电力大学学报，1998（5）.

41. 胡志根．基于模糊预测的工程造价估算模型的研究．系统工程理论与实践，1997（2）.

42. 胡志根，肖焕雄．工程项目投资动态控制方法研究．基建优化，1997（2）.

43. 胡志根，肖焕雄．工程项目投资规划及动态风险分析模型研究．基建优化，1997（3）.

44. 胡志根，肖焕雄．水利水电工程施工布置优化．北京：科学出版社，1997.

45. 毛鹤琴．工程建设质量控制．北京：中国建筑工业出版社，1997.

46. 刘发全．水利工程施工经济．北京：中国水利水电出版社，1996.

47. 胡志根，王先甲，刘丽萍．工程项目投资控制的若干问题研究．系统工程与决策．武汉：湖北科学技术出版社，1996.

48. 胡志根，肖焕雄．工程造价估算及其风险分析模型研究．应用基础与工程科学学报，1996（4）.

49. 胡志根，肖焕雄．模糊网络计划及其工期实现的可能性研究．武汉水利电力大学学报，1999（6）．

50. 胡志根，肖焕雄．模糊预测在工程造价估算中的应用．武汉大学学报（社会科学版），1995．

51. 胡志根，梅阳春．工程项目造价快速估算方法研究．基建优化，1995（3）．

52. 黄宗璧，易涛．工程建设投资管理与控制．北京：水利电力出版社，1995．

53. 王秉桐．建设工程施工招标投管理．北京：中国建材工业出版社，1994．

54. 张道军，李文毅．工程项目投资管理．北京：水利电力出版社，1993．

55. 杨劲，李世蓉．建设项目进度控制．北京：地震出版社，1993．

56. 徐大图．建设项目投资控制．北京：地震出版社，1993．

57. 倪书洪．工程项目管理．北京：水利电力出版社，1992．

58. 汪朝东．水利水电工程施工典型事故树及安全检查表．北京：水利电力出版社，1992．

59. 袁光裕．电力建设现代管理．南京：河海大学出版社，1989．

60. 汪龙腾．水利工程项目管理．北京：水利电力出版社，1987．